# 协同创新网络研究

Study on Collaborative Innovation Network

周志太 翟文华 著

中国社会科学出版社

## 图书在版编目（CIP）数据

协同创新网络研究/周志太，翟文华著. —北京：中国社会科学出版社，2020.7

ISBN 978 – 7 – 5203 – 5092 – 1

Ⅰ.①协⋯　Ⅱ.①周⋯　②翟⋯　Ⅲ.①技术革新—经济发展—研究　Ⅳ.①F062.4

中国版本图书馆 CIP 数据核字（2019）第 204020 号

| 出 版 人 | 赵剑英 |
| --- | --- |
| 责任编辑 | 卢小生 |
| 责任校对 | 周晓东 |
| 责任印制 | 王　超 |

| 出　　版 | 中国社会科学出版社 |
| --- | --- |
| 社　　址 | 北京鼓楼西大街甲 158 号 |
| 邮　　编 | 100720 |
| 网　　址 | http：//www.csspw.cn |
| 发 行 部 | 010 – 84083685 |
| 门 市 部 | 010 – 84029450 |
| 经　　销 | 新华书店及其他书店 |
| 印　　刷 | 北京君升印刷有限公司 |
| 装　　订 | 廊坊市广阳区广增装订厂 |
| 版　　次 | 2020 年 7 月第 1 版 |
| 印　　次 | 2020 年 7 月第 1 次印刷 |
| 开　　本 | 710×1000　1/16 |
| 印　　张 | 24.5 |
| 插　　页 | 2 |
| 字　　数 | 447 千字 |
| 定　　价 | 128.00 元 |

凡购买中国社会科学出版社图书，如有质量问题请与本社营销中心联系调换
电话：010 – 84083683
版权所有　侵权必究

# 国家社科基金后期资助项目
# 出 版 说 明

　　后期资助项目是国家社科基金设立的一类重要项目，旨在鼓励广大社科研究者潜心治学，支持基础研究多出优秀成果。它是经过严格评审，从接近完成的科研成果中遴选立项的。为扩大后期资助项目的影响，更好地推动学术发展，促进成果转化，全国哲学社会科学工作办公室按照"统一设计、统一标识、统一版式、形成系列"的总体要求，组织出版国家社科基金后期资助项目成果。

全国哲学社会科学工作办公室

# 序　言

创新已成为经济社会发展的主要驱动力，创新能力已成为世界各个国家或地区竞争力的核心要素，创新驱动发展是我们的重要战略之一，党的十九大报告进一步提出了中国建设成科技强国的新要求。

协同创新是2011年由中国政府提出的新型创新范式，其目的是进一步发挥产学研深度融合的优势，特别是发挥高校在科技创新方面的引领支撑作用。协同创新和自主创新、开放创新等一起，共同构成了当今创新的主流范式。

协同创新网络是指通过创新资源和创新行为大跨度集成整合、系统叠加优化的创新价值链，是实现协同创新的重要基础，协同创新网络是决定我国科技进步的关键，既在于其激发创新主体的积极性，又在于对其提供的利益空间或动力大小和创新资源的规模大小。并且只有这两个方面的作用相互配合，才能最大限度地挖掘科技进步的潜力，从而更好、更快、更有效率地实现建设创新型国家的宏伟目标。

周志太教授在长期研究科技创新模式的基础上，采取整体主义、交叉学科的方法和历史眼光，以系统论和协同论为理论基础及基本支撑，同时运用新制度经济学、创新经济学、政治经济学等学科的基本思想和理论，梳理和分析要素之间的协同演化机制和非线性效应，分析协同创新网络中各个关键创新因子的协同机理，强调要素之间的协同演化机制和非线性机制，具有重要的研究价值，其结论对进一步加强协同创新工作、提高协同创新的效率具有重要影响，也必将对创新驱动发展战略的落实，实现科技强国的伟大梦想做出应有的贡献。

教育部人文社会科学重点研究基地<br>
——清华大学技术创新研究中心主任<br>
清华大学经济管理学院教授　陈劲<br>
2019年12月

# 前　言

随着经济全球化、科技全球化的推进，"互联网+"时代与时俱进，创新活动日益复杂，创新主体由过去单一的独立形式发展到多主体之间互动的网络（包括互联网、大数据和智能技术，下同）形式，由线性模式发展到非线性的网络模式，创新因子关系也日益演化为一个复杂的创新网络，所以，要运用系统、协同、演化的方法来理解、把握和深刻认识，根据创新的系统方法、协同方法及演化方法对创新行为做出新的解释，即协同创新网络是最为有效、最为现实的创新组织。

在网络（包括互联网、大数据和智能技术）经济时代，网络成为第一生产要素，科技进步关系也日益演化为一个复杂的创新网络，主要是协同创新网络。其成为创新网络中最现实、最有效、最有活力的一个部分，对于创新驱动的作用越来越大。面对经济转型和经济下行压力加大的背景，研究广义科技因子构成的协同创新网络，既关系到经济增长，更关系到我国由大而强的发展。

协同创新网络问题是创新理论的"前沿问题"之一，也是经济发展的前沿问题。以往对协同创新网络的研究，一般基于管理学和社会学。本书基于经济学视角，对于协同创新网络，从人与人之间的利益关系角度进行全面、系统、深入、严密的逻辑推理和实证研究，揭示协同创新网络研究的现实状况和发展趋势。

第一，基于规范分析与实证分析协同的研究方法。经济学、系统论、协同论、演化论和方法协同，采取整体主义、交叉学科的方法和历史视角，以系统论和协同论为理论基础及基本支撑，同时运用新制度经济学、创新经济学、政治经济学等学科的基本理论，梳理和分析要素之间的协同演化机制和非线性效应，分析协同创新网络中各个关键创新因子的协同机理，强调要素之间的协同演化机制和非线性机制，提出了"创新因子—创新网络—协同创新网络"这样一个具有经济普适性、高度概括性的分析框架和理论体系来分析协同创新网络的形成与发展、特性与条件、机理演变与实现路径、现状与未来，包括协同创新网络概念，以及国家协同创新网络等基本概念、影响要素、发展规律与实现模式。

研究基础为现有文献，运用系统、多维、多层次因子、信息不对称的机制设计的理论和方法，以鲜活材料为经、现有文献为纬，纵横交错，打通与整合，厘清各派的基本观点，确定本书的基本视角和理论基础，研究思路从一般到特殊，分析协同创新网络的形成和发展规律。从协同创新网络的系统、子系统诸层次因子之间以及它们与周围环境之间的相互关系和相互作用中探求、梳理、提炼出协同创新网络的一般条件、特性与基本要求，建构协同创新网络的分析框架；对协同创新网络的内涵与外延、体制与机理进行深入分析，找出协同创新系统与国家创新系统环境相适应的层次性特征，使系统的组成因素及其关联达到最优，探求协同创新网络效应放大的路径。即揭示创新理论与创新实践相互促进、相得益彰的规律。

研究视野为有机结合并超越区域创新网络、产业创新网络、国家创新网络和国际协同创新网络，提出并强调运用网络论、协同论、演化论的视角审视创新问题，对协同创新网络的内外部协同演化机制进行动态研究，分析构建各个子系统之间、要素之间多层级因果关联、相互影响、相互适应、共同演化的结构。对协同创新网络及其内涵与外延、生成与发展、现状与未来持续成长因素、机制和协同创新网络共生体的生成、演变和转型升级机理进行梳理剖析。同时，在不同阶段，主导性因子和层级不同，协同创新网络的环境、要素、系统拥有不同的演化能级，并以此推动子系统和要素互动层级与阶段的升级和转换。

研究协同创新网络，为我国科技转型升级提供新的解决思路和分析框架，进而促进经济转型升级。其中，学习、互补互动、整合共享、互利合作的创新资源流动顺畅的创新模式，产生"$1+1>2$"的协同效应。它能够克服单个创新主体的投入不足和资源不足，降低技术学习成本、研发成本和交易成本，有效规避创新风险；通过创新资源共享，产生协同效应。

协同创新网络是指通过创新资源和创新行为大跨度集成整合、系统叠加优化的创新价值链，其不同参与主体，以各个创新主体的共同利益为基础，通过形成以水平联系为主以及由垂直的关联节点构成，以网络组织（包括互联网和大数据，以虚拟组织为典型，下同）形式运作的，遵循益损与共、优势互补、共同发展的原则，维持和改善所有创新动力要素和运行要素的经济关系、组织制度形成和发展的协同关系以及相互作用过程和规律的总和。它是一种基于互联网的合作创新，是多元化、多样化创新参与者的协同群体。通过正式合约或非正式契约，建立科学、技术、市场之间的直接和间接、互动互惠和灵活的联系，共同参与研发和扩散新产品的生成、投产和销售过程，形成的整体创新能力大于个体创新能力之和。其中，内外部网络和中间网络、各个子网络支配系统相互影响、相互耦合而成的一个整体，向有序方向发展，使要素结构优化，不断发生物质、信息、能力的顺畅交换，强化系统的整体功能。

协同效应是指各个协同创新主体之间互动、创新要素和创新行为互动而产生的"$1+1>2$"的协同效应。协同创新追求的是协同效应，其本质是以创新主体双方或多方的共同利益为基础，创新要素整合放大和功效倍增，是指以知识共享或优势互补为前提，其发生作用的机理在于各个资源要素特定属性之间的协同，即要素属性之间的匹配性协调，从而支配系统向有序方向发展，强化系统的整体功能，进而产生协同效应。这种资源要素属性之间的非线性组合关系是协同效应的本质所在。正是这种强相互关系和相互作用使要素之间形成特定的排列组合，进而形成最佳组合结构，这种结构最终产生协同创新网络的整体协同效应。

第二，协同创新网络与国家协同创新网络的关系。基于中国经济转型的背景，在"创新集群—创新网络—协同创新网络"的研究框架中考虑广义制度环境的作用机制。协同创新网络建设不仅仅是国家创新系统运行的前提，而且是国家创新系统不可缺少的组成部分。没有创新系统之间、创新要素之间、创新行为之间的协同，国家创新系统就不可能形成，更谈不上高质量和高效率。但两者层次不同，其功能也不同。国家创新系统主要是利用中央政府的资源和力量，从宏观角度，提升科技进步能力；而协同创新网络虽然可以是宏观但更多的是从中观层面和微观层面，利用各级政府等创新主体的资源和力量，促进创新进步。因此，国家创新网络与协同创新网络可以是一致的。但是，后者强调的是，通过创新主体的合作尤其是协同，整合创新资源与创新行为，构筑国家创新系统的基础和相互联系的因子，并与产业创新系统互融互动，产生协同效应。国家创新系统不等于区域创新系统的简单相加，而是各个区域创新系统与产业创新系统互补互动，形成"$1+1>2$"的协同效应。

本书提出和构建了一个"创新因子—创新网络—协同创新网络—协同创新网络实现"的分析框架和理论体系，这是此类研究中最系统的。而目前只有区域层次、产业层次、企业层次的协同创新网络概念，协同创新网络理论研究的体系仍然不够清晰。

基于演化理论、网络理论和协同理论三个维度，突破创新研究的静态方法和外生视角，将协同创新网络视为一个有生命的经济体，对其内外部协同演化进行动态研究，环环相扣，层层递进，剖析其形成和演化机理。分析构建各个要素之间、要素与环境系统之间多层级因果关联、相互影响与适应的共同演化过程及结构。同时，在互动的不同阶段，主导性层级不同，要素、环境、系统具有不同的演化能级，并以此推动要素互动层级与阶段的跃迁和转换，系统地剖析协同创新网络共生体的发生、演变和优化机理。这样能够引导学术界的创新思维更全面、现实、深入，为我国科技与经济的嵌融对接，为科技改革提供理论参考。研究协同创新网络，可以为我国科技转型升级提供新的解决思路和分析框架，从而促进经济转型升级。

协同创新理论与实践研究尚处在探索期，把创新主体之间的协同看成一个自增益循环的生态系统的研究仍然较少。因此，揭示复杂、互动的网络环境下协同创新的系统构造与运行机理，能够为协同创新网络的良性发展提供有力的理论支撑与决策依据。

# 目　　录

## 第一章　协同创新网络概述 ············································· 1
### 第一节　研究背景 ··················································· 1
### 第二节　研究意义 ··················································· 9
### 第三节　研究方法 ··················································· 11

## 第二章　协同创新网络的概念 ········································· 18
### 第一节　协同创新网络主体与创新 ································· 18
### 第二节　协同创新 ··················································· 28
### 第三节　协同创新网络 ············································· 39
### 第四节　协同创新网络特性 ········································ 58

## 第三章　协同创新网络理论 ············································ 81
### 第一节　创新集群理论 ············································· 81
### 第二节　网络能力理论 ············································· 94
### 第三节　知识共享理论 ············································· 108
### 第四节　自组织理论 ················································ 117
### 第五节　交易成本理论 ············································· 119

## 第四章　协同创新网络机制与模式 ··································· 122
### 第一节　协同创新网络动因 ········································ 122
### 第二节　协同创新网络模式 ········································ 143
### 第三节　协同创新网络效应 ········································ 183

## 第五章　高管创新激励协同实证研究 ································ 214
### 第一节　文献评述 ··················································· 214

第二节　高管创新激励因子协同……………………………… 226
　　第三节　研究方法与模型设计……………………………… 234
　　第四节　实证研究与结果…………………………………… 241
　　第五节　研究结论与启示…………………………………… 256

第六章　协同创新网络重要节点与实现途径……………………… 259
　　第一节　协同创新网络环境………………………………… 259
　　第二节　协同创新网络中的政府…………………………… 265
　　第三节　协同创新网络中的资金…………………………… 290
　　第四节　协同创新网络中的第三部门……………………… 312
　　第五节　协同创新网络中的科技园区……………………… 319
　　第六节　用户需求诱致创新………………………………… 324

第七章　研究结论及展望……………………………………………… 333
　　第一节　研究结论与政策建议……………………………… 333
　　第二节　研究不足与展望…………………………………… 340

参考文献………………………………………………………………… 341

# 第一章 协同创新网络概述

## 第一节 研究背景

### 一 理论背景

"创新"这个概念是美籍奥地利经济学家熊彼特（Joseph Schumpeter）最早提出的。与新古典经济学的视角不同，基于经济学、社会学和历史学等角度，他指出，创新是经济和社会发展与变革的驱动力量，是企业家不断地把生产要素和生产条件的新组合引入生产体系，从而实现从内部对经济结构进行创造性破坏的过程。创新，包括广义创新和狭义创新，广义创新包括科技创新、体制改革等制度创新；狭义创新，即科技创新。本书讨论狭义创新，简称为"创新"。

2011年4月，胡锦涛同志在庆祝清华大学成立百年大会上首次提出"要积极推动协同创新"。此后，产学研合作、开放式创新、协同创新、产学研用协同创新、产业集群创新等主题的研究成果大量涌现。截至2019年年末，在中国知网的CSSCI数据库中，"协同创新"方面的论文5013篇。其中，2014年1月1日以来，有3479篇，约占协同创新文献的76.8%。创新与协同具有共性，只有协同，才能汇集集聚创新资源，才能互补互动，产生合力，取得协同效应。

习近平总书记在党的十九大报告中提出加快建设创新型国家。"科技是国家强盛之基，创新是民族进步之魂。"创新是引领发展的第一动力，是建设现代化经济体系的战略支撑，深化创新体制改革，建立以企业为主体、市场为导向、创新资源深度融合的创新体系。2016年5月30日，他在全国创新大会上指出，要形成功能互补、良性互动的协同创新格局。在2015年"两会"上，他又指出，适应和引领中国经济发展新常态，实现中华民族伟大复兴的中国梦，关键是要靠创新转换发展动力，推动要素集合和协同创新。积极主动整合和利用好全球创新资源，坚持自主创新①、深入推进协同创新和开放创新，准确把握重点领域科技发展的战略机遇，选准关系全局和长远发展的战略必争领域和优先方向，通过高效合理配置，加强原始创新、集成创新和引进再创新，十分注重协同创新，构建高效强大的共性关键技术供给体系，把关键技术掌握在自己手里②。

2006年，国务院发布的《国家中长期科学和技术发展规划纲要（2006—2020年）》明确提出，国家创新系统是以政府为主导、充分发挥市场配置资源的决定性作用、一切创新主体紧密联系和互动有效的创新系统，并认为将从企业创新网络、国家创新网络、国际创新网络、区域创新网络和中介服务系统五个方面全面推进中国特色的国家创新系统建设。2012年，中共中央和国务院发布的《关于深化科技体制改革　加快国家创新体系建设的意见》提出，坚持"产学研用紧密结合"。2016年3月，国家"十三五"规划纲要强调，优化创新组织的首要任务是"构建政产学研用一体的创新网络"。2016年5月，中共中央和国务院印发的《国家创新驱动发展战略纲要》再次强调"构建开放高效的创新网络"。党的十九大报告提出，"加强国家创新体系建设，强化战略科技力量"。

网络是自然界和社会中普遍存在的客观现象，系统是网络存在的规律性和实现形式。作为一种中间性组织形态，网络是经济学和管理学研究的热点，这种全新的范式正在改变和拓宽企业理论、组织理论、战略管理等领域的研究视野。

网络与系统，就整体性、主系统和子系统的关系而言，两者是一致的。两者的区别在于：一切系统的基础结构都是网络③，网络理论最初主要是社会学用来描述社会中的各种关系，今天网络概念已趋于普遍化。网络具有以下两个特征：一是异质性与同质性统一；二是竞争性与协同性统一。总之，网络是一个多元创新主体参与、多种资源流动的、动态开放的系统。

18世纪英国古典经济学家、哲学家伯纳德·曼德维尔（Bernard Mandeville）在《蜜蜂的寓言》中首次深刻地论证了自利与社会利益两者

---

① 自主创新是发展中国家在创新实践中提出的一个概念。详见张炜、杨选良《自主创新概念的讨论与界定》，《科学学研究》2006年第6期。
② 习近平：《在中国科学院第十七次院士大会、中国工程院第十二次院士大会上的讲话》，人民出版社2014年版。
③ 范如国：《复杂网络结构范式下的创新治理协同创新》，《中国社会科学》2014年第4期。

的一致性，这与行为经济学的主张是一致的。在《道德情操论》中，亚当·斯密（Aadam Smith）揭示：支配人类行为的动机不仅是利己，而且还是利他，这使人的行为合乎社会规范。在《国富论》中，斯密指出："像在其他许多场合一样，他受着一只看不见的手的指导，去尽力达到一个并非他本意想要达到的目的。"① 斯密的经济自由主义思想是以"经济人"假设为前提的，利己心支配每个人的行动，帮助别人实际上是要别人帮助自己；追求个人利益，从而就自然而然地产生相互和共同的利益；每个人越是追求自己的利益，社会利益就越增进，最后达到社会各个阶级普遍富裕的地步。"请给我以我要的东西吧，同时你也可以获得你所要的东西。"②

互动，包括相互影响与互惠，行为经济学家一般将互惠行为分为两种类型：一是积极的互惠，即选择一个有利的反应，奖励合作者；二是消极的互惠，即选择一个不利的反应，惩罚失信者。

互联网与大数据结合，大数据信息海量而全面，时效性更强，能够更好地服务于创新网络③。互联网是协同创新的有效载体和工具，构建动态优化、开放，推动产业不断升级的开放型协同创新网络，是推动科技发展的重要动力。

创新论包括四大理论：演化经济学强调知识累积是由市场与非市场体制的互动及各种制度促成的；集成理论强调创新主体之间协同创新与创新环境的融合；创新社会学强调信任和文化多样性激发创新生产力；新增长理论强调知识累积的收益递增性，由知识经济到学习经济，由干中学到用中学，再到互动学习。对于这些学说的互补互动机理和操作性机理提炼概括有待于加强。

创新体系主要包括生成、转化、运行和辅助机制四个功能子系统。系统有效运行的要求是：主辅动力配套协调，各种动力适度、向度一致。创新主体的内部与外部动力系统互补互动，交换物质、信息和能量。创新发展的动力是由激励和约束机制构成的。其中，产权激励最有效、最持久，市场激励最一般，国家激励弥补市场失灵最有效，保证创新风险得到规

---

① ［英］亚当·斯密：《国富论》（下卷），郭大力、王亚南译，上海三联书店2009年版，第27页。
② ［英］亚当·斯密：《国富论》（上卷），郭大力、王亚南译，上海三联书店2009年版，第13页。
③ 翟文华、周志太：《推进大数据发展 应更好发挥政府作用》，《人民日报》2018年4月17日第7版。

避、创新成本得到补偿、创新收益得到增加。上述理论亟待进一步系统化和可操作化。

人们对创新动力的认识在不断完善与深化。创新动因是指引起个体或组织诱发、维持、引向创新行为的过程，这始于企业家精神（熊彼特，1933）。创新动因，20世纪60年代至70年代早期，其发展到需求；70年代后期到80年代早期，其发展为科技自身运动，政府行为推动创新；80年代，出现推—拉综合动力机制，还有社会责任履行，集群、经济系统自组织和危机等因素推动创新，直到演变为由多要素之间的多样非线性互动、演化有序的系统（Rothwell，1992）。上述创新因子亟待整合协同（Veronica Serrano，2007）。

国家创新系统至关重要，它决定于参加创新发展和扩散的企业、科研机构（包括大学，下同）的创造、储备及转让新知识和新产品的互动网络，决定于国家的经济、政治、科技和文化系统的完备程度，决定于市场发育的水平，决定于人才等资源流动和信息交流的频率。

在中国知网CSSCI数据库中，截至2017年年末，搜索"创新网络"，有4070篇文献；搜索"协同创新网络"，只有98篇。截至2019年4月18日，搜索"创新网络"，有3829篇文献；搜索"协同创新网络"，只有2650篇。说明一年来"创新网络"和"协同创新网络"的研究受到了学术界的广泛关注，研究内容主要集中在创新网络形成、演化、影响因素，以及知识创造、共享和转移研究，研究内容比较广泛，但学科之间、创新主体之间联系的研究视野不够宽广，既有诸多文献只是将这种现象的不同方面进行分门别类的阐述，致使理论片段化和整体认识缺失，协同创新网络的研究不够深入。如协同创新网络结构与创新关系的研究不够，协同创新网络的概念亟待界定。对创新发展规律的分析和认识不够，就可能出现重视个体和局部网络的研发，而忽视创新链上各个要素的互动与整合。这会造成中国协同创新不够，科技与经济严重脱节，使研发体系化程度低，重大的创新成果鲜有；也会使科研机构或科研机构（本书所说的"科研机构"包括研究性大学）对成果推广和经济发展的责任意识淡化，创新成果推广的动力弱化，产学研用衔接不够。中国科研机构每年创新大量的知识，但知识转换率却很低[①]，因为只重视知识生产，而忽视知识的集成、转移和扩散以及资本化，在合作中忽视行为的最优同步，实质是忽

---

[①] 唐朝永、牛冲槐：《协同创新网络、人才集聚效应与创新绩效关系研究》，《科技进步与对策》2017年第2期。

视协同创新网络研究。

## 二 现实背景

经济工作是中国全部工作的重中之重。目前，国际金融危机引发的经济衰退尚未消退，而新的科技革命方兴未艾，人们看到了经济高涨的希望。面对经济转型和经济下行压力加大的背景，研究广义科技因子构成的协同创新网络，既关系到经济增长，更关系到中国经济由大变强。

当前，世界经济已进入一个科技进步最为活跃的新时期，中国人口持续增长，而耕地、水等资源紧缺，生态环境恶化趋势凸显，对经济的刚性约束日益加剧，现代经济的发展对科技创新不断提出新要求，主要体现在可持续发展对新产品、新技术等产品质量提高的要求上。

经济发展依靠资源消耗和劳动力成本低的传统比较优势已难以为继，必须迈入主要依赖科技进步驱动的新阶段，依靠"科技驱动、内生增长"。

当前，技术进步的成本上升。在处于低收入阶段，我国与发达国家的科技差距很大，技术进步的主要方式可以是简单模仿，且模仿学习的"空间"广阔，模仿学习是各种技术进步模式中成本最低、投入最少、风险最小的。从2012年起，中国人均收入5720美元，进入上中等收入阶段，总体上看，技术水平与先进水平差距有所缩小，可再模仿的"空间"变得日益狭窄，技术进步越来越依靠自主创新，这虽然是最具根本性的，但也是投入和成本最高、风险最大、周期最长的。

应对后国际金融危机的经济衰退，发达国家充分利用其科技经济实力和先发优势，大举投入、大力加强科技创新，重点发展高新科技，对中国形成了严峻挑战和科技溢出效应。目前，无论是国际情景还是国内条件，无论是可能性还是必要性，都要求我国必须加快科技进步。

以世界眼光进行顶层设计，全面研判世界创新和产业变革大势，统筹需要与可能，兼顾长远目标与近期工作，遵循"主动跟进、精心选择、有所为、有所不为"的方针，集中力量办大事，抓重大、抓尖端、抓基本，明确中国创新的主攻方向和突破口，形成推进自主创新的强大合力[1]。中国"两弹一星"的成功、载人航天工程等重大技术的成功，都是具有中国特色的协同创新成果，得益于将中国拥有的"举国科技"的社

---

[1] 习近平：《听取科技部汇报时的讲话》，《人民日报》2013年8月21日。

会主义制度优势转化为全国协同创新的体制机制优势。然而，中国钢铁工业协会副会长、教授级高级工程师迟京东指出，中国的协同创新仍然仅仅限于军工方面；依靠国家行政办法，航空航天、军工协同创新是最好的[①]，而大多数产业还是处于零散状态中；高校论文等成果丰富，但其产业化率低。如同杨振宁所说，卫星和火箭等世界最复杂、最先进的技术，均为中国掌握；而最失败的则是无法把创新成果转化为经济效益。

中国协同创新政策始于1992年国家经贸委、国家教委和中国科学院联合组织实施的"产学研联合开发工程"，发展于2011年胡锦涛"协同创新"讲话和随后教育部出台的"2011计划"。这也是目前协同创新工作的核心政策依据。以1995年、2006年两次全国科技大会为里程碑，在中央政府推动下，创新从"产学研联合"到"产学研结合"再到"产学研紧密结合"[②]。创新网络发展，按时间可分为两个阶段。第一阶段：2011年4月胡锦涛"协同创新"讲话，自发形成的协同创新组织的发展和延伸，称为蛰伏期；第二阶段："2011计划"，大力推进高校与企业、政府以及国外科研机构的深度合作，促进"学科交叉融合、创新要素有机整合、政产学研用紧密结合"，将已有合作的连线多元化，鼓励创新主体构建合作共赢的新型战略联盟，通过组织之间的非线性耦合效应，降低创新成本，优化"跨组织创新"系统。首批认定的14家协同创新过程中心，突破原来的院系壁垒，在已有的合作关系基础上使进行的合作交流更加频繁、深入，建立实体机构，促进国内网络内创新主体和国际机构的充分合作，通过系统化运作，实现强强联合、优势互补、互利共赢、在国内乃至全球范围内汇聚和统筹管理创新资源，建立起常态性、战略性、持久性的合作关系，充分调动创新主体的积极性，在网络中的桥梁作用明显，传播网络信息的能力较强，尤其是面向产业的协同创新中心在近些年来合作次数增长幅度更为明显，共同指向创新目标。

党的十九大报告指出，着力增强改革的系统性、整体性、协同性，拓展改革的广度和深度。创新是发展的新引擎，改革则是发动引擎的点火系，"用权力'减法'换创新'乘法'"，继续深入推进简政放权，给企业、科研机构更多的方便，消除束缚创新主体手脚的体制性障碍，进一步为创新主体提供全程化、专业化、低成本、高效率的优质服务，增强全社会创新的积极性。

---

[①] 迟京东：《我国钢铁行业发展策略研究》，《中国市场》2016年第39期。
[②] 李健：《中国特色产学研合作体系的形成与发展》，《光明日报》2009年12月18日。

中国已拥有两项科技数量的世界冠军。一是2016年年底，中国科技人员达到9154万人，总量居世界第一位；二是自2011年以来连年成为申请专利最多的国家。这两项世界冠军，仍然没有使中国的自主创新能力变强。根据世界经济论坛《2017年全球竞争力报告》，在科技发展方面，中国排名第74位。目前，中国知识产权贸易逆差巨大，出口产品量大利微，专利量大质低，在全球产业格局中，仍然不能改变"世界工厂"的尴尬地位。据世界银行报告，中国劳动生产率2012年虽然是1980年的9倍，但仅为美国的22%。

中外科技水平的差距正在缩小，但我国的创新难度日益加大。主要表现在：技术进步日益靠自主研发而非模仿，日益偏重隐性知识而非显性知识，日益偏重基础研究而非应用能力，日益偏重组织层面而非个别专家。而我国科技体制与经济脱节较为严重；市场的决定性作用往往异化为无序竞争；政出多门、分散重复、封闭低效的问题突出；公私部门有效互动往往缺失、公共科研平台往往缺失；中国多个国家级长远科技规划之间有效衔接缺失[1]，目前70%的科研力量存在重复研发[2]，部门之间有效互动缺失，开放、配套的公共技术平台缺失，信息不对称、结构失衡和质量失衡，致使科技资源难以集成，合力难以形成，整体效率和创新水平难以提升[3]。即使是首都北京的协同创新发展仍处于初期阶段，主要表现在：参与协同的主体数量增长明显快于组建主体之间合作关系的发展，协同中心数量增长明显快于协同中心之间合作关系的提升[4]。

企业一般把分工和竞争作为组织安排的首要原则，但协调和沟通的合作机制缺乏（黄群慧、贺俊，2015）。

上述问题导致以下三个脱节。

第一，科技与经济脱节。发达国家科技进步对经济增长的贡献率在70%—80%，而中国科技进步贡献率目前虽然上升到56.2%，但是，与发达国家相差20个百分点。中国科技论文虽多，但在全球"高被引论文"数量仅居第四位（2005—2015年）。科研机构追求知识的先进性，并在长期积累中形成封闭的评价体系，大量成果积累在知识创新体系内部，

---

[1] 冯华：《农业科技，还要迈几道关？》，《人民日报》2011年12月25日第5版。
[2] 温家宝：《关于科技工作的几个问题》，《求是》2011年第14期。
[3] 国务院：《国家中长期科学和技术发展规划纲要（2006—2020年）》，《人民日报》2006年2月10日第5—8版。
[4] 卢磊、王瑶：《协同创新的网络特征与结构分析——以北京市协同创新过程中心为例》，《科学学与科学技术管理》2016年第2期。

专利转化率不足20%，产业化率不到5%，远远低于发达国家40%的水平。我国每年进口芯片高达2000亿美元，而进口石油才花1200亿美元。

第二，基础研究落后，且与应用研究脱节。造成中国前沿技术和新兴技术落后的一个很重要的原因，就是长期以来对基础研究的投入不足。2013年、2014年，中国基础研究投入占整个研发投入均仅为4.7%，2015年、2016年，全国基础研究经费支出分别为716.1亿元、798亿元，占整个科研经费比重分别为5.11%、5.15%，而美国、日本和德国三国在2011年基础研究经费占比分别为18%、12.3%和10.8%。

2017年，我国投入研发经费17606.1亿元，比上年增加1929.4亿元；研发经费投入强度为2.13%，比上年提高0.02个百分点。按研发人员（全时工作量）计算的人均经费为43.6万元，比上年增加3.2万元，落实创新驱动发展战略取得了显著成效。夏天（2009）通过分析1960—2008年世界主要国家的GDP及其构成部分的年度增长率等数据，认为创新驱动型经济持续性、稳健性、抗周期能力和创新维系能力均较强。

第三，学科之间脱节。中国高中阶段文理分科已延续多年，造成一些学科之间"老死不相往来"，诸多交叉学科的人才、项目等评选找不到归属，也制约了协同创新的动力和活力。

与发达国家相比，中国协同创新网络处于初级阶段。创新活动产生是不同主体共同作用的结果。目前，协同创新网络各个节点或各个主体之间相互脱节，制约协同创新网络向更高级演化。主要表现在：①各个主体行为相互脱节，中国科研机构的创新产品商业化应用能力较弱；②中介机构未能发挥其创新服务功能，成果转化率较低，大量创新资源浪费；③各个环节脱节，尤其是研发、扩散与应用之间协调度较低。与发达国家相比，我国的创新效率偏低。除创新投入、技术累积等原因外，另一个主要原因是创新资源体制割裂及管理条块分割，严重降低了资源配置效率。行政本位及区域"多层次分割"隔断了创新因子之间的联系，资源不能在区域层面实现优化组合，降低创新效率。科研机构均属不同主体，自成体系，相对封闭，导致创新资源条状分割。

基于整体主义，运用系统论、协同论的观点和方法，针对整体创新的研究仍有很大空间。因此，有必要着重分析协同创新网络的特性、动因和效应，构建其理论框架。本书虽然不是最早基于协同创新网络视角研究创新问题的，但可能是此类研究中最系统的。因为创新是一个系统工程，更加注重其中各个因子的相互促进，良性互动，整体推进，重点突破，将分散、封闭甚至垄断状态的创新行为、创新资源汇集整合，形成推进科技进步的强大合力。

## 第二节 研究意义

### 一 现实意义

不同时代,最重要的生产要素是不同的。在农业经济时代,土地是第一要素;在工业经济时代,资本是第一要素;在知识经济时代,知识是第一要素;在互联网经济时代,网络是第一要素,科技创新日益成为一个复杂的创新网络。自20世纪80年代以来,越来越多的学者认识到,简单的线性分析方法无法透彻、全面地理解科技创新,而要从系统、协同的角度来理解,根据系统和协同方法对创新行为做出新的解释,提出新的规律。

在知识经济时代,土地、劳动力和资本等传统资源的回报率日益减少,而信息和知识已成为财富的主要创造要素。在知识增值过程中,相关活动包括知识的探索和寻找;知识的检索、提取和加工;知识的开发、利用以及知识供求之间的平衡;知识的获取、分享和扩散;协同创新过程中知识不断循环互动,越来越多的知识从被挖掘和创新转化为资本,并形成很大的规模效应和范围效应,创造巨大的经济效益和社会效益。

科技与市场的高度不确定性,使越来越多的创新主体认识到,创新领域越来越复杂多变,单凭自身力量难以在竞争激烈的市场经济中生存和发展,依靠某一个创新主体单独完成创新全过程越来越难。发达国家创新发展的成功经验表明,最重要的是打破区域、国别和学科界限,实现地区性及国际性协同创新。自20世纪80年代以来,新的研发组织形式——创新网络正悄然兴起,越来越多的创新主体以合作的方式来组织科技活动,出现了企业集团、集群及战略联盟等众多新型组织形态,如美国硅谷、空客集团等。网络组织涌现,既体现了组织模式和科技变革的需求,又印证了协同创新网络在逻辑上的拓展。

当今,创新已成为推动经济和社会发展的核心动力。一些地区,以政府政策为推动力,使资源要素、政府、市场、文化等互动互惠,形成了一批充满活力、优势明显的协同创新网络,率先实现科技现代化。

目前,世界仍处于国际金融危机引发的经济衰退时期,如何尽快走出衰退、走向经济高涨?马克思的经济周期理论提出,固定资本大规模更新,使经济衰退告别而迎来经济高涨。但是,固定资本为何集中更新?熊彼特的解答是，创新能使固定资本的成本和价格下降，使其性能提高和改善。因而促进科技进步成为促进经济增长的不二法宝。

## 二 理论意义

从理论上看，创新系统和创新集群多元、创新机制、互惠多样化等研究虽均有新意，但大多数研究视角较为分散、单一；区域创新网络和企业创新网络的研究较深入，但协同创新网络的研究不够，这是本书要解决的主要问题。

从内容上看，"自主创新"的意义虽被突出，但科研体制"如何改"的研究亟待理论深化及可操作化；协同创新，一般仅涉及微观层面和中观层面，宏观创新系统的深入研究缺失；关于协同创新或企业协同创新多是案例研究（柳卸林等，2016），且不是在协同创新网络条件下进行的。

从方法上看，有关研究基本沿用静态分析方法和框架，动态分析缺失。

上述不足使其对我国科技体制的创新难以提供有力的理论支撑。

越来越多的实践表明，在那些技术密集的地区，集群犹如"平滑空间上的勃点"（Markusen，1996），成为全球经济衰退中的"阳光地带"。对于这些创新方面的成功，诸多学者分别给出自己的解释，如"产业氛围"（Alfred Marshall，1920）、创新环境（Camagni，1995）。研究主要集中在集群式创新、网络式创新等方面。英国卡迪夫大学库克（Cooke）和 Uranga（1997）[1][2] 认为，这些成功主要是实现集群创新即创新主体聚集而创新，通过有效的制度和组织安排，成为一种创新网络，提高了创新效率。研究表明，发达国家和发展中国家的协同创新机理是明显不同的。在发达国家，不仅网络内创新主体之间知识交流交换密集，而且与群外创新主体的知识联系也非常密切。在发展中国家，许多集群仍然停留在简单聚集的阶段，网络内横向联系不多，合作关系层次不高，交互式学习欠缺。因此，探索中国集群的网络联系尤为重要。

集群经常被看成是基本同质的，异质性被忽视，创新主体之间的知识交换行为被看成一个"黑箱"。但是，张杰、刘志彪、郑江淮（2007）通过对江苏省企业的问卷调查得出结论：集聚对企业的创新活动非但没有产

---

[1] Cooke, P., Uranga, M. G. and Etxebarria, G., "Regional Innovation Systems: Institutional and Organizational Dimensions", *Research Policy*, Vol. 26, 1997, pp. 475–491.

[2] OECD, "Boosting Innovation", *The Cluster Approach*, Paris, 1999.

生促进作用，反而产生了一定的负面影响。这样看来，创新的关键影响因素，似乎是"不可测、不可知"的。

21世纪初，不少学者开始从异质性角度研究组织方式和贸易模式选择，形成新贸易理论。异质性是产业系统的一个关键特性，异质行为者通过市场和非市场的联系，以各种方式联结在一起。异质论融合在新经济地理学分析体系中，说明当地市场效应、内生的非对称性、区位黏性、突发性集聚与区位选择关系等方面的情况。只有在创新主体内部要素与外部要素之间的协同和交互作用下，创新绩效才能提升（Altenburg et al.，2008）。既有研究只是说明集群为何成为知识交换的场所，但并没有回答知识交换是如何发生的。研究表明，知识不会自动在集群中流动（Zeller，C.，2001；Howells，J. R. L.，2002）。知识流动、共享进而创新的机理需要进一步梳理和研究。

本书超越并有机结合国家创新系统、区域创新系统和企业协同创新网络的现有研究，构建"创新因子—创新网络—协同创新网络"的经济理论体系。目前只有区域层次、产业层次和管理学视角的协同创新网络概念，需要破解协同创新网络的理论含义、实证研究和趋势分析的问题。作为系统工程，注重创新因子的良性互动，将分散、封闭甚至垄断状态的创新行为与资源整合，产生协同创新效应。以其中人的利益关系为研究对象，以市场机制、技术推动和政府行为为主要创新动力系统与协同要素系统，为科技改革提供理论依据和参考。这是此类研究中比较系统的。

## 第三节　研究方法

### 一　系统论

系统是指由若干既有区别而又相互联系、相互依赖、相互作用的要素所组成的，处在一定的环境中，具有一定结构和功能的有机集合体。其含义包括以下六个方面。

（1）整体性。即系统内部的各个子系统之间的整体性及相互关联性，由多个子系统组成一个完整系统。这是系统的本质和基本特性。因而合理组织和协调创新要素，既能够突破单一的要素功能，又能实现协同创新网络的整体功能。

（2）结构组织性。即一系列要素之间彼此联系、互相制约，构成系统各个要素之间相对稳定的组织秩序、联系方式和控制关系的结构。各个子系统之间有直接或间接的关联，使它们之间形成相互依存与制约的结构和联系。这决定了系统的结构与功能。

（3）功能性。即系统在与外部环境的相互联系及作用中表现出来的特定功能和能力。系统及其子系统均有彼此明确的功能，如信息系统的功能是对信息的收集、储存、传递、加工和使用等，进而实现目标。

（4）互动性。即系统之间与其各个子系统相互影响。

（5）层次性。即系统有序分层。层次性决定于物质在广延性和持续性方面所表现的状态。协同创新网络的各个子系统在各自的层级发挥作用，实现网络整体运行。

（6）开放性与环境适应性。只有开放，要素才能与环境进行物质、能量和信息的交换，向最优化方向发展。

系统论的一个基本思想，就是把要研究的任何对象都当成系统看待。如知识产权系统是由管理要素、科技要素、人力要素、法律要素等构成的系统。相应地，知识产权管理工作若只重视其中的一个方面，并不能保证其整体作用的发挥。知识产权管理应遵循系统规律，整体把握与其子系统工作相结合，建立并完善知识产权管理系统，对既有的知识产权系统调整优化，发挥系统整体的作用。基于系统论理论，知识产权系统还应与总体战略系统及其他子系统匹配、协同，形成有序、和谐的状态。

斯科特（2003）认为，开放系统正在迅速取代日益难以为继的独立、自给自足的封闭系统。近年来，著名的资源观强调，企业在市场上制胜的关键在于对内部资源的发掘利用和对外部资源的充分利用。戴尔和辛格（Dyer and Singh，1998）、古尔蒂（Gualti，1999）认为，资源存在于企业内部，也存在于企业之间的网络中。他们认为，企业之间的稳定关系是一种带来经济租金的"网络资源"（Dyer and Singh，1998；Gualti，1999；Gualti et al.，2000）。彭罗斯（Penrose）提出，可控制的资源多寡决定企业发展的边界，尽管这一解释没有达成与新古典经济学拥有的逻辑一致性，但对企业的战略实践具有较强的解释力（周建，2004）。沃纳费尔特（Wernerfelt，1984）[①]、巴尼（Barney，1986，1991）等提出的竞争优势，是集合集成一系列资源束，是企业拥有的稀缺、独一无二和不可模仿的资源。

---

[①] Birger Wernerfelt, "A Resource – Based View of the Firm", *Strategic Management Journal*, Vol. 5, No. 2, 1984, pp. 171 – 180.

协同创新网络研究方法，主要有以下三个特性（Edquist, 2001）：①学习是创新的基础和基本过程，是在协同创新网络中各个组织之间交互进行的，而不是孤立进行的创新；②制度重于科技，是科技进步的关键；③演化是创新过程的根本特征。

网络与系统是紧密相连的。国内学者多基于系统论视角阐述网络。如魏江（2003）提出，网络拥有各个要素之间的核心、辅助和外围三个层次，反映网内不同节点之间的创新联系方式，是指价值链上的不同创新主体为获得和分享资源而通过一系列正式契约或非正式契约联结而成的多维向量的创新网络，体现系统内不同节点之间的相互关系。这些主体互补互动，构成网络内以企业为中心的纵横交错的创新网络。

系统论认为，创新网络是人力资源、财力资源、物力资源和信息资源以及创新成果资源构成的系统，这些资源是相互依赖与作用、不断演化的。

## 二　协同论

"协同"不是古典经济学亚当·斯密首先明确提出的，但他的劳动分工论中隐含着协同的思想。其后，马克思进一步发展了分工理论，他提出了"协作是资本主义生产的起点"的思想。之后，许多著名学者基于不同视角研究"协同"，协同理论的内涵得到了丰富和发展。

协同论源于自然科学，但广泛地应用于经济管理领域。从外部来看，协同论主要运用于联盟、网络和科技经济发展领域，用以研究企业之间、企业与其他组织之间的关系。一般认为，创新网络作为一个自组织系统，实现有效治理需要其各个子系统之间协同，协同机理在内部治理、战略决策的制定方面受到重视。

德国著名理论物理学家赫尔曼·哈肯（Hermann Haken, 1971）提出协同论，认为协同是系统中各个子系统之间互相协作，使系统形成新的结构和特点的过程[①]。他认为，普遍存在的无序（混沌）和有序（协同）在一定条件下两者可以相互转化。协同论属于系统论的组成部分，是以系统论、信息论、耗散结构理论、控制论等现代科学理论为基础，其将研究对象看作由子系统构成的系统，子系统之间发生能量、信息交换等作用，经过系统内部组元互动，形成宏观有序结构的规律，从而形成系统的统一和联合作用。这个系统要开放，既要大力引进促使系统进步的因素，又要尽量规避或减少负面因素的流入。陈劲认为，协同是指两个因子或个体协

---

① ［美］赫尔曼·哈肯：《协同论》，郭治安、沈小峰译，山西经济出版社1991年版。

同一致完成某一目标的过程或能力。

1965年,美国战略管理学家安索夫(Ansoff)在《公司战略》一书中首次使用"协同"的概念,他运用协同论解释整体与各个相关部分的互动关系,强调在系统中各个关联的因素互动会产生整体大于部分之和的效应,这是单个组成部分不能够独自产生的协同剩余。安索夫认为,在企业管理中,协同能够带来价值增加和价值创造。主体目标利益驱动、多功能整合,促进各个子系统之间同向合作、相互配合互动,优势互补、合作共赢,集聚资源、形成合力;降低或消除在非协同状态下出现的一系列负面效果,从而减少或规避内耗和重复研发,充分利用资源,提高相关要素和系统在协同创新过程中的耦合度从而产生协同效应。

通过协同获取和创造新的资源及创新能力,主要表现在以下四个方面:①获得互补性知识,形成组合优势;②获得创新知识;③获得技术转移机会,即协同创新网络为有效的技术转移提供一种新的形式,这种技术转移常常使技术跳跃发展,增强竞争优势;④获得新的知识等资源。

科宁(Corning,1998)将协同解释为:"自然或创新系统中两个或两个以上的子系统、要素或人与人之间通过相互依赖形成的联合效应。"[①] 此后,在协同理论的基础上,"协同创新"概念开始被使用。协同学包括自组织原理,可以概括为"协同产生有序"。这是复杂系统的有序结构的内部作用力或自组织能力,要素的协同效用,只有形成系统有序的状态,才能提高创新水平。

协同思想被广泛应用于新产品开发、制造和销售的资源共享等协作运营领域。

随着科技全球化,创新行为已超出传统的边界(Gulati,1999)。如何推动协同创新,是多年来一直困扰中国的一个重大理论和实践问题。朱祖平等(1998)、许庆瑞(2000)、刘友(2002)、郑刚(2004)、陈光(2005)从社会学、经济学和管理学角度对创新开展广泛而深入的研究。

创新具有高风险、高投入性,单个企业很难实现。协同,不但可以实现资源共享,而且通过研发扩散渠道的融合,可以实现关联企业知识与技能分享及企业形象共享。只有协同创新,才能达到各方资源共赢与群租金共享,实现利益最大化。协同存在一种累积性正回馈激励,双方交易频次

---

[①] Corning, P. A., "'The Synergism Hypothesis', On the Concept of Synergy and Its Role in the Evolution of Complex Systems", *Journal of Social and Evolutionary Systems*, Vol. 21, No. 2, 1998, pp. 133 – 172.

越多、越大，群租金创新收益越大。协同策略取决于协同效应、协同频次和激励机制，当协同频次和激励贴现因子一定时，协同效应决定协同策略，协同效应较大时，即使创新主体主动性较小，也愿意采取协同行为；当协同频次较大或激励因子较大时，企业与企业之间将会建立长期信任关系，或者愿意采取协同创新行为。若协作频次较少而未建立长期信任，只会在协同主动性很大时，创新主体才会有协同意愿，其与对局企业的协同概率正相关。

协同创新网络的作用力。包括：①原动力，包括创新主体协作或具有资源比较优势，主要靠市场调节。②推动力，基础设施完备，要素配置合理，政策效果较大。③提升力，基于正式和非正式交流与合作，社会化服务体系完善和知识外溢，政府作用空间较大，如创新服务平台水平；而阻力则有垄断和恶性竞争。

20世纪80年代以来，主流经济学的理论范式发生危机，经济学分析从"均衡世界"向"演化世界"发展的趋势凸显，演化经济学的分析范式得以形成并不断发展。此外，随着研究的进一步深入，演化经济学者逐渐认识并更加强调个体之间、系统之间、个体与环境等不同层次主体之间相互影响、相互适应的共同演化的过程；共同演化的理论范式、模型及分析工具强调经济系统的多层级回馈式互动，认为一个互动者的适应性变化可以影响另一个互动者的适应性行为而改变自身的演化轨迹，后者变化又会进一步制约或促进前者变化，并由此形成共同演化的回馈环。因此，基于共同演化范式的经济创新系统互动研究获得了较为丰富的理论营养。全面、准确的市场与网络互动机理研究，应致力于基于两者共同演化互动的理论创新，并在此基础上开展实证研究。借助复合系统协同度模型，对协同演化的内涵、框架和应用现状进行梳理、测度、评价和分类，建立相关评价标准。

协同演化论认为，任何一种创新效应的发挥都依赖于另一种创新存在。考夫曼（Kauffman，1993）结合生物学提出，其核心思想是一方变化对另一方产生影响，两者能够相互适应，最终形成新状态。卢因和沃尔伯达（Lewin and Volberda，1999）提出，其是环境、企业战略与制度之间相互适应、互动的结果。默曼（Murmann，2003）认为，其基本性质是演化要素之间必须具有相关影响和改变双向因果关系。任何组织变异、选择都不是单独发生的，而是与环境之间不断交互作用的结果。科扎和卢因（Koza and Lewin，1998）认为，战略与外部环境之间相互联系和相互影响，均可通过加强管理，促进战略联盟向更高级阶段发展演化。其跨越时期较长，要素之间联系明显，互为双向或多向因果联系，相互回馈。地理接近性较强，组织由具有不同功能的要素层级组成，一般可分为宏观层次、中观层次和微观层次，甚至更多。其中任何一个要素层级变化都会对其他层级产生影响，也会受到其他层级影响，主要反映复杂系统内部子系统之间的协同情况。不同要素层级相互推动与影响，最终形成一个更稳定和更有序的系统状态："结构—网络—效率"，完善各个子系统之间运行机制，要素之间、各种组合之间产生非线性互动，子系统之间产生非线性作用，最后形成动态有序的系统。罗森伯格和克莱因（S. Kline）提出交互网络的"创新链环模型"，认为创新是一个复杂的系统。阿什海姆（T. Asheim, 1998）提出，创新模式由线性向非线性演进。

这一理论提出半个世纪以来，在多个学科领域中得到应用，其独特的思维逻辑和分析工具为其他学科拓展了空间，为分析复杂系统内部演化问题提供了新思路和方法。诺加德（Norgaard, 1985）最早将其概念用到科技系统，其协同演化主要为技术、知识、环境互动。随后，波特（Porter, 2006）发现，企业战略选择与环境变化相互关联是其存在的基本内容和前提，进而明确提出了组织生态系统协同演化模型。

目前，中国创新的重大成果仍然短缺，创新成果转化率仍然不高。原因是人们忽视基于系统论和演化论的协同创新网络。只有加入一定的创新网络，创新因素之间相互协同，才能充分利用创新资源，提高创新效率，增强创新竞争力。这是提高创新水平和科技成果转化率的不二选择。

### 三　三螺旋理论

协同创新是创新主体通过各种形式组成紧密型联盟和松散型联盟，进而整合、批判性地吸收协同创新既有的基础理论，主要是三螺旋理论，这是主流经济学的有关理论基础之一。产学研结合理论虽然为学术界普遍接受，但是，其缺陷主要是创新主体选择性缺失，即一定创新，不一定需要产学研三方齐上阵。

美国学者亨利·埃兹科维茨（Henry Etzkowitz）和荷兰学者洛埃特·劳德斯多夫（Leydesdorff, 1995）认为，在知识经济条件下，"创新主体的企业与政府，以经济发展的需求为纽带连接起来，形成三种理论交叉影响、抱成一团而又螺旋上升的三重螺旋的新关系"[1]。其核心是把创新要

---

[1] ［美］亨利·埃兹科维茨：《三螺旋：大学·产业·政府三元一体的创新战略》，周春彦译，东方出版社 2005 年版，第 5—17 页。

素有机地叠加整合，形成强大的合力，积极推进创新活动。这仍然是合作研究中最前沿、最权威的理论解释。埃兹科维茨指出，产学合作是大学除教学和研究之外的"第三使命"，大学、企业和政府三方在发挥彼此独特作用的同时，加强多重互动，是提高国家创新系统整体绩效的重要条件[①]。即科研机构、企业和政府三方在保持相互独立的前提下，在创新过程中密切合作、相互作用、相互补充、相互促进，在合作和互动中创造动力机制，呈交叉影响、螺旋上升，以促进创新成果转化，推动科研活动面向产业需求、链接科学创新、创新和技术商业化，从而实现持续创新。其核心价值是把具有不同价值体系的政府和其他创新主体在社会与经济的发展目标上统一起来，基于不同创新要素的互动，融通传统边界（包括学科、行业、区域和观念等边界），形成行政领域、知识领域和生产领域的三力合一，促进三螺旋持续上升（庄涛，2015），为建设创新型国家奠定坚实的基础。

在三螺旋模型中，政府与科研机构和企业等创新主体是平等合作、融合成为密切协作、协同发展的整体，在这种合作模式下，各个创新主体在创新过程中的作用能够得到进一步优化与加强，形成呈螺旋上升的三螺旋模型，达到三者共享资源，实现整体效应最大化和彼此效应最大化（Etzkowitz，Klofsten，2005），以推动创新。

三螺旋模式的成功，要满足以下条件：①双赢、多赢、共赢的创新目标建立；②制度环境有效；③网络伙伴关系的全方位保护；④网络治理体系有效；⑤伙伴及联盟形式优化；⑥创新资源流动、互动与分享（Mohalnmed Saad，2004）。

---

[①] Etzkowita, H., *The Triple Helix: University – Industry – Government Innovation in Action*, London and New York: Routledge, 2008.

# 第二章 协同创新网络的概念

本书强调创新子系统之间的互动和非线性机制,因为协同创新一般发生在技术复杂领域,正在从事跨学科研究的创新主体之间所有互补互动关系之中。研究对象是指企业、科研机构、政府机构、金融、科技中介、第三部门等机构形成的协同创新网络。

## 第一节 协同创新网络主体与创新

### 一 协同创新网络主体

马克思主义哲学指出,"从事实际协同创新活动的现实的人"是创新主体,包括企业和科研机构。科研机构成为创新主体,是由科技的基础性、公益性和综合性"三性"决定的。王缉慈(2004、2005)等认为,科技进步的主体包括科研机构,把大学作为创新的支持体系。从创新的必要性和可能性来看,人才、设备等基础创新资源主要"聚集"在科研机构。

创新涉及研发主体、生产主体等市场主体的活动,他们之间协同将加快创新步伐(李兆友,2000)。分工提高效率,以主体相互的"供求关系"为桥梁和纽带,构造协同创新网络。拓展创新网络的深度与广度,要求各个创新主体能够围绕共同目标,紧密开展合作研发,形成一个有效的协同创新网络。在创新链的不同阶段,不同的主体发挥着不同的作用。

（一）科研机构

研发伊始,作为国家创新体系主体,科研机构是科技进步的一个重要主体,主要功能是进行知识创新,培养科技人才,提供创新成果。一方面,科研机构是重要的创新源头和知识宝库,促进创新发展。其拥有大量的领军人才、学科领先的环境和宽松的学术氛围、海量的信息数据等突出优势，尤其适合基础研究——新发明创造的先导、新知识源泉，是支撑国家创新可持续发展的基石和主力军之一，是建设创新型国家的必要条件。欧美等创新型国家的通行做法和成功经验，就是以科研机构为依托，开展基础研究。尤其是在科学转化为技术、技术转化为生产力的周期越来越短的背景下，科研机构在创新驱动与引领方面，积极作用与日俱增。另一方面，科研机构还承担着教育与培训职能，并有效地促进知识、信息和技术扩散，为建设创新型国家提供人才支持。总之，在国家创新体系建设中，科研机构的地位日益重要。

科研机构具有科研力量雄厚、人员知识和年龄结构合理等优势，易于产生新理论、新方法、新技术，是创新的重要源泉和重要基地；也是培养高素质、创造性人才的摇篮。其通过将知识转化为资本，可以增加科研投入，其合作意愿对知识转移和知识创新具有决定性意义。科研机构和企业之间存在资源的互补性、利益的非竞争性，其在协同创新过程中的利益需求是将前沿知识和技术转化为新的"知识"，以转换为科研资源投入研究。科研机构的知识供给与企业的需求构成协同创新网络最基本的供求关系。

科研机构提供信息和实验设备，提供共享知识，开展实验和孵化新技术，将新思想演化为科学发明和技术，直至产生可进入市场的新技术、新产品。这会促进新的知识和科学原理的探索与发现，实现"知识创造—知识收入—知识投入"的良性循环。

按成果的公益性程度大小不同，科研机构分为营利性科研机构和公益性科研机构两类。公益性科研机构从事基础科学研究和大设备等科研平台的生产及流通，基础研发的周期比应用研究长，提供科技公共产品及其服务、培养科技人才等。其研究集中于溢出效应大，以至于难以取得相应经济回报的领域，需要政府支持。同时，科研的主要特性是其探索过程的自由性而计划性不强；研究成果的前景不确定性强，经济效益难以立竿见影，因此，科技市场是失灵的。作为公共产品，需要政府补贴供给，以政府投入为主。创新还需要宽松的研究环境，包括营造鼓励创新、宽容失败的社会氛围。

（二）企业

企业处于创新的核心地位，是创新最重要、最直接的源泉和创新成果的需求者。在市场经济条件下，营利性是企业的基本性质和基本目标。因此，创新活动的内在驱动力是对利益（利润和竞争优势）的追逐和利益的实现。无论是经典的熊彼特创新论，还是当代前沿的异质性企业贸易论，都认为企业是创新的主体。目前，发达国家科技进步成果 70% 以上来自企业，企业是科技进步最有活力和生命力的组织。世界各国的科技史表明，企业不仅保持在应用性创新领域的绝对优势，甚至开始在一些基础型创新领域也崭露头角。世界产业史证明，核心技术一般来自企业，企业是创新、创新成果扩散和科技变迁的中心，企业以及以企业为中心的协同创新网络把科技的商业化利用和对创新的探索等行为紧密联系，利润追求成为创新的原动力，资金优势是企业创新行为活跃的重要条件。利润要求驱动创新投入，成为创新的推动力，而创新成果的市场实现将形成利润和超额利润，成为新的创新驱动力。企业通过多向互动的合作提高创新水平，鼓励骨干企业带头发展技术联盟，逐渐成为创新网络的主力军和主导力量。企业的资源和优势在于技术产品化与产品市场化，其在协同创新过程中的需求是适用技术和人才。

企业以更低的成本获取创新资源，由封闭式创新转向开放式创新，从外部引进人才，可以将闲置技术、资金投入其他创新主体之中。协同分为竞争性协同与合作性协同，后者一般发生在异质性的企业之间，如供应链的上下游企业，或同类企业之间。通过合作进行资源共享、优势互补，规避研发风险，提高创新能力，以竞争优势获得在网络中的优势地位。

（三）政府

政府存在和政府行为的必要性不仅在于弥补市场失灵，而且在于弥补系统失灵。后者越来越重要，但没有得到应有的重视。由于创新的不确定性、公共产品性质和技术外溢效应，企业往往难以获得创新产生的全部收益，对基础研究的投资意愿较低，因而整个国家往往会出现创新投资不足的局面。这就使政府对创新的干预非常必要。政府是协同创新的引领者、创新制度等创新环境的营造者、基础研究的投资者。政府行政干预，可以通过市场机制诱导企业投资合作，以资金支持为纽带，鼓励创新主体合作，尤其是能够共享的共性技术成果对主导产业及相关企业产生深刻影响，共性技术的决策与解决机制由企业与竞争者的合作来完成，实现创新主体的优势资源互补与行为协同；政府主导建立判断、执行、参谋和信息四个子系统的分工合作、密切配合的有机系统，对项目设计可行性、项目计划招标、项目实施和项目应用与共享给予合理的激励、协调和利益分配，对于辐射和带动创新网络向纵深发展具有重要意义。政府提供产业政策、基础设施、创新成果转移转化的激励政策，如税收优惠、人才激励、发展中介机构、公共采购等系列措施，对创新资源和创新行为的流动进行鼓励、调节，以达到促进创新和发展经济的目标。

随着科技不断进步，创新活动所必要的基础知识日益复杂，日益需要企业与科研机构之间、企业之间、科研机构之间进行合作，乃至建立一个以学习网络以促进知识流动。但是，由于各个企业、科研机构的利益诉求和出发点不同，很难自发地形成这样的合作网络。因此，需要政府协调，发挥政府的统领作用，促进各个创新主体的有机联系，集成整合专业化知识，优化学习网络，提高创新主体在不确定情况下的学习能力。首先，科技成果作为公共品或准公共品，使市场机制配置创新资源的功能扭曲，政府干预势在必行。其次，政府立足于国家战略和长远利益，尤其是在国际竞争日益加剧的背景下，提高创新水平进，而提升综合国力已成为各国政府的首要目标。最后，科技飞速发展，创新的复杂性和不确定性以及创新的困难与日俱增，投入不断增长，成为当前政府干预创新以提高创新绩效的重要根据。政府在协同创新网络中主要担当组织调节者、研发扶持者和制度建设者的角色，政府通过规划与政策，提供制度保障和支持，促进协同创新网络发展。

制度创新是科技进步的前提条件，必须发挥生产关系促进生产力发展的积极作用，服务于科技进步。创新的水平和效果如何取决于制度环境。作为创新成果的需求者，政府要以创新促进经济和社会的发展。因此，政府往往把大量的资金投入公立科研机构。作为创新的保护者和监管者，政府独有的政策制定和实施功能为创新主体提供专利保护等创新环境，有助于其创新功能的充分发挥。

政府在创新体系中的角色虽然不是首要性的，但在一定条件下，作为市场失灵的强力补充和矫正，其可由配角转变为主角，即通过制定和实施科技政策，引导科技发展方向，促进科技和经济协同发展。

（四）中介机构

中介机构是国家创新体系的重要组成部分，是创新服务的实施者，在实施服务时，成为创新环境的组成部分，是市场机制的重要载体，为创新提供管理服务、技术服务、法律服务等专业化服务。作为政府与市场、社会的中介，中介机构的功能主要是推动技术扩散，促进成果转化，促进创新要素有序、合理流动，优化配置科技资源。可见，在协同创新网络中，中介机构具有其他任何机构都难以替代的重要作用。创新成果采用要拥有知识等其他配套资源和配套能力，要拥有实施创新的运营能力，如技术配套能力和相应的资金资源等。单个主体难以完全拥有这些资源和能力。创新条件多样化和集成创新资源的要求与单个创新主体力量的有限性之间的矛盾，必须通过中介机构这个"桥梁"的服务，使创新成果、信息、人才等创新要素流动更加畅通，实现自身价值。

中介机构是加速信息传播和技术流通，提供咨询服务，推动创新成果市场化、产业化，在创新活动中发挥桥梁和纽带作用的组织。诸如生产力促进中心、科技咨询和孵化服务体系、风险投资组织、行业协会以及会计师事务所、孵化器组织、各个科技园和创业园等服务机构。因此，完善的中介机构提供良好的服务，可以加速知识传播和技术流通，提高创新成果的成活率、成功率。中介机构兼具市场的灵活性与公共服务性，拥有信息交流咨询、沟通联结、知识整合、鉴定评估、孵化直至商业化五大功能，为各个创新主体提供沟通、连接、协调和成果转化的服务渠道，提升知识等资源在网络中的流动速度和广度，增强协同创新网络功能。由此，资源在网络中流动的动力越大，创新机遇越多，创新成果就越多。如通过技术与人才市场为企业进行人才、技术、资金等创新要素的整合，在促进创新成果产业化过程中发挥重要的传播、扩散与信息的纽带和桥梁作用，有利于降低交易成本以及道德风险，实现资源互补，为创新主体提供便利。

市场信息的不完全性和市场失灵，为科技中介机构提供了"用武之地"。提高创新效率的重要途径之一是专业化，引起协作协同，降低风险和交易费用。在信息沟通作用下，交易费用才能降低，促使创新活动顺利开展和创新成果顺利转化。同时，创新的主流模式已从传统的线性创新向互动创新转变。因为企业有时不能独立开展研发，要有机地融入包括中介在内的创新网络，而互联网的快速发展为此提供了相当的便利。因此，中介机构必然成为协同创新网络的一个重要节点。

通过互联网，在虚拟空间创造新的、虚拟的产业群体，使创新网络成为现实。Passiante 等（2002）[1] 指出，网络化的世界经济正在创造一种新的经济前景，其突出表现为从国内网络创新驱动向国际创新网络驱动发展。协同创新网络命题的提出、分析、梳理，正是针对这一问题提出的。

此外，金融机构为创新提供资金支持、分担创新风险，为保持发展竞争优势，释放创新效能，要通过市场机制与政府手段开展创新合作，推动创新主体跨区域创新合作来增强创新能力，以形成创新网络。在功能上，企业注重技术创新，科研机构注重知识创新，政府注重制度创新和创新环境营造，中介机构和金融机构主要为创新主体提供服务及必要的资金支

---

[1] Giuseppina Passiante, Giustina Secundo, "From Geographical Innovation Clusters Towards Virtual Innovation Clusters", the Innovation Virtual System 42th ERSA Congress, University of Dortmund (Germany), August 2002, pp. 27 – 31, 1 – 22.

持。技术、人才、信息、政策、资金等创新要素频繁流动，使创新主体之间互动，各尽其能，最终形成共赢的局面。

（五）创新主体协同

上述五个创新主体彼此的特性决定了其职能不同，他们分别承担知识创新、产品创新、制度创新和服务创新等多种职能，相互协调协同，构成协同创新网络的基本框架。他们互补互动，科研机构虽拥有创新成果，但因资金、场地不足而无法产业化，则可采取成果转让或参股方式与受让企业合作，实现成果产业化。这种成果一般是成熟、先进实用的，可实现双赢或多赢。通过联营、参股与入股、股份合作等多种形式，拓宽企业与科研机构的合作空间，促进官产学研用等主体结合。目前，中国许多企业规模小、资源有限，无力研发重大项目。因此，要鼓励企业合并和购并，聚集、整合创新资源，促进创新能力提高。这往往孕育并促进着创新的重大发展和飞跃，是创新的重要基础条件和核心竞争力不竭的源泉。

企业为主导，是指创新的方向与目标是实现市场价值，创新需要的知识、资金等基本要素要从市场上获取，依据市场价值的判断特性，延伸到科研机构为主的知识创新体系中去，企业与知识创新体系进行互补互动，应对和克服创新过程中因信息不对称而带来的创新风险和交易成本增加。政府要深入推进创新成果使用、处置和收益分配体制改革，强化对创新成果转化的激励，将符合条件的创新成果的使用权、处置权和收益权下放给项目承担单位和课题组成员，加强财税政策和政府采购等政策的协同，形成协同创新合力。政府要对关键技术和共性技术的研发、扩散和转化进行引导，通过财政投入建立风险基金对创新主体进行利益协调与风险补偿，通过设计合理的机制，实现创新主体优势互补、利益共享，促进创新资源的有效配置，增强企业技术和产品的推广能力。

在协同创新实施中，各种主体的优势与需求是推动协同创新形成的重要因素。企业需要人才及大型设备等实验平台，可通过协同网络从科研机构中得到满足。通过整合创新资源，为创新提供需求导向，并促进创新成果产出。科研机构凭借其资源优势，致力于创新技术和知识成果服务企业，培养企业所需要的管理和技术人才，是协同创新发展的关键环节。但是，其缺乏资金、实践信息、市场信息和科技需求信息。因此，政府应通过计划、财税政策、科技与教育等工具和资源投入，发挥资源汇聚、引导、激励和保证作用，推进科研机构、企业与国际研发深度融合，解决当前存在的创新资源条块分割、封闭运行，成果转化率低等问题；依托行业协会形成制度与规则，减少投机行为；运用教育、各种媒体及展览会、交流会等多样形式培养创新文化,促进隐性知识流动,营造尊重知识产权的创新氛围。

企业和科研机构拥有的创新资源具有很强的互补性或相互依赖性,科研机构对于知识扩散的需求与协同创新知识源的需求,构成双方合作的供求关系。在各种合作中,协同创新最能体现要素的互补优势、规模优势。创新主体之间存在很强的资源互补、结构互补和功能互补互动的特性,蕴藏着巨大的结合与协作潜力(陈翔峰,2005)。这也是一种异质性组织之间的合作,即经济组织与科技组织的合作,是实施创新活动的一种有效形式(郭斌,2007)。

总之,政府是制度的创新主体、科技组织者和服务者,是科技进步的重要保障;企业是研发和科技成果的实施主体;科研机构是创新成果的源头和人才孵化器;中介组织是创新资源和创新行为的桥梁及纽带。

## 二 创新的含义

熊彼特(1912)在其代表作《经济发展理论》中率先提出创新理论。创新是"建立一种新的生产函数",即创新产品、采用新方法、开辟新市场、获得新原料或新的半成品、创新组织形式,将这些新的生产要素和生产条件组合后,引入生产体系,获取超额利润。其他学者关于"创新"的定义概括如表2-1所示。

表2-1 其他学者关于"创新"的定义

| 学者 | 定义 |
| --- | --- |
| 布劳和麦金利(Blau and Mckinley, 1979) | 设计的新产品获奖、成功上市并投产 |
| 阿马拜尔(Amabile, 1988) | 创新设定程序、生成创意、创意实验与实施、评估结果四个阶段 |
| 坎特(Kanter, 1988) | 创新包含创意生成、实现和迁移三个过程,包含新知识转化运用、信息链接、服务改变与资源再利用等 |
| 波特(Porter, 1990) | 用新方法去完成商业化任务,创新过程无法从创新策略和竞争中分离 |
| 德曼波(Demanpour, 1991)[①] | 组织内部自然生成或向外购得的因素,对组织而言是新的 |

---

① Demanpour, F., "Organizational Innovation: Ameta - Analysis of Effects of Determination and Moderators", *Academy of Management Journal*, Vol. 34, No. 3, 1991, pp. 555 - 590.

续表

| 学者 | 定义 |
| --- | --- |
| 斯科特和布鲁斯<br>（Scott and Bruce，1994） | 问题发现和解决等多个过程 |
| 道赫蒂和鲍曼（Dougherty<br>and Bowman，1995） | 复杂问题解决，包括产品功能创新、部门协同、资源及结构、战略的协同配合 |
| 曼弗雷德（Manfred，2001） | 创新的本质即知识的生产 |
| 郎德（Ruud，2002） | 创新始于观念革命，以全新的角度反思既有观念 |
| 陈美如（2005） | 新的事物、知识，提供新的产品和服务，从创意中获利 |
| 朱桂龙等（2006） | 基于技术能力，研发制造出适应需求的新产品 |
| Troshani 和 Doolin（2007） | 适用于改进和完善产品、服务或流程的新创意 |
| 钱锡红等（2009） | 新奇的想法、事物、惯例被创造、发展或再发明 |

资料来源：笔者整理。

创新研究不断深入，创新过程和机制并非简单的线性过程，而是复杂的、非线性的、多要素的多元过程（陈劲、黄淑芳，2014），自主创新理论（陈劲，1994）和全面创新理论（许庆瑞等，2004）不断得到发展，正在成为新的研究重点和规范。

经济、社会、政治、文化等因素影响创新。创新是与经济相关联的系列活动，通过相互依赖的专业化分工而形成的体系。近二十年来，基于信息化和全球化，从创新的必要性、有效性、获利性、协同性和国际性，创新成功与扩散等方面来诠释创新的概念有所进步，尤其是在系统化创新研究方面做出不懈的努力。比如，哈纳（Haner，2002）把创新从创造、新颖和非常规引向标准化及系统化；克罗森（Crossan，2010）用多维度的创新组织，对创新概念进行新的集成发展。

## 三 科技

科学技术是集成集合的概念，具有渗透性、超前性和分享性。简称科技，似乎两者已合二为一，其实两者的本质属性仍然区别很大。科学是关于自然、社会和思维三大领域的知识体系，技术是关于在社会实践和知识基础上所使用方法和工艺的总和。生产进步的可能性是科学提供的，而技术把这种可能性变为现实。

科技是一个独立的活动领域广泛的发展过程，是可持续发展经济目标的一切动态手段的总和。现代科技是劳动者在研发以及经济实践中，根据经济活动的目的所使用的智慧、技能的系统总和。泛指人类在研发和经济活动中认识、改造和适应自然，实现人与自然和谐、经济与社会可持续发展所积累的知识和技能的系统总和。科技进步的概念，可从以下三个视角进行理解和研究。

第一，过程论。创新是在经济发展中引入新产品、新方法，实现要素和效率提高的非常规性行为，包括新产品、新技术、新方法传播、转化、应用等一系列前后继起、彼此关联的过程。也是构思与设想、创造及成果推广应用、生产销售和效益最大化的过程。创新是运营科技要素，从而产生经济效益和社会效益的一系列经济活动的总和。

第二，外延论。其有三重理解。基本含义是：为改进产品质量、工艺而提出或引进的新方案和新样品的发明，并投入经济活动；扩展含义是：科技投入物按比例投入资源并有效配置；目的含义是：新发明、新技术应用于经济活动，使资源优化配置，带来长期稳定的利益。

第三，过程与外延兼有论。其包括狭义和广义两个方面，前者是指其成果的发明创造，后者是指其将发明成果应用到经济活动中所引起的生产要素效应放大、经济效益提高的过程。

综上所述，科技研究的共性是：都强调新产品创新，从创新与经济方面的联系来界定其性质，凸显概括性和周延性，尤其是着眼于未来，探讨经济可持续发展的性质。

### 四 创新的基础理论

协同创新网络的经济学基础，包括熊彼特的创新理论、马歇尔和保罗·克鲁格曼（Krugman）的外部经济理论、韦伯和佩鲁（Perroux）的集群经济理论、波特和斯科特的新产业空间组织理论、科斯的交易成本理论，等等。

近年来，在经济演化论发展的背景下，以曼斯菲尔德、卡门、纳尔逊、温特、弗里曼、多西和罗森伯格等为代表的"新熊彼特"学派吸取熊彼特的思想，以演化经济学为指导，提出创新扩散、企业家创新和创新周期等模型，认为创新是一个复杂的淘汰筛选过程，每个环节都充满不确定性，政府干预、创新主体合作、协同弱化乃至消除这些不确定性，缩短创新时滞，促进成果转化。熊彼特的创新理论逐渐发展或融合到"新熊彼特"的创新论中去，形成创新的分支理论。一是探索创新动力，形成技术推动、需求推动、政府行为启动、企业家创新偏好驱动、经济危机推动、自然危机推动以及技术、社会、经济系统的自组织推动等理论。二是研究创新环境，即分析内部组织、内外部因素互动对创新的影响，形成创新网络理论。三是探讨创新扩散，如提出"创新扩散也是创新"。

目前，学术界从体系、主体、过程等不同方面对创新的内涵进行界定，但对其定义大致可分为狭义的创新和广义的创新。广义的创新是指创新主体充分利用研发系统、衔接系统和应用系统，通过协同创新和创新成果扩散，实现科技支撑经济发展的目标。综合起来说，创新具有以下三个特性。

第一，高风险性。由于资源和市场的双重约束，形成难以捉摸的多变市场，而信息不充分，更加剧了风险的突发性与随机性，加上经济发展的综合性、生产条件的差异性，决定了出成果难、出优质成果更难的情景。

第二，系统性。它是一个复杂的、由多个子系统构成的系统工程，是多个不同社会组织和网络组织在相互影响和互动中产生和发展的。这要求既要注重单项效应，更要注重多项科技的协同效应。

第三，公共产品性。大部分科技产品一般具有公共产品的三大特性：①非排他性（非竞争性）。采用某种技术并不能限制他人采用，致使"搭便车"，意味着创新的市场供给不足，投资量难以达到最优状态。受市场制约的科技表现为需求庞大而供给不足的矛盾。②社会效益性。创新的社会效益远远高于经济效益，主要表现在：促进资源持续高效利用，改善生态环境，建设创新型国家。③基础性。作为经济可持续发展的基础和前提，科技支撑起全国和世界经济与社会的长期发展。基础研究，既为经济发展提供科技支撑，又为其他学科发展提供必要的知识支撑。

在企业范围之内，将创新视为从技术到组织制度变化的全过程。从要素的组合角度来看，狭义创新着重考虑研发、生产和营销等阶段的要素优化组合，广义创新还包括后续的一系列要素的组合过程，直至推动整个经济发展。同样，本书提出广义创新观，即视创新为核心要素，是技术与市场和若干支撑要素在战略、文化、制度、管理等方面资源互动的协同过程。协同创新，既考虑过程，也考虑要素组合结构。人们日益倾向于把创新看作由多种要素互补互动构成的复杂系统。有必要基于系统的视角研究创新，提出协同创新网络的概念，遵循协同创新规律，通过优化创新要素结构，提高创新绩效，放大协同效应。

基于更广泛的视角，创新涉及研发、技术管理、组织、制造、营销、用户参与及管理和商业活动，以及政府支持创新的政策等制度和文化。但是，限于篇幅，本书不讨论文化对于创新的影响与作用。

## 第二节 协同创新

### 一 协同创新与合作的关系

协同与合作有本质的区别。协同要尽可能顾及对方利益，如同对自己利益的考虑一样①，而合作是以自身利益增进为基础而开展创新活动的。与合作相比，协同是基于互动性、协调性、元素之间的相关性，强调共同目标而风险共担、利益共享。研发合作是指企业、科研机构、非营利组织和政府等机构，以创新为目的，为克服高额研发投入和高度不确定性，避免风险，缩短周期，应对意外事件，节约交易成本，通过契约或隐性契约组成的伙伴关系。其有明确的合作目标和期限，共同遵守契约规定的成果分配、风险承担等条款。研发合作的内容包括三个方面：①在科技与经济一体化的过程中，创新主体在平等互利、风险共担、共同发展的机制下开展的多种形式合作；②科研机构把成果迅速投向企业，并积极促进其转化为生产力；③企业与科研机构双方或多方为共同的目标和利益而形成的合作交流关系，合作活动随着项目结束而中断，这种联系是松散的、非组织化的短期行为。

协同论创立者哈肯认为，"协同是包含多个子系统的复杂系统内部，各个子系统之间的协同行为会产生超越各个子系统单独作用，进而形成复杂系统的整体联合作用"②。即协调各方关系、各种知识、各种利益，沟通各方数据、信息，将思想智慧与实践力量协同，促进不同学科研究相互碰撞，推动不同学科交叉融合，突破传统研究方向和模式，填补学科之间边缘领域的空白，提升承担大科研项目的能力，提高创新成功率。参与者拥有共同的目标与内在动力，依靠互联网构建资源平台，通过共建科研平台等合作创新机制，进行全方位交流交换、多样化协作，基于协同创新理念，发挥各个创新主体在创新过程中的积极作用，增强协同创新网络的活力和能力。

协同是以合作伙伴的共同利益为基础，以重大创新和系统性创新为目

---

① Miles, R. E., Snow, C. C. and Miles, G., *Collaborative Entrepreneurship: How Communities of Network Firms Use Continuous Innovation to Create Economic Wealth*, Stanford University Press, 2005.

② Haken, H., *Synergetic: An Introduction*, 3nd ed. Berlin: Spring – Verlag, 1983.

标，以资源优势互补、互动互惠、连续稳固的系统性效用互动为前提和合作内容，系统内的主体或子系统相互协调合作或同步的联合作用及集体行为，创造协同效应。协同具有以下四个特性。①整体性。自然界中，无论是简单系统，还是复杂系统，都是在各个子系统之间、在各个组成要素之间存在连接、合作、协同协调而形成统一的整体性、关联性。②网络性。为快出成果，出大成果，风险最小，必须取长补短，借助网络协同作战。③范围广。成员可能来自不同行业，甚至不同国家和地区，成员来源比合作研发更为广泛。④战略性。网络成员为破解系统性创新问题，实现彼此的长远利益，共同研发，以改善今后或更长时间的经营环境条件。所以，战略计划和实际运作具有重要意义。

与合作不同，协同目标明确，以开放式创新实现"产学研用紧密结合＋横向开放动态发展"及各个主体更加紧密结合，更加强调各个创新项目的非线性发展特性。包括科研机构在研发上随时与企业互动，在与企业的合作中发现产业化商机，将科研成果产业化。合作强调垂直线性的技术转移模式，主要形式为企业出资，科研机构研发，再将成果移交给企业进行产业化开发。

与一般合作不同，协同产生要经历各个要素从无序有序、从非协同到协同、从非合作博弈到合作博弈关系的复杂过程，博弈双方或多方，经过多次博弈，趋向于双方的纳什均衡。各个主体基于自身利益最大化不断博弈，最终实现整体协同效应最大化。

总之，协同是复杂事物简单化、专业化的必由之路，集众人的资源与智慧，创造更好的协同效应。合作与协同都是人们之间和团队之间为完成共同任务而采取的措施，但是，协同能够把合作各方的力量聚集起来，并进行系统化、集成化，优化各个系统的资源配置，共享子系统资源，实现协同创新网络中各个要素的优势互补互惠，因而创造协同效应。合作的层次有高有低，高层次的合作即协同，这使各个研发子系统中的要素相互匹配，从而促使研发系统有序发展，使团队产出超过单个成员工作的产出之和。研发团队效率的高低是决定于跨功能、跨背景、跨部门的人员和机构的相互补充、相互激发、互补互动的效用。

## 二　协同创新的概念

### （一）　文献评述

美国学者彼得·格洛（Peter Gloor, 2006）最早将协同创新定义为由自我激励的人员组成的网络小组，形成集体愿景，借助网络交流思路、信息及工作状况，合作实现共同目标。

中国工程院院士许庆瑞以"协同创新"主题在国内发表第一篇 CSSCI 文章[1]，开创中国协同创新研究的先河。之后，有关研究成果逐渐丰富，对协同创新的模式与特征、影响因素、知识产权机制等方面进行诸多探索，理论研究急剧升温，使有关研究主题渐趋明晰，有利于从总体上识别中国协同创新理论研究的现状和发展脉络。研究内容包括协同创新理论基础与内涵，其主要包括知识分享和整合、资源的优化配置、创新行为的同步优化。关于协同创新的研究，学者主要从协同创新的内涵（陈劲、阳银娟，2012）[2]、模式（何郁冰，2012）及机制（许彩侠，2012）等方面进行理论探讨。然而，学术界基于不同角度，对协同创新内涵尚未达成一致。

许庆瑞（2003）提出，网络创新是基于创新成果成功所形成利益分享期望前提下的多个参与者之间的互补互动，是应对创新复杂化和市场竞争加剧而形成的各种创新关系的总和。

陈劲等（2012）认为，协同创新是企业、科研机构、政府、中介机构和用户等为实现重大创新而开展的深入合作和大跨度整合的创新组织，其核心是知识增值，是各个创新要素的整合以及创新资源在系统内的无障碍流动，产生系统叠加的非线性效用。

林润辉等认为，在协同创新网络内，主体联系促进创新知识在不同主体之间共享，实现创新能力从个人层次上升为组织层次，要素整合和互动，提升主体及网络整体并将其内化和应用在创新活动中，实现网络协同效应[3]。

刘友金、杨继平（2002）指出，竞争是创新的重要形式并构建集群中协同竞争博弈模型。崔琳琳、柴跃廷（2008）将协同定义为一定群体在某种合作机制下，在个体满意的前提下，达到整体效用最大化。

胡恩华、刘洪（2007）指出，协同创新是一个通过竞争机制，启动创新，优化配置的过程，以满足创新行为最大化的适应和匹配机制。

创新是一个协同过程，注重对跨组织的资源、流程整合，从选择、沟通、学习和搜寻四个方面分析协同创新机制，由点（主体）及线（产业链）到面（整体）的提升创新水平（王琛、王效俐，2007）。

---

[1] 许庆瑞：《技术、组织与文化的协同创新模式研究》，《科学学研究》1997年第2期。
[2] 陈劲、阳银娟：《协同创新的理论基础与内涵》，《科学学研究》2012年第2期。
[3] 林润辉、谢宗晓、丘东、周常宝：《协同创新网络、法人资格与创新绩效——基于国家工程技术研究中心的实证研究》，《中国软科学》2014年第10期。

万幼清、邓明然（2007）认为，协同创新是知识过程，知识存量、创新主体之间知识的转移能力、知识的复杂性、创新动力和创新能力、协同度等因素影响协同创新绩效。协同创新研究可分为两个方面：从主体关系出发，既有文献研究不同主体之间的协同创新，以企业之间及其与科研机构协同创新两类关系为主；从内部关系出发，不同要素之间以及不同组织部门之间的协同创新。

彭纪生提出微观层面的协同创新，即创新资源和创新行为在技术创新过程中各个环节的协同整合[1]。协同创新是将各个创新要素进行系统优化、合作创新[2]的过程，其优势独特，在推动重大技术进步方面的作用日益突出，以协同创新为视角构建创新体系，是建设创新型中国的必由之路。

协同创新不是联系松散的组织，更不是为完成某一具体任务而临时组建的组织，而是软硬件兼备且具有可持续发展能力的实体组织，其以经济发展的重大科技需求为导向，重点研究和解决国家急需的科技尖端领域的前瞻性和"瓶颈"性问题。协同创新是若干个创新主体的合作机制，是一种国家战略，是建设创新型国家的重要手段。基于战略学、国家创新系统等理论，陈曦构建了创新驱动发展格局、机制和平台为基本维度的创新驱动发展系统，弥补以往研究的片面性与静态性[3]。战略是国家筹划和指导全局的竞争方略，决定全局的发展方向和定位。

关于协同创新概念和内容的研究，可谓见仁见智。总体来说，学术界对协同创新概念的界定大致可归纳如表2-2所示。

表2-2　　　　学术界对协同创新概念的界定

| 研究者 | 年份 | 主要观点 |
| --- | --- | --- |
| A. Persaud[4] | 2005 | 多个参与者基于研发合作，为提升创新绩效而进行的协同过程 |
| F. Serran 等[5] | 2007 | 涉及知识、技术、信息、资源等多个方面的交叉与融合的复杂的交互系统 |

---

[1] 彭纪生：《中国技术协同创新》，中国经济出版社2000年版，第85—100页。
[2] Veronica Serrano and Thomas Fischer eds., *Collaborative Innovation in Ubiquitous Systems*, International Manufacturing Press, 2007, p. 18.
[3] 陈曦：《创新驱动发展战略的路径选择》，《经济问题》2013年第3期。
[4] Persaud, A., "Enhancing Synergistic Innovative Capability in Multinational Corporations, An Empirical Investigation", *Journal of Product Innovation Management*, Vol. 22, No. 5, 2005, pp. 412 – 419.
[5] Serran, F. and Fischer, T., "Collabortive Innovation in Ubiquitous Systems", *International Manufacturing*, Vol. 18, No. 5, 2007, pp. 599 – 615.

续表

| 研究者 | 年份 | 主要观点 |
| --- | --- | --- |
| 胡恩华、刘洪[1] | 2007 | 与环境之间既竞争又协同受益,通过复杂的非线性互动产生自身无法实现的整体协同效应 |
| D. Ketchen 等[2] | 2007 | 通过知识、专门技术的共享,实现跨组织边界的持续创新 |
| S. Stefans[3] | 2009 | 有效地应对环境变化来提高组织的创新能力 |
| 陈波[4] | 2014 | 以国家意志引导和机制安排,整合资源,发挥彼此能力,优势互补,加快技术应用 |
| 张在群[5] | 2013 | 企业共同开展研发活动,涉及知识共享和技术转移活动而形成的合作关系 |
| 张竹、武常岐[6] | 2015 | 在特定引导和机制安排下,通过交互与协同作用使不同创新主体之间有机配合,发挥彼此优势,整合互补性资源,加速技术开发、推广、应用和产业化的过程 |

资料来源：笔者整理。

### （二）协同创新的性质与分类

协同创新是复杂的创新组织,主要表现为以科研机构、企业为核心要素,以政府为辅助要素的多元创新主体互补互动的网络创新模式。重点关注要素整合、知识和技术在不同点之间的转移与融合,通过主体之间的深入合作与资源整合,产生"1 + 1 + 1 > 3"的叠加非线性效应。与以往的产学研合作相比,协同创新的显著特征是：其立足点、着力点和目标着眼于解决经济与社会发展中的重大问题,将各个企业分散的点和孤立的创新联结成创新网络,实现各个人才与知识、技术和法律政策资源的耦合,开展跨学科、跨部门、跨行业、跨地区、跨国界合作研究,协同攻关。这要

---

[1] 胡恩华、刘洪：《基于协同创新的集群创新企业与群外环境关系研究》,《科学管理研究》2007 年第 6 期。
[2] Ketchen, D., Ireland, R. and Snow, C., "Strategic Entrepreneurship, Collaborative Innovation, and Wealth Creation", *Strategic Entrepreneurship Journal*, Vol. 1, 2007, pp. 371 – 385.
[3] Stefans, S., "Inform Diaries and Collaborative Innovation: A Case Study on Information and Technology Centered Intermediation in the Dutch Employment and Social Security Sector", *Information Polity*, Vol. 14, No. 4, 2009, pp. 245 – 262.
[4] 陈波：《政产学研用协同创新的内涵、构成要素及其功能定位》,《科技创新与生产力》2014 年第 1 期。
[5] 张在群：《政府引导下的产学研协同创新机制研究》,博士学位论文,大连理工大学,2013 年。
[6] 张竹、武常岐：《协同创新网络演进研究——以腾讯开放平台为例》,《经济与管理研究》2015 年第 12 期。

求创新主体积极参与,通过项目合作、人才交流交换,共建协同创新过程中心。各个创新主体之间形成平等合作关系,也是无向的实体关系。

作为开放式创新,其是一项更为复杂的创新组织方式,其关键是形成以企业、科研机构为核心要素,以政府、金融机构、中介组织、创新平台、非营利组织等为辅助要素的多元创新主体互补互动的网络创新模式。人们对协同创新的理解虽然有迥异,但其内涵至少包含以下 11 个特征(王章豹、韩依洲、洪天求,2015;解学梅、方良秀,2015):

(1) 主体多样性。主体不仅是技术创新主体——企业,还包括其他创新主体,如知识创新主体———大学与科研机构、制度创新主体,如政府,以及中介机构等。可见,协同创新不是单一创新主体的行为,而是多个创新主体共同参与、协同互动、交互催化的过程。

(2) 多维协同性。作为大跨度整合的创新组织,协同创新的关键是形成以企业、科研机构为核心要素,以政府、金融机构、中介组织、创新平台等为辅助要素的多元创新主体互补互动的网络创新模式[1][2]。在协同创新过程中,各个创新主体构成了技术和知识网络节点,因为各个节点具有不同的功能和特性,并按非线性方式进行状态转化,节点之间存在着多元的、交互的、非线性的、强耦合的多维协同关系,且这种多维协同关系具有动态演进特性,能够促进网络结构的不断变化与更替,使其沿协同链在整个网络节点中传递、反馈、扩大,从而激发新的创新。

(3) 共享性。协同创新网络具有大量的技术转移和知识溢出,主体之间相互学习和交流知识,实现信息双向流动、知识资源共享及创新成果共享,进而提高参与主体的创新能力和综合实力。关系(社会)接近性基于共同文化和认知结构的相洽性,为网络内创新主体实现知识转移和扩散提供了前提。

(4) 集成性。集成是指创新主体打破学科、组织、体制、机制的樊篱,突破部门、区域、行业甚至国别界限,对要素进行优化、整合,形成具有功能倍增和适应进化的有机整体。即最大限度地汇聚集成各个创新主体的人才、资金、技术、设备、信息等创新资源,促进不同分工系统资源的优化配置、深度融合、协同攻关,创新链中主体之间的有效对接。

(5) 高效性。各个参与主体及要素通过复杂的非线性相互作用,由

---

[1] 王章豹、韩依洲、洪天求:《产学研协同创新组织模式及其优劣势分析》,《科技进步与对策》2015 年第 1 期。
[2] 解学梅、方良秀:《国外协同创新研究述评与展望》,《研究与发展管理》2015 年第 4 期。

此，创新主体密切配合和协同，相互关系呈现复杂性和随机性，促使创新系统呈现出不同于线性叠加的整体效益大于部分效益之和的协同增值效应。

（6）持续性。一般以契约或产权为纽带，将各个创新主体聚集并形成紧密、长期、稳定的互补互动与密切合作关系，推动可持续创新。

（7）复杂性。协同创新日益复杂，各个方面的要素都呈现出多样化，各个方面的关系都表现为复杂化，各个成员投入的大量无形资源和有形资源，形成互补互动互惠。

（8）不确定性。协同创新涉及多元化主体，对未来的益损等经济状况的分布范围和状态难以确定，对创新活动持续的时间、发展的趋势和最终结果，难以准确预测。

（9）高风险性与高增值性。在市场经济中，高投入与高风险并存，高利润率与高失败率同在。统计分析表明，创新失败的原因多种多样，尤其是失败率要远远大于成功率，即使在发达国家，创新项目的成功率也相对较低。有关研究证明，若成功率达到20%，那么一旦创新成功，不但能回收投入的全部成本，而且能获得较高的利润率。

（10）知识性。创新是积累和提高学习能力、使知识转化为创新成果的过程。

（11）能动性。创新主体的协同创新意识强烈、积极、主动、持久。

协同创新进一步发展，是基于空间接近性或关系（社会）接近性而形成的协同创新网络，既不同于传统意义上的线性创新模式，又有别于一般意义上区域创新系统和企业协同创新系统。

协同创新是一个通过连锁反应机制，激活创新企业，催化创新主体之间的交互关系，优化配置和刺激创新生成的过程，旨在追求寻找满足整体创新行为最大化的适应和匹配。

协同创新可以划分为原始创新、集成创新和引进技术再创新三类。因为协同创新是有多个创新主体参与的互动整合创新，这些主体可能来自不同的部门、社会组织，也包括跨国公司、国外研究组织等。原始创新是在基础研究和高科技等领域进行协同创新、取得独有的发现或发明，是独立自主的突破性创新；集成创新则是依托既有技术集成和资源整合实现创新；引进、消化、吸收、再创新是依托技术引进，特别是在对引进技术进行协同再传播、协同再学习、协同再吸收、协同再创新的过程。

基于资源要素来源视角，协同创新有网络内外之分。网络内协同创新是指一定网络内各个要素之间的互动与优化组合；网络外协同创新是指产业之间或区域之间各个创新行为主体之间及创新要素之间的交互作用与优化配置组合。因此，在使用创新概念时，通常是指产业之间的协同创新。基于产业视角，与协同创新相关的影响因子主要有以下两类。

第一类影响因素是对某个复杂性创新起决定性作用的核心资源，主要有两个方面：一是创新主体，具体体现为企业、科研机构、政府等主体之间的互动协调；二是创新资源，主要包括创新过程中的知识、人才、资金，其相互关系体现为创新资源在市场与政府互动作用下自由流动，从而实现创新资源和行为优化组合。

第二类影响因素是对某个复杂性创新有一定程度影响的辅助资源，主要有发展战略、区域制度组织、区域环境等。

上述两类影响因子之间存在着复杂互动、协同演化的关系。因此，可以将协同创新界定为：以应对系统性创新为目标，以获取协同剩余为动力，通过核心资源和辅助资源的分工、竞争和融合、互动和整合等作用，实现整体协同效应的过程。

国外学术界认为，研发合作的本质是基于分工的一系列创新活动，创新主体在创新过程的某一阶段或全过程中参与互补互动，即协同创新。协同创新是充分调动各个创新主体的积极性和创造性，跨学科、跨部门、跨行业组织实施的深度合作和开放创新，与战略联盟、供应链以及虚拟组织等组织理论是同步发展的。这对于加快不同领域、不同行业以及创新链各个环节之间的技术融合与扩散，尤为重要。

通过创新主体复杂的非线性互动产生单独要素所无法实现的整体创新溢出乘数和非线性协同创新效应。

综上所述，协同创新是指创新主体为解决重大、系统性课题，完成共同创新目标，以资源共享、共担风险等共同利益为基础，形成一个机理复杂的创新因子流动顺畅、整合、有机配合、互补互动互惠的关系总和，实现创新的协同效应。其同步性体现在协同创新过程中要素在时空上是同步并继起的，时间上创新要素要继起衔接，空间上的同步性要求创新要素形成协调一致、平行的整体运动，从无序走向有序。

（三）协同创新原则

（1）差异互补性原则。在科研战略布局上，既要有上游的创新引领，也要有中下游的传承创新驱动。在认同和遵循优势原则的同时，不同组织之间、不同人员之间、不同学科之间，进行互补互动互利的协同发展，实现资源的高效配置与高效利用的有机结合。

（2）认同和信任原则。即认同协同创新网络的形式和内在运行机制、发展方向、目标、任务和价值取向等，以协作协同为机制，以项目协作、科研攻关、人才培养等为内容进行协同创新。

（3）共享开放原则。即对协同创新组织内重要成果的共享、研究平台、研究资源的共享开放，以学科内在的有机联系为纽带，组织不同创新主体围绕学科发展的某一方面进行顶层设计与协同创新。

（4）竞合原则。即创新主体既竞争又合作，既保持独立性又相互依赖、相互联系，进行全产业链、技术链等的顶层设计，组织跨地区、跨部门、跨行业的不同创新主体，以攻克国家及产业突出的关键技术、共性技术为主要目标，各个创新主体之间形成多子目标、多层次、多变量的非线性关系，构成各种正向或反向的复杂反馈机制，共同推进协同创新，以创新驱动发展。

## 三 协同创新效应的内涵与机制

（一）协同创新效应的内涵及分类

国内外学者对协同效应的研究主要是基于企业微观视角展开的。在创新过程中，由于技术和知识分散在不同的技术领域和不同的主体中，协同创新过程需要各个创新主体之间的互动耦合。

协同程度作为描述系统或要素彼此相互作用的程度，决定了系统在达到临界时由无序走向有序的趋势。网络内各个创新主体通过各自的耦合元素形成系统模块和结成关键链接节点，各个模块和链接节点协同整合与非线性互动程度，即可定义为协同创新程度；而协同创新程度所产生的效应被界定为协同创新效应，其大小反映了对创新系统的贡献程度。需要指出的是，协同创新效应的产生有其内在的根据和必要条件。

在创新过程中，主体之间的非线性互动关系和协同过程中非线性最佳组合结构是协同效应产生的内在根据；创新主体之间在价值创造上的耦合关联程度是协同创新效应产生的必要条件。然而，这种必要条件具备了也不一定能够产生协同效应，只有在创新制度和机制上进行协同，才能保证协同效应的产生。

已有研究表明，企业层面的协同效应主要分为要素协同、主体协同、方式协同、空间协同等。由此，将协同创新效应分为要素协同效应、主体协同效应、方式协同效应和空间协同效应四种；并且这四种协同效应是随着协同程度由轴心向边缘递减而呈现逐渐减弱趋势。

（二）协同创新效应的运行机制

创新系统内所有协同活动及其遵循的程序和规则称为协同创新机制。

协同创新机制是指在内外因素作用下，网络内不同创新主体、创新要素及其相互作用的各个环节之间建立的内在有机组织，通过有机组织内部之间互动联结以及与外部环境的耦合，驱使协同系统形成和发展的内在机理及控制方式。包括以下运行机制通过共同的作用机理嵌入协同创新体系中，使系统协同效应达到最优、协同效应最大。

（1）自组织机制。协同创新的性质要求促成一般创新要素组合，并转向自组织。协同创新网络可以看作一种自组织系统。各个创新主体在系统环境的刺激和约束下，通过与外界交换物质、能量和信息，不断完善组织结构和运行模式，形成连锁反应机制。其中，网络内知识的产生、传播和应用能力是增强协同创新系统自组织性的外部动力；系统内各个要素之间的对立与统一是促使系统自组织性的内部动力。协同创新效应产生的最本质表现是其自组织的运行机制引起的，当外部环境相互作用达到一定程度时，必然要求网络内不同主体之间实施创新协同，通过要素之间的互动耦合，自组织成为有利于协同效应产生的有序结构。这种结构的产生和发展是结构本身具备自组织运行的开放性和自我调控力。协同创新系统自组织成为有序的结构，必然要求其具备开放性，促进创新"负熵"的流入。协同创新系统在其演进过程中，通过根据环境变化适时调节系统内部各个子系统的关系，来促进系统向更为有序的结构演化。

这种结构的产生和发展是结构本身具备自组织运行的开放性和自我调控力。

（2）耦合机制。耦合是指两个或两个以上的系统或运动形式之间彼此影响以及联合起来的现象，后来泛指各个子系统之间相互依赖、相互作用、相互影响与促进的动态联系。子系统之间的耦合程度决定了协同效应的高低。软科学领域中，耦合概念被进一步拓宽，更多地强调并表现为一种由互动产生的效能，甚至指代系统之间广义的互补互动。在系统科学领域中，紧密耦合和松散耦合受到广泛关注。前者通常可以使系统更为稳定，整体目标的实现能力更强。而后者使系统内子系统之间联系较弱，子系统相对独立，但仍然保持一定的联系，相互支持、相互影响与学习；支持那种作为整体的表现和部分特征并存，整体表现并没有因为功能分散于各个部分而失去核心或失控，既保障整体一体化，又允许系统个体独立性及其作用的发挥。耦合理论为研究协同创新网络提供了分析视角和理论基础。

在创新过程中，由于技术和知识分散在不同的技术领域与不同的主体中，协同创新过程需要各个创新主体之间的互动耦合。协同创新要求区域内不同的创新主体之间产生互动耦合。这种耦合机制在系统内表现为不同创新主体的耦合关联，在系统整体上表现为创新要素的耦合互动。耦合机制运行过程主要是通过要素的耦合功能，加速技术创新扩散，产生增值效应。协同创新节点的互动耦合以及技术刚性促使区域内不同创新主体之间产生复杂的产业关联、要素整合、协同合作的非线性关系，并且其网络协同的稳定性随着企业与其他创新主体协同程度的降低而减弱。因此，协同创新始终处于一种非平衡状态，这种状态使由各个企业协同作用产生众多的竞争力小涨落相互增强组成产业的巨涨落，尤其是随着更多的创新主体参与到协同中，能够构建稳定的上下关联的产业链，在更大范围内实现创新要素共享和资源配置。

耦合程度决定协同程度。协同程度作为描述系统或要素彼此相互作用的标尺，决定了系统在达到临界时由无序走向有序的趋势。网络内各个创新主体通过各自的耦合元素形成系统模块和结成关键节点，各个模块和链接节点协同整合与非线性的互动程度定义为协同创新程度。其大小反映了对创新系统的贡献程度，而协同创新程度所产生的效应则界定为协同创新效应。

需要指出的是，耦合机制构建需要具备以下条件：①要素耦合性，即协同双方或多方必须具备创新要素的相容性，包括产业互补性、技术相关性和知识互补性；②理念耦合性，即协同双方在合作理念上需要具有一致性，尤其是文化需要具有相容性；③环境耦合性，即协同双方需要具备稳定无冲突的内外环境；④效应耦合性，即协同双方要具备共同的一致性目标。

在创新过程中，主体之间的非线性互动关系及其在协同过程中的非线性最佳组合结构是协同效应产生的内在根据；创新主体之间在价值创造上的耦合关联程度是协同创新效应产生的必要条件。

（3）协调机制。协同创新效应的产生，需要具备有效的协调机制，协调机制的效用大小决定了协同效用的大小。其主要包括制度协调机制和市场协调机制。制度协调机制主要是对协同创新行为进行战略引导、政策服务和激励；其执行主体是跨行政区域的相关机构和地方政府。市场协调机制是协同创新过程中进行非均衡状态下的自我调节。在市场经济条件下，协同创新行为以企业为主体，通过市场竞争来选择协同伙伴，优化资源配置和要素共享；而政府的职能则应转向引导、桥梁和服务功能。

（4）驱动机制。协同创新的根本动力是追求协同创新效应最大化，驱动机制的效用大小决定了协同效应的大小。即创造最大化利益是推动协同创新的内在驱动力和内生增长机制。

目前,网络化已成为提高竞争优势的重要机制和手段,不同学者基于不同理论,对网络能力进行深入探讨。阿尔德森(Alderson,1965)将竞争优势定位于差异化。波特、梅森和贝恩(Porter, Mason and Bain)等学者分别依据五力竞争模型①和 SCP 范式,提出了竞争优势外生论。彭罗斯(Penrose, 1958)、沃纳菲费尔特(Wernerfelt, 1984)、巴尼(Barney, 1986, 1991)和蒂斯(Teece, 1997)等认为,竞争优势来源于企业内部,即企业竞争优势内生论。蒂斯等(1997)借助演化经济学,立足于资源基础观,提出动态能力理论,强调将企业的资源和职能进行整合与重构以适应外部市场变化,认为动态能力是竞争优势的源泉,是通过资源和能力的历史积累、路径依赖实现的。协同创新的实现,需要一定的组织形式,在互联网时代,协同创新网络应运而生。

## 第三节 协同创新网络

学术界关于协同创新网络的研究主要集中在其形成、演化、影响因素以及协同创新网络内知识创造、知识共享、知识转移、知识结构与创新关系等方面②。

### 一 创新网络

本书所说的网络是广义的,不仅包括互联网和传统意义的网络,而且包括大数据等前沿技术。大数据是互联网的基础,互联网是大数据的载体。

(一)网络与其特性

网络组织是一个广义的概念,梳理网络组织特征对于创新理论研究而言十分重要。网络是协同创新领域的关键词。网络是陆、海、空、天之外的第五维空间,其以信息和信息控制为主要内容,通过人的认知和行为实现信息的生产、存储、整理、交换和利用。网络被诸多学科应用,网络理论的提出,是经济本体论和方法论扩展的表现之一。

---

① 迈克尔·波特在其《竞争战略》一书中提出了五力竞争模型,即企业在市场经营过程中,主要有供应商的议价能力、客户的议价能力、替代产品或服务的威胁、新进入者的威胁和行业现有的竞争状况。
② 张海燕:《国外官产学研结合创新方式研究》,《科学与管理》2004 年第 6 期。

互联网发展已有40多年的历史，其进入中国始于1995年，互联网变化是天翻地覆的，互联网经济飞跃发展，与传统经济形成一种融合关系。在传统经济的基础上，互联网经济或网络经济得到发展，其与传统经济是一种并存融合的关系，不是相互替代的关系。互联网特性包括：在内容上以"无限"替代有限；在资源上以丰裕替代稀缺；在传播行为上以互补互动替代单向；在传播渠道上以分散自由共享的平台替代管道；在数据收集的成本上由高到低；在效应上以开放替代封闭，以聚集替代分散，其集约集成集聚效应前所未有，使人类社会向可持续发展的新时代转变。网络经济伊始，使价值链的核心要素——信息，一跃超过其他所有要素。因此，互联网实际上是人类的"永动机"，利用互联网从事交流与流通，资源消耗微乎其微，环保低碳、成本低而高效地创造财富，使信息资源增值，劳动生产率快速提升。

（1）网络性质。林润辉和李维安认为，网络是一个由活性节点的网络联结的有机组织系统，其创新原动力来自节点活性。网络是知识学习、流动传播、整合创新的机制，网络构成要素包括资源、规则等，网络分析的基石是主体联系的形式与强度；资源包括知识、能力、财产等拥有和所能接触的；动态资源是指网络的各种机会与网络边界限制（Hakansson，1987）。网络构架的主要连接机制是创新协同关系，其运作良好，使创新模式由"随机"逐渐演变为制度（弗里曼，1991）。以创新网络内部商界、学术界和政界成员相互依赖、相互作用为动力，在开放和动态化过程中结成的密切、交织、错综复杂而相对稳定的创新网络。学习和能力的关键来源是隐含、不可模仿的创新网络与其成功的合作伙伴。从动态性和协调性等战略视角出发，网络是一种由相互连接的创新主体构成的动态组织，是一种长期战略行为，通过协调网络成员之间的要素流动及个体倾向和信任关系来实现网络内成员之间比较高或比较积极的目标一致性，从而推动特定方向性的重复交易（Topeka，2000）。网络关系能够最大限度地减少协作成本，提升知识转移的速度[1]。王智宁等将网络关系分为工具型和私密型，两者均对知识共享拥有显著的正面影响[2]。刘佳等实证研究的

---

[1] Powell, W. W., "Learning from Collaboration: Knowledge and Networks in the Biotechnology and Pharmaceutional Industries", *California Management Review*, Vol. 40, No. 3, 1998, pp. 228 – 240.

[2] 王智宁、吴应宇、叶新凤：《网络关系、信任与知识共享——基于江苏高科技企业问卷调查的分析》，《研究与发展管理》2012年第2期。

结论是①：创新网络对知识共享产生影响，咨询联系的强度对知识共享具有重要影响，咨询联系越强，进行知识共享互动的频率就越高。

（2）网络密度。网络密度是网络的重要属性，其反映网络参与者之间相互联系的水平，联结与密度呈正相关关系。伯特（Burt，1998）、科尔曼（Coleman，1990）认为，密集网络的功能相当于封闭系统，因而信任、行为模式发展更快。而且密集网络使信任约束更加有效（Burt，1998），因为其放大约束的声誉效应（Granovetter，1985）。

（3）网络中心度。这是反映网络组织集权的程度，即互动集中在少数主体的状况。在网络中参与许多重要关系，从而占据战略位置（Wassan and Faust，1994）。其特性是：与伙伴之间相互的联系次数多，接近网络结构的中心位置或重要位置，能够通过网络获得更多有价值的信息（Gulati，1998），有助于企业创新成功和取得竞争优势（McEvily and Zaheer，1999）。威尔曼（Wilman，1983）指出，网络成员处于知识的集散中心位置，可能更方便、更容易获得资源优势，带来"寻租"能力，增加发展所必需的、有价值的资源，网络中心和地理邻近有利于企业利用模仿创新成功的模式，这些对处于高不确定性下的软件企业而言最为重要。从网络中心性对创新的影响角度来看，Sparrowe、Liden 和 Raing Raim（2001）以及 Shaw（1964）针对群体网络结构对于绩效的影响的研究中发现：网络中心性与网络绩效之间存在负相关关系。网络中心度高，说明网络内的主体主要与少数盟主互动，与其他企业的平行互动反而不多，这会造成资源传递与交换的不畅。有关学者也发现，网络中心性越高，使组织越集权，互动越少，对于创新会造成不利影响（Ibarra，1993）。然而，网络中心性越低，说明这样的组织十分分权，使命令紊乱、步伐不协调，对于知识分享也十分不利。Ibarra（1993）指出，管理改善仍需要一定程度的权力集中，绩效才能良好。

（4）网络紧密度。Zaheer 和 Bell（2005）以加拿大多元投资公司为样本，证明网络中的间接联系越多，越能更好地利用企业内部能力，提高企业绩效。

（二）网络经济与其特性

20世纪80年代，日本学者提出"网络经济"的概念，当时的含义是指将商业、运输业、金融业等第三产业利用网络来发展的经营形态。随着

---

① 刘佳、王馨：《组织内部创新网络联系对知识共享影响的实证研究》，《情报科学》2013年第2期。

互联网的普及发展，网络经济再次引起关注。对于网络经济的内涵，国外学者从不同角度进行阐述。其中以乌家培（2001）为代表的国内学者，从三个层面来界定其含义：从宏观经济看，网络经济是有别于传统农业经济和传统工业经济的信息经济和知识经济；从中观经济看，网络经济是与电子商务活动紧密相连的，包括互联网金融、电子商务以及其他网络商务活动；从微观经济看，网络经济是一个网络大市场或大型的虚拟市场。美国学者是从中观层面来概括的，将网络经济分为狭义的网络经济和广义的网络经济，广义的网络经济是指既包括互联网经济也包括传统产业中以网络化运营为特征的经济如交通、通信等。狭义的网络经济仅指以互联网为核心的有关产业集群。

网络经济的快速发展得益于其源于技术突破和观念变迁，具有以下不同于传统经济的四个特性。

（1）知识性。网络经济时代的主要生产要素是知识。加尔布雷思认为，不同时期，"最难获得或最难代替的"生产要素是不同的；谁拥有宝贵的生产要素，谁就可以控制其他要素，就拥有权力。在封建社会，土地最重要，地主掌握土地，成为社会和经济领域的掌权者。在工业社会，资本最重要，资本家掌握资本，是工业社会的掌权者[1]。在网络经济时代，由于知识的快速流动和再造，使知识的生产和运用的投入产出效率最高，因此，网络经济是一种基于知识的经济形态；知识共享不但不会减少知识，而且可以使知识增值。这使网络经济时代的协同创新网络尤为重要。

（2）创新性。互联网的开放性，使互联网的创新突飞猛进，新的商业模式和新技术层出不穷，大大缩短了产品和技术的生命周期，迫使创新主体寻求科技创新来维持和扩大优势。因此，网络时代，企业面临的竞争更加激烈，来自外部的创新动力也就更大。

（3）国际性。互联网和大数据飞速发展，使生产和创新要素在全球快速流动，推动经济全球化和科技全球化。互联网使全球形成统一的科技大市场与经济大市场，货物、知识都在全球流动，国家界限变得日益模糊起来。

（4）直接性。互联网将科研机构、政府、企业等创新主体联为一体，直接进行知识生产、交换和消费。通过网络，企业可将产品和服务直接提供给消费者，而消费者也可将需求直接告诉企业，加快了生产者与消费者的连接和沟通。

---

[1] 周志太：《外国经济学说史》（修订版），中国科技大学出版社2016年版，第285页。

网络节点是网络组织的基本构成要素,协同创新的动态节点主要是各个创新主体。节点活性和开放性对节点个体以及网络整体创新绩效均有重要影响。节点活性越高、开放度越大,节点个体的创新绩效就越高;拥有高活性、高开放性节点的网络,整体创新绩效较高[1]。网络能够与外界进行物质能量和知识信息的交流互动,能够确保系统生存和发展。网络是一个由相互依赖的因分工而形成子单位所组成的系统,伴随子单位形成权力分配(Hickson,1971)。企业通过网络与其他主体进行交流来加深其在协同网络中的嵌入,这对网络中资源和知识的交流传递与企业之间的竞争和合作行为产生重大影响。

Dhanaraj 和 Parkhe 认为[2],网络节点不仅对网络联系的刺激和约束做出反应,而且具有能动性,网络中核心企业能够协调网络整体行动,从而达到协作创新的效果,节点活性能够提高协作创新绩效。节点开放性对整个网络结构的形成以及网络机制作用的发挥也具有重要影响。创新主体还包括科研机构和国家主体等一系列机构,他们之间的关系构建和创新资源借助各种联结得以高效地流动转移并实现价值增值的过程,这就是网络化。这种网络关系本身就是有价值的资源。网络化不但是指内部网络化,更强调外部网络化,尤其是其中的信息流动是创新的关键特性,这就是知识共享。创新网络的建立,使信息能够在网络内部单元之间快速传播,提高开放度与联结外部知识源的能力,促进知识共享。这在网络全球化条件下更为重要和珍贵。

网络拥有系统性、协同性等特性而获得显性收益,还有研发人员水平提升、人力关系渠道的扩展、与政府以及高校之间的关系提升、社会声誉的提高等一些隐性收益。

网络经济是对传统经济的一种再造。全面把握网络经济的成因与绩效、本质与特性,在网络经济时代占据先机,才能促进科技体制创新和技术创新。网络组织是协同创新的主要表现形式和高级表现形式[3],这样,才能最大限度地发挥网络的资源配置效应和协同效应。协同创新网络与网络经济密不可分,在网络经济思想指导下梳理、剖析协同创新,是本书研究的主题。

---

[1] 林润辉、李维安:《网络组织——更具环境适应能力的新型组织模式》,《南开管理评论》2000年第3期。
[2] Dhanaraj, C. and Parkhe, A. , "Orchestrating Innovation Networks", *Academy of Management Review*, Vol. 31, No. 3, 2006, pp. 659 – 669.
[3] 林润、张红娟、范建红:《基于网络组织的协作创新研究综述》,《管理评论》2013年第6期。

(三) 国外创新网络研究

诸多研究将网络视为协同创新的基本前提。网络组织，在20世纪80年代末成为一个独立的研究主题，但是，由于其融合性和动态性，迄今仍未形成统一定义。代表性观点如贾里洛（Jarillo）认为，网络组织是不同组织基于共同利益，为保持先进而获得竞争优势，必须建立起来的一种具有长期效应的创新网络。网络组织的运行机制包括决策机制、激励机制、信任机制、协调机制、分配机制等。网络组织是基于一定的目的，由两个以上相互独立但又相互关联的节点构成，按专业化分工与协作原则，以复杂多样的经济联结和社会联结建立的一种稳定、持久的合作组织[1]。从其构成要素看，鲍威尔（Powell）提出的网络模型包括主体（节点）、活动（节点之间联系）和资源三个基本要素。鲍威尔等研究发现，节点的信息披露有利于提高网络创新水平，这与节点的开放性较为相似。在网络组织中的知识流动等方面，克罗斯（Cross）等研究发现，知识密集型研发人才之间的跨组织边界或垂直层次的联系可以促进个人创新。

网络生成与发展的重要原因是其有效地降低主体之间的协调管理成本、信息交流成本，即降低学习成本，提高学习效益（Bart Notebook, 1999）。库克（Cooke, 1994）的实证研究成果也支持上述观点，他观察到在"第三意大利"的聚集区中，这些网络组织形态如同"集团"，其绩效好于行业的平均水平。因为网络发挥中介组织在知识共享过程中的重要桥梁作用，促进网络内创新主体绩效的提升。中介组织拥有柔性结构性，既保持各个主体的独立性和灵活性，又避免由于一体化而成为巨大的科层组织，充分利用中介组织的协调作用和市场机制作用，以及知识共享和协同创新的优势，促进技术和隐性知识的嵌入与共享，建立长期创新战略联盟。

20世纪90年代以来，关于创新组织之间网络和组织内网络的研究快速发展。奥利弗和埃伯斯（Oliver and Ebers）展示出一个核心范式，即将网络活动视为组织之间相互依赖性的反应，这种相互依赖性能够帮助组织获得成功。

1. 国外创新网络性质研究

创新网络被米尔斯和斯诺（Miles and Snow, 1986）定义为：在价值链的各个节点上做出贡献的若干集体资源的整合。约翰森和马特森（Johanson and Mattson, 1990）把创新网络定义为：创新主体之间的复杂组

---

[1] 孙国强、张宝建、邱玉霞等：《网络组织理论与治理研究》，经济科学出版社2016年版。

合，有目的地组织安排，以获得长期的竞争优势。Imain Baba（1989）把创新网络定义为：应对系统性创新的一种基本制度安排。弗里曼（1991）引证并接受这一定义，认为，其是应对系统性创新的一种基本制度安排，网络形成和出现是为响应组织对知识的需求，将其定义为一种通过成员之间合作创新活动实现系统性创新的组织形态[1]。随后，Nornaka 和 Takeuchi[2] 及 Koschatzky 从知识和学习角度给出定义，前者认为其综合组织内部、组织之间的正式与非正式联系。后者将其定义为一个非正式、嵌入性、相对松散、重新整合的互联系统，以便于隐性知识的学习和知识交流[3]。类似的定义，如创新网络是指由一些自治和平等的组织通过持久的交易联系构成的系统（Aken and Weggeman，2000）。在许多情况下，Asheim 和 Coenen（2006）把创新网络和创新体系作为同一概念。Knut（2000）认为，创新网络是便于学习和知识交流、相对松散、非正式、嵌入性、重新整合的相互联系系统。Charles Dhanaraj 认为，创新网络通常被认为是一种由自治独立组成的松散耦合的系统，目标和本质在于协同创新，这种网络通常具有低密度和高中心性特性，其网络节点越多，创新能力越强。Podolny 和 Page（1998）从跨组织角度定义，认为创新网络是互相依赖、紧密联结为一体以提高组织可依赖度，满足大规模生产需要（当组织基础相对薄弱时）。库克（1996）提出，创新网络的基本特性和基本关系形成分权的互惠互信与学习的伙伴关系。创新网络是组织获取规范化知识及隐性知识的工具（Nornakal，2000）。从空间角度，伊科诺米德斯（Economides，1996）认为，创新网络是在一定的空间内，多主体参与、以横向联系为主、开放、以创新为目的的多种创新行为交流的一种新的组合与运行方式。阿德米特（Admit，2000）和斯坦伯格·罗尔（Steinberg Role，2000）认为，创新网络是不同参与者共同构成的协同体，从事新产品的研发和销售等活动，从而建立科技与市场之间的直接和间接的、互惠而灵活的关系。创新网络是一种两个或多个组织构成的复杂而典型的相对持久的资源交换的组织关系（Oliver，1990）。

---

[1] Freeman, C., "The National System of Innovation in Historical Perspective", *Cambridge Journal of Economics*, Vol. 19, No. 1, 1993, pp. 5–24.
[2] Nornaka, I. and Takeuchi, H. eds., *The Knowledge - Creating Company: How Japanese Companies Create the Dynamics of Innovation*, New York: Oxford University Press, 1995.
[3] Koschatzky, K., "Innovation Networks of Industry and Business - Related Services Relations between Innovation Intensity of Firms and Regional Interfirm Cooperation", *European Planning Studies*, Vol. 7, No. 6, 1999, pp. 737–757.

## 2. 国外创新网络效用研究

20世纪80年代中后期以来，基于市场理论和组织理论，创新网络理论逐渐形成并迅速发展起来，成为经济学家在分析经济全球化现象和创新现象时经常运用的理论工具。科斯早在1937年就提出企业与市场的两分法。威廉姆森（1975）提出网络理论，认为它是介于市场与企业之间的第三种组织形式，是一种介于市场和层级之间的中介组织，它比市场稳定，又比层级灵活，因而生命力强大。威廉姆森等（1985）发展了科斯的理论，认为不同生产组织模式的选择是基于生产成本和交易成本最小化，明确提出市场和企业的两分法，并开始关注除市场和企业之外的中介组织模式。威廉姆森从人的行为假设和交易过程的特性出发，创造性地提出"机会主义""有限理性"和"资产专用性"概念及网络经济的特性。这些特性生成交易成本[①]。他认为，交易规制结构包含市场、企业这两极和处于这两极之间的中介组织形态，他还认为，"虽然处于两极的经济组织大量存在，但居于两者之间的混合性组织也是存在的"。在不完全竞争市场中，那些规模小、实力弱的企业，难以与大企业抗衡，均可结成"中间性体制"来获得外部经济效果，又能以整体力量与大企业竞争，获得竞争优势。鲍威尔（1990）认为，市场和科层是交易模式的两极，网络是一种介于市场与科层之间、以价格和权威的双重协调为特性，比市场有效、比科层灵活的制度形式。鲍威尔（2001）的解释更为生动形象，他认为，网络是斯密的"看不见的手"与钱德勒"看得见的手"之间的一次握手。Thorelli（1986）拓展威廉姆森的交易特性与规制结构的匹配体系，认为交易成本理论将资源配置区分为科层和市场是不够确切的，网络含有协调因子，也含有交易因素，但其不是企业，也不是市场，而是介于层级制与市场之间的一种网络组织，其兼具组织与市场的优点，是自由放任与政府调控的有机整体，其一经出现，就使创新网络所在区域的经济发展拥有强大的竞争力和强大的创新活力。由此，贾里洛（1988）提出，网络是更优化的组织模式，其既不严格遵从市场法则，也不是服从科层机制，只是一种中介组织，在激烈竞争中确立其地位。

实际经济活动中，存在大量的"第三类交易"范式，这些方式既实现了交易，又最大限度地降低了交易所引发的成本，威廉姆森将这种"第三类交易"定义为网络交易。从组织形式来看，创新网络的本质是创

---

[①] ［美］威廉姆森：《交易费用经济学：契约关系的规则》，《法律经济学杂志》1997年第10期。

新。可见，除市场和企业这两种最基本的经济组织，还有联系市场和企业的网络模式。这时，网络成为一种不可忽视的创新组织与经济组织。

美国加利福尼亚大学蒂斯（1996）依据创新活动能否独立于其他创新而进行分析，将创新网络分为自治型和系统型。前者是指不需要其他主体作为辅助的创新活动，而后者是指由各个相关、互补互动的创新活动共同完成的。创新网络的研究也多是指系统型创新。有时，系统创新可分解为多个自治型的网络组织完成的。在互联网支撑下，网络组织是由目标共同和利益共同的实体联合而成、共享价值链以实现其利益的实体集合，是一个自适应、自组织的复杂动态过程，其目的是促进创新可持续发展。

（四）国内创新网络研究

肖华茂、田钢（2010）认为，网络既是一种新的组织形式，又是补充内部能力的一种管理方式。罗仲伟等认为，网络是以专业化联合的资源共享过程、共同的集体目标为基本特性的组织，其由结构、过程和目的三大要素所构成[1]。

1. 国内创新网络性质研究

20世纪90年代，创新网络被引入中国，其研究高潮在国内兴起，最早做出贡献的有傅家骥（1998）、盖文启和王缉慈（1999）、童昕和王缉慈（2000）、李新春（2000）、吴贵生等。王缉慈（1999）认为，创新网络是"有组织的市场"。威廉姆森的网络概念囿于企业之间的交易关系，而现有的网络关系更为复杂和广泛。王缉慈（2001）和洪军（2004）认为，创新网络是一种技术共同体。创新网络是为提升创新能力，缔结和实现契约关系或在反复交易的基础上应用互联网与外部组织建立长期合作、互信互利互动的所有制度安排。吴贵生等[2]将创新网络和技术外包看似独立的两个问题联系起来加以系统阐述，还特别提出以技术能力为核心的创新网络模型。吴贵生（2006）还认为，由于创新过程受到诸多因素影响，不得不与其他组织产生联系，以获得创新所需要的各种知识信息和资源。这些组织可包括其他竞争者、科研机构等部门。创新是组织内外多机构之间的系统活动，对创新主体的观察应从参与者转移到创新网络上来（吴永忠、关士续，2002）。创新网络是指为特定创新目标而与多个合作伙伴形成的相对稳定、正式或非正式的多种协同创新关系的总和，是各个创新

---

[1] 罗仲伟：《网络组织的特性及其经济学分析》（下），《外国经济与管理》2000年第7期。
[2] 吴贵生、李纪珍、孙议政：《技术创新网络和技术外包》，《科研管理》2000年第7期。

主体为促进知识和技术的汇集流动与激发创意而建立的①。在此基础上，基于模块化组织视角，党兴华、张首魁（2005）提出，创新网络是由多节点构成的复杂创新网络。

采用"种差+属概念"的方法得出，创新网络是为了应对系统型创新过程中的不确定性和复杂性，由具有差异性或互补性资源的参与者通过正式或非正式的契约连接形成的网络组织（李怀祖，2004）。

在现代化通信技术的支撑下，创新网络是一种基于知识共享机制，为实现系统性创新活动而存在的松散耦合的动态开放性网络组织（刘兰剑等，2009）。党兴华等进一步发展，认为创新网络是成员通过网络化合作能够有效实现资源互补、克服创新的不确定性和复杂性的组织。谢永平等采用党兴华的定义②，认为创新网络是帮助成员企业通过交流与合作提升网络整体竞争力和抗风险能力，实现互利共赢的。这个定义，把创新主体局限于企业，忽视科研机构和政府等创新主体的作用，且没有提及创新网络创造的协同效应。

关于创新网络，因研究视角的不同，定义也有所不同。首先，从经济学视角出发，沈必扬和池仁勇（2005）在《企业创新网络：企业创新研究的一个新范式》中认为，创新网络是一定区域内的主体在交互作用中建立相对稳定、能够激发或促进创新、具有当地根植性的关系总和。但是，如前所述，区域性并非是协同创新网络的本质。其次，从管理学视角出发，创新网络是创新主体之间通过彼此贡献，使网络的整体创新能力大于各个主体创新能力之和，强调所有参与者之间的协同创新效应是单个主体所不具备的。

创新网络是基于互联网技术，由专业化资产共享的过程机制和共同的集体目标等要素构成，通过各个活性节点的网络联结，能够获得一定长期的竞争优势的有机系统（赵民杰、刘松博，2004）。随着产学研合作创新的深入开展，企业与科研机构"点对点"合作模式已落伍，需要突破以往的科研机构从成果到产业化的线性模式，践行基于协同的并行模式或网络化模式（何郁冰，2012）。创新网络是复杂的创新组织方式，关键是形成以企业、科研机构为核心，以政府、金融组织、中介机构、创新平台、非营利组织等为辅助的多元创新主体互补互动的网络模式，通过主体之间

---

① 沈运红、王恒山：《国内外网络组织研究及其新进展》，《科技进步与对策》2007年第3期。
② 谢永平、郑倩林、刘敏、王晶、王亚云：《技术创新网络核心企业领导力影响因素研究》，《科技进步与对策》2016年第24期。

的深入合作和资源整合，生成系统叠加的非线性效用（陈劲，2011）。

沈运红等（2007）提出，创新网络是指为特定创新目标而与多个合作伙伴形成的相对稳定、正式或非正式的多种协同创新关系的总和，是各个独立组织为促进信息、知识和技术的流动及激发创意而建立的。在此基础上，党兴华、张首魁（2005）提出，从模块化组织视角来看，创新网络是由多节点构成的复杂网络组织。

2. 国内创新网络效用研究

陈菊红（2002）将一项交易成本 M 与管理成本 C 进行对比，认为当 M < C 时，该项交易活动从企业中剥离，在市场进行或网络实施，仅留下自身最具优势的核心功能①。因为网络能够节约交易成本，自主解决资源内部化问题。正是在协同的基础上，网络成为"制度化"的组织，因而获得超越外部规模经济和范围经济而取得竞争优势。这里"协同"与"网络"的含义是等同的，因为创新网络的本质是主体之间的合作乃至协同。

3. 国内创新网络分类

创新网络可划分为广义和狭义两种。前者泛指与创新活动有关的一切关系及由所有信息单元的总和；后者是指因创新和创新目标联系在一起的，定位于市场和企业之间的一种创新主体竞合关系（刘清华，2003）。因此，网络可概括为由具有资源功能和行为能力的节点联结而成的组织。网络既是一种新的组织形式，又是补充内部能力的一种管理方式（肖华茂、田钢，2010）。

（五）创新网络研究总结

创新网络包括组织内网络和组织间网络两大范式，后者是将网络组织视为一个"黑箱"，每个子网络组织都是一个点，网络是这些点之间构成的所有连接的总和。

学术界已达成共识，随着理论研究和创新实践的发展，狭义的内部创新必然受到外部环境诸多因素的制约，与外部环境诸多因素的联系和合作必然引起"网络范式"的出现。

网络内部，边界虽不明确但完全开放式的应对系统性、复杂性创新。网络能够通过主体之间的协作、要素流动、组织之间学习性的外溢等形成优良的创新氛围，有助于创新网络的整体性与国家乃至全球创新体系形成

---

① 陈菊红、汪应洛、孙林岩：《虚拟企业科学管理》，西安交通大学出版社2002年版，第51—60页。

有效对接和能量交换，集成和利用知识的创新行为，迅速放大和增强创新能力。

　　学术界将网络作为一种独立的交易形式纳入"市场—网络—科层"的三分法模式，以替代传统的两分法研究。企业配置资源需要管理成本，市场配置资源需要交易成本，网络处于企业与市场的中间，网络的本质是通过对市场的替代，实现交易成本和管理成本的节约，形成一种"半市场、半企业"的新型组织。这种替代之所以成为现实，关键在于网络的特性，既不同于企业也不同于市场：与市场相比，网络促进更多的创新主体的集中与交流，其优势是激励强度较高而交易成本较低，因而促进默会的、非正式和难以编码的隐性知识扩散，促进知识分工与知识创新，既保持企业的独立性，又能建立企业之间长期而稳定的交易关系。

　　创新网络成为创新领域的焦点词汇，被广泛引用，对其概念的界定虽逐渐丰富，但学术界仍然没有统一。一般来说，人们把创新网络描述为节点的连接体系，不同创新主体在占据节点并相互之间形成一定的互动基础上的联系。总体而言，学术界对创新网络达成三大共识：一是由不同主体构成的，这些主体是个体层次，或群体或组织层次的；二是一种关系结构，既包括基于社会交往而形成的非正式关系，也包括基于长期商业往来而形成的正式关系；三是其基本活动形式是知识的学习与交流。

　　创新网络概念的界定虽逐渐丰富，但研究目的不同，不同学者有不同的定义。目前，对于创新网络的定义过于重视其结构和组成，而忽略其与外部环境的适应性和动态性。总的说来，仍可作以下总结：创新网络是指以灵活互动互惠为动力，以各种正式和非正式的契约、信息流和创新关系等纽带，与其他节点进行合作交流、共享新知识，实现创新资源的有效集合、实现整体职能的利益相关者自发形成的联盟。其主体整合的资源越多，在网络中的地位和博弈能力就越强势，其拥有的网络关系本身也是一种资源。

## 二　协同创新网络性质

　　协同创新网络的研究日益丰富，其吸收现代创新研究有以下四个重要方面：一是新增长理论强调知识累积的收益递增或增值性；二是演化经济学和产业经济学强调知识累积是非线性的路径依赖，是被市场和非市场组织的互动及各种制度所塑造的；三是制度主义强调公司和政府中组织创新的重要意义；四是创新社会学强调信任，规避专业化程度提高所引起的交易费用增加。协同创新网络成为创新经济学、制度经济学、经济地理学、演化经济学、新古典学说、发展经济学等多学科的研究对象。

陈劲等基于整合和互动两个维度构建协同创新框架。在整合维度上，主要包括知识、资源、行动和绩效整合；在互动维度上，是指各个创新主体之间的互惠知识分享、资源优化配置、行动的最优同步和系统的匹配。协同创新的基本内容包括战略协同、知识协同、组织协同等。关键是强调知识整合，灵活应用和价值转换及资源的优化配置。这能够大大节约创新发展过程中的人力、物力、财力。林润辉等认为，网络组织是协同创新的主要实现形式，协同主要不是主体和资源两两组合，而是网状结构。只有这样，才能最大限度地发挥网络的资源配置效应和协同创新效应。基于上述分析，提出协同创新网络构建的路径：在微观层面，组建网络中的地位平等的主体两两、多方协同体系，这种关系是无向的实关系。同样，不同协同创新过程中的主体，通过网络中主体的"桥梁"作用，产生间接的合作关系，这类种群体的间接合作关系也是无向的实关系。

从目前关于协同创新网络的研究来看，可以分为以下六个视角。

（一）微观视角

协同网络创新研究始于 20 世纪 80 年代，即企业协同创新网络。如解学梅等（2010[①]，2015）、范群林（2014）等虽然突破集群范围，但只是基于企业视角解释协同创新网络。企业协同创新系统是一个包括跨边界的技术、信息、组织、知识、管理等多个要素的复杂的非线性开放系统，各个跨界要素之间通过协同作用，形成不同的协同模式，进而促使协同系统的整体效应得以放大。企业协同创新网络是企业在创新过程中与其他行为主体（供应商、客户、竞争对手、政府、投资机构、中介组织、科研院所、高校）在互动过程中形成的正式与非正式关系的集合。唐丽艳等（2012）、陈元志（2012）都把企业协同创新网络等同于协同创新网络，其是指"企业协同其他创新主体（政府、科研机构、金融机构、中介组织、行业协会、供货商、客户、竞争企业以及其他相关企业），具有集聚优势、知识溢出优势和技术转移优势的开放的创新网络，包括长期稳定的交互和协作关系形成协同效应"。不同利益主体之间的关系是合作与竞争并存，多层次的因素影响着协同创新相关利益主体之间合作关系的建立和发展，无论是组织内协同创新（主要是指企业内部的知识分享机制，是为实现多方位交流和多样化协作）还是组织间协同创新（主要是指跨企业边界的外部产学研合作，这可以极大地发挥对资源的整合作用），都需

---

① 解学梅、方良秀：《国外协同创新研究述评与展望》，《研究与发展管理》2015 年第 4 期。

要协同创新系统中各个参与者从能力优势的互补性出发，在尊重彼此诉求的前提下就合作期望达成一致（陈元志，2012）。

## （二）中观视角

进入21世纪以来，学术界基于中观视角，对行业或区域协同创新系统进行研究，强调产业链与创新链协同，促使以专业化分工和协作为基础的同一产业或相关产业的企业互动，并逐步形成整个行业的协同创新体系（解学梅，2010）。

蔡文娟、陈莉平（2007）虽然最早提出协同创新网络，但他们关注的只是区域创新网络，即在"区域创新网络"概念下解释协同创新网络。"在一定地理区域范围内，区域内的多元利益主体之间基于长期正式或非正式的合作与交流关系，依托良好的创新环境及其自身独特的创新功能，通过创新合作行为的互动和创新资源的共享而形成的一种稳定开放的创新网络。"后续研究中，以区域协同创新网络为主题的研究成果不胜枚举，其定义内容大致相同。而这个概念的根本缺失在于：在互联网条件下，协同创新网络并不是依赖区域聚集的，其完全可以突破空间局限，在世界范围内开展协同创新。比如，空中客车公司是由德国、法国与英国等国通过协同创新网络建立的。Paul Tracey等（2003）指出，在国际性互动网络中，主体寻求的是最适于它们的产品和竞争的合作伙伴，而不是地理因素。但是，Fritsch认为，地理接近性容易使创新主体之间产生矛盾，不利于合作关系的建立、维持和发展，要实现合作各方利益的最大化，必须保持与外部环境的互动互惠[1]。这种"接近性"，在传统意义上往往是建立在社会资本的优化和积累的基础之上，具有较差的时空转移性和流动性，使网络内部的创新能力较差。刘志迎和单洁含也发现[2]，在国内的大学与企业合作关系中，地理距离对协同创新绩效存在显著的负向影响。

总之，协同创新网络的本质属性不是空间或区域聚集，集群不是充分条件也不是必要条件。其必要条件只能是创造协同效应。因为互联网提供了跨越空间交流的必要条件（Boschma，1999）[3]。因为社会和认知的接近需要良好的合作关系，而不是邻近（Boschma，2004）。因此，协同创新

---

[1] Fritsch, M., "Cooperation in Regional Innovation System", *Journal of Urban Economics*, Vol. 5, 2009, pp. 18 – 20.

[2] 刘志迎、单洁含：《技术距离、地理距离与大学—企业协同创新效应——基于联合专利数据的研究》，《科学学研究》2013年第9期。

[3] Boschma, R. A., "The Competitiveness of Regions from an Evolutionary Perspective", *Regional Studies*, Vol. 38, No. 9, 2004, pp. 1001 – 1014.

网络可以是跨区的也可以是在一定区域内的。在国际性互动网络中，创新主体寻求的是最适于它们的产品和市场竞争的合作伙伴，而不是地理因素（Paul Tracey et al.，2003）。总之，协同创新网络的本质属性并不是空间或区域聚集，只有创造协同效应，才是其本质。

集群包括简单聚集和创新集群，前者与创新没有必然联系。Boschma（2007）对意大利南部的一个鞋业集群研究发现，当地的知识网络虽弱且分布失衡，但内外部联系良好，创新频繁，由此知识网络并非限于本地，甚至大多数知识网络都超越了地理边界。

（三）产学研合作"等于"协同创新网络

国内产学研合作研究始于20世纪90年代，对其模式、特征、影响因素等方面进行了诸多探索（胡斌等，2015），成果丰富。但是，其与协同创新网络有本质区别。在科技全球化时代，互联网不断进步，创新面临的环境和所需要的知识日益复杂，创新具有的难以模仿性、不可预见性和不确定性日益增强。创新主体之间由简单、被动、线性的因果关系、单一的独立形式日益发展到多主体、多要素、多层次、多阶段、非线性、大量互动互惠的关系，要运用复杂网络理论和方法分析创新组织的形成及发展规律，从系统、协同、演化的角度来理解、把握和深刻认识，做出新的解释，即协同创新网络对于创新驱动的作用越来越大。网络与系统，就整体性、主系统与子系统的关系而言，两者是一致的。两者的区别在于：一切系统的基础结构都是网络（范如国，2014）。网络理论最初主要是社会学用来描述各种创新关系，如今其已普遍化，是多元创新主体参与，多种要素流动、开放的系统。

产学研合作，强调三方的紧密联系；而协同创新网络则是更高级的合作形式，主体不但多了官中（介）和金（融）等诸多重要因子，更强调这些创新要素的互动关系，是一种主观与客观相统一的高级合作关系。此外，产学研是一个选择性缺失的概念，针对某一具体的合作，这三者齐全并非是必要条件。

（四）协同创新"等于"协同创新网络

协同创新是"通过国家意志的引导和机制安排，促进创新主体发挥各自的能力优势、整合互补、协作开展的产业创新和科技成果产业化活动，是当今科技创新的复杂组织范式"（陈劲、阳银娟，2012）。

应以协同创新研究为基础，提升协同创新网络的概念，其由网络组织与协同组织结合而成，是一种系统性创新，具有网络化的天然属性，以及很强的自组织性和自增益性，以互联网和大数据为技术平台，以提高研发的速度与质量为目标，跨空间、跨所有制的组织模式。其最大的特点是从面对面交流转向互联网和大数据平台，其空间范围扩大，且不断演化而实现协同创新效应。协同创新网络与其他网络组织比较，前者中参与者之间的连接机制是技术联盟、虚拟联盟、战略联盟、供应链等。两者的区别在于：协同创新网络是指围绕创新形成的社会、商业和专业网络的交流及多元化互补互动而创新的关系；其他网络则是指两个以上具有法人地位的主体在某一技术领域的合作行为，强调的是技术合作关系。

协同创新与产学研一体化有本质区别。创新是一个众多要素相互联系与匹配、彼此互补互动的复杂的系统工程。在互联网和大数据环境下，协同创新已超越传统产学研的边界。随着外部环境的不断变化，为提高创新成功率，创新开始成为由不同创新主体与机构所组成的共同体大量互动互惠作用的过程，主体对互补知识的依赖性日益加强，与其他主体合作的倾向日益明显，创新不再是一项孤立的活动，而是一项涉及多要素、多层次、多组织、多阶段的动态、复杂的创新活动，即协同创新网络。本质上说，协同创新是在互联网环境中，以提高创新绩效为目标，以增强创新能力为核心，通过系统内成员的密切合作与众多创新要素的协同作用，完成创新生态系统内技术和产品从创新产生至技术扩散应用的全过程。产学研合作强调这三方的联系紧密；而协同创新网络则是较为高级的结合形式。

（五）宏观视角

协同创新网络旨在形成协同效应，即整体创新能力大于个体创新能力之和。其路径是一个或 N 个系统的整合、多个元素互动和协同的"开放式创新"，最终形成的制度安排和网络结构的集合。

（六）集群意义的协同创新网络

其由王爱玲（2013）、崔蕊等（2016）提出。它是高效多功能的组织形式，地理靠近，具有特定产业关联的企业和机构通过知识协同创新网络进行创新的积累与扩散，形成信息和知识在区域内、集群内交流和相互学习[1]。随着科技创新进入协同时期，传统孤立、单向、线性、被动的科研体系也逐步变为网络、集群、交互、自组织的基于知识协同创新体系[2]。汤林森（Tomlinson）认为，合作伙伴之间地理邻近和企业之间的频繁交流有利于促进重要的知识信息交流交换，为"集体学习"提供机会，创

---

[1] 崔蕊、霍明奎：《产业集群知识协同创新网络构建》，《情报科学》2016 年第 1 期。
[2] 王爱玲：《高校协同创新要求下的数字文献资源服务研究》，《科技情报开发与经济》2013 年第 22 期。

造激励环境,从而促进创新的产生。施瓦茨(Schwartz)等指出,合作伙伴之间的空间接近有助于加快创新产出,对创新合作成功产生积极的影响。空间接近有利于经验交流和知识转移(尤其是隐性知识),可以减少合作成本,特别是节省旅行和沟通的时间及费用。

本书认为,对于促进知识转移和互补互动的创新来说,集群既不是充分条件,也不是必要条件。协同创新网络不应过分强调地理邻近。集群可以分为简单聚集和创新集群两类。前者与创新没有必然联系。

总体而言,基于历史原因,国外协同创新网络研究偏向从经济地理学角度,多关注网络地理位置与其创新行为的相互关系[1]。范群林等把协同创新网络与创新网络简单等同[2]。基于实用主义的价值取向,国内协同创新网络研究更加关注网络绩效及其影响因素,而网络演化过程及其形成机理则是当前国内外创新研究学者都感兴趣的话题。

### 三 协同创新网络的性质

21 世纪是一个合作的时代,创新主体之间的有效合作,会减少资源的无谓消耗,规避内耗过多。良性合作的效能是系统的整体功能大于部分功能之和——协同效应。即一个体系完整、相互关系密切的协同创新网络比单个创新主体可能取得的收益要高,产生新的核心能力和协同效应。

协同创新网络是建立在信息平台基础上利用互联网技术,使知识在创新主体之间传递、共享、运用及发展的体系。通过构建协同网络和知识平台,为创新主体知识共享提供途径和技术支持,为互补互动机制提供基础设施。

在互联网条件下,协同创新发展成为具有多层次、复杂的协同创新网络,具有良好的环境支持、创新资源的输入和循环流动,即生态性。在创新生态系统中,企业、高校等创新主体是指各个生物群落之间广泛的作用和协调;而政策、制度、创新资源的投入等则构成赖以生存的无机环境,为系统的发展提供良好的基础。

(1) 协同创新网络是一个基于竞争和合作机制的资源配置的复杂过程,通过国家政策引导和机制安排,遵循互补互动、共同发展原则,益损与共的各个创新主体深入合作,重视、推动知识灵活应用和价值转换协

---

[1] 崔永华、王冬杰:《区域民生科技创新系统的构建——基于协同创新网络的视角》,《科学学与科学技术管理》2011 年第 7 期。
[2] 范群林、邵云飞、尹守军:《企业内外部协同创新网络形成机制——基于中国东方汽轮机有限公司的案例研究》,《科学学研究》2014 年第 10 期。

同，实现各个创新主体行动最优同步、创新因子最佳匹配、创新要素整合放大、创新协同功效倍增，获得知识溢出、知识增值和竞争优势，创造"合作剩余"和"交易剩余"等社会福利的协同效应。与一般的合作与竞争机制不同，协同创新是一个复杂的过程，各个创新要素或创新子系统不断地从不协同状态走向协同状态。其通过创新要素的激活、创新资源的共享，优化创新主体之间的资源配置，旨在追求资源要素的协同效用最大化，从而获取创新行为最大效率。

（2）协同创新网络是以网络组织的形式运作，创新主体的要素、结构和行为互动，使网络具有自组织特征，各个资源要素特定属性之间的匹配性协同，其内外部网络和中间网络组成的一个不可分割的整体，其中，内外部创新网络各个子网络相互影响、相互耦合，使要素结构优化，不断发生物质、信息、能量的顺畅交换，强化系统的整体功能，实现整体协同效应。

（3）协同创新网络同时兼有协同组织和网络组织的优点，核心内容是创新要素互补互动互惠的集中集成整合。即创新主体在双向或多向的商务往来和信息交流过程中，任何一方都不是单纯地接受而只能是一种物质或信息的交换互惠，在双方互动中分享利益；不是把自己的利益建立在其他主体单纯付出的基础上，而是在互动过程中实现各自资源的统筹规划，提高资源的利用率和使用效益，使协同创新网络演变和优化。

在协同理论和网络理论融合的基础上，从协同组织和网络组织两个维度，系统地分析协同创新网络共生体的发生、演变和优化的体系。

（4）协同创新网络被视为一个有生命的经济体，基于协同理论、网络理论和演化理论三个维度，对其内部协同发展、外部协同发展和内外部协同演化进行动态研究，构建各要素之间、要素与环境系统之间多层级因果关联、相互影响、相互适应、共同演化的过程与结构。

（5）协同创新网络是将国家创新网络、区域创新网络和产业创新网络、企业创新网络各个层次的理论有机结合，依据协同创新网络内外部系统之间的输入输出关系，整合系统创新因素，强化内外协调系统正能量机制，使其功能达到最优状态。

协同创新网络包含宏观、中观和微观三个层次，国家创新网络和国际创新网络是宏观层次的，区域创新网络是中观层次的，企业创新网络是微观层次的。协同创新网络就是把这些不同层次的创新网络集成、整合优化，把不同领域的知识和创新思想整合起来，研究的重点是创新主体之间互动、知识溢出等。因此，常常会产生全新的技术，实现创新主体各方双赢和多赢，提高创新效率。国家创新网络是由各个产业、各个区域、各个企业的内部与外部联结关系或创新网络构成的，发挥系统之间空间关联效应。国家创新网络的良性运行是以产业创新网络和企业创新网络的正常运行为基础的，尤其是以协同创新为前提的。因此，将协同创新和空间网络统一考虑，才能较为全面地揭示区域创新网络的要素组织与协调方式，为促进中国创新绩效水平提升的路径选择与优化提供有益参考。

从微观上看，重合节点的桥梁作用使不同的创新网络内的节点通过共享的重合节点而产生间接合作关系。这是创新资源在一个全连通网络内各个节点之间的流动，通过重合节点而流向共享重合节点的另一个网络。

从宏观上看，一定的协同创新网络因为拥有共同节点而相互关联，共享重合节点才存在间接合作关系。这是知识、人才、资金等通过重合节点的桥梁，在不同的协同创新活动中均能够体现出来。

经济发展能力和潜力的基本源泉是知识创新和能力互补，而创新能力取决于创新网络的总体质量和水平，而不是单一创新主体的能力，多主体平行互动的协同创新成为创新活动的主流。

基于经济学视角，对协同创新网络进行分析、梳理，进而揭示其运行运动规律，使人们能够更自觉地遵循经济规律，更好地解决科技水平不高及其与经济连接不畅的问题，更有效率地释放创新对经济发展的驱动活力，提高科技对中国经济由大到强的支撑能力。

## 四 协同创新网络结构

随着中介组织研究的不断拓展，自 20 世纪后半叶，特别是 20 世纪 90 年代以来，越来越多的学者对组织采取网络的方法进行研究。协同创新网络的潜在应用价值巨大。在研究层次上，从微观拓展到宏观；在研究论题上，覆盖诸如组织认知、组织行为、组织战略各个领域的各种问题；在研究方法上，使用网络方法，对许多不同层次上的关系过程和结构进行考察。网络方法关注的是互动关系和互补结构，而并非孤立的个体。商业网络和互联网均会正向影响企业的创新绩效[1]，且正向调节科技网络和创新绩效之间的关系。商业网络和渐进的创新策略正向交互影响创新绩效，

---

[1] Aghion, P., Bloom, N., Blundell, R., Griffith, R. and Howitt, P., "Competition and Innovation: An Inverted U Relationship", *The Quarterly Journal of Economics*, Vol. 5, 2005, pp. 701–728.

科技网络和突破性创新策略正向交互影响创新绩效①。促进各个主体深度合作，积极引导各个创新主体通过跨区域创新合作在全国乃至更大区域内配置资源②，构建广域连接、协同联动的创新网络，各个主体互动；通过资源交换整合，融合接纳对方，筑内功与强外功，深度推进，最终不同区域的创新主体通过密切合作，形成有机联系的创新网络。加大资源整合创新力度，完善全链条服务体系，优化外部支撑环境，共同促进软硬件条件显著提升，健全协同创新网络机制，放大协同创新效应。一些复杂网络是有层次的，整体网络内部拥有局域网，众多局域网共同构成上一层次的整体网络。协同创新涉及各个创新的投资者、研发者、服务者和使用者及其他们之间的相互利益和观念的调整，相关的机制和法规要配套改革及创新。这是一个复杂的系统工程。

同时，在创新资源互动的不同阶段，主导性层级不同，创新要素与环境以及系统在不同阶段具有不同的共同演化层级，并以此推动创新要素互动层级与发展阶段的跃迁和转变。因此，应系统地剖析协同创新网络的共生体的生成、演变和优化机理。拓展协同创新网络的深度与广度，要求各个创新主体能够围绕共同目标，紧密地开展互补互动互惠研究，形成和发展一个有效的协同创新网络。美国硅谷成功的关键在于区域内企业、科研机构以及行业协会等形成扁平化和自治型联合创新网络，使来自全球各地的创新主体到此能够以较低的创新成本，获取较高的创新价值。

协同创新网络发挥合作伙伴各自的优势，促进各个协同创新主体之间的知识等资源共享和技术扩散，通过一系列契约联结而成的多维向量的空间体系，最终实现知识的价值增值和创新的可持续发展。同时兼有官产学研中合作组织和网络组织的优点，联合各方发挥各自优势，组建一个完善的创新链。

## 第四节　协同创新网络特性

网络组织与协同组织相结合，生成协同创新网络组织。它是以现代互联网为技术平台，以创新主体之间的知识和技术共享为基础，以提高研发

---

① 朱建民、史旭丹：《基于内外调节效应的集群网络创新绩效研究》，《科研管理》2016 年第 10 期。
② 蒋海军：《科技园区推动区域协同创新研究——以中关村科技园区为例》，《中国特色社会主义研究》2016 年第 3 期。

速度与质量为目标的跨所有制、跨空间的组织模式。其最大的特性是信息交流方式发生了实质性变化，交流方式从面对面转向互联网和网络平台，因此，其所涉及的空间范围明显扩大，尤其是不再局限于区域集群。

关于协同创新网络的特征，既有研究比较模糊、不够全面。主要集中在以下两个方面：①企业创新网络的特征。主要有动态性、开放性、非中心化和本地化四个方面（沈必扬、池仁勇，2005）。但是，核心企业理论（谢永平、党兴华、张浩淼，2012）说明非中心化并不成立；而本地化属于区域创新网络范畴。这两者均不成立。②结合创新生态系统理论，其具有自组织、演化、互补等一系列特征（王海军、冯军政，2017），构建一个具有层次性、协同性和互动开放性的区域生态共生创新网络（连远强，2016），非线性（T. Asheim，1998）互动和协同效应（解学梅，2010），大跨度整合（陈劲等，2012）等。网络作为复杂系统迅猛发展，已渗透到各个学科领域，具有普遍的方法论意义。同时，还具有竞合性、系统性、复杂性、异质性，知识在网络之间流动、溢出和互动加强；创新要素具有多元性与独立性。要素互动加强了这些特性并迫切要求结网合作，以便获取其他成员的知识。

在互联网和知识经济时代，协同创新网络具有一般网络组织所具有的特性，但也有其自身的特性，因而其可实现各主体之间的知识传递、资源共享和技术扩散，实现知识和技术的增值。理解这些特性对于建立创新型国家至关重要。

## 一 竞合性

在创新过程中，专业化协作生成和发展协同创新网络。创新主体之间分工密切，形成竞合关系。创新主体的竞争与协同是对立统一的关系，竞争与合作共存，相互之间的转化取决于对知识共享的需求。传统的竞争是以竞争对手消失为目标，而在协同创新网络中竞争与合作共存，在合作中竞争，在竞争中合作。因为一个高明的企业家，总是把竞争对手作为"老师"。当然，协同不是绝对的一致，而是与竞争并存的一种均衡，离开竞争，就难以形成协同。协同既强调合作，又强调竞争，追求在竞争的基础上实现系统合作的行为。竞争是协同的前提和基础，但是，若只有竞争，系统就会走向解体；若只有协同，系统因为过于稳定而陷入"锁定"状态。若合作少于竞争，创新网络的耦合度较低，甚至没有耦合发生；若竞争少于合作，会形成竞争格局。网络内竞合关系是一种非线性倒"U"形的，竞争对创新虽有正向作用，但当竞争达到一定程度时，竞争强度继续增加，则反而会对创新起负面作用。耦合度提高，即其中的因子相互适应性提高，也可规避创新主体之间的过度竞争和恶性竞争，形成强大的整体合力，参与网络外部的市场竞争。在追求自身利益的同时，创新主体形成网络的共同利益，实现企业个体利益与网络整体利益的统一。过度竞争，主要表现在主体在一些问题上不愿意吸取别人的意见，争论时有发生，出现一些相互攻击的极端行为，甚至断绝来往，严重阻碍协同创新。协同创新是一个利用竞争机制启动创新、优化配置资源，以追求创新效用最大化的适应和匹配机制（胡恩华、刘洪，2007）。

竞争通常被视为驱动创新和进行研发合作的动力，竞争越激烈，创新效率越高。企业之间或者与科研机构缔结研发战略联盟，则有助于改变产业结构的竞争格局（Teece, 1984），并有助于加快创新的进程，进而创造先发优势。企业在网络内只有对特定需求做出及时有效的响应，才能准确地抓住发展机遇，应对各种激烈的市场竞争；促使创新主体加强合作与协同创新，才能获取更大的市场份额。因而在更大范围内，多个创新主体结成的利益共同体，按协同创新网络的要求，优化配置创新要素，合理安排创新行为，交流互补性知识和技能。在竞争中求合作，在合作中促进竞争，因此，市场竞争成为创新的重要动力。通过协同激励、建立战略联盟等协同创新组织，共享资源，分担风险，推动网络内协同创新关系的发展。

竞争与合作并存，这与传统的合作平台差异显著。然而，成功的协同创新网络善于将竞争转化为合作，规避恶性竞争。比如，在北卡三角园区内，为应对日益激烈的竞争，各个企业的竞争战略由原来的单纯竞争关系逐渐发展成为竞争与合作协同发展。加上许多企业都是从智力资源密集的科研机构直接繁衍而来，与这些机构有千丝万缕的联系，使园区内各个创新主体之间的联系日趋密切。但是，其要素具有多元性与独立性，要素之间的作用具有非线性、立体性、网络性等组织特征。在协同创新网络及不同的创新平台中，由于创新主体理念不同、利益动机不一，竞争客观存在，企业面临的重要问题是网络内竞争与合作的平衡，甚至是恶性竞争。若不进行科学规范与宏观调控，有时会是一种零和博弈，竞争很容易导致系统无序，使整体环境恶化。由此，应遵循协同创新的内在逻辑，根据平台类型，构建基于创新主体特点的协同机制，引导不同创新主体之间的有效合作，适度引进竞争机制，规避同类主体之间的恶性竞争。因此，可以在协同创新网络中采取互补原则，科学布局，促进同类主体之间优势互补，如在产业集群的形成过程中，可采纳主导盟主集聚，互补互动互惠企业的形式。盟主在园区形成与发展过程中起到至关重要的作用，带动一系列企业的发展，通过企业之间的协作、员工交流等方式形成社会资本，使集群难以被复制和模仿，提高集群竞争优势。此外，为促进合作，应加强不同类型主体之间的协同作用。因此，通过采纳差异战略，构建合作与有序竞争的协同机制，是协同创新网络及其平台可持续发展的根本保障。

复杂系统理论认为，竞争与合作是协同创新自组织演进的基本形式和根本动力。

## 二 互动性

互动性是促进网络主体协同的前提和基本内容。互动是网络关系形成的基础，作为一个中间型组织，协同创新网络内部主体之间通过长期的互补互动会强化主体联系，增强创新网络的吸引力与凝聚力，进而形成稳定的创新组织结构。互动包含两个方面的内容：一是与伙伴共创知识；二是与竞争对手合作[1]。互动性是指创新主体之间通过相互影响、相互竞争、相互补充，实现有效协同的过程。创新主体的资源要素及功能差异决定互动方式的选择。按创新要素、创新行为互动程度和介入程度及主体作用方式，可分为契约式互动和嵌入式互动两种方式。前者是指以某一协同主体为主导，以市场契约为治理关系的合作创新过程。其涉及的协同要素较少，创新主体的组织边界没有交叉，只能通过签订短期或长期契约，投入资金或技术，才能共同实现创新合作。在互动过程中，协同创新主体依照契约规定投入相应资金或技术，共担风险、共享收益。契约式互动适用于两个创新主体以资金和技术资源投入为主要形式，且协同程度要求不高的情况。嵌入式协同涉及的两个主体的功能差异较大，且在某一方面实现互补，可选择嵌入式互动方式，以资金或技术投入的手段实现优势互补。

协同创新要求系统内部各个子系统之间互动、有机联系并实现资源共享，整合成有序演变状态，通过以多元创新主体互动互惠关系为基础，强化网络内部创新主体的联系，形成高效的运作纽带，最终以协同创新机制为牵引，覆盖整个协同创新网络，促进各个创新要素的高速流动与整体创新效应的高效扩散，实现子网络创新绩效与整体网络创新绩效同步，使整个协同创新网络实现"初级—中级—高级"的协同演变。创新网络的形

---

[1] Iacono, M. P., Martinez, M. and Mangia, G. et al., "Knowledge Creation and Inter Organizational Relationships: The Development of Innovation in the Railway Industry", *Journal of Knowledge Management*, Vol. 16, No. 4, 2012, pp. 604–616.

成从根本上打通和拓宽了要素流动以及创新效应扩散的通道，多元创新主体通过创新网络进行频繁的联系与交流，实现创新要素快速流动、创新主体行为有效耦合、创新效应高效扩散，系统的运转效率提高，推动协同创新网络发展演化。这是创新系统演化到高级阶段的特征。互动强度与创新主体行为的程度和频率有关，包括互惠信息的交流交换、绩效与同步行动的系统匹配。系统整合度越高，就越需要更多高强度的互动合作。整合能否实现取决于系统内不同要素的互动合作程度。

创新因素之间存在互动或交互作用机制，包括创新比较优势、创新要素流动与互补互动的交互作用形成子系统之间的从无序到有序的运动。资源禀赋差异形成各个创新主体的比较优势，引发多元创新主体之间展开创新合作，带动创新要素流动，形成多维协同创新网络。同时，创新主体之间合作的拓宽与深化会逐步打通创新要素的流动渠道，加速创新要素的再分配，促进低级创新比较优势向高级比较优势转变，如此循环往复，产生协同创新效应。

与传统意义上的创新不同，协同创新模式具有明显的特殊机制。创新是一个"经济—社会—技术"互动过程，是一个由用户、企业和各种中介组织参与、相互学习和交流交换知识的复杂过程，并受到一定社会环境的制约。首先，创新主体在不断的互动和博弈中形成一种长效良性循环，为实现跨组织、跨区域的协同创新奠定基础。其次，协同创新网络作为重要的平台，十分重视各种主体在促进创新方面的网络性与社会性的互补互动过程。再次，创新的重要因素是知识、技术、人才等，尤其是通过虚拟的协同创新网络在创新过程中的作用凸显出来，而以自然资源为基础所重视的资源禀赋、丰富而廉价的劳动力资源等因素退而居其次。最后，最重要的创新过程是学习，促进学习过程的关系临近性和地理邻近性，对创新具有十分重要的意义。

与一般的合作与竞争机制不同的是，协同创新是一个复杂过程，各个创新要素或创新子系统不断地从一个不协同状态走向协同状态，又从新的不协同走向新的协同。这是通过创新环境启动创新要素共享，进而优化各个创新主体之间的资源配置，实现资源效用最大化，获取创新行为的最大效率和利益最大化。协同创新的本质要求是以创新主体双方或多方的共同利益为基础，以知识共享或优势互补为前提，创新要素经过组合放大而功效乘数倍增，其发生作用的机理在于各个资源要素特定属性之间的协同，即要素属性之间的匹配性协调，从而支配系统向有序方向发展，强化系统的整体功能，包括合作创意、设计、中试、生产和销售等，合作各方从创意提出到方案选择、试验、中试，直到生产的全过程，或某些环节共同投入和参与，形成益损与共的创新主体联盟或企业、科研机构、金融组织和中介组织之间互利互动的新模式，进而产生协同效应。

### 三 异质性

异质性是指创新网络中成员特征差异化，主要是资源异质性，还包括企业之间在技术、信息、知识等异质性。梁靓（2013）认为，异质性是指各种资源的异质性，表现在组织的多种属性和维度上，如知识存量、技术领域、文化背景、制度环境、互补能力、从业经验等。创新网络最基本的构成因素是指异质性资源的广泛存在。因为这种特性，创新网络中企业之间的合作才得以顺利进行，可为成员提供互补性的创新资源，为企业提供更多的要素组合创新形式。资源和能力异质性会提高网络合作的可能性和水平。异质性资源和文化互补影响创新合作的形成。博尔曼（Bohlmann，2010）等将异质性划分为结构异质性和关系异质性，前者是指成员以不同的连接方式所构成的网络结构，后者是由于人际沟通能力的差异而产生的。既有研究表明，异质性包括资源异质性、成员异质性和行为异质性。资源异质性包括企业之间在技术、信息、知识、文化等多样异质性，表现在多种属性和维度上，并在创新过程中发挥重要作用。目标异质性是指成员之间的知识结构和知识水平具有差异性，这决定了他们的目标的异质性。

研究表明，知识是在创新主体之间呈异质性分布的。这就产生一个重要的趋势：传统的科学推动和需求拉动的线性创新模式正在被"不同的行为者一起交互试错"的分布式创新模式取代，"网络、小区的作用成为未来研究的热点"（Laursen et al.，2006）。

随着创新网络逐渐被视为创新活动的重要组织形式，成员的异质性日益成为构建创新网络的直接动力[1]。关于成员异质性的观点至今仍然存在很大争议，目前代表性分歧主要表现在成员异质性和创新绩效的关系中，两者关系分别为正向、负向和U形影响。比如，以达特和库尔茨伯格（Dart and Kurtzberg）为代表的学者认为，成员异质性对创新绩效具有负向影响。他们认为，成员是为了获得互补的异质性资源以达到创新目的，企业拥有的资源是不可移动和稀缺的，还具有不完全模仿性和不可替代

---

[1] 孙凯、谢波、赵洋：《创新网络成员异质性研究的回顾与展望》，《学习与实践》2016年第4期。

性，异质性资源很难实现有利的知识整合，缺乏社会集成并减少信任，甚至导致冲突，从而对创新具有负效应，不仅没有实现资源互补，而且还会损失之前的搜索成本等。

哈里森（Harrison，1994）对美国硅谷区内的1000家制造企业的实证研究发现，企业创新优势与其网络异质性呈正相关关系。彭光顺认为[①]，企业只有维持网络中心性程度高且异质性（占据结构洞位置）的网络关系，才能不断地为其提供多样化信息，进而提高企业创新绩效。

成员异质性有利于集体创新[②]。随着经济全球化的不断深化和信息网络技术的广泛应用，企业经营环境越来越多变，各国的企业组织经历着一场大调整。越来越多的企业认识到，技术复杂性、创新风险性、市场不确定性和所处大环境的不稳定性等因素存在，使企业生存和发展变得日益艰难，独立创新变得极为困难。为了生存和发展，各个企业会通过构建网络实现资源共享，企业行为所带来的绩效和结果会受到企业组织之间互动机制的影响，加入并成为创新网络的节点，合作伙伴之间可以共同参与到创新过程中，通过节点互动建立资源关系，使网络逐渐成为企业获取竞争优势的重要组织形式。异质性资源的广泛存在，创新网络中，企业合作才得以顺利进行。异质性是构建创新网络的直接动力，只有提供互补性创新资源，才能创造更多的要素组合创新形式。

成员异质性节约企业交易成本，但也会增加企业管理成本。应规避片面地理解成员异质性与成本之间的关系，把异质性和匹配度结合起来，在创新网络异质性存在互补的基础上，使管理费用和交易成本的两相权衡决定创新网络的规模，从而提升创新绩效水平。

成员知识异质性可带来具有创新的产品或服务。知识异质性会催生企业多样化能力，可提高企业战略创新决策质量。纳尔逊（Nelson）指出，知识是创新的直接来源，也是创新基础。首先，知识异质性和多样性可激发知识的交流与互动，交流增加会使员工基于不同知识背景提出新颖意见，引发知识和员工的辩证互动，促进创新发生和创新绩效提高；其次，具有异质性的知识资源的整合为多种潜在的创新想法的组合提供不同的视域。

成员异质性增加信息多样性，提供多种类型的创新要素的组合方式，

---

[①] 彭光顺：《网络结构特征对企业创新与绩效的影响研究》，博士学位论文，华南理工大学，2010年。

[②] 孙凯、谢波、赵洋：《创新网络成员异质性研究的回顾与展望》，《学习与实践》2016年第4期。

对自身缺少的异质性资源进行整合,提升绩效水平。大多数学者虽然认为成员异质性对企业创新绩效有促进作用,但不同学者对这一问题的研究,运用的理论或研究视角存在差异。部分学者从知识观和资源观的理论视角阐明成员异质性对创新绩效提升的直接影响,即知识和资源是创新绩效的源泉,成员异质性能够提供稀缺的关键资源。基于组织学习理论,探讨成员异质性对创新绩效的显著促进作用。有些学者认为,经历知识学习、收集、转移和应用等一系列过程,才能提升创新绩效,提高竞争优势。具有异质性的成员不会带来冗余性资源,而是更多地提供互补的创新资源,提升创新绩效。一般而言,成员之间异质性越高,提供差异化、互补性资源的能力就越突出,促进成员主动交流,对于成员之间知识、技术、信息等的流动和吸收具有促进作用,进而推动网络创新的实现和创新绩效提升。Lin 和 Germain(2003)、弗兰克等(Franke et al., 2005, 2006)总结出,网络内成员的差异越大或异质性越大,可给创新的实现提供更多的选择或更多种创新要素组合的机会。

　　知识异质性所引起的认知差异会影响企业高管的视野,使其变得更加开阔,打破原有的思维定式,有利于制定战略创新决策。在成员异质性的不同纬度方面,无论是目标、文化、认知还是知识,其最后都是以成员能力和竞争力异质性体现出来的,表现为成员在完成特定任务方面具有异质性,这是网络成员能力与竞争力异质性体现的一个方面。异质性资源是主体具有的非竞争性,同时又无法替代和模仿,也无法在市场上公开定价获得的资源。若企业在吸收和整合外部知识能力上存在差异,将会导致创新绩效不同。对于大多数企业而言,构建或嵌入一个创新网络主要是应对激烈的竞争,单个企业要靠联合其他组织机构才能应对激烈的市场竞争而生存下来。但重要的是发展,以这种形式借助自身范围边界以外的异质性资源,保持竞争优势,提高企业创新绩效。大多数学者认为,具有同质性资源的企业之间的关系不如具有异质性资源的企业之间协同更为成功,因为异质性企业之间更能使成员之间有效互动,促进创新。在当前复杂的网络环境下,协同创新的本质在于创新行为互补互动,以获取异质性知识。

　　不同的利益相关者在目标、优先权和需求方面经常相互冲突,合作伙伴的不同目标可能带来不同的结果。由于目标存在差异,合作伙伴之间可能产生冲突,导致严重误解,进而产生紧张的关系和事态升级。因此,应加强目标的相容性,促使创新网络成员都朝着一个方向共同努力,以达到创新网络的特定目标。

## 四 演化性或动态性

在科技全球化与经济全球化背景下，创新的演化性或动态性日益明显，政府的创新政策与创新环境的共同演化已变得日趋重要。创新生态系统是不断变化的，以适应环境的变化而整合创新资源，体现创新资源和能力应随创新环境变化而相应变化的本质，这就弥补了资源基础论的静态缺陷。创新的动态性与市场的动态性是紧密联系、相互适应的（Eisenhardt and Martin, 2000）。企业以价值创造为主旨，积极应对外部环境的变化，持续地进行创新投入，带来相应的创新产出。

网络组织的一大优势在于其动态性，即对初期建立的战略协同、资源协同、利益分享等机制进行动态的持续变革和改进。协同创新网络中，知识、人才和资金等创新资源是维持创新网络高效运转的因子，时刻在网络中生成、交互和循环。这些资源频繁流动的原因主要是随着创新复杂化和环境复杂化，所需要的资源量越来越大。同时，受制于有限理性，创新主体的资源占用程度越来越高。这两个因素互动，使单个主体的资源占有和创新所需要资源的差距渐趋增大（李伟等，2009），这就激发主体之间的协同创新。建立有效的协同机制，保证要素的流动通畅，通过网络内外部条件不断地互动交融，促进协同创新网络的发展，这就形成了知识和人才等创新因素流动的动态格局。

## 五 开放性

"开放式创新"概念是美国切斯布罗夫（Chesbrough，2003）提出的[①]，他强调在创新过程中企业整合内外部创新要素的必要性。其是指创新主体打破组织边界或所有边界都是模糊的，通过知识流动，在创新主体群落之间汲取和整合异质性创新资源，充分利用外部创新资源，加快创新新技术、新产品，实现创新效益的最大化，以维持自身的核心竞争力。

解学梅等指出，开放式创新背景下单个企业的创新模式逐步演变为协同创新。研发日益复杂化，研发投入越来越大，需要多元化的互补性资源。

协同创新网络是开放的。在开放过程中，创新因素与系统环境不断地进行物质、能量和信息交换。在经济全球化、区域一体化背景下，与封闭

---

[①] Chesbrough, H., "Business Modle Innovation: It's Not Just about Technology Anymore", *Strategy and Leadership*, Vol. 35, No. 6, 2007, pp. 12 – 17.

式创新相比，创新周期更短、风险更低，创新要素的跨区域流动日益频繁，要求建立健全有利于协同创新的开放合作机制。如要素不断地流入与流出网络，这反映协同创新网络的外向性。即未来的盈利能力取决于一个组织可以从其外部和内部同时获得有价值的创意和优秀的人才，运用外部和内部的研发优势，实现研发成果商业化，并在自己与他人利用知识产权的过程中获利。

近年来，随着科技进步速度加快，前沿科学向产品创新转化的速度加快，科技与产业融合提速，创新从封闭走向开放，相应的创新网络也从以往的点对点（企业之间）、点对链（创新链）变成多层次、多维度的网络组织；合作研发从外包、技术委托和服务等简单的、一次性方式走向长期、稳定和深度的战略合作，对协同的要求更高。创新的复杂性决定创新必然是一个系统，是任何单个创新主体都难以独立完成的创新体系，这就使协同创新网络十分必要且重要。

开放性是指科技平台的服务对象范围广泛，面向所有可能为创新做出贡献的主体。更重要的是重复分散、相互封闭的资源分布格局被打破，提高了创新资源的利用率。网络开放性较强，有利于增强参与者之间的互补性，获得更好的创新绩效。创新性强的企业更倾向于追求有关的前沿知识，其遇到的技术难题的复杂程度也非同寻常，若不借助外部力量，则难以完成创新活动。

与以往封闭的创新模式相比，开放式创新提出，组织边界是可跨越的，创新思想主要来自自身的研发部门和其他部门，但也可能来自组织外部。如宝洁公司采用开放式创新政策，通过利用来自全球各地的创新火花、创新资源，不断加快新产品开发，使其走出发展低谷，再次成为创新性企业。因此，开放式创新给创新资源利用、给自主创新推进带来新的启示。一个组织只有具有很强的资源挖掘和资源整合能力，才能通过开放式创新整合全球更多的创新资源，实现自身的研究目标，提升创新能力，保持自身的创新优势地位。开放性的意义在于创新企业与网络外环境之间既相互制约和竞争，又相互协同和受益，通过复杂的非线性互动产生企业自身所无法达到的整体协同效应。

开放式创新模式强调创新主体可从其内部与外部同时获取创新资源，在使用自身或他人的知识产权中受益。开放式创新研究的发展趋势是（Gassmann, 2006）：①促进科技全球化发展；②促进供应商和研发外包发展；③促进用户参与创新快速发展；④促进技术的引进和利用快速发展。开放式创新有利于创新主体识别和抓住市场机会，开放的主体利用开放的环境、资源、创意（West and Gallagher，2006）自觉整合内部和外部的创新资源。

开放性要求网络具有非平衡性。只有非平衡状态的开放系统，才能受外界影响最大，使系统逐步从无序到有序。只有不断地进行体制创新，一些功能才能被打破，主要是改革科技体制和创新技术，其作用于协同创新网络，再次打破协同创新网络的平衡状态。总之，非平衡态的可持续性，促进创新不断产生。知识等资源流动是无边界的，创新主体并非完全在相似的区域内获得创新资源（Cristina，2008）。一些高层次创新主体经常与全球网络链接。这就要求创新网络具有开放性。

一般而言，开放度越高，创新主体能够整合的外部资源和行为也就越多，研发能力增强的幅度也就更大。Katila 和 Ahuja（2002）在研发战略过程中，使用从外部寻找的知识源的数量多少来表征研发战略的开放程度，并发现从外界寻找新的资源和利用原有资源的程度对于创新绩效起着重要的作用。开放度是开放式创新的一个关键问题或首要问题，以开放促进协同创新的模式已成为一种从应然到必然的趋向，具有普遍性（Chesbrough et al.，2006）。

创新网络是一个知识组织和知识运用体系，体现知识经济的关键特性，包括企业开放性和异质性、创新行为互动性、网络联系动态性。网络的本质属性使知识具有来源多样性、路径依赖性、演变高速性和知识溢出性特性。因此，可将网络创新看作核心知识在网络之间流动和互动加强的过程。内部继承积累和组织学习占主导地位的创新主体迫切要求结网合作，这就强烈要求开放，以便获取更多的其他成员的知识。在各个节点的创新过程中，需要协同创新机制有效便捷和环境有力的支持，以便获取必要的多领域的分布式知识和利益。

但是，过度开放是不可取的。过度开放会造成控制的失灵和创新主体核心竞争力的丧失。一般来说，技术不确定性越强，创新开放度越低。数据表明，技术关联度越高，就越需要靠群体力量创新；技术可显性度越高，技术扩散和转移效率越高，技术渗透能力越强，创新开放度越高；技术可模块性对创新开放度有较为显著的正向影响，技术可模块化度越高，既有技术再编程能力增强，通过开放式创新，可快速推出适应市场的新品。

## 六 非线性

非线性是指要素相互关系的复杂性和随机性。因果具有非对称性，即非线性，才能产生系统协同，实现自组织。

与线性关系的简单性相比，非线性意味着不同要素相互关系的复杂性。线性关系是一个原因导致一个结果，一个结果只能有一个原因。非线性关系，既可以是一因多果，也可以是一果多因。线性关系和非线性关系的区别是相对的。以往，对现实世界中创新过程的高度抽象，是将创新理解为一个简单的线性过程；而协同创新理论则通过向现实世界中的创新过程不断逼近，将创新过程中复杂的非线性特性揭示出来。协同创新过程中，要素所追求的最佳组合拥有的非线性特征凸显，这是协同效应产生的内在根据。

与传统的资源要素属性不同，整合中的要素属性之间具有非常重要的、复杂的互动或回馈互动关系。这是资源要素属性之间的非线性组合关系和互动，使要素之间形成特定的排列组合关系，进而逐步形成最佳组合，这种结构最终实现整体协同效应。其能够产生的内在根据是：在协同创新过程中，创新要素将形成以复杂的非线性为特性的最优排列组合结构。因此，协同创新既是对熊彼特"生产要素"思想的传承，又是在强调要素的非线性作用和系统演化的自组织方面区别于早期的创新概念。

与传统创新模式相比较，协同创新的特征是一个通过竞争机制激活创新要素、优化资源配置的过程，旨在构建追求创新绩效最大化的要素结构。每一个要素既接受别的要素选择，同时也主动选择能与自己较好匹配的其他要素。协同最终表现的不是要素的最佳状态，而是系统整体的最佳功能，即既定资源条件下创新绩效的最大化、最佳化。

## 七 整体性与整合性

主体之间有意识或无意识地交换信息和共享资源而生成协同效应。强调协同创新是一种整体层面的创新要素流动与创新资源的集成配置的能力（Ritter，1999）。创新网络出现，使创新能力不再局限于单一企业的内部，创新的节点扩展到创新链的每一个环节，创新模式由线性转向网络，创新源也扩散到供货商、客户以及市场内部（Winter et al., 1982）。可见，这一切强调各个环节的整合创新。整体化、整合化是创新发展的大趋势和主要特征。在创新网络内部，创新要素及结构的紧密结合与互动将对创新产生正能量。

创新日益整体化，创新生态体系是各种要素的有机集成，不是简单相加，而是存在的方式、目标与功能均表现出整体性及动态变化。

协同创新网络中的各个要素不是简单叠加，而是通过有机集成使各个技术的研发方式、研发目标、研发功能的实现，展现出高度一致的整体性。一方面，要素的交叉和融合使不同类型的创新资源与创新能力得以相互激发，产生协同作用。在协同创新过程中，创新活动并不局限于技术本身，还涉及组织结构、企业文化、人力资源等方面。这种涵盖技术、知识、能力、文化等资源的多元化创新活动，要求充分发挥各个要素之间的协同作用，提高各种技术之间的衔接性与配合性，从而增强创新的整体性。另一方面，创新驱动战略对自主创新提出了更高要求，但是，随着需求的不确定性日益增加，研发难度和创新过程的复杂性迅速增加，单个创新主体日益难以应对复杂性创新，必须在创新主体之间建立网络联系，通过整合资源，降低研发风险，将以往单一的线性创新转变为协同网络化创新体系。创新主体的能动性与互补互动性的充分发挥可确保创新活动的动态适应性。在创新驱动战略指引下，创新活动既要不断适应迅速变化的情景，也要持续推动创新环境向更加有利于自主创新的方向发展。其关键在于各个创新主体积极采取有目的、有计划的优选行为，使研发活动适应环境的动态变化。同时，它还要求创新主体之间通过有效沟通和互动来实现优势互补，为迅速采取协同创新行动以应对情景变化提供有力有效的保障。创新主体之间良好的沟通交流，可以使各方迅速了解全面信息，建立起可靠的信任关系，从而在创新活动中相互配合，采取一致行动，根据情景变化，及时调整集群的研发方案，提高创新活动对情景的动态适应性，创造协同效益。为此，需要做到以下三点。

（1）为应对技术本身、知识衍生和环境动态演化等方面的复杂性，要将各种要素有机地整合起来，在系统内实现创新资源的无障碍流动，实现知识增值。而这需要以通过有效沟通来妥善解决知识共享和各个参与方的利益分配问题为前提。扫除创新成果转化"最后一公里"的障碍，利益分配是核心，研发人员的主体利益必须得到尊重。诸多主体的协作方式，主体之间在利益分配等方面是否激励相容，成为能否发挥协同创新网络预期功能的关键条件和基础条件。

（2）为确保协同创新网络的可持续性，通过加强协同来推动创新活动的良性开展，以多样化的创新增值来凝聚各个创新主体。这要求实现知识、战略和技术等方面的创新协同演进，凭借战略集成创新和知识集成创新的有力保障，通过组织集成创新，推动网络的整体创新。

（3）为适应情景变化，必须通过构造情景来正确认识情景演化轨迹，在深入揭示协同创新活动的内在机理基础上，为组织应对复杂创新问题提供新的管理思维和管理机制，有效地弥补创新组织在研发复杂情景中的管理能力不足，为提升创新水平提供可靠、迅捷、可操作、可推广的支撑管理技术。

以主体创新平台等为辅助、要素、多元、创新主体互补互动创新模式，通过主体深入合作和整合资源，实现各方优势互补互动，产生系统叠加的非线性效应。

协同创新的最终目的是使知识增值，即创新主体对内外部知识进行选择、吸收、整理、转化形成一个无限循环的创新过程。专利获得是知识资产增值的表现，专利应用是知识资产增值的展现。在资源增量不多、存量很少的情况下，价值创造越来越多地依赖于创新主体掌握的知识，使协同创新网络理论的实施势在必行。

## 八 自组织性

协同论主张，各个子系统之间的交互协同促使整个系统产生单个系统不具备的新的结构和功能，并产生超出各个子系统加总的协同效应。自组织形成能够使协同创新网络通过非线性互动，从无序状态向有序的稳定状态发展，从低级有序向高级有序发展，完善自我，形成"差序化格局"成为创新增值的基础。其关键是建立自组织协调机制。协同创新网络拥有自组织的两个必要条件：一是开放性。能够与外界进行物质、能量和信息的交流，确保协同创新网络拥有生存和发展的活力。二是非线性。子系统能够协调合作，减少内耗，充分发挥各自的功能效应。创新是技术与经济过程的耦合，当两个线性过程交织在一起时，就可能形成非线性创新，将组织内部的创新资源有效集聚，突破学科壁垒，通过知识共享机制，整合利用知识、战略、制度等多维创新要素，构成协同创新网络。随着"聚集—中心化—扩散—结构性繁衍—首位极化—再扩散—首位度提升—再扩散"的规律性发展，协同创新网络形成全面依赖的关系结构和社会依赖型合理差序化的格局即"差序化格局"，有利于自组织结构完善，促进各个子系统之间通过构建彼此相连、相互依赖的耦合关联，形成个体创新增值与协同创新网络增值的同步发展。

## 九 信任性

合作与信任之间有密切的联系，合作产生信任，增强未来合作的意愿（Anderson and Narus，1990）。克罗斯比等（Crosby et al.，1990）、摩根等（Morgan et al.，1999）提出，信任是创新网络研究中的一个多维度变量。经验证明，买方与卖方之间的信任属于维持交易关系的核心因子。信任可降低买方在交易关系中所认知的风险,降低交易成本,维持有利关系,对交易关系都会产生较强烈的承诺;而承诺是指买方有维持交易关系的意图,信任与关系持续关联性显著(Iter et al.,2003)。当买方感受到卖方的善意、诚实可靠时,会相信卖方所做的承诺(Moan and Hunt,1994)。在个体交易关系中,供应商拥有与客户有关的市场和技术知识非常重要,只有这个供应商供货能力较强,才能增强买方对卖方的信任度。

陆杉[1]指出,信任是成员长期博弈的结果。合作者需要知识分享惯例和相互信任,因而使互动的频率和密度(Dyer and Singh,1998;Gulati,1995)最大化。协同度是对创新要素在相互作用中和谐一致程度的度量,通常可以用整合、互动、沟通以及协调程度来衡量;创新主体的沟通能力、对冲突的化解协调能力都是排除协同障碍的重要因素。

协同度的标尺是创新主体之间的内聚力水平,内聚力水平依赖信任程度。高度协同依赖的价值取向与目标趋于一致,就会产生信任,进而主动协作(K. T. Dirks,2002),与合作伙伴交流交易畅通,共享知识,降低风险,减少机会主义行为。成员企业进行专用资产投资时,从一个侧面反映其对合作方的信任态度。因此,可将专用资产投资作为信任建立过程的一部分。买方对卖方的关系持续性以及企业能力高低与信任程度具有正相关关系。信任与双方专用资产投资相关,资料结果表明,基于计算的信任理论比基于知识的信任理论具有更好的成本分析解释力(Suh and Kwon,2006)。这是因为,复合准租金是互补性共同专业资产和能力配置的结果。在一定意义上说,专业投资成为协同专业化的组成部分,这有助于建立协同互补的潜在有效循环。

合作成员之间相互了解与信任,有利于知识流动,有利于知识和能力的积累;主体不再是完全竞争与对立的关系,他们之间建立人才、资金、技术、服务的共享平台,均可通过网络平台获得自己所需要的知识与技术,从而提高协同创新能力和创新层次。

良好的沟通协调促进信任,进而推动创新,提升创新绩效。协同创新是一个"沟通—信任—合作—协同"的循环过程。

持续信任有利于协同创新,信任是构建创新能力的核心和基础[2]。信任需要花费时间和合作伙伴的持续努力。合作时间的长短不同,信任的发

---

[1] 陆杉:《农产品供应链成员信任机制的建立与完善——基于博弈理论的分析》,《管理世界》2012年第7期。
[2] Fawcett, S. E., Jones, S. L. and Fawcett, A. M., "Supply Chain Trust: The Catalyst for Collaborative Innovation", *Business Horizons*, Vol. 2, 2012, pp. 163 – 178.

展程度也有所不同，初级信任是通过合同确定的；而高层次信任才能对协同创新的成功产生更积极的影响。成功的协同创新网络是基于互信、互惠和无等级层次的组织。此外，在协同创新过程中，合作伙伴之间的互信会受到合作经验、研发能力等内部因子与市场环境、信用体系等外部环境的影响；随着互信度增加，创新效率也将提高。由此，信任关系是实现知识高效流动、共享，进而达成共同目标的关键。频繁沟通能够加强合作，而有效的不定期沟通，可加深彼此之间的感情，有利于化解矛盾。提升创新主体的信用水平，可增强彼此之间的信任，减轻或消除对其他主体的顾虑，主动将核心技术等知识产权运用到协同创新过程中。同时，提高主体对知识产权的尊重和保护能力，才能减少模仿和盗用行为的发生。

法制和道德促进契约与信用机制的运行及维持。贯穿始终、渗透于各方面的有力保障是信用体系，包括双方关系、历史行为、履约能力、身份特质等方面。由于信任是可传递的，信任的形成和运行形成良性循环。信任是动态、可传递的，高度信任关系一旦建立，合作伙伴就不会害怕对方的投机行为而过于自我保护，双方更容易分享信息，交流经验，共享资源。

实时沟通能促进信任，即通过争端解决矛盾，调整认知和期望。沟通是管理关键顾客的重要工具，而合作性沟通是交换所必需的（Mohi and Nevin，1990）。频繁、非正式与开放沟通对合作关系和信任有正面影响（Ruyter et al.，2001）。

## 十　适应性

高速发展的"互联网+"技术，便于人机结合的分析情景动态演变，迅速把握创新活动的演化规律，使沟通便捷化、深入化和生动化，实现创新情景与创新活动的相互匹配。以适应性思维指导的适应性管理增强协同创新的灵活性和高效性。多元化和网络化协同创新活动增强网络的主体能动性与互动性，确保创新活动的动态适应性；并通过各个主体之间的信息与知识共享，能动地展开合作和资源整合，实现创新活动的动态适应性，从而产生系统叠加的非线性倍增效应。

复杂创新是一个不断适应情景变化的调整、修正过程，即创新活动应与情景相互适应和匹配。在此过程中，不确定性情景经常导致创新出现无意识秩序和控制中的混乱等情况，要求在综合集成思想指导下制定从定性到定量的管理流程，对创新进行适应性管理，使创新主体能够根据创新的内外部条件，通过对创新过程、方法和目标本身的适应性调整，提高创新活动的灵活性和适用性。既包括提出可适应现实情景的研发方案，并随现实情景的动态变化及时准确地调整方案；又强调研发情景对创新过程及研发结果的适应性。

协同创新网络，主要包括以下适应性：①创新计划和组织的适应性。制订适应情景的网络整体研发方案，要通过协调来灵活确定创新组织的构成、任务及各项工作之间的关系，包括利益协调、运作协调和文化协调等，这关系到在复杂情景中方案实施的稳定性和高效性。②创新目标适应性。基于适应性行为演化规律，基于利益协调的结果，组织运用统筹原理和多目标决策模型的规则，梳理各个创新单元目标之间的相互依存关系，分析、统筹与凝练整个创新网络体系，并根据情景实时变化，统筹而迅速重组。③创新资源适应性。组织针对创新过程中出现复杂技术与管理问题的性质、特点，按目标进行统筹和动态调整，迅速主动地调配资源。④创新管理适应性。包括情景跟踪与目标调整的能力，获取、配置和利用资源的能力等。通过内部的自学习机制和主体之间的知识共享机制来提升组织的创新管理能力，即彼此学习与知识共享，使整个组织的知识集成与整体管理效能提高，以应对日益复杂的创新要求。组织能够科学认识、正确识别并准确预测情景的发展趋势，有效应对创新过程中出现的问题，提高协同创新过程中主体的学习能力、知识共享水平，掌握组织结构的演变过程和适应规律。厘清组织基于对创新情景的正确识别所采取的自适应性行为的产生机理，达成共识，构建实现研发方案和动态调整优化的机制，进而制定和调整其管理模式（自适应性），形成研发方案。

### 十一　非均衡性

非均衡性有三个表现：一是创新非平衡性发展。协同创新网络的盟主和重点科研机构面对激烈的竞争及创新的复杂性，要保持长期竞争优势，就必须保持创新活力，不断地寻找自身的不足、与其他先进主体之间的差距。这成为其创新的动力。二是创新环境多变，包括市场环境、科技环境都在变化，协同创新网络运行必然受到这些环境变化的冲击。三是创新联盟成员作用的非平衡性。传统网络理论认为，网络连接是随机的，大部分节点的连接数量会大致相同。而协同创新网络联结是有意识的，有一定的偏好性，即往往倾向于选择与能力强、声誉好、技术先进的节点建立联结（Skvoretz and Agneessens, 2010），这些能力强、影响大、声誉好、技术先进的节点能获得大量联结而成为网络的盟主，成为协同创新网络的核心部分。其能够有效地组织起网络中的各个节点，充分激发起各种优势资源的投入和流动，在更大范围内、更高层次之间稳健、持续地运作和发展创新。

## 十二 嵌入性

网络理论中，嵌入是一个重要概念，其是指主体的网络地位、位置以及与其他主体的联系紧密程度等，这些属性决定其在网络中所能整合和配置的资源数量和质量，进而影响其网络行为与创新绩效。嵌入式网络是指融入并占据创新网络某一节点位置，形成一体化创新网络。嵌入包括关系嵌入与结构嵌入，这说明协同创新网络能给其各个成员主体带来信息优势，因而带来更大的创新业绩。嵌入性理论的提出，使接近性受到重视。这是指影响企业之间互动的距离。

大规模协作通过对互联网的有效利用，突破时空限制，即关系接近或创新关系接近，使各个企业超越空间，参与共同创造科技新产品、进入新的市场以及满足消费者新的需求的经济活动中。由此，在跨区域创新网络的形成方面，强调将基于个人关系建造与基于组织关系建造共同作为创新网络的基本内容，并将个人流动及跨文化协调协同作为分析重点[1]。如Saxenian[2]对硅谷发展中"新移民创业家"的分析，威廉斯（Williams）[3]关于国际迁移对学习与知识转移影响的分析。嵌入包括关系接近和空间接近两种类型。本书重点研究关系接近。它是在互联网条件下发展起来的。互联网和大数据促使创新主体分布式运行，形成网络化结构、权力按知识多少和重要性与否进行配置、企业组织边界弹性化、组织成员分散化的模块化组织在社会经济生活中广泛出现，资源的转移性和流动性大大增强。而空间接近如集群研究则更多地强调地理因素对创新的重要影响。

## 十三 互补性

互补性理论认为，如果开展或强化一种活动会增加另一种活动的收益，那么这两种活动就是互补的。研发是协同利用各种资源（科技人员、资金投入、外部技术资源等）创造出新知识和新技术的过程。集群主体

---

[1] Williams, A. M., " Lost in Translation? International Migration, Learning and Knowledge ", Progress in Human Geography, Vol. 30, 2006, pp. 588 – 607.

[2] Saxenian, A., Silicon Valley's New Immigrant Entrepreneurs, San Francisco: Public Policy Institute of California, 1999, pp. 1 – 25.

[3] Williams, A. M., " Lost in Translation? International Migration, Learning and Knowledge", Progress in Human Geography, Vol. 30, 2006, pp. 588 – 607.

通过价值链联结而形成协同创新网络（魏江，2003），以应对科技的复杂性和市场的不确定性，因为创新的积聚和产出之间呈正向互动的关系，协同创新网络的成员和制度，应全面考虑维持知识溢出与溢出控制之间的均衡。主体在协同创新网络中的功能各有不同，网络内知识交流交换包括知识获取和溢出的双向或多向过程，就某个过程来说，还是互补互动回馈的运动过程。

### 十四 阶段性

协同创新网络的发展具有阶段性。区域创新网络的发展过程被划分为网络形成、成长与巩固、逐渐根植的高级阶段（王缉慈，1999）。网络的形成与发展伴随主体之间的网络联系不断增强，分工不断细化，交易频率不断提高，网络的协同效应不断发挥，创新不断涌现。创新网络的形成和发展是一种涌现过程，从低级到高级、从简单到复杂，不断进化，产生单一主体无法达到的涌现特征：涌现整体创新能力和创新成果，增进经济利益。

产品生命周期理论认为，一种新产品从开始进入市场到被市场淘汰的全过程可划分为开发、引进、成长、成熟和衰退五个阶段。协同创新网络本质上是体制机制创新的产物，同样，应遵循生命周期成长规律，其成长过程具有显著的阶段性，可将其分为酝酿合作、组建磨合、市场化运行和调整四个发展阶段。

在协同的战略目标下，在市场中，创新主体相互学习，经历弱关系—稀疏、强关系—稀疏和强关系—稠密三个发展阶段，核心竞争力不断增强。在战略协同的初级阶段，处于网络主体关系弱、网络稀疏的状态，网络成员之间只有单向合作关系，仅限于单次合作，彼此信任度较低，合作时间短，除正式合作关系，其他联系缺失，使信息传播和知识转移速度慢。在战略协同的中期阶段，网络主体关系增强，成员之间进行浅层次的交流互动，彼此日益了解，感情增进，彼此信任度提高。在战略协同的高级阶段，主体追求共同的战略目标，在深度合作和长期共赢的统一战略目标下，彼此信任度高，信誉关系良好，网络文化水平较高和交易惯例成熟，显性知识和隐性知识互动较多，进行深入合作，知识等共享成本较低，协同创新网络的效率明显提升。

创新活动不仅是一个在内部创造知识的过程，同时也是一个不断地从外部吸收信息和知识的过程（Cohen and Levinlthal，1990）。在开放性创新环境下，研发活动可视为一个由内部研发、与其主体的合作研发及公共信息获取等形式组成的创新战略组合。Cassiman 和 Veugelers（2006）的研究表明，在日益开放的研发战略主导下，企业可能会更倾向于选择与科研机构进行合作研发。

## 十五 复杂性

日益复杂的组织现象之一就是创新过程。这是一个复杂的自适应系统，各个创新要素（如技术、战略、市场、文化、组织、制度等）之间的互动是复杂的、非线性的作用过程，各个要素之间是竞争与协同的过程，也是共同演化的过程。复杂系统内部，在各个子系统之间的非线性作用下，逐渐形成鼓励协同创新的氛围，各个子系统协同响应并促进创新自觉发生[1]。新熊彼特学派提出自组织创新的动力学理论——从复杂系统理论的角度来理解创新理论，更强调系统中元素之间的互动[2]。在创新的复杂系统理论研究中，要区别两个方面的内容：第一，复杂性是指在系统中的子系统之间的互动复杂关系；第二，利益相关者之间存在复杂性关系。当社会经济系统运行处于"混沌的边缘"或"融化区边缘"时，就会出现具有动态性的复杂系统，知识在利益相关者之间流动，最终提高彼此的知识水平（Mckelvey，Lichtenstein and Andriani，2010）。当创新网络中交易频率和利益相关者的多样性达到一定阈值时，利益相关者保持着高效沟通，创新就会出现。这个过程在新的机构中具体化和制度化，成为既有商业的动力输入，形成正反馈。这种持续不断的交换促进创新系统中的交流交换，进而产生创新。创新网络节点的动态演化引起节点联系的动态变化，原有的网络结构改变，又会引起外部环境的动态变化。作为一个复杂适应性系统，具有适应性的主体能够根据环境变化来调整自身的创新发展策略。随着协同创新网络演化发展，为主体提供沟通、交流的渠道和平台，增加主体之间的信任，降低机会主义倾向，增强创新合作的激励，主体之间互动形成的网络组织能够有效地克服单一主体在资源和能力方面的不足，提高创新成功率。这种网络效应一旦被网络外部主体识别，那么其将选择加入，其他主体也会学习这种行为，导致网络中的节点数量不断增加，网络规模不断扩张，网络结构也会发生重大调整，形成新的协同创新网络，使网络内主体获得网络创新乘数收益。

---

[1] 白俊红、蒋伏心：《协同创新、空间关联与区域创新绩效》，《经济研究》2015 年第 7 期。
[2] Waldrop, M. M., *Complexity: The Emerging Science at the Edge of Order and Chaos*, New York: Touchstone, 1992.

协同创新对知识流动实行有限开放，为规避知识过度外溢，主体在创新平台实现知识共享、资源整合并确定协同关系后，该网络便会在这一范围外树立起新的、封闭的知识边界，使边界内部的知识无摩擦流动、边界外部严格限制不必要的溢出，即介于完全开放和完全封闭之间。

## 十六　小世界性

协同创新网络具有明显的小世界性，即具有平均路径短而聚类系数大的小世界特征，这有利于新的知识在合作网络中便捷传播和扩散以及各主体之间的沟通与交流，除加强与国内网络内创新主体的合作外，更需要加强全球化合作，尤其是要加强与跨国公司的合作，获得世界先进知识和技术，从而提高本国网络内创新主体的能力，提高紧密合作的企业技术水平和竞争力。小世界性存在，使专利申请者可方便、快捷、高效地与有关申请者和创造者进行交流互动，获得新知识，从而获得更多专利。在小世界网络中，主体之间的集聚程度和扩散速度都较高。由于合作网络具有无标度性，少数具有竞争优势和实力的盟主对于提升产业整体竞争力发挥着举足轻重的作用。在网络结构下，主体互动集聚程度高，而行为或策略的扩散速度则较慢。

## 十七　模块性

模块化是指模块通过一定规则与其他同级子系统相互联系而构建的复杂系统的动态过程，由多节点构成，将某些复杂系统按照一定的规则分解成若干相互联系的半自律系统并加以重新整合的过程[①]。其中，以模块和核心竞争力为网络结构特性，不同模块之间竞争与协作，促进创新，竞争优势越来越强。其通过正式契约或非正式契约等纽带与网络中的其他节点进行合作，获取新知识，逐步增强创新能力。其是以需求为动力，以政策调控为导向，以良好的学术环境为保障，以创新性技术供给为一般目标，以实现特定产业创新为具体目标的网络（张治河，2006）。

当代是模块化时代，若干相互依赖、相互影响的模块构成网络，并通过各个模块之间的相互协调与互动来体现其整体性（Baldwin，2000；青木昌彦，2003；Nonaka，2006）。同时，创新管理研究越来越采用复杂自适应理论作为分析方法，系统可运行在稳定状态、不稳定状态和混沌状态

---

① ［日］青木昌彦、安藤晴彦：《模块时代：新产业结构的本质》，上海远东出版社2003年版，第15页。

之间。这为模块化创新网络的演化路径分析提供了理论依据。模块化中，网络内外的模块化分工与协作形成大量彼此交错、紧密联结的模块链。在遵循统一标准的前提下，模块通用性使系统迅速恢复到最佳状态，同种功能的模块供应商替代性很强，能更好地利用系统信息，不断地完善系统规则，适应瞬息万变的市场需求，是具有功能联系的模块借助标准化接口规则组成的复杂系统，有利于提高创新成功率。

## 十八　涌现性

协同创新网络的整体涌现性是指由其内部构成要素之间相互作用、互补互动互惠激发出来的，通过选择而形成的有向网络能够生成网络结构效应和网络组织效应，其具有任一部分所不具有的属性特征、行为功能。即一旦把整体还原为互不相干的各个部分，这些属性特征、行为功能便不复存在。这不仅取决于系统结构，还受到网络内各个主体的特性影响，主体之间的异质、有向选择的差异、学习能力差异等都会对网络整体涌现性产生影响。

其一，涌现创新成果。网络内多元化主体能够更有效地反映和适应需求，更快地响应市场和获取竞争优势，知识共享和信息的有效交流，增加创新成果。遵循阈值条件，只有当创新投入超过一定阈值时，创新成果才能出现。而单一企业的资源有限，只有协同创新网络，才能有效地克服单一企业的资源和能力不足，有效地动员组织资源，达到和超过创新阈值，实现创新突破。尤其是当创新网络突破某一领域创新时，才会吸引更多的有关资源集聚，使创新产生发散效益；在创新突破一定门槛后，会使创新成果鱼贯而出。

其二，涌现整体创新能力。良好的信任环境和合作机制形成，通过协同作用，使各个主体之间形成一个益损与共的有机整体。

这些涌现性发生的规律控制着创新网络演化、创新效率提升，生成知识共享的规模经济效应和协同创新效应。

## 十九　稀缺性

协同创新网络是稀缺的，难以在要素市场上"买到"，只能渐进地建构。网络经济学中，网络思想的核心是依赖网络中战略行为的互补与契合，对每个个体的绩效创造产生"增值效应"，提升创新效率。这种网络能力有利于网络内部资源的运用和外部资源利用的整合及实施。同时，在与伙伴的关系中，去除多余联结，使每个合作伙伴都能提供有价值的资源，以构建一个高效网络。

### 二十　自主性

创新主体拥有资源支配权、创新成果索取权，在清晰界定的自身利益边界的基础上，理性评估合作双方的需求强度，在互利合作的条件下合作，实现双赢多赢的目的，实现创新交易出清的短期均衡，主体拥有的知识资源毫无保留地转移到协同创新网络中去。

### 二十一　渐进性

协同创新网络具有渐进性，即从简单到复杂、从当地网络到当地与跨区域网络并重、从单结构到多结构；相应地，以非契约网络（协同创新网络）为主渐进地替代以契约网络为主，知识网络演进与运行机制的发展演变同步。

此外，根据复杂网络结构的特性，协同创新网络还具有稳健性和脆弱性。

# 第三章 协同创新网络理论

协同创新网络的理论基础，大致可归结为创新集群理论、网络能力理论、知识共享理论、自组织理论和交易成本理论五类。

## 第一节 创新集群理论

基于生产组织方式视角，人类历史上的每一次技术革命都推动了生产组织方式的重大变革，以便较好地适应各次技术革命所诞生的核心技术（群）发展的需求。

科技是第一生产力。一部世界经济史，就是一部科技创新史。特别是正在兴起的以基因技术、智能技术、3D技术为核心的高新技术不断创新与应用，以数字技术、分子生物学技术为代表，科技革命正在孕育并逐渐进入科技创新的爆发期，创新已成为提高国家核心竞争力、提升国际地位的根本路径。科技通过对资源的最有效利用、生态环境的最有效保护不断地推动经济跨越式增长，成为经济发展方式转变的决定因素和经济社会发展的根本动力。

第一次科技革命：18世纪60年代至19世纪中期，以蒸汽机发明和应用为标志，表现为一系列技术革命使手工劳动转向机器生产的重大飞跃。

第二次科技革命：19世纪下半叶至20世纪初，以电力发明和广泛应用为标志，表现为新的交通工具创制、新的通信手段发明的一系列新飞跃。

第三次科技革命：20世纪四五十年代以来，以原子能、计算机、微电子技术、分子生物学和遗传工程等领域的重大突破为标志，表现为人类进入新技术时代，科技转变为生产力的速度大大加快。新的科技体系包括三个层次：①底层是高效能运算、超级宽带等通用技术；②中层是以人工智能、机器人为代表的制造技术和工具；③高层是应用前述通用技术和制造技术的柔性制造系统与可重构生产系统。这个体系的有效运行形成全球化生产、社会化制造等新的科技经济范式。

第三次科技革命的重大标志是给机器编程，让其自动运转。

第四次科技革命的核心是通过互联网，让客户与工厂之间、机器之间、机器与原料之间互联互通，自动交换信息，触发动作和控制，促进整个价值链的高效融合。

第四次技术革命作为本书研究的生产力基础。在这场革命中，信息化、数字化、智能化生产方式将取代传统的人工和机器方式。乐观地估计，知识对经济的贡献将从 20 世纪早期的 10% 左右上升到 21 世纪初的 80%，知识不仅是现代社会的一种重要资源，甚至逐渐成为新经济中的唯一资源。

近代尤其是现代社会，是人的创造精神、创造能力得到充分展开与实现的时代，是以创新实践为基础并通过不断创新得以存在和发展的时代。创新，在工业经济时代崭露头角，在当今知识经济时代，才开始获得其完整、典型的表现方式，成为现代社会的生命之源。技术创新为生产力和经济社会发展带来的革命性变革和推动力量，受到思想家反复赞美和高度推崇。

目前，重点产业以互联网为核心，在新一轮科技革命推动下，互联网产业、高档数控机床和机器人、航空航天装备、海洋工程装备及高技术船舶、先进轨道交通装备、节能与新能源汽车、数字制造、3D 打印等技术取得重大突破，正在重构制造业，云制造、网络众包、异地协同设计、大规模个性化定制、精准供应链等网络协同创造模式，正在重塑产业链，推动制造业智能化、网络化发展，发挥动态比较优势，形成"分利联盟"性质的创新协同。依托网络构建资源获取、应用与共享的创新协同平台，对企业参与协同创新、商业模式再造、服务模式革新，以及制造业之间关系重塑，发挥着重要的催化作用。基于互联网的创新协同极大地改变着生产力布局的传统结构，在产业转型升级中提升资源使用率。

## 一 集群与创新集群

从 20 世纪 70 年代起，意大利中南部的企业集聚区展示出巨大的活力，在当时世界经济"滞胀"的背景下获得了学术界关注。西方学者迅速针对本国的集聚现象开展研究。特别是 1990 年波特首次分析集群之后，很多国家的地方政府通过培育地方集群并促使其升级，使当地的内力和国际的外力有效结合，提高区域竞争力。国际公认的集群概念，由波特（1998）提出，即"在某一特定领域中（通常有一个主导产业为核心），大量产业联系密切的以及相关支撑机构在空间上的集中，并形成强劲、持续竞争优势的现象"。对于集群和创新网络的研究，国外学术界处于领先地位。原因在于这些理论的发现和发展主要源于发达国家的有关实践。罗森伯格（1988）最早提出"创新集群"的概念，C. De Bression（1989）将经济政策研究重点由"创新"转向"创新群"，集群研究开始走向成熟。

（一）古典的集群思想萌芽与新古典集群理论：分工与集聚

关于集群的理论研究，可以在古典政治经济学中找到其思想的萌芽。威廉·配第认为，集群经济降低交易费用，提高分工水平。基于分工视角，亚当·斯密（1776）在《国富论》中，根据他的绝对利益理论，从分工协作角度，对集群经济做了一定的描述，在经济学史上首次提出"集群"的概念。他认为，"集群是由一群具有分工性质的企业以完成某种产品的生产联合为目的而结成的群体"。在《国富论》中，斯密谈到分工与市场范围的关系、产业发展与市场环境的关系，分工过细可能导致生产规模过小，组织成本上升，交易成本上升，因而长期合作势在必行。若产业分工更细化，即某些生产或服务从产业中独立出来，提供更细化的服务，若发生产业一体化的情况，即某些市场行为或服务在机构内完成，其服务组织也应提供针对性的服务。在斯密看来，劳动分工提高生产效率，分工的好处在于专业化，从而改进劳动技能，节约劳动时间，促进发明创造，进而增加社会财富；通过分工、专业化和规模经济提高经济效益。

斯密定理提出，"分工受市场范围限制"。阿林·扬格（Allyn Abbott Young，1928）在《报酬递增与科技进步》一文中传承斯密分工引起发明的思想，即分工使复杂过程转化为相继完成的简单过程，其中某些过程最终导致机器的采用，即扬格定理，"分工取决于市场容量，市场容量又取决于分工"，两者相互依存互相促进，成为经济增长的重要源泉。即专业化程度加深所带来的干中学推动技术进步，生产率提高，产品成本持续下降，形成一个"分工深化—市场扩张—迂回生产"相互作用、自我演进的累积循环机制。其加快知识扩散，增加价值链因子中的相互需求，市场不断扩展，资源共享，减少交易成本，提高交易效率，报酬递增。斯密、施蒂格勒、扬格、杨小凯等都认为，产业组织形式演进，就是分工和市场一体化。这一观点得到了科斯、威廉姆森、阿尔钦、德姆塞茨、张五常等的支持。

古典政治经济学大卫·李嘉图（1817）根据比较利益学说，研究区位比较优势问题，也提出了集群经济问题。马克思认为，分工提高效率，协作带来规模效益，创造集体生产力；引起竞争意识和精神振奋，进而提高效率；生产劳动者集中于一定空间、不同劳动过程靠近和生产资料集聚而节约成本。网络内存在的企业深度分工与专业化协作，使成员的创新效率更高。

分工理论是协同创新网络的理论基础，协同创新具有无论单个企业还是整个市场都无法具备的协同效应优势。基于分工视角，协同创新网络可理解为创新过程中相互联系的主体之间的创新分工体系。这种相互联系和渗透的组织之间协调活动，最终产生组织之间复杂易变的网络关系和丰富多样的制度安排，综合成为一种"非一体化下的分工整合关系"（陈守明，2003）。

分工，按产品或半成品交割类型，可分为组织、社会和介于两者之间的网络分工；按集成单元所处的地位，可分为垂直、水平和混合分工。前者是由于集成单元在资源、能力等方面的差异而造成的分工，其造成集成单元在组织内的分层性，包括从事决策制定的核心层、执行一定功能的中坚层、执掌操作性工作或处于外围的辅助层，这三个层次对科技资源的支配权力大小不同。在竞争机制和价格机制的作用下，创新主体必须通过市场获取所需要知识、技术，使用效率更高的方法。"看得见的手"调节集成单元分工，即在"看得见的手"调控下完成的整体或部分协同创新。分工的本质是在知识有限、技能间隔的条件下寻求成本优势或差异化优势，使分工的集成单元扬长避短，节约社会劳动，提高创新效率。

新古典集群理论，由杨小凯和黄有光（1991，1993）等利用超边际方法建立，其以专业化分工为基础，结论为：①若交易效率和收益递增水平都非常低，动态均衡是自给自足；反之，则是完全专业化分工；中间情形下，分工逐渐演进。这导致社会福利增长，当分工潜力耗尽时，收入增长率下降。②伴随分工演进，市场容量、贸易依存度都将上升。集聚导致分工与专业化、交易频率增加，引起交易成本和机会成本增加。但在竞争力强的集群内，地理接近的专业化之间形成长期合作关系，降低监督成本和机会成本，协作增强竞争力。

增强创新能力的有效途径之一是：促进创新劳动分工，这一分工越细化，知识积累和创新的效率越高，协同创新效率也越高，从而扩大生产的可能性边界，推进人类社会发展。而知识创新的复杂性、不确定性和外溢性决定一国或地区不能也没有必要完全独自创新。现实表明，基于分工的创新可通过多样化途径和载体来整合，提高创新效率。因此，协同创新是建设创新型国家明智而必然的选择，这不仅是因创新劳动分工而提高创新生产力，更主要的是在整合彼此的创新行为基础上，获取单一专业化创新主体无法获得的整体协同效应。

（二）新古典的集群理论

新古典集群理论主要有外部经济理论、集聚经济理论和新竞争优势理论三大来源。前者的代表人物是马歇尔和克鲁格曼。马歇尔（1920）比较系统地研究了集群经济，他从外部性和规模经济角度，首次较为全面地论述了集群理论。他把由生产规模扩大所引起的经济，分为两类：一是由于该产业的一般发展所引起的经济，叫"外部经济"；二是由于单个企业内部组织与管理效率提高所引起的经济，叫"内部经济"。具体而言，马歇尔的外部经济理论是"小集群"理论，是从产业角度分析生产成本时引入的。利用地理邻近，通过规模经济使生产成本最低，使有关创新主体通过外部合作获得规模经济，即外部规模经济。他把这种由企业集群而形成的专业化集群于特定地区称作"产业区"。其中各个企业之间形成一个既有效竞争又合作交流的网络。"产业区"形成外部规模经济，有四个原因：①技术共享和外溢。集群的存在和发展促进了相关技术、信息、技能诀窍和创新思想的集中、传播、共享、创新与应用，技术的外溢性促进企业集中的收益递增，因为相同行业的创新主体集中有利于深入交流和碰撞，产生创新的火花，进而使邻近的企业受益。行业的秘密因为近距离的接触而不再成为秘密，促进和激励学习与创新。②辅助工业和公共服务共享。集群有利于相关的辅助产业的集中与发展，专业化协作提高设施设备利用率。③人才和劳动力市场共享。集群有利于网络内人才市场的形成与发展，就业机会更多，对劳动力产生吸引力，有利于劳动力市场发展，而更多的产业集中又加大了对劳动力的需求，吸引更多劳动力进入，劳动力市场的发达，降低寻找劳动力的成本，也增加劳动者发展的机会和薪酬，经过训练的技术工人汇集，能被合适的雇主所寻找，劳动力供求的高度结合是早期集群的动力源泉，基于路径依赖效益和累积因果效应，节约劳动力和劳动力搜寻成本及培训时间，成为集群的重要因素。④创新资源共享。包括基础设施、产业政策等公共供给品、金融等公共服务共享，既可便捷地共享公共服务，又可大大减少位于分散区位条件下必须由自己来承担的各种公共资源的费用。

克鲁格曼继承和发展马歇尔的外部经济理论，他经过长期研究发现，企业和产业一般在某一既定的区域进行扎堆，这种空间集中性促进生产要素的进一步集聚，不同行业和相关联的组织不断加入有利于提高集群的外部经济效应。他主要援引马歇尔式的外部经济概念，并应用这一理论，解释小规模产业集群、产业专业化集群和产业集群的成因。他进一步认为，集群的形成路径依赖性较强，一旦建立，就倾向于自我延续下去。他又探讨特殊集聚因素和一般集聚因素。前者是指交通、自然资源等因素；后者是指一般性的经济因素，当多个企业集聚在一个地点时能给各企业带来更多收益增加或成本节约的因素。区位因子的优化整合能有效地减少运行成本，并使运费最低。因此，集群成长基于运输成本和生产成本的节省而共同选址在一起，得到成本节省的收益。这显然忽视了流通规模经济。

在既定空间企业扎堆协作、专业化分工，创新资源互动、共享，产生集聚经济效应。规模扩大能够降低创新成本，实现创新的边际收益递增。从马歇尔提出的集群外部经济和内部经济理论，学术界基于外部经济理论视角，回答集群现象的成因，以及形成这种现象背后的经济学原理，分别形成了区位集聚理论和新经济地理理论。

（三）区位集聚理论

区位集聚理论是新经济地理学的理论基础之一，包括古典区位论和新古典区位论（陈文福，2004）。前者的代表人物如杜能和劳恩·哈特（Wilhelm Laun Hardt，1882）认为，运输成本降低，才是最重要的。杜能1826年在《孤立国》中最早提出圈层结构论，圈层分布是城郊的经济布局，由圈层中心到外围的经济布局是：自由农区、林区、轮作农区、谷草农区、三圈农区和畜牧区。圈层经济结构论的本质是：经济与区域是一个相互依赖、互补互惠的有机整体，发挥区域的吸引和辐射功能，但这些功能受到空间互动的"距离递减规律"制约，必然导致区域形成以经济建成区为核心的集聚和扩散的圈层形状的空间分布结构。

德国工业区位经济学家阿尔弗雷德·韦伯（Alfred Weber，1909）首次提出和使用集群，追求集聚的交通运输和劳工成本节约等利益而形成集聚，分享基础设施、专业化劳动资源和市场等，获得集聚经济效益。韦伯总结了集群的四个因素：①技术设备的升级和专业化整体功能的提高促进区域集中化；②劳动组织、设备集中与专业化要素的集聚充分发展、相互促进；③实现批量购买和出售规模的最大化，流通环节最少，得到成本最低的信用与资本；④经常性成本减少，如集群促进煤气、自来水等基础设施的建设。集聚因子的作用有两种形式：一是因经营规模的扩大而出现的规模经营的利益和规模生产的利益。二是由多种主体在空间上集中产生的集聚利益，即通过协作、分工、公共服务的共同使用所带来的。集聚因子和分散因子的关系表明集群优势只有在一定条件下才成立。分散因子是集聚的反作用力，是随着集群而带来的生产成本下降。分散因子的作用主要是消除由于集聚带来的地价上升而造成的一般间接费用、保管费用和劳动费用的上升。由于集聚因子和分散因子两个因素的作用，由分散走向集聚，再由集聚趋于分散已成为工业区位空间运动的一个规律。但是，他单纯考虑资源，脱离一切制度、文化和历史因素，致使其理论的现实性不足。

集群划分为初级和高级两个阶段：前者通过各个创新主体自发发展而形成；后者则是创新主体通过互联互补互动的互联网进行研发。克里斯塔勒（Walter Christaller，1933）在《德国南部的中心地》中建立了一个商业集聚中心的网络序列。德国廖什（Aloshc，1939）在《经济的空间秩序》一书中，从利润最大化出发，突出需求决定最优区位，成为市场学派。这以1956年艾萨德《区位和空间经济》和1968年贝克曼《区位论》的出版为标志。Camagni和Salone（1993）、Moulaert和Djellal（1995）对当地化集聚及经济化集聚做了定性分析。俄林（Bertil Ohin）将之分为内部规模经济、地方化经济和主体化经济。前者由规模扩大而带来；中者由同类集群成本下降而带来；后者由不同类型的集聚而带来。而持不同观点的波特（1996）则认为，由于集聚经济主要从传统的生产要素分析出发，极少涉及创新关系的分析，故而应超越对集聚经济本身的研究，而将重点转向对网络外部性的本质讨论。

集聚经济分为静态集聚经济和动态集聚经济，前者是古典的以成本降低为中心的集聚，而后者是最近20年发展起来的关注互动学习过程中的交易成本降低、创新能力提高的集聚；由于其促进知识流动、共享和主体学习，对协同创新网络产生的影响深远。目前和今后，经济依存性和整体性渐趋明显，集聚由更发达的分工、合作和互动学习促成，成为协同创新网络形成的重要背景和基础条件。网络内集聚形成创新环境，开展互补互动学习，交流难以吸收的隐性知识。这为制定协同创新政策提供了必要的前提条件（李青等，2004）[①]。

（四）新经济地理学

克鲁格曼（1991）用数学论证集群的本质是规模经济与范围经济。他建立一个精致的中心—外围分工和生产过程的相互依赖性集聚，其是一

---

[①] 李青等：《区域创新视角下的产业发展：理论与案例研究》，商务印书馆2004年版。

个受到政治、经济、社会、文化等众多因素影响的综合经济现象。这是目前公认的对产业集聚解释最成功的中心—外围模型，他认为，导致产业集聚的原因，是密切的经济联系而不是比较优势，而技术外溢是集聚的次要因素，因为低技术也能形成集聚（陈建军、胡晨光，2007）。克鲁格曼在迪克西特—斯蒂格利茨（Dixit—Stiglitz）垄断竞争模型的基础上，提出集群成因：其是由循环累积因果效应引起的，是在运输成本、不完全竞争、规模收益递增共同作用下要素流动的结果，并从产业专业化、外部经济、市场放大效应和价格指数效应等方面来解释产业集聚的形成。他提出，集群存在的主要原因有需求、外部经济、产业地方化和地方专业化。新贸易理论（Krugman，1980；Helpman，1993；Fujita et al.，1999）的分析角度与新经济地理学的假设相同，认为收益递增是推动产业集聚的决定性力量。而传统贸易理论（Ohlin，1933）认为，集聚是由各地根据自身的要素禀赋选择具有比较优势的产业促成的。科斯把集聚作为网络，即集聚获取分工收益，降低交易费用，"是一群自主独立又相互关联的企业依据专业化分工和协作原则建立的组织，其介于纯市场和层级两种组织之间、比市场稳定，比层级组织灵活"。产业集聚有根植性、策动性、动力性、自增强性和触发性机理五个生成机理。

（五）新竞争经济理论

波特和斯科特从新产业空间组织理论视角提出了新竞争经济理论。波特先后在《竞争战略》（1980）、《竞争优势》（1985）和《国家竞争优势》（1990）著作中，创立竞争优势理论。他认为，当决定国家竞争优势的关键要素改变时，产业环境也会相应改变。机会或一些偶然性事件会对一国的产业竞争优势产生重要影响，如基础科技的创新、传统技术的断层、生产成本的突然提高、需求剧增、外国政府的重大决策等。这些事件使原有的竞争优势消失，新的竞争空间出现，成为适应新形势的国家获得竞争优势的难得机会，同样的机遇给不同国家所造成的影响有好坏之分，原因是各国政府的机会把握能力有大小的不同。在《集群与新竞争经济学》中，波特（1998）比较完整地阐述了新竞争经济学，从组织结构变迁、价值链构建、经济效率获取、柔性增加等层面论述竞争优势的存在，进而分析集群的形成机理及其竞争优势。波特通过三个方面的论述，阐释集群是如何促进区域竞争力提升的。波特第一个明确提出，集群是指在某个特定领域内相互联系、空间上相对集中的若干公司和机构的集合，包括一些对竞争优势起重要作用的相互依赖的产业和其他实体。其积极作用是：①提高生产率。网络内特别是企业保持一定的结构"柔性"，能获得大的规模经济效益；专业人才和普通劳动力的集中，可以有效地降低生产要素的交易与搜寻成本；近距离的经常性交流和合作有利于促进知识交流和构建合作机制，减少交易成本和运输成本，提高知识扩散与信息传播效率，也有利于减少机会主义行为，竞争与学习促进生产效率提高。②引导创新方向，提高创新速率。因为网络内的经常性沟通与知识联系，业务交流促进关键性的创新知识成为"公开的秘密"，网络内的隐性知识促进创新技术，更新设备，优化服务；经济集中促进产品市场的大规模化，引发消费者汇集，而顾客的集中能及时有效地了解需求及其动向，同时企业的柔韧性有助于抓住市场机会和及时创新①。

产业国际竞争力理论框架和分析方法，是波特以产业五力竞争（进入壁垒、替代品威胁、买方议价力、卖方议价力、现存竞争者力量）模型为基础建立的钻石理论。他强调产业的要素创造力对于竞争力的作用比要素简单拥有更为重要，这也是国际知名科研机构评价各国国际竞争力的理论基础。他认为，国家的竞争优势主要是通过国家内部过程创造的。集群不同于科层制组织或垂直一体化组织，是对有组织价值链的一种替代。波特进一步指出，集群是指某一特定产业的企业和有关组织聚集在一定的地域范围内而形成的稳定、共享、互补性强的具有持续竞争优势知识网络的集合体。他断定：一国的成功源于纵横交织的集群。该理论结合增长极与国家创新网络理论，是知识经济增长极理论的奠基之作。经济学总是用单纯的竞争来说明经济，但他却认为，合作与竞争促进创新，不同行业的创新主体合作，同行的创新主体竞争；竞争更多地表现为少数核心企业之间的激烈竞争，合作则更多地表现为这些核心企业和配套企业的密切关系；有竞争力的个体加总成为竞争力集群，降低创新风险与不确定性，提高创新效率，提升产业和国家竞争力。波特发表的《论国家的竞争优势》和克鲁格曼发表的《收益递增与经济地理》标志着集群理论逐步加入主流经济学，形成新经济地理学。

不过，波特的理论也遭到一些诟病。他的钻石模型多集中于宏观的国家层面，研究对象也多为发达国家相对成熟的集群。而对于广大发展中国家来说，由于政治制度与经济条件落后、资本和技术缺乏、要素和市场容量不足，钻石模型并不一定适用。

集群理论被 Belussi（2004）分为马歇尔理论、区位理论、交易成本理论和制度理论四个主要学派，其中，影响力最大的仍然是马歇尔理论，

---

① [美]迈克尔·波特：《竞争论》，中信出版社2003年版，第211页。

新古典经济学代表人物阿尔弗雷德·马歇尔认为，产业集聚有三个好处：促进区内产业发展；促进区内劳动力市场形成；促进科技信息传播。其中前两者可称为金融外部性，后者可称为技术外部性（Breschi and Lissoni, 2001）。

创新集群充分体现了科技创新与经济发展在产业层次的高度融合。20世纪80年代和90年代早期存在三个最成功的集群：硅谷、第三意大利和巴登—符腾堡州，被大量研究提及。但是，使用这些发达国家的某些"成功"范式来描述现实复杂多样的集群可能是片面的，不同集群之间在知识交换频率、性质和创新绩效方面均有显著差别（Schmitz and Nadvi, 1999；Gordon and McCann, 2000；Malmberg and Power, 2005；Mesquita, 2007）；尤其是基于发达国家的集群形成的研究范式不一定能够有效地解释中国的集群创新机理。

经济合作与发展组织（OECD）认为，创新集群是具有互补优势的主体在产品链与价值链上互动，进而形成促进创新的网络，并把创新集群作为推动国家创新体系建设和经济发展的重要驱动力[②]。

罗伯逊和兰格洛伊斯（Robertson and Langlois, 1995）认为，以往研究的焦点问题是解释集群为何存在以及在何种情况下更优越。一些研究指出，集群本身不会自动提升创新绩效，只有协同和交互作用，才会对创新绩效产生正能量作用（Crouch and Farrell, 2002）。阿里坎（Arikan, 2009）认为，已有文献只是说明集群为何拥有知识共享的功能。

（六）国内集群理论研究

国内关于集群的研究日渐增多，研究对象主要是交易成本和分工理论，主要研究方向是如何根据技术、市场变化，实现帕累托改进。国内集群研究的权威王缉慈（2001）主要从跨学科、经济地理学视角，阐述新产业区理论，强调培养具有中国地方特色的集群，打造区域的创新环境及政策供给体系，以此强化区域地理的竞争优势，这是目前增强中国国力的关键所在。她把集群与创新网络相等同，较系统地概括指出，集群是指网络内各个节点协同中结网，并融入创新环境中而组成的系统，促使知识快速扩散，促进经济、政治和制度的最好联系，是网络内各个主体联结的创新网络与创新的有效叠加。其是创新日益受到经济和社会纵向与横向联系的网络，是各个行为主体在互动与协同创新过程中建立的相对稳定、正式与非正式关系的总和。集群可分为网络组织、方法和结构三个研究视角。她（2001）总结了影响集群形成与发展的几个主要因素即区位、文化、产业组织与经济、公共机构与组织支撑诸因素。这些区域成功的关键在于创新主体结成协同网络，使各种生产要素以及新知识、技术和信息在网络中流动、扩散顺畅，创新与增值。企业之间以经济交流为基础，进行包括技术、制度、政治各个方面的交流，使交易费用大大降低。张辉（2003）[①]从经济组织形式角度对其进行研究，认为其代表着介于市场和等级制之间的一种新的空间经济组织形式，是指众多创新主体集群于一定区域内特定产业、具有分工合作关系、以纵横交错的网络关系紧密联系在一起的集聚体。在本质上，网络类似集群，如慕继丰、冯宗宪、李国平等借用波特的概念，认为应对解决共同问题，网络是许多相互关联的公司及各个机构，通过一段时间的持续互动而形成的发展共同体。集群的形成是专业化分工报酬递增的一种空间表现形式，是一个劳动分工深化、交易效率提高的过程（陈柳钦，2006）。集群的形成和发展是劳动分工深化的结果，也是某种交易制度安排的必然结果（何雄浪，2009）。

本书主要从网络和协同角度进行研究集群，网络就是基于信息交换和互动学习、组织学习的结构型机制。创新，可以理解为创新主体从外部获取知识，影响外部知识获取的因素包括网络、社会资本、知识属性、战略和组织行为、资源和能力（斯科特，Scott，2000）。创新网络与集群有所区别，但也有所联系，集群可以成为协同创新网络研究的出发点。通过对专业文献的检索、阅读和梳理，目前学术界对创新集群问题的研究至少有三个特性：一是内容广泛。范围从理论到实践，方法从规范到实证，研究正在逐步深入。目前，对于创新集群形成的机理和演进规律，集群向协同创新网络演变及发展的不确定性引发很多问题，值得深入研究。二是经世致用。紧跟国际前沿，更趋向联系中国创新的实践，进而指导中国的创新进行研究。三是经济学、管理学及社会学等多学科交叉性、复合性特征在产业集群研究中表现得日益突出。

本书认为，集群只是促进创新的重要条件，集群能否促进创新取决于集群内部的组织和机构之间的知识交互过程，取决于集群内部创新主体的实力和创新欲望，取决于创新外部环境的完善程度。总之，取决于协同创新网络是否建立及其健全水平。

（七）创新集群特性

第一，创新集群本质上是在动态合作与市场竞争中形成的一种网络，是通过运输成本降低和同一产业知识扩散来实现的。在诸多文献里，"网络"与"集群"虽是同义的，但也存在一些区别，包括集群的成员有限

---

[①] 张辉：《产业集群竞争力的内在经济机理》，《中国软科学》2003年第1期。

和目标特定、开放，具有地理邻近性，一般涉及正式合同；而网络成员一般不依赖于区位或部门。对网络概念的界定虽然因学科不同而不尽相同，但都凸显一个共性，即网络是由相互选择的合作伙伴双边或多边关系构成的，网络内各个成员之间连接关系明确，形成成员之间的相互依存、互补互动关系，能够放大网络中所有个体的效率和增加价值。

第二，某种产业及其相关支撑产业和组织在一定空间的集中。

第三，其形成的基本条件包括互联网、大数据和社会基础设施等公共产品与社会资本。

第四，单个创新集群，作为国家创新网络的一部分，网络内主体除存在横向联系和纵向联系外，还有直接和间接的诸多联系。创新集群演化的基本特性是产业之间功能联系和相互依存及其动态演化发展。

第五，创新集群形成自身的知识交流学习机制、外部模仿机制和知识与技术的传播机制，是产业与创新环境的集成。网络内知识转移和共享活动频繁，是知识生成、创新和共享的密集组织。

总体来讲，关于集群研究，我国落后于发达国家。这在很大程度上取决于中国的经济发展水平和市场经济体制的建设水平。既有的研究成果大都是在关于发达国家集群研究的跟踪、介绍、引进的基础上结合中国协同创新发展的实践而获得的。目前，集群理论的发展具有渐进性而其实践应用却存在滞后性，原因在于有关研究存在局限，即从共享知识角度对创新集群进行研究较多，而基于协同创新网络视角的集群研究较少，有关共同创造知识的研究不多。

综上所述，集群概念更关注主体的空间接近，而协同创新网络基于知识转移和创造，更关注主体的关系接近。关系接近包括组织关系接近和个人关系接近，后者可以构成前者的基础。网络自身的结构效应和规模效应是复杂性创新成功的根本原因。复杂创新成果的涌现往往是由网络内创新主体之间相互作用、相互补充而激发创造的，这种联系效应即网络拥有的结构效应。因为结构不同，所以，创新主体之间相互激发与制约的方式差异化，导致他们对创新所做出的贡献不尽相同。

## 二　创新集群网络化

（一）协同创新网络产生的背景与主要内容

在互联网时代，人们从风险投资、知识流动、基础设施等要素、行为和政策法规等角度研究创新绩效的影响因素，"网络经济"概念得以提出。网络化思维，是在集群和创新体系研究深入的条件下出现的。首先，协同创新网络产生的背景和必要性在于创新日益复杂、创新内容不断丰富，创新过程、动力机制不断转型升级；其次，协同理论、创新网络理论以及集群理论构成协同创新网络经济的理论基础；最后，网络出现是以资源的互补互动性为基础的，资源的存在和发展是异质性与非均衡的。

历史上，创新往往局限于某一特定学科、特定领域中研发人员个人的努力，如今创新更多地产生于主体之间、学科之间的交叉、互补互动互惠和融合的网络之中。

创新主体资源的互动频率、密度和质量决定创新能力强度。即学术界的创新关注点聚焦于企业要素及其互动。互补性资产的专业化投资是进行更大创新、解决更大问题以及获得更大业绩的前提条件。创新成功的核心要素是外部知识的获取能力，企业创新能力的增强得益于外部新技术的影响（Nelson and Winter，1982；Cohen and Levinthal，1990）。互补性资产的有效利用决定创新能否成功（Teece，1986）。创新成果是多种影响因素交互产生的。因此，外部因素引入对创新产生具有非常重要的意义（Rothwell，1994）。只有研发、生产及营销各个子系统的有效协同发展，创新绩效才能得到提升（宋泽海，2006）。郑刚等（2008）关于创新提出了一个五阶段协同模型：创新过程中，要注重技术、战略、文化、制度、市场等各个要素之间的协调发展或全要素协同，促进创新长足发展。Bengtssona 和 Solvell（2004）实证研究证明，网络内竞争度、客户和供货商的关系与创新绩效呈正相关关系。谢洪明、王现彪（2008）等研究证明，网络强度、密度和互惠等网络关系对集群中的合资合作的创新能力有重要影响，成为充分发挥创新优势的关键。

在竞争优势的分析中，广为接受和引用次数最多的是波特理论（1997）[1]。他认为，网络能够提高网络内主体的创新绩效，并日益成为创新中心；持续联系有助于相互学习，改善技术、机器及部件，更新服务与市场观念；网络内的竞争压力和潜在压力也成为创新动力；网络柔韧性及迅速行动力，是识别创新机会的良好"窗口"，因而抓住市场机会并实施创新行动。诸多的理论与实证研究证明，创新网络为各个创新主体带来好处，他们通过参与网络，利用多样化资源、信息和能力，利用服务的多样化、准确化，获得更多方便来提高效率，尤其是化敌为友、益损与共，与潜在的竞争对手结盟得到更多的学习机会。

---

[1] ［美］迈克尔·波特：《竞争战略》，陈小悦译，华夏出版社 1997 年版，第 224 页。

### (二) 创新网络与集群

创新网络与创新集群是相互依赖、相互促进、竞合发展、对立统一的关系，以创新促进经济发展，创新强度决定集群的长远发展水平。集群不等于创新，简单的企业集群，并不能带来创新。只有复杂集群，才有助于协同创新网络的形成和发展，刺激和促进创新；同时，创新和创新网络是推进集群经济持续发展和保持竞争优势的关键。

开展协同创新最早也是最成功的国家是美国。美国企业研发投资回报率平均为26%。有协同创新的大企业研发投资回报率高达30%，小企业研发投资回报率更是高达44%；而没有协同创新的企业研发投资回报率只有14%（王金萍、杨连生，2016）。

美国硅谷的研发体系是与欧洲和日本合作完成的。创新与集群不仅可以在空间上协调，而且在时间上协调，集群发育可共享集群专业的中间投入品、专有人才市场和技术外溢，促进大量复杂、多种多样的创新要素高度互补互动，促使相关创新成果的诞生。

集群研究的重要主题是网络，这一研究虽然进一步接近创新集群的微观机制和本质特性，但仍有不足之处：一是集群网络转型升级的研究缺乏，原因是关于协同创新网络的研究比较薄弱；二是人们注意到协同创新网络的必要性研究，但是，其与创新绩效的内在关系研究存在"短板"，如国有企业高管创新的协同激励问题。因此，本书从网络—创新网络—网络能力—协同创新网络，再到国有企业高管创新协同激励的理论分析和实证研究，进行深入梳理与分析。

## 第二节 网络能力理论

企业的成长模式，按企业能力划分为技术能力、网络能力和市场能力（Huan Zou，2008）。技术能力作为一些知识集合，有其内在的逻辑结构，该结构决定了企业技术能力的异质性和力量大小（Leonard - Barton，1995）。

### 一 网络能力的内涵与外延

资源基础论、网络论、知识管理理论和交叉研究的结果，产生网络能力这一新概念。这个新概念是哈坎森（Hakansson，1987）率先提出的，即改善创新主体网络位势和处理单一关系的能力，强化网络中关键角色和承担网络关系协调者的能力。简单地说，是指构建和管理外部知识网络的能力（李贞、张体勤，2010），是基于自身资源，通过识别网络价值与机会，建立和利用各种网络关系以获取稀缺资源的动态发展能力，包括处理某一单个关系的能力和改善创新主体在网络中地位的能力。哈坎森还指出：与网络能力一样，其也是在创新网络形成过程中逐步发展而来的，而不是从要素市场购得的，无法完全还原到个体能力。其是获得竞争优势的重要源泉，其依托于网络环境使网络能力在管理层面和战略层面拓展。对于网络能力，人们有三种认识：①将资源转化为创新产出，因而创新主体的学习能力不断提高；②一种要素组合或知识组合（Barney，1986；Dierickx and Cool，1989）；③一系列资源、技术和绩效之间的多重回馈机制，是网络位置、组织过程和发展路径的组合机制（Teece，1997）。这些概念的分类和理论基础虽有不同，但总体来看，创新能力、动态能力与核心能力在概念和逻辑上的趋同性日益增强（Meyer，1997；郭斌，1998）。

虽然企业经营与创新活动日益依赖于网络，日益成为协同创新研究的热点。但是，作为创新主体应拥有的网络能力，目前直接研究较少，但是，可借鉴一般网络能力的研究成果。

在创新网络化、科技知识化的背景下，知识共享与网络能力成为科技繁荣和经济发展的主要驱动力，是创新主体提升竞争力的重要手段和重要条件，获取、拥有、共享创新知识成为经济发展的强大竞争力，也是创新和经济发展的关键性要素。美国生产力和质量中心调查33家公司发现，知识共享每年可带来5%—10%的增长。知识管理的核心环节就是知识共享。比尔·盖茨在《未来时速》中说，"高层经理们需要坚信知识共享的重要性，否则即使再努力掌握知识也会失败"。博克和金（Bock and Kim，2002）研究证实，知识共享意愿会直接影响个体的知识共享行为，个体的知识共享意愿越强，就越有可能发生知识共享行为。这会促进知识存量增加，促进相互信任与风险分担，为协同创新奠定基础。知识系统的复杂性使知识特别是隐性知识难以被单个创新主体完全掌握，单个创新主体也难以依靠自身力量整合创新知识，而知识共享机制存在促进知识的快捷传播与共享，也降低创新知识的搜寻成本，以低成本获取创新知识，促进协同创新。而知识共享的水平决定于网络能力。

网络能力包括关系管理、组合管理、愿景管理；技术要素包括投入、设备、人员等能力；绩效包括新产品销售规模和专利生产能力；投入能力影响网络能力，主要是科技经费和科技人员；吸收能力影响网络能力，主要是产出能力，包括专利数量、新产品数量；政策环境、政府科研经费投入和企业规模均影响网络能力。

徐金发等（2001）、邢小强等（2006）、任胜钢、Moller 和 Halinen（1999）认为，网络能力包括网络愿景能力、网络构建能力、关系管理能力和关系组合能力，前者属于战略网络能力，后三种均属战术网络能力。朱秀梅等（2010）在网络能力、资源获取和绩效之间关系的实证研究中，将其划分为网络导向、构建和管理三个维度，将资源获取划分为知识资源获取和运营资源获取。战略网络能力和可操作性网络能力（网络运营、网络关系和网络占位能力）构成网络能力（方刚，2008；赵爽、肖洪钧，2010）。网络能力的具体内容包括以下四个方面。

第一，网络愿景能力，即创新主体在战略上对外网络关系的识别和网络关系发展的规划能力。

第二，网络建构能力，包括计划、组织、协调和控制四个活动维度。对网络活动进行统筹安排，是计划；明确合作过程中的有关资源和内部沟通方式，是组织；化解合作过程中的冲突，满足网络伙伴的主要期望，是协调；对合作目标、过程和结果实施控制，是实现计划和协调的过程（赵爽、肖洪钧，2010）。

第三，网络关系管理能力，包括创新主体的关系管理能力和组合管理能力，前者是处理单个交易关系的能力，包括梳理分析能力和组织协调能力（Moller and Halinen，1999）。

第四，关系组合能力，主要包括资源和行为组合能力。在一定意义上说，就是创新主体之间的协同和运用网络的能力，即通过组合来发挥和实现创新协同效应，提高创新主体的能力，而不再是停留在按合约来履行规定的义务。两者相比，角色管理是强调创新主体的专业能力，而关系组合则是强调创新主体的整合能力。

网络能力对技术能力也有显著的正相关关系，显著影响自主创新绩效。这表明网络能力对于创新绩效提高的重要性。实现创新除了需要技术能力，还需要网络能力。以往的创新研究中，认为只要提升技术能力就能实现创新的观点是片面的。因为创新的实现以及技术能力的提升，在很大程度上也要依赖网络能力。如果网络能力有限，必然会阻碍创新的实现。由此可知中国很多企业的技术能力虽然很强但最终没有实现创新的原因。

## 二　协同创新网络的资源与绩效

### （一）网络能力的资源观

相对于盈利最大化要求，企业所拥有的资源总是不足的，这种不足分为绝对不足和相对不足两类。后者是相对于较高的创新目标和较难的创新任务而言的。因此，资源最大化势在必行。同时，存在资源的相对过剩即结构性不足，协同创新是解决这一问题的可选择途径。

对于网络能力与创新绩效的关系。理论上讲，借助网络能力，即可实现在创新网络中的战略定位、合作伙伴选择、关系资源利用及成员关系诸方面管理，从而建立与创新合作伙伴的互信关系和知识共享机制，获得满意的创新绩效（Moller and Halinen，1999）。网络能力有助于发现和充分利用市场机会，克服资源"瓶颈"，拓宽战略选择范围，有助于提升创新绩效（Mortetal，2006）。

实证分析中，网络绩效提高归因于较好地配置和运用网络资源。早在学术界将资源观引入之前，康纳（Conner，1991）就指出，绩效是指企业不仅运用自身资源，而且是利用竞争对手的资源和外部政策环境交互的结果。戴尔（Dyer，1998）也指出，联盟伙伴资源将对绩效影响显著，对竞争优势有影响的资源可超越既定的边界获得，并嵌入在组织之间的规范和运行过程中。他们认为，竞争优势可受到关系资产、知识共享的规范和约束以及互补资源和有效的治理机制等因素的影响，这些因素构成关系租金。其是指在伙伴关系中产生的超额收益，是"由伙伴共同的特殊贡献所创造的"。里特（Ritter，1999）认为，网络能力包括任务和资质两个方面，资质是执行和完成任务的前提，决定于网络任务完成的效率，而在完成网络任务过程中又可提升网络管理的资质[①]。

资源是利润、租金等的源泉，但并非所有资源都可创造利润，只有特性资源，才可以使企业获取和维持竞争优势。竞争优势源于企业自身所拥有的异质性资源、知识和能力及其产生过程的不可复制性，这些能够为企业提供不同的战略定位和决策，异质性资源引发企业等各个组织机构之间相互合作的动机。合作即资源共享也成为企业获取边界范围之外的资源、改善自身绩效的重要途径，从而最终提升创新绩效。综上所述，在构建创新网络的过程中，寻求合作伙伴时倾向于寻找异质性组织，为实施创新带来互补资源，进而提升创新绩效。战略管理理论基于资源观和能力观，认为企业竞争优势的来源是资源和能力。在知识经济时代，以"复杂的、难以复制的知识"为基础和特征的资源及能力才能形成优势，因此，创新活动的核心是知识创新，尤其是隐性知识创新。

传统的资源基础观只关注企业内部拥有和控制的资源，只有企业内部

---

[①] Ritter, T., "The Networking Company Antecedents for Coping with Relationships and Networks Effectively", *Industrial Marketing Management*, Vol. 28, No. 5, 1999.

资源，才可产生竞争优势。沃纳费尔特首先颠覆了这种观点，他在美国《战略管理杂志》（1984）上发表《企业资源基础论》一文中提出了新的理论视角，认为企业的战略与企业资源联系密切。他强调拥有异质性和独特性（稀缺、不可模仿和不可替代性）资源，将这些资源转变成独特能力是持续竞争优势的源泉。巴尼（1986）、迪里克斯和库尔（Dierickx and Cool, 1989）都认为，资源必须是根本无法通过市场交易来获得的。资源基础论或称资源观理论认为，仅仅拥有静态资源是不够的，还要拥有不可模仿的技术和知识等动态资源（Prahalad and Hamel, 1990），这才能带来持续的竞争优势（Rumelt, 1984; Wernerfelt, 1984; Barney, 1991）。格兰特（Grant, 1991）指出，资源是能力的来源，能力又是主要竞争优势的源泉。创新主体与外部联系获得战略性资源，各种联系是关系租金和竞争优势的源泉（Dyer, 1996; Dyer and Hatch, 2006）。这一概念普遍用来解释竞争优势的源泉。竞争优势受到自身的资源及其嵌入的各种网络所带来的难以被竞争对手模仿的各种资源与能力的综合影响。创新主体与其他网络成员之间既竞争又合作互动、共享学习，获得补充性资源，进而提高创新产出和绩效。这是竞争对手难以模仿的、可持续的经济租金（Dyer, 2006）。合作伙伴的资源对创新绩效影响显著，竞争优势与关系资产、知识共享、互补资源（或能力）和有效治理等因素有关，而这些因素构成关系租金来源。戴尔（1998）认为，这些研究突破传统资源观把资源限定在创新主体自身边界内的局限，是资源观在网络研究领域的拓展。拉夫（2004）完善网络资源观或扩展资源观。达夫特（Daft, 1983）关注外部资源的获取和利用阶段的资源基础观，也称为网络资源观，资源源泉从内部向外部扩展。研究重点是创新主体获取竞争优势的资源不仅来自内部，而且来自组织之间的网络。在网络中，创新主体与其合作伙伴共享资源，实现网络中的学习、知识溢出、协作和互补互动效应，产生超额收益，是"由伙伴共同的特殊贡献所创造的"。总之，资源来自创新网络，持久的竞争优势源于这种独特的资源和能力。其不仅与创新主体自身拥有或控制的资源有关，还与网络资源有关，其能够给创新主体带来网络特有的经济租金。因为创新网络突破传统资源观的边界的限制，成为竞争优势表现的经济租金的一个重要来源。由此可见，异质性资源是获取竞争优势和企业绩效的基础。

巴尼（1991）认为，企业竞争优势与企业战略行为息息相关。当企业自身所拥有的资源具有稀缺性、价值性、难以模仿性和替代性四个特征时，企业就有能力实施不同战略，从而形成持续性竞争优势。基于经济租金理论研究的视角，彼得拉夫（Peteraf，1993）强调并非所有的企业资源都可构成竞争优势，必须使企业能够凭借异质性资源获取租金，并通过事前限制成本获取资源，同时根据资源不完全流动性将租金留在企业内部，最后，通过事后限制持续占有租金。古拉蒂（Gulati，1999）从"网络资源"概念出发，强调合作所产生的重要网络资源，并且网络成员之间的背景、知识以及其他属性存在异质性，有些互补性资源可通过分享得到，形成竞争优势进而提升创新绩效。拉夫（2004）在传统资源观及其理论拓展的基础上指出，基于创新网络资源产生的竞争优势的来源包括内溢租金和外溢租金或关系租金、内部租金和外部租金。内溢租金源于对合作伙伴的资源利用，外溢租金源于合作伙伴之间共享的资源；外部租金是指创新网络中企业之间的共享资源，来自企业之外的网络合作组织。内部租金源于自身拥有的资源。准租金是彼得拉夫（1993）提出的，是指从自己特有资源中所获取的价值比其他公司从类似资源中获取价值的增值部分，强调获取的经济租金需要具有别的创新主体不能具备的特殊价值。资源和能力两个概念的主要区别在于静态方法和动态方法的不同。基于"资源"，采用静态分析；而基于"能力"，则把各种资源的交互和协同关系纳入理论体系，采用动态方法。

　　协同创新网络研究在不断完善过程中，因为企业融入全球价值链的程度在不断深化。这样，个体行动租金必然逐步转向集体租金，如转向关系租金，然后再转向嵌入网络外部价值链的租金。如要素租金、基础设施租金、金融租金及政策租金等，相应地，从封闭向网络创新转化，进一步嵌入全球价值链。竞争是协同创新并获取群租金的重要实现形式，网络内竞争压力、同伙压力与创新主体持续比较带来的压力，是协同创新的动力。

　　按来源不同，租金可分为李嘉图租金、张伯伦租金和熊彼特租金。前者是由于稀缺要素或基于异质性资源而造成的；中者是利用市场垄断位势而阻止新进入者获得的；后者是通过企业家精神和冒险获取的。这三种租金均可归结为通过自身行为或资源而获得的（Mahoney，1995）。

　　创新主体择优选择合作伙伴，形成最优组合，实现创新协同，增强研发能力。基于微观和中观视角，运用生态位理论，探究组织个体、组织之间协同演化机制。用创新网络刻画不同知识网络，并计算出各项网络指标来衡量网络内组织在市场知识和管理知识网络的水平，协同创新是一个自组织，其正负反馈机制非线性作用促进创新网络协同演化，外部经济的重大贡献就是发现聚集经济，结网或空间集聚是为了相互促进、相互协作，通过外部价值链嵌入，追逐群租金最大化，提高创新主体效益和社会福利。

（二）网络能力因子的结构

新古典经济学认为，市场竞争最终会导致所有同质性企业边界趋同，而基于资源观的理论却不认同这一观点。因为异质性企业是客观存在的，即企业拥有异质性资源，而异质性资源成长在企业内部，很难被其他企业模仿。其中，网络资源的利用能力就是一种异质性资源。

网络能力、创新网络和研究能力三者之间具有互补性，这三种要素在一定程度上具有关联性和互补性，存在交叉、重叠而相互关联的关系。这是解释协同创新绩效的根本因素。但从协同创新能力的源泉来看，网络能力提高又是建立在技术能力增长的基础之上（魏江，2002）。技术能力和协同创新网络能力之间也具有一定的互补性。只有创新主体内外部条件协调协同配合，才能实现协同创新。创新网络的结构特征可分为网络内要素个体特征和网络整体特征。戴尔等认为，拥有优势的网络位置的要素更有机会分享创新成果，提升网络绩效。随着环境变化，创新网络面临的主要矛盾也在不断变化，合作伙伴和互补知识随着时间推移而变得渐趋相似，合作伙伴彼此的吸引力渐趋减弱，导致创新网络寻找其他企业进行交流与学习。因此，创新演化表现为网络组织为了生存而扩大活动空间，也为了保持和提高稳定性，不断地调整网络结构以增强其适应性；同时，企业根据自身发展需求选择进入或退出创新网络。随着创新网络演化，网络信任由个人信任向制度信任发展演化，伙伴关系的嵌入程度渐趋加深。这种关系的可持续性、稳定性能够抵御网络瓦解的威胁，但由此带来的组织惯性和节点之间的知识同质性则会导致网络创新绩效下降，组织关系由互补性关系演化为同质性关系，组织矛盾增加，这种矛盾积累到一定程度将会导致网络关系终结。

协同理论认为，复杂系统包含的多个子系统必然互补互动，推动创新网络从无序转向有序，产生协同效应。创新网络是由多个子系统构成的网络体系。各个创新主体只有通过深入互动与协作，进行资源的有机整合和最大化利用，才能充分使创新与市场对接互动，从而快速地创新并将创新成果商业化，实现专利产业化的高效率，这就需要协同机制作用的发挥。

行为结构上，协同创新网络是由系统的主体要素之间的互补互动行为构成的。耗散结构理论认为，在非平衡状态下，使创新动力系统从无序向有序发展，并使系统重新稳定到新的耗散结构，必然是由系统内要素的非线性互补互动的作用来完成。系统的进化表现为：①创新要素投入体制的完善和其他有关制度的完善，创新实力增强；②创新资源优化配置，创新网络开放程度加强,促进创新主体与系统外部环境的互动,创新主体行为和要素的互补互动组合,用当地的资源优势换取和吸引经济外的负熵流(熵减少),用财政补贴和税收支出政策引导与注入负熵流,资金流向创新系统,提高创新水平和经济发展的科技含量。

正熵即创新动力系统退化,原因有两个:(1)科技虽然在进步,但受思维定式影响,用户的知识、技术上难以更新,导致所用科技相对陈旧。(2)经济虽然在发展,但创新体制难以适应新变化,具体有三个方面的表现:①新旧创新制度摩擦与计划经济向市场体制转轨时期的体制真空并存,不适应既有环境而造成熵增。②原有的技术轨道和技术平台的锁定造成熵增,新旧知识之间的断层造成熵增;③创新具有累积效应,资本、技术和人才的既定积累存量决定其创新优势的大小,如果经济欠发达,资金、技术成果和人才外流,致使其创新能力不强。

内部环境与外界环境的物质交换和资源交流是协同创新的重要动因。只有确保创新主体与外界环境可持续地进行人、财、物的交流交换,才能使系统向有序方向演化。

## 三 网络创新能力

(一) 网络节点

构成创新网络的每一节点都是独立的主体单位,可同时加入不同创新网络,它们具有自律、自适应和自我调节的功能,它们加入的各个模块化组织与网络都在独立或相对独立地行动或运作。协同创新网络的联结是一个具有一定偏好的有意识过程,节点往往倾向于选择与能力强、影响力大、社会声誉好、技术先进的盟主建立联结(Skvoretz Agneessens, 2010)。其是协同创新网络构建和运行的主导者与行动者。

中心性是衡量主体在创新网络结构中位置重要与否的指标,包括中心度、接近中心度和中介中心度。中心度用来衡量主体的位置是否重要。较高的中心性表明该主体在系统中处于核心位置;接近中心度是衡量创新网络中任一个节点与其他节点的接近程度,其值越大,说明该节点到达其他节点的距离越近;中介中心性高的主体在创新网络中承担"桥"的职能——信息和知识传播交流的中介,在信息和知识的占有上拥有优势地位(许登峰,2010)。

巨型企业或生产核心产品的企业无疑处于网络中心,成为盟主或旗舰企业。拥有行业领袖或盟主的地位,处于产业价值链的高端地位,表现为对于规则制定的话语权和影响力。当一个创新主体在网络关系中处于中地位时，它在网络知识的整合利用过程中将处于主动地位，则可产生更多更大的创新成果[①]。它们拥有所在行业的关键智力资本，拥有其他创新主体难以模仿的核心技术而占据优势地位，在国际创新网络中扮演着最为关键的角色。Hagedoometal（2006）基于创新网络论，认为占据中心位置，信息丰富、声誉高，可进一步筛选创新合作伙伴。如华为、微软等是典型代表。事实证明，盟主应该是网络中规模最大，吸收知识最快、最好的，能够创造整个创新网络中水平最高、最重要的新技术、新工艺（Vanhaverbeke et al.，2009）。其他成员对盟主形成依赖关系，这种依赖性越强，盟主拥有的权力越大，就可利用其优势地位控制劣势企业，将自身的利益置于其他创新合作伙伴之上，迫使其接受自己的意愿，使互动条件不对等，如要求对方公开技术，甚至盟主创新贡献较少而获取较多。这容易使网络解体。

协同创新网络形成和发展的关键是各个创新主体之间的联结关系。其主要行动者和创新绩效的体现者是企业。企业创新、商业模式创新、市场机会的识别、项目市场化和产业化是创新网络构建的根本动因，各个节点优势互补和良性竞争，也是促进协同创新网络发展的动力。

可见，创新主体主要是依赖相互之间的知识流动、知识共享并加工知识，在知识流动中不断形成自己的创新成果，最后，当这些创新成果整合到一起时，便形成系统性创新成果。

在协同创新网络中，经历多次"知识转移—共享—理解—互动—吸收—转化—转移"的循环过程，在多重动力因素的驱动下，知识增长是非线性且逐渐趋于平稳的。因此，知识在协同创新网络中呈螺旋式上升趋势，知识量不断增加，有关企业的核心竞争力相应增加。

美国密歇根大学商学院教授普拉哈拉德（C. K. Prahalad）和英国伦敦商学院教授加里·哈默尔（Gary Hamel）在其合著的《公司核心竞争力》（1990）一书中提出了核心竞争力的定义：是指隐含在公司的知识和技能的集合体，成为公司扩大经营的能力基础，增加顾客最关注的核心利益，是难以被竞争对手所复制和模仿的，企业所特有、具有延展性，能够长期获得的战胜竞争对手能力的集合。从根本来说，核心竞争力取决于企业的学习能力。

---

[①] Tsai, W. P., "Knowledge Transfer in Intra – Organizational Networks: Effects of Network Position and Absorptive Capacity on Business Unit Innovation and Performance", *Academy of Management Journal*, Vol. 44, No. 5, 2001, pp. 996 – 1004.

（二）网络学习效用

1. 网络学习效用概述

知识共享就是资源的最优配置和使用，这决定企业创新发展的方向和极限，潜在的资源转变为能力是一个学习过程（Penrose，1959；Kor and Mahoney，2000）。

网络内组织学习是决定自组织特性的最关键因素，学习是收集信息，并把这些信息联系起来、解决技术问题进而创新的过程（Nonaka，2006）。关于"新"与"旧"知识的关系，创新前个人和组织拥有的知识在创新过程中具有"种子"的作用，将其与外部新获取的知识整合成新的知识和发明创造，并在创新过程中仍需要反复试验、不断修正这些知识。

Brennenraedt（2006）等归纳知识经济学、演化经济学与社会学、政治学的研究，将创新理解为组织学习，创新网络则是跨组织学习的合作关系，强调组织学习对创新网络发展演化的重要作用。Cynthia 等（2003）提出，创新网络和组织学习之间关系密切。合作与关键资源和知识转移相联系，促进创新发展。克罗斯等（Rob Cross et al.，2001）提出，创新对知识需求的变化引起网络关系产生，网络联系和网络结构是在创新过程中逐步实现的[①]。Lars Frisell 等（2004）指出，跨组织学习导致网络产生的条件是：信息的溢出效应和支付效应为正。阿斯顿（Aston）学派认为，为寻找有助于创新发展的新知识，网络才应运而生，发展路径是社会活动模式从随机向逐渐制度化转变。

Nahapiet 和 Ghoshal（1998）认为，企业和科研机构等创新主体的交互关系是组织学习、获取知识的主要驱动因素，通过创新主体内部部门与外部其他组织的交互作用，会获得外部知识并将这些知识与既有知识进行整合。其中，创新主体的知识存量和外部的网络关系对知识获取产生重要影响。

网络学习形成创新效率提高与成本下降的效应。仅仅依靠自身力量发展他们需要的所有知识和能力，是成本高且困难重重的（Myers，1996）。创新主体互学互帮能够加速知识交流与合作，成本降低，在当地从高势能中获取溢出知识，提高生产和资源配置的效率，降低获取创新行为的成本和创新的不确定性，提高创新资源的配置效率。学习产生的知识积累效应

---

[①] Cross, B., Parker, A., Prusak, L. and Borgatti, S., "Knowing What We Know: Supporting Knowledge Creation and Sharing in Social Networks", *Organizational Dynamics*, Vol. 2, 2001.

和自我强化会影响创新生产率，网络内的信任关系能降低合作的风险和不确定性，使网络内的企业生产率比外部孤立的要高（Capello，1999）。创新过程就是学习过程，持续创新的必然选择就是持续不断地学习，乃至快速学习，唯一持久的竞争优势即比竞争对手学习得更快（Senge，1990）。通过组织学习获取和创造知识是竞争优势的源泉（R. M. Grant，1996）。许多研究表明，主要的战略资源正是学习创造的知识，其有助于降低不确定性和增强创新能力（Mabey and Salaman，1995）。实践证明，网络中，创新主要源于组织之间的学习效应（Maskell and Malmberg，1999）。

在协同创新的组织结构和知识流动与转移模式中，要在不断变化的外部环境中形成自身的持续竞争优势，创新主体就要不断地从外部获取补充知识尤其是短缺的知识。协同创新模式为创新主体提供获取有关知识的路径和平台。其可在短期内弥补企业既有知识和预期知识之间的差距。同时，提供更低的成本进入新市场，降低管理成本和不确定性风险。通过协调与整合、学习、重构与转变获取创新主体的竞争优势。这是其他竞争者在短期内难以模仿和复制的，即创新主体的异质性和竞争优势。创新主体依据自身的知识异质性会迅速对环境变化作出判断，并针对环境变化提供专业化的衍生信息和知识，更加便利和更快地弥补环境变化带来的知识缺位，奠定自身创新能力可持续发展的稳定基础。基于知识经济视角，鉴于知识在创新模式中尤其是在协同创新过程中的重要作用，创新知识的相关研究重点逐渐从有形向无形的知识资本倾斜。

网络学习过程是知识转移和创造的过程。协同创新网络有助于转移精细知识和隐性知识，使外部资源内部化，共担风险，共享资源，益损与共；共同解决难题，创新网络互动有利于及时学习，激励学习，与时俱进，创造互补效益和综合效益；降低道德风险和市场风险，降低交易成本；形成和发展更多的非正式决策机制，降低创新成本。现代创新日益复杂，单个组织难以孤立创新，必须与其他组织建立多样化创新联系，才能获得创新所必需的多样化知识信息、技能和经验，以及新技术和新方法，资源的需求诱因激励与其他创新主体进行合作，可降低新产品、新技术研发的成本，缩短研发前置时间。借鉴别人的成果十分重要，而任何孤立的研发都会困难重重。波特曾指出，发生在网络内的压力，包括竞争压力、同等条件下的压力和持续比较的压力，激发有关的创新潜能，成为创新的重要动力和扎实可靠的物质基础，使网络保持可持续创新的动力。

2. 网络学习的对象：知识与隐性知识

知识的特性：①知识是比其他有形资本更重要的生产资源。②知识分为显性知识和隐性知识，前者易于表达并适合沟通传递，后者往往通过干中学积累，在组织和个人之间交流传递十分缓慢且成本昂贵。③知识最初创造的成本远比随后模仿和学习的成本要高。这就是需要知识产权保护的原因。④知识创造是复杂的创新活动。随着科技不断发展，包含的知识日益多样化、复杂化，需要把不同类型的知识整合。⑤知识创造和储存的载体是人才，这对创新人才的水平和规模提出了更高要求。经济全球化时代，人才流动性增强，人才竞争更为激烈，培养、开发和引进创新型人才成为国家实施创新驱动战略关注的焦点问题。知识作为企业竞争的根本资源，对协同创新网络的优势根源分析有重要意义。

在协同创新网络中，易于建立起常规性联系以促进知识互补互动、集合集成与转移。知识交易的成本是巨大的，就显性知识来说，在交流交易中存在信息披露的悖论，即供给方对知识首次介绍的成果难以获得相应收益，但需求方要求对知识成果的真实性、有效性有所保障。创新主体之间只有建立起信任关系，才能有效地解决信息披露的困境，遏制投机行为。因此，协同创新是综合开放式创新和封闭式创新两方面特质而形成的有限开放。

3. 网络学习能力

网络学习能力，可从三个方面分析：首先，主体能力学说。从创新主体或网络主体的学习能力视角探讨学习能力的形成机制、运行机制和制度。学习能力包括：企业家拥有的影响力思想的创建和扩散，只有影响力大的思想，才能构成影响力和学习力，进而提高企业创新力。学习能力是分析和解决实际问题的一种能力，包含学习能力原发、内化和外化三个层次。这是通过知识和方法的获得，使其不断地综合和概括而实现的。其次，过程能力学说。学习能力的内涵，可从组织学习过程的视角来分析。最后，主体—过程综合能力学说。基于学习主体与学习过程整合视角，从静态来看，组织学习能力即创新主体的学习能力；从动态来看，也是学习过程的能力，是主体学习的静态性与动态性统一。推动创新网络演化的驱动力之一——网络学习是获取知识、缩小技术势差和提升创新能力的必由之路。Camagni（1991）认为，通过学习，增强自身对环境快速变化的适应性，弥补在获取、编码和吸收知识能力上的局限而导致的能力差距。Capell（1999）把创新网络中的学习理解为基于一套共享规则和程序的知识累积的社会过程，其鼓励个体在问题解决过程中协调彼此的行为，突出强调网络中技术学习的社会性。Baptista（2001）认为，主体共同学习，产生外部效应。重要的是通过各个代理商在网络中互动协同来交流知识，扩散创新成果。吴结兵等构建网络机理模型，网络效率与效益有权衡性关系，获取资源，提高效率；效益提高则更多地依赖于网络内资源整合和互动。以契约为基础，基于对未来行为的承诺，相互之间没有科层制的权力约束，人力资源专业化和集成化，为深化分工、开展合作和进一步扩展市场奠定坚实的基础。最有效的技术学习往往发生在创新网络中，其使知识沟通更为便捷，使学习更为容易，也使学习效应达到最大化。

（三）网络学习分类

学习是围绕着知识的获取、消化和运用而进行的，其对象是知识。近年来，学习受到学术界关注，许多学者分别按不同的标准对学习进行分类：①按学习的边界分为组织内部学习和外部学习（Bierly and Chakrabarti，1996）。②按创新程度分为利用式学习和探索式学习（March，1991）。③按层次分为超级学习、高层次学习和低层次学习（Fiol and Lyles，1985）。④按学习过程，较多研究将学习分为"引进—吸收—创新"三个阶段（许庆瑞、陈劲，1997）。如吴晓波（1995）等分为引进、消化吸收、改进创新和再次创新四个阶段①。⑤按直接性和间接性分为两分法和三分法。三分法如 Carbonara（2004）将技术学习分为实证性学习、模仿性学习和获取性学习。前者是指通过干中学、用中学、试错的方式创新；中者是指通过收集和获取外界已有的知识，对客户、供应商、竞争者的模仿来创新；后者是指通过招聘外部员工、购买信息和技术、合作研发等方式来创新②。两分法主要是将学习分为经验学习和借鉴学习（Argote and Miron – Spektor，2011）③。实际上，经验学习和实验性学习都是指从直接的经验中获取知识。借鉴学习和获取性学习都强调从外部的二手经验学习，对目标企业关于创新领域的经验进行学习。Argote 和 Miron – Spektor（2011）认为，经验学习和借鉴学习这两种学习方式，既可能是替代的，也可能是互补的，这将研究视角转到对组织学习顺序④。从动态角度来看，对组织学习过程的研究逐渐受到重视。

联通主义学习理论基于网络理论、混沌理论和自组织理论，推出八条

---

① 吴晓波：《二次创新的周期与企业组织学习模式》，《管理世界》1995 年第 3 期。
② Carbonara Nunzia, "Innovation Processes within Geographical Clusters: A Cognitive Approach", *Technovation*, Vol. 24, No. 1, 2004, pp. 17 – 28.
③ Linda Argote and Ella Miron – Spektor, "Organizational Learning: From Experience to Knowledge", *Organization Science*, Vol. 22, No. 5, 2011, pp. 1123 – 1137.
④ Povan, Keith G., Fish, A. and Sydow, J., "Inter – Organizational Networks at the Network Level: A Review of the Empirical Literature on Whole Networks", *Journal of Management*, Vol. 33, No. 3, 2007, pp. 479 – 516.

学习基本原则（Siemens，2005a）①：①学习只存在于多样性观点中；②学习是与特定的节点和知识资源建立连接的过程；③学习可能存在于物化的应用过程中；④学习能力重于知识掌握；⑤学习持续，需要培养和维持连接能力；⑥学习最核心的能力是发现观点和概念之间的关系；⑦学习的目的是准确掌握最新的知识；⑧学习包括决策过程。

在网络发展的不同阶段，学习类型存在差异。网络学习呈现多样化，可分为研发学习、干中学、用中学、专业学习、互动学习等（Nunzia Carbonara，2004）。最初，大多数企业实行手工劳动，环境相对封闭、企业之间相对独立，社会联系虽多，但经济联系较少，网络学习基本缺失。在专业化分工的高级网络中，除社会联系外，创新主体之间还发生经济联系，学习形式较为高级，包括集体学习与专业化学习等；但整体上仍处于相对封闭的状态。网络中各种机构发育健全，存在一些核心，它们与盟主共同协调整个网络的运作，网络成为领导轴心型的。这时，正规化研发学习开始出现，创新主体之间的经济与创新关系更为结构化，部门之间的各种经济联系会经常发生，企业之间互动学习的重要效用开始显现。

魏江（2003）按学习对象不同，将网络内学习行为分为两类：①个体之间自觉的网络内学习，个体的观念和概念成为学习对象，新知识是由群体成员之间互补互动形成的。这类有效学习行为也可能发生在非网络的环境中，由于空间接近，所以，可提高学习效益。②不自觉、植根于网络和个人联系的结构学习，拥有路径依赖性。网络内成员能够依照组织结构化路径获得其他成员已有的知识。在不同的创新网络中，学习类型有所不同。自觉学习存在于纵向的交易网络中，更为重要。非自觉学习存在劳动力市场和企业家市场中，更为普遍。由于非自觉学习所实现的集体学习能力比个体学习能力更为复杂而难以模仿，因而成为网络竞争优势的主要来源。在网络中，企业之间频繁的外包形成稳定的纵向协作关系。

李军晓、黄文馨（2005）研究构建创新网络的核心网络、辅助网络和外围网络，组成集群知识的互动网络。他们提出，同行、用户、供应商组成核心网络，中介机构、科研机构构成辅助网络，由集群外部发生联系的单位组成外围。构建节点之间与组织之间协同、模仿学习、人员流动、正式沟通与非正式沟通等学习方式。在创新网络中，科研机构是基础研究和共性研究的主力军。

---

① Siemens, G., "Connectivism: A Learning Theory for the Digital Age", *International Journal of Instructional Technology and Distance Learning*, Vol. 2, No. 1, 2005, pp. 3 – 10.

创新主要来自交互式学习，即创新主体之间共同参与、交互学习、实现知识创造、扩散和应用的过程，受到制度等环境的影响（Doloreux, 2005）①，其存在于创新主体互补互动之中（Todtling, Kaufmann, 2002）生成"持续的交互作用效应"是产业创新的重要因素（Hsu, 2005）。在创新过程中，交互学习能补充自身缺失的知识，这已成为企业所采用的一种建设性创新战略。罗思韦尔（Rothwell, 1985）等学者认为，创新是一个创新主体交互学习的过程，成功的创新主体一般都要学习接受来自外部的专门知识和建议，获取外部知识的辅助支持，是通过不同的网络联系实现的。其中，交互式学习可得到程序化知识、技巧和事实等重要的知识。伙伴的搜寻能力和外部知识的利用能力决定于企业吸收能力，尤其是缺乏内部研发设施而自身吸收能力小的小企业，只能通过其他途径来发展和提升其吸收能力，如从用户和供应商那里学习、与其他企业加强互动以利用这些组织溢出的知识。

## 第三节 知识共享理论

关于创新网络中知识转移与共享研究，学术界做了大量富有成效的工作。主要包括对不同类型的知识之间如何转化、组织内（之间）知识扩散的内外部动机、影响组织知识扩散的各个要素、知识扩散的各个障碍等方面以及复杂网络视角下的知识扩散建模仿真研究。

### 一 知识共享的基本内涵与效应

知识共享即创新主体或多种组织的合作团队在组织内部或跨组织之间建立紧密的互利关系（如知识联盟、技术授权等），在知识开发和利用方面，进行多渠道的一系列知识交流和知识讨论、信息资源交流，在沟通和协调的基础上，促进隐性知识和技术诀窍的转化与共享，进而促进知识资源的充分利用和知识创新能力的不断提升。

关于知识共享，主要有三种观点：（1）在指导思想上，知识共享是互惠双赢多赢。知识共享和交换信息两者之间有区别，后者是自发和自愿的执行，而知识共享行为的是自愿的，不一定是自发的。行为学认为，知

---

① David Doloreux and Saeed Partob, "Regional Innovation Systems: Current Discourse and Unresolved Issues", *Technology in Society*, Vol. 27, 2005, pp. 133 – 153.

识共享是一个交换信息或辅助他人的行为集合。（2）在实现途径上，知识共享是知识寻找者与知识拥有者之间有来有往、双向或多向的一系列沟通过程。（3）在结果上，知识共享是知识拥有者将自己的知识传授给寻找者，与对方分享知识，最终共享知识，甚至使整个组织都"知晓"这些知识。

知识转移的边际成本接近零，这是知识的经济性，也是知识的公共产品属性。知识虽为大多数人共享，但不增加成本。知识的消费者越多、受益范围越大，其社会价值就越大。消费知识，使用方虽得到使用价值，但知识的使用价值并不减少。当然，"消费者"得到的使用价值大小，会因其知识"消费"水平和能力不同而相差悬殊。

### 二 知识共享特性

首先，知识共享是一种组织学习的过程。组织学习是组织要素之间的互动和集体性的学习活动，企业、科研机构等组织是知识共享的群体。知识型企业是以知识的生产、共享、创新为重要特性，是知识经济中最具生命力的，是一种基于主动获取知识和主张知识创新的学习型组织。

其次，知识共享给组织带来知识增值。即通过在各个主体之间实现互动互惠、知识共享，资源优化配置实现。与简单的商品交换不同，衡量知识共享成败的标准是知识增进与知识增值。知识共享是否有效，最终要看是否促进知识增值和创新过程，在交流互动和共建共享中促进知识增加和内在价值提升。互动主要是指各个主体之间分享知识，合作绩效高低在很大程度上取决于知识增值效率和运行模式，产生系统叠加的非线性效用，促进主体发挥彼此优势。这涉及知识整合、行动最优同步、系统最佳匹配。因此，知识共享在创新过程中发挥着重要作用。合作效率的高低表现在知识增值的水平上，而知识增值的水平取决于知识创造、获取、转化、利用的过程，这个过程是指组织内外知识流动的过程，更强调知识灵活应用和价值转换协调，是以知识增值为核心、以主体创新平台等为辅助要素的多元创新主体互补互动互惠的创新模式。

最后，知识共享给组织带来竞争优势。创新网络主体利用所拥有的知识快速获取与创造新知识（Dorothy Leonard Barton，1998），并持续发现潜在市场、有用的创新成果以维持竞争优势（Oliver, Dostaler and Dewberr, 2004）。竞争优势依赖于有效的内部知识拓展，以形成创新成果（Kogut and Zander, 1992; Teece, 1996）。

知识的深度决定技术水平（魏江，2006）。在开放式创新环境下，知识学习观的核心是吸收能力，其是评价识别、消化吸收并应用新知识的能力（Cohen and Levinthal，1990）。吸收能力是依据一系列组织惯例和程序将知识获取、消化、转化和利用知识，从而产生动态新知识的组织能力（Zahra and Georgeas，2002）①。其是与探索性创新和利用性创新融合而成的关系（孔继红、茅宁，2007）。

知识共享与管理是确保已有的显性知识、隐性知识能够被准确、高效地使用。在创新过程中，知识共享是一个基于知识联网的柔性组织，既能对外部环境的变化做出快速反应，又能在组织内随时分享联网的知识，进而整合和创造知识。这需要管理知识共享，主要是内部运行的知识共享与管理。初步整合与创新有关显性知识和隐性知识，形成知识融合，以便形成创新的知识体系。

在协同创新的过程中，创新主体与外部供应商、经销商等联系形成知识共享网络，并在全过程中检验和发展，进而增加知识的价值，提高其在创新价值链中的地位。

知识共享与管理就是对知识进行消化和保护，否则即使自身拥有很多的资源也无法在内部进行分享，因而很有可能被竞争对手打败（M. P. Feklman，2003）。创新主体集知识资源的供给者和需求者于一身，知识供求是相互依存与促进的。增强创新实力和竞争优势的重要途径是知识共享。这一过程中，创新主体不仅是奉献知识的过程，更会带来自身知识增值。知识共享强调知识互补，弥补知识的不足和差距。在知识共享中，要建立良好的协作，形成有效的互动，创造知识共享的成果。这是协同创新网络中合作和协调活动的产物。

## 三 知识共享模式与条件

（一）知识共享模式

按创新主体的规模，知识共享可分为组织知识共享、团体知识共享和个人知识共享。前者是指与组织环境、供应商、分销商以及竞争对手有关知识的共享。中者虽然可能是临时组建的团队，但也可能需要聘请其他单位的专家，以便使知识共享容易，而团队成员的预期显然会影响知识共享的水平。后者主要是围绕个体的知识共享特性、模式及影响因素展开，尤其是个人之间的知识共享是隐性知识获取的唯一途径。

---

① Zahra, S. A. and Gerard, G., "Absorptive Capacity: A Review, Reconceptualization, and Extension", *The Academy of Management Journal*, 2002.

影响知识共享效果的因素，主要包括组织和个人对知识共享的态度、支持力度、组织的宽容程度以及个人的工作条件、知识基础、业绩等。社会互动的协调作用是非正式机制，其能够促进那些为市场份额相互竞争的内部单元之间的知识共享。知识源泉越是不同，异质性越强，知识共享越能增加新信息，提高知识的质量和水平。

知识共享，要求在管理集中共享和分散共享之间实现平衡，使信息沟通成本低而效率高。知识共享，正是体现分散与集中相结合、相统一的关系。集中就是发挥协同创新网络的作用，产生协同效应。分散就是为调动各个主体的创新积极性，提供更多的增量知识资源和创新资源以共享。互联网的发展，使创新主体的活动尤其是信息交流活动越来越多地通过网络完成，因此，资源是分散的，主要表现在以下两个方面：①各个节点都享有更充分的自主权，弱化对创新网络中心的过度依赖；在协同创新网络中，各个主体都具有相对独立性、可靠性、自主性和灵活性，并要求以分散为主。②多元化的分散、竞争和开放对于创新非常重要，尤其是隐性知识，其利用率提高幅度将会变得较大。知识共享模式包括知识分散和知识集中，两者是相互依存的，需要平衡知识集中与分散。同时，共享模式中，每个创新主体都要服从整体发展的目标和要求。他们按权利与义务均衡的原则达成协议。知识创新与使用更应是个体的创新行为，这就使集中控制较难；而创新的复杂性也要求促进合作以实现知识共享，因而要求知识共享的目标集中，主要体现在显性知识库的共享建设、共享战略和共享目标的安排上，而不是干预各自主创新主体的知识资源使用与创新的独立自主行为。

协同能够促进知识共享与互补互动互惠。这要求健全知识资源获取、整理与共享的体制，调动协同各方的知识交流和知识学习的积极性，促进知识共享和知识创新目标的实现。

(二) 知识共享条件

促进知识共享的条件是：①知识标准化变动幅度不能太大，在选择知识共享模式的过程中，主要考虑显性知识的生成与多次使用。当创新主体供给产品和服务与需求差异较大时，应考虑采取较多地体现隐性知识生成与交流交换的共享模式。②当知识成熟度不高时，应选择和推荐有利于显性知识共享的模式；当新产品或服务已进入成熟期时，即其中所含的成分和知识的结构趋于明晰和确定时，则应鼓励在知识共享过程中隐性知识的沟通与交流。③破解问题，主要靠显性知识还是隐性知识？视不同情况而定，若靠显性知识完成创新任务，"人员到文件"的方法最有效。反之，若靠隐性知识完成创新任务,则人与人直接交流的方式更有效。

政府要建立健全知识深度与广度共享的经济政策体系和法制环境,不但适应和满足创新主体的知识共享需求,而且调动其参与知识共建的积极性,使分属于各个主体的知识共建共享成为自觉行为,选择确定适合和鼓励创新的知识共享的动力目标与发展战略,并以此为基础,制定知识共享的整体战略。

### 四　知识创造能力

组织之间学习的成功实施要求合作、信任和共同的投入（Uzzi, 1996）。组织之间学习加强,集聚的内生动力相应增强,学习的创新效应和效率改进效应相应增强。具体要求有以下两个方面:①积极开展当地网络与跨局域网的网络之间的学习与协作,组织的知识边界不断拓宽,网络知识层次不断更新与提高;②引入第三方组织和创新要素,建立健全良性竞合机制和学习机制,提高创新能力。

Kuson、Nonaka 和 Nagata（1998）, Sderquist（2006）提出,新产品的成功归因于持续学习。Adams、Day 和 Dougherty（1998）, Atuahene Gima 和 Mun（2007）, Shane（2000）指出,新产品包括学习获得、开发新知识和市场机会,主要学习方式和路径是探索式和开发式（Geiger and Makri, 2006; He and Wong, 2004; March, 1991; Rothaermel and Deeds, 2004）。学习形式决定学习模式,并影响最终绩效（Hurley and Hult, 1998; Kessler, Bierl and Gopalakrishnan, 2000）。此外,早期关于学习的研究主要是利用二手资料,如专利和新产品数量,来测量探索式学习和利用式学习的结果（Ahuja and Lampert, 2001; Katila, 2002; Nerkar, 2003）。

企业寻找多样性创造、采用甚至利用曾经衰减的机会,探索式学习明显比利用式学习更重要（McGrath, 2001）。同时,组织学习理论将学习看作一个应对环境改变的模式（Burgelman, 2002; Levinthal and March, 1993）。在此视角下,Song 和 Montoya（2001）认为,与特殊环境构成的不确定性应被纳入研究视域,以便改善这一效果。如同 Shenar（2001）将市场的不确定性和技术的不确定性整合为外生权变变量,这对于新产品研发十分重要。Hedberg（1981）认为,学习过程既表明主体对环境的被动适应性,又在一定程度上表现对环境的主观能动性,即创新主体可利用其行为来改变环境,促使组织与环境之间达到更佳匹配。组织之间关系主体包括消费者、供应商、投资者、政府机构等（Dyer and Singh, 1998;

Larson, 1992)。作为组织学习, 探索式学习涉及非传统的新试验, 是完全不同的选择 (March, 1991)。它使搜索、变异、创新、研究与设计行为成为必要 (Lewin and Volberda, 1999; March, 1991)。探索式学习的本质可被描述为对新知识的追求以及扩展边界的搜索, 如技术、商业和新方法的发现 (Levinthal and March, 1993; MeGrath, 2001; Sidhu, Volberda and Coandeur, 2004)。

(一) 知识螺旋增加模式

知识基础观强调, 机会主义行为控制的目的在于促进知识传递, 降低隐性知识沟通和理解的难度, 但并非是创新网络的优势。而知识整合机制对于利用复杂知识和隐性知识尤为重要 (Nonaka, 1991); 知识整合与更新机制是创新源泉 (Lusch et al., 2007); 知识利用率越高, 创新新颖度就越高 (Ordanini and Parasuraman, 2011)。既有研究显示, 创新网络治理的知识整合机制能促进开发新的服务 (De Luca and Atuahene – Gima, 2007), 帮助其利用新知识, 构建竞争优势 (Zahra and Nielsen, 2002), 并提高创新效率 (Sheremata, 2000)。

关于知识创新, 主要集中在以创新主体的内部机理为研究对象的创新模式方面, 主要有如下成果: 在知识螺旋中, 隐性知识与显性知识之间的互补互动, 其随着知识层级的攀升而发展。知识生产与创造是一个螺旋式发展过程, 源于各个知识个体, 并随互动社群的不断扩大, 向外扩散与螺旋式上升。知识创造螺旋的概念由野中郁次郎 (1995) 提出, 并用来反映知识创造的全过程。这一理论强调, 网络本身难以创造知识, 创造知识的基础是个体积累创造的隐性知识。通过知识转型升级, 隐性知识得以放大, 在组织层次上形成结晶, 并周而复始。对此, 中国学者从不同角度研究这一问题, 并取得一些研究成果。李宝山、王连娟 (2002) 认为, 由于知识自身的特性, 其发展呈现出螺旋加速推进模式, 该发展模式包括螺旋递增、螺旋不变和螺旋递减三个阶段。影响发展具有阶段性的原因包括知识、机遇和价值三个方面。知识螺旋加速推进的模式, 关键在于实行内部知识管理。特别是对于发展变化迅速的高科技行业来说, 知识管理网络的演进尤为重要。比如, 从 Lotus OA 系统构架出发剖析知识挖掘所涉及的主要技术[①]。陈哗武 (2005) 在细分两种不同性质的隐性知识 (包括自我超越的和物化的隐性知识) 的基础上, 分析显性知识及两类隐性知识

---

① 李宏:《知识管理与知识挖掘在情报研究工作中的实现》,《情报理论与实践》2003 年第 5 期。

的内涵，研究知识创新的空间"场"，通过知识的联系、表现、内在和共同化过程形成一个知识螺旋，使原创性知识在个体知识与群体知识、意会知识与明晰知识流动交换过程中产生。刘羽藏、翟文静（2007）认为，核心竞争力离不开知识的积累和创新。知识在社会化和内隐化的螺旋上升过程中不断转化积累，并创造出新的更高级的知识体系。全球技术的融合流向以及共同利益，使商界、政界和学术界在知识资本化过程中出现某种程度的知识，三者正超越以往的传统边界，朝着生成发展新的协同研究组织的方向努力（葛秋萍等，2009）。

（二）知识溢出模式

学术界认为，溢出效应多来自两个方面：一是示范模仿和创新；二是竞争。前者是技术信息、差异的增函数；后者主要决定于市场体制及其相互影响。经过一定时期，知识溢出步入一个启动知识缺口和需求缺口。其中，需求缺口首先发挥作用；在这一知识溢出中，距离因素仍然发挥作用（Verspagen，1991，1992）。发展知识溢出的模型：知识缺口与知识溢出呈负相关关系；只有知识水平存量接近的区域，知识溢出才最大。他认为，知识溢出具有以下特性：①遵循递阶扩散规律；②经过一段时间后，知识溢出步入知识缺口和需求缺口启动的过程，这时，需求缺口最先生效；③知识溢出，在很多情况下，距离因素仍然有效。

关于创新活动所产生的知识外溢的研究，Klette等（2000）认为，研发活动往往是因为采用其他的某些成果而取得成功，从而体现政府资助创新活动的社会回报——溢出效应，与所有制无关；但是，非创新主体在溢出效应中的受益是十分有限的。

知识溢出是不同主体之间通过直接或间接方式、正式或非正式方式进行互动、交流，并在此过程中发生的无意识传播过程，这一过程既可在较小的空间范围内完成，也可在较大的空间范围内完成。Blomstrom、Kokko and Lall（1998）认为，通过示范模仿效应、竞争效应、人员流动效应、前后向关联效应，一方面知识溢出可编码化和标准化，可模仿、扩散和转移，可用形式化、文本化和制度化语言传递与表达的显性知识，如测试数据库、专利等；另一方面知识溢出类似信念、行为准则、管理经验、经营理念、诀窍、心智模式、生产运作技能、新产品开发技巧等虽然一般知道但无法加以表达的非编码化、体现个人禀赋的隐性知识。从资源角度来看，隐性知识溢出比显性知识溢出的价值更大，是知识创新的重要源泉，其包括发现创新问题的启发性期待，也包括孕育解决已有创新问题的方法。

作为一种特殊的知识形态，一些知识溢出的形成机制同样适用于技术。但是，产业之间技术溢出的机制与企业之间技术溢出也有不同。总结已有文献，根据产业之间技术溢出的传导方式不同，将其形成机制大致归为以下三个方面。

（1）知识溢出——最广泛的技术溢出方式，也是最难把握与测度的。知识溢出的主要渠道包括新思想传播、专利技术公开和技术人才流动。主要是人才在不同产业之间的流动，特别是人才在相似产业之间的流动往往会产生很强的技术溢出效应。如通信制造业人才流动到建筑业，可将新研发的通信产品带到建筑业中去；相反的人才流动，还可把其在建筑业中的创新思想、创新方法运用到通信制造业中去，进行新环境、新条件下的再创新。

（2）产业关联性溢出。具有类似投入产出结构的行业，会主动相互学习或被动相互学习，并进行创新。比如，当汽车行业通过改进生产技术来应对钢铁等原材料涨价时，会通过模仿创新来改进生产技术，降低生产成本。其他具有类似投入产出结构的行业之间也会产生类似的技术溢出。

（3）市场性溢出。交易可促使企业之间或地区之间的技术溢出。交易将物化型技术知识从一个企业或地区传递到另一个使用其产品的企业或地区。嵌入先进技术的贸易商品为技术落后地区的企业模仿前沿技术创造机会。这一逻辑在一定程度上也适用于产业之间的技术溢出。上游产品技术水平提高一般会促进下游产品的质量提高、生产效率提升。如计算机软件的发展会要求硬件性能改善，进而会促进硬件行业的创新和发展；新能源电池的研制必将促进下游汽车行业的创新与发展。

总之，以上三种机制能否生效、效应大小，既依赖于企业之间互动能力的大小，又依赖于要素流动的幅度和广度与产业关联的强弱。尤其是后者，产业关联较强的行业之间既可模仿对手的新技术，也可从对方的创新思想中得到启迪，进而促成自身创新。因此，技术溢出在具有较高相似度的产业之间更有可能发生。当然，知识溢出和产业关联溢出本质上体现为一种外部交流，主体之间如何进行知识学习、匹配、转移影响着技术溢出成效。而技术溢出本身是动态的，企业主体性、产业集聚、区域环境及社会交流网络等因素都会在很大程度上影响着产业技术溢出效应。

知识溢出的形式包括研讨会等学术会议、讲学形式，这是纯粹的知识溢出。

知识溢出被称为外部性。著名经济学家马歇尔（1920）提出"外部性"概念，对创新网络的形成做出解释。认为创新活动一般拥有"正外部性",即一项新技术和新产品的问世,既实现经济目标,又增加全社会的创新行为和创新成果,为其他主体的创新提供条件。同时,社会的科技进步和知识积累也是创新活动的基本前提。斯科特(1992)指出,外部环境是创新活动的基本前提,外部资源对于内部创新是必不可少的。因此,创新资源的稀缺带来创新主体之间的相互依赖。从创新复杂性来看,单个创新主体的不确定性极大,根本不具备也没有必要内化所有必要的创新资源。必须与其他创新主体建立联系,以整合和充分利用外部资源,进而降低创新的成本和风险(Gulati,1999a)。而复杂多样的组织或制度安排为资源的整合和利用提供了条件,促进创新主体之间的协作关系维度的增加,他们之间的边界日益模糊,促进创新主体之间形成相互依赖的网络。这时,创新行为往往不是由内部要素,也不是由供求所导致的市场机制所决定,而是深受创新主体相互依赖关系的影响(Hirschman,1970)。因而创新行为的相互依赖性,在一定程度上可以解释创新何以网络化的现象。

知识溢出是经济运行中的一种原动力。其重要的经济学含义之一是,政府提供的基础设施与人力资本和知识资本一样,虽然都对经济增长拥有重大意义,但是,知识可"溢出",而物质资本则一般不能"溢出"。

(三)知识共享提高协同创新能力

由于关系接近性和共同的社会资本基础,使网络内或相关机构之间形成相对信任的创新关系,知识能够在网络之间得到快捷和畅通的流动与共享,为创新提供必要、及时的相关的知识,促进最新创新信息与知识的传播和扩散,而这种初创知识的传播和扩散也有利于提高相关企业或机构的创新动力和能力。主要表现在以下三个方面。

(1)增加交流机会。这种知识交流能促进隐性知识的转化,促进知识进一步发展,而主体之间高技术人才的快速流动,可促进人力资本增值和创新能力提升。

(2)面对共同需求和外部竞争。知识共享和业务往来密切,加强合作,也增强竞争,彼此之间知识共享与合作频率得到增强和扩展,促进网络内部的显性知识和隐性知识的交流与转化,提高创新效率。率先的协同创新往往很快得到传递和扩散,起到示范作用,后进的就会马上模仿和追赶,从而提高整体网络的创新能力和创新效率。

(3)中介组织的存在为网络知识共享提供平台,加速知识共享,激发网络内部企业的创新热情,提升创新能力。创新的基础和源泉是已有的知识存量,创新的程度和可行性决定于知识存量的多寡。创新和知识转移的坚实基础是知识和各种相关信息的汇集与互动,也是知识交流和共享的条件。

## 第四节 自组织理论

协同创新网络的基础理论,大致可归结为直接理论基础和引申理论基础,前者包括自组织理论、网络学习理论、知识共享与知识创造理论;后者包括交易成本理论、产业组织理论、企业资源和企业能力理论。

### 一 自组织性质

协同学创始人哈肯提出哈肯模型,主要运用于研究系统的自组织演化问题。协同是系统中各个部分之间相互协作,使整个系统产生其中单个体层次所不存在的新结构、新特征和新功能。德国哲学家康德在哲学意义上最早提出"自组织"一词。其最初表现形式是多样化的定性描述、某一特定领域的自组织理论。到20世纪60年代末,自组织理论逐步建立并发展成为一种系统理论,随后出现一批以阐释自组织规律为目标的科学学派,以普利高津、哈肯等为代表提出协同学、耗散结构理论等,有力地推动了自组织理论的生成和发展。其逐渐由自然科学领域扩展到社会科学领域,经济系统等创新系统已被确认为具有自组织特性。根据耗散结构理论,自组织系统一般具有自适应性、灵活性、可扩展性、容错性等。协同理论的核心就是自组织原理,具有自适应性、自调节能力的自然演化系统即网络组织,具有自组织能力的复杂创新系统就是创新网络,其中各个主体的互补互动程度决定创新绩效的高低;它也是开放的,各个主体之间的互动是复杂的非线性作用,其内外涨落促使创新网络发展演化。经济学家把创新网络与自组织理论相结合,使自组织创新网络成为研究创新活动的全新分析框架,自组织创新网络兴起与发展正在不断地推动着科技体制发生深刻变革,由自发的自组织系统和被动的他组织系统组成的复杂系统即协同创新网络,其内部存在自组织系统,即政府不直接干预就具有自发调节动力的优化目标;也是由创新系统、资源整合系统、生态环境系统等子系统形成的需要外部力量介入才能实现的有序发展的分工合作系统。

自我调控能力是协同创新系统自组织机制的关键,也是实现网络协同效应的关键。协同创新系统在其演进过程中,通过根据环境变化适时调节系统内部各个子系统的关系来促进系统向更为有序的结构演化。协同创新的自我调控能力涉及各个创新主体：政府的自我调控能力表现为不断转变职能，构建有效的协同机制对协同行为进行战略引导和激励；企业的自我调控能力是按照市场规律，与不同的组织产生竞争与合作，催生跨区域的投入产出关系，推进创新要素的优化配置和整合；高校、科研机构的自我调控能力体现在通过其与企业的联盟，实现协同效应最大化的过程。

协同创新过程中的网络特征、结构、知识交流转移及运行机制等特性，证实协同创新网络是一种复杂的经济系统，其拥有开放、远离平衡态和非线性协同等自组织特征及表象。本书将非营利组织纳入协同创新网络，不但能确保系统的稳定性，而且使协同创新网络更符合自组织的演化规律。因为协同创新网络是一个复杂的开放系统，具备自组织的特征和发展演化规律。

综上所述，创新系统的协调动力包括两个方面：一是自组织动力驱使网络内各个主体自发地实施分工整合，优化配置资源；二是政府主导的行政动力，主要调控由自组织调控无法实现，即子系统内部缺乏自发协调能力，也就是市场失灵方面的问题，包括研发外部化、环境污染、过度竞争、垄断，等等。这些正是"看得见的手"可以解决的问题。

## 二 自组织与他组织的关系

首先，从创新系统的发展史来看，自组织与他组织现象并存于自组织系统内部，自组织与他组织都在系统形成及发展演化过程中发挥着无可替代的作用。

其次，自组织与他组织相互转化。从短期来看，有计划是人的行为特性，是他组织。从长期来看，创新系统充满了无法预料的各种自发性、偶然性现象，是自组织。在协同创新网络中，应强调并弘扬共享的目标和路径而不是控制，这需要他组织与自组织的有机结合。

在自组织模式中，不可以采取预设、外加的力量来促进或阻挠知识共享，因为创新主体是能动的、共担责任的，创新主体的主动性得到充分激发，遵循知识共同创造、共享知识的价值链规律，促进创新资源的流动、共享与创新。

遵循知识共享的自组织规律，在他组织与自组织之间把握合适的度，一般不能使用指令性计划进行干预和控制，只能通过市场和网络引导、维持、激励与促进知识资源共享模式的建立。

层级组织的分配效率虽高，可大大降低交易的信息成本和规避道德风险，但由于其固有的"惯性"，面对复杂多变的市场，反应过于迟钝。系统性创新要求多个领域融合，而层级组织难以应对资源不足，或因为组织规模过大而导致的管理高成本问题。只有在协同创新网络条件下，才能使合作伙伴共同投入、共享资源、共担风险，降低交易成本和生产成本。

面对激烈的竞争，创新主体对外部资源的需求和依赖与日俱增。协同创新网络为其获得异质互补性资源提供了可能，促进合作各方双赢和多赢，即通过网络内外部资源内部化、资源共享，使不同领域的知识整合，常常会产生全新技术，提高创新效率，实现协同效应。

## 第五节　交易成本理论

交易成本理论是近几年迅速发展并日益成熟的新制度经济学的一个重要分支。交易成本理论认为，资源配置方式分为市场和层级两种类型，交易成本的大小取决于选择市场还是层级。在威廉姆森看来，正是因为降低交易成本的需要而以产业为标准，以地域为中心形成集群，并不断地持续扩大。杰克伯斯和戴蒙（1999）把水平和垂直集群的定义拓展到用来识别集群关键的衡量因素上来。这些因素既包括经济活动在一定地域范围内的集结、集聚、发散的过程，产业之间不同部门的水平、垂直、多角度的联系，还包括共享技术、市场网络的使用，特别是中心活动主体（如大企业、研究中心等）的产生以及网络和合作的特性等。过去，经济学家是以生产函数来解释企业的行为，而他认为，在两种对立的即企业与市场治理方式中，选择哪一种方式取决于交易成本是否较低。威廉姆森（1975）以科斯（R. Coase）的理论为基础，认为环境不确定性引起的人的有限理性和机会主义是交易费用产生的主要原因。当资产专用性较强时，为降低交易费用将选择内部进行。Adizes（1989）等研究发现，资产专用性对一体化的影响并不局限于物质资产，同时对高度特定的人力资本的投资需求也将促进一体化。随着专用性资产投入的增加、重复交易的频率和交易的不确定性而增加交易成本。在技术发展日新月异的今天，竞争日趋激烈，产品和技术生命周期不断缩短，对创新主体来说，面对创新的复杂性、高风险和创新成本上升压力，单一企业很难承担巨额、高风险的研发投入。并且，很多知识是不同企业共同需要的。这样，一种理性的选择是要求同行之间甚至竞争企业之间进行合作，即寻求与外部组织的技术合作。

诺斯（Douglassc North）等根据对1870—1970年美国的经济估量，20

世纪后期，美国经济中银行、保险、批发、零售等与交易相关的行业总产值在国民收入中占45%，比20世纪增加近25%，他认为，交易成本将随着经济发展在不断增加①。在诺斯看来，交易成本的节约是企业生成、存在以及替代价格机制的根本原因。虽然交易成本理论具有较强的现实解释力，但也存在一定的局限性，遭到众多学者的批评。在科斯的研究成果基础上，威廉姆森将交易特性分为资产专用性、不确定性和交易频率三个维度，威廉姆森的理论不仅丰富了交易成本理论，而且使这一理论更具可操作性。

资源优化配置的途径之一是具有较灵活的交易。但技术商品与一般商品不同，具有如下特性：①效益不确定性较强；②技术专用，其供求者的数量有限、市场较小；③包括显性知识和隐性知识在内的技术、人的"有限理性"在约束交易双方，对技术本身和交易伙伴的技术能力做出准确评价评测较难，因而技术交易中存在双重选择——选择产品和选择生产商；④专利保护有限，而技术投入大且具有溢出效应，因此，严重的机会主义行为（道德风险）存在于技术交易之中。上述特性决定技术交易成本高，而市场交易的优势缺失。

交易成本经济学的观点有助于解释形成协同创新网络的动因和保持这种关系稳定的治理机制——降低交易成本。从垂直一体化、信用与冲突解决、组织边界、任务基础、控制权威或影响模式、组织联系等方面进行分析，对层级组织、网络组织和市场组织进行比较，辨析网络组织的特性，其由结构、过程和目的要素所决定（Alystne, 1997）。在结构上，其联合专用性资产（可以是无形资产）并进行共享控制；在过程上，其通过它们在组织中的角色和职位来限制创新主体的行动，并通过发展和分解（削弱）主体与其他主体的联系，使主体的影响显现或弱化；在目的上，其有统一的目标并对目标一致性有明确要求。其保持着可渗透的边界，既存在于内部单元之间，也存在于外部单元之间（Applegate et al., 1988）。由此，他们认为，网络可通过正式合约和非正式合约对重复交易进行协调和治理，与纯粹交易相比，网络降低交易费用更有效；与一体化制度相比，网络更松散，可有效地规避高昂的管理费用，同时保证自身的独立性和灵活性。因此，在组织理论研究者看来，网络是充分适应现代经济活动特性的有效的制度形式。在网络形成过程中，交易费用理论集中考虑组织应如何协调跨边界的活动以降低成本。

---

① 纪玉山、钟绍峰、张忠宇：《中介组织的经济学分析》，《工业技术经济》2008年第3期。

层级组织分配效率虽高，可大大降低交易的信息成本和有效规避道德风险，但是，由于其所固有的"惯性"，面对高速而多变的市场，反应过于迟钝。在系统性创新方面，应多个领域融合的要求，也使层级组织难以应对创新资源不足，或组织规模过大而引起的管理高成本问题。只有在创新网络条件下，才能使合作伙伴共同投入、共享研发、共担风险，降低交易成本。因此，协同创新网络是市场环境下创新的理想选择。

交易成本理论虽然为两两交易关系提供了有相当价值的理论依据，但是，由于其机会主义的假设过于强烈而备受责难（Ghoshal and Moran，1996；Conner and Prahalad，1996）。由于存在机会主义与有限理性，资产专用性一直被认为是引发交易成本高的重要因素。但是，这也完全忽视资产专用性在长期交易关系中可能产生的正面效应。因此，网络关系具有独特价值，而传统的、基于交易成本分析组织关系的做法的局限凸显，无法完整地观测分析网络关系全貌（Weitz and Jap，1995），如承诺和信任等社会资本因素，必须引入社会交换理论。不过，交易成本理论所探讨的特殊资产投资则有助于强化维系组织之间的关系（Dyer，1996a）。

# 第四章 协同创新网络机制与模式

20多年来，中国协同创新网络的变化显著。特别是进入21世纪以后，协同创新网络的规模日趋增大，节点数、边数（两个节点的连线）均显著增加，这表明随着中国以企业为主体、以市场为导向的科技体制改革进入新阶段，创新主体的合作更加频繁与紧密，激发出大量的协同创新网络生成、成长和壮大。互动性、增长性和优先连接性是协同创新网络形成的动力机制，它们共同作用，促成网络无标度性出现，意味着网络的连接分布极不均匀，网络中大量节点仅拥有少量连接，而少量节点却拥有网络的大多数连接。这表明网络中存在少数中枢节点或盟主，它们在整个创新合作过程中地位举足轻重。

目前，知识更新速度不断加快，知识经济大潮汹涌澎湃，创新的技术风险和市场风险不断加大，竞争日益激烈，亟待加强协同创新的网络化。

## 第一节 协同创新网络动因

国内外协同创新研究的文献演化脉络显示，有关协同创新的动因、影响因素以及协同创新模式等问题成为目前学术界研究的焦点。协同创新的主要动机是：创新主体之间互补互动而提高创新能力；节省交易成本；获得"异质性"资源（Skakaibare，1997）。创新风险分散，创新的不确定性降低，借助外力提高创新能力（曾纪幸，1996）。主要有三大成因：①技术和市场的不确定性。这一点为大多数学者所认同。当研发成本过高或创新的不确定性和复杂性加剧时，与合作伙伴进行协同创新能够分担创新成本，降低创新风险。②技术日益复杂。研发需要多层面的技术知识相互补充，这些知识有时甚至超出任何一家大公司所拥有的资源范围，要求借助外部资源。③技术合作成功所产生的附加收益（Debrsson and Amesse，1991）[①]。一个企业在与其他企业建立网络的过程中可获得自身缺少的技术和商业资源（Abuja，2000；Starnil，1998）。网络合作最一般的原因是为了获取新的或潜在的竞争力、技术和市场（Coles et al.，2003）。可概括为六种参与创新网络的动机：①研发费用和风险极高；②先于全世界获得潜在的垄断利润；③发明和市场引进的周期缩短；④新市场商机的开拓；⑤技术转移和技术互补；⑥技术机会发现（Hagedoor and Schakenraad，1990）。

## 一　协同创新网络的内生动因：利益增进

协同创新网络发展的根本动因在于利益，包括经济利益和社会利益。这是协同创新网络持续成长的源泉，是内生动力或本源动力，其主要源于协同创新与扩散、共享、溢出和合作效率（Jorg and Meyer，1998），孵化增长（Swann，1996）和整合能力（蔡宁，2007）等。这是一种自发的内在力量，表现为分工互补、降低交易费用、知识共享、外部经济、规模经济、网络创新等。

谢薇等（1997）将合作结网的原因归结为利益驱动，对合作优势、合作目标的认同，科技综合化发展的推动，环境诱导，追求自我发展以及和谐的关系六个原动力；并依据作用效果的不同，将这六个原动力归结为形成力、凝聚力和发展力三类动力；还从动力作用模式视角，分析了这三类动力的相互关系，从这三类动力在不同过程中的作用、在合作过程中的特性等方面探讨创新过程中动力作用的机制。

内生性动因主要表现为企业对配置产能和获取利润的主动反应力。就其本质而言，内生性动力的形成是企业对系统环境变化的一种应急反应和主动适应过程。主体利益最大化是产生动力机制的本源，因而也成为创新协同的根本动力。利益最大化不仅体现在由现实生产能力产生的直接经济收益上，更体现在由技术变迁、人力资源进步、资源使用效率提升而作用于生产潜力的间接收益上，对参与或融入创新协同的各个主体都有显著的吸引力。

协同创新网络建立的根本原因是利益诱导，这种高层次合作能否持久也在于利益关系是否协调。对经济利益和社会利益的追逐，构成创新主体参与协同创新网络的动力。协同创新网络的动力是利益关系：一是创新主体的总体利益大小决定创新主体的合作与协同意愿的强烈程度；二是协同

---

[①] Debrsson, C. and Amesse, F., "Networks of Innovators: A Review and Introduction to the Issue", *Research Policy*, Vol. 20, 1991, pp. 363–380.

创新共同体内的利益分配公平与否决定创新主体合作的动力大小。

协同创新取得的利益在全部利益中比重很大，其拥有协同创新诱导和协同创新激励的双重功能。对创新利益的预期也会诱导协同创新，协同创新成功后的巨大利益能够继续激励创新，这一系列利益诱导，使更多的创新主体加入协同创新网络。利益诱导机制是指创新网络内的各个主体在开展协同创新过程中有不同的利益诉求，协同创新的基本前提和原则是确保实现各方利益的共赢。因此，政府推动机制是指在国家科技发展战略和政策导向下，推动创新主体开展协同创新，实现科技发展。

物质利益是竞争的内在动力，以及为丧失自己的利益而被其他市场主体排挤的压力。竞争环境是指创新主体所在行业及其竞争者的参与及竞争强度，即市场成本及进入壁垒的高低。竞争压力是激发创新意愿的原因之一。竞争压力较大，将被迫形成改善其既有竞争态势的意愿，最终选择依靠创新和其他手段来改善竞争态势。

利益分配是否合理是决定合作成败最关键的因素（Sherwood，2008），是协同创新发起和可持续发展的关键。李廉水（1997）认为，协同创新的利益分配机制，由利益分配的基础、手段和关键三个环节构成。他提出，创新主体参与合作和协同创新，签订合同是基础，选好分配方式是手段，保证收益合理是关键；要针对创新的不同要求，采取不同的收益分配方式，以确保各方收益分配的合理性和科学性。在中国现行的创新成果转化的九种利益分配方式中，出现和使用频率较高、具有代表性的两种利益分配方式是总额支付和销售额提成。实践证明，后一种利益分配方式得到普遍认同，应在协同创新过程中大力推广。

创新网络的多样性和复杂性，使利益分配机制具有多样性和灵活性，更具有针对性。如在纵向协同网络下，由于创新主体的性质相同，在分配利益和规则的确定上，可采用标准化的分配机制；在横向协同网络下，由于主体在性质上差异较大，在分配机制的选取上，要充分考虑创新主体之间的独特性。在政府引导的协同创新网络下，分配机制设计更应关注网络环境和特点，以适应区域环境的要求。

企业追逐利益而合作的动机是多样化的，一般可把这些动机分为技术动机、市场动机和组织动机三类。技术动机是创新的时间、成本和复杂性；市场动机是占有或进入一个新市场；组织动机则是通过合作，提高组织学习能力和变革能力。

（一）基于分工与专业化

协同产生，有利于促进科技进步，提高劳动生产率，节约社会成本。

根据交易费用理论，当一个组织使用比市场外购更低的成本来实现同样的交易时，就会产生协同需求。在买方市场条件下，因为竞争激烈、对手众多，独立研发难以实现利益最大化目的。只有参与协同创新网络，开发新产品、扩大市场份额，才能提高利润水平。可见，在市场经济环境完善的条件下，协同创新是追求利益最大化的内在要求。一般可以通过创新工艺、创新材料、创新能源、创新设备、创新管理方法等手段来降低成本，提高经济效益。总之，协同创新，创立协同创新力，有利于提高利润水平。创新力是企业的核心竞争力，协同创新力是创新的根本动力，协同创新网络是创新的根本组织，起着主导作用，因此，越来越多的协同创新网络成为创新主体的首选。

合作伙伴协同创新力，具有三个方面的作用：①互惠互利，共同发展。②创新主体彼此可借助合作伙伴的优势资源、优势市场、优势技术等，促进自身发展，达到借势发展的目的。同类创新主体所面临的外部环境几乎相同，也就是外部环境条件对同类创新主体的机会是均等的。创新绩效的大小取决于创新主体利用外部条件的能力。这种能力存在差异，而差异的背后体现出一个创新主体在战略管理、战略储备、条件利用、内外关系协调以及来自外部的风险规避能力。③促进和帮助合作伙伴在学科建设、科技进步、人才队伍建设、科技平台和试验基地建设等方面提升能力，相应地扩大自身的学术影响、企业声誉，进而促进科技进步。协同创新能力是技术能力的组成部分，是技术能力发展的核心，最具有竞争力（付家骥，1992，1998）。

（二）基于资源

在权力依赖观（Emerson，1961）基础上，资源依赖观得以发展。尤其是在网络研究中引入权力等政治因素，研究网络组织的相互依赖性，将其拓展到更为开放的系统之中。为控制不确定性，必须与环境进行交换（Pfeffer and Salancik，1978）。因此，企业与外部环境和组织之间产生依赖性，为有效地控制这种依赖性，企业控制了关键资源，不但可以减少对其他组织的依赖，而且可以使其他组织对自身产生依赖。这种相互依赖是企业采取联合、并购或网络安排的原因之一。另外，也可从资源基础观和互补性视角解释企业日益盛行的合作行为。高度专业性资源内部化可能并不具有效率。因此，权衡之下，企业通过契约方式承担投资风险，企业的关键资源因此往往超越企业范围。交换能够获利，因为这些资源具有互补性或协同效应（Chi，1994）。因此，交易双方通过网络合作的方式提高资源利用率，将胜过单纯依赖交易关系的竞争对手。在这种情况下，企业之间的跨组织，甚至跨空间的大规模协作、资源和流程共享、交互资源和投资等多种形态合作关系得到发展。对于囿于资源限制的企业，利用组织之间合作与外部的资源结合，能够比独立研发更快进入市场（Combs and Ketchen，1999），提高经济效益。

根据开放系统论，自给自足不是现代经济条件下任何组织的特征；组织必须与其他机构相互交换资源，才能满足其资源需求。因为企业之间是相互依赖的，任何一个企业的资源都是有限的，即使资源、知识的积累是足够的，可以独自进行一定的创新，也要权衡资源的机会成本大小和使用效率高低，要寻找拥有互补性资源的企业进行合作，发挥互补优势，将创新网络的优势资源为己所用，以促进创新。

当创新主体在投入不足和知识积累不足时，就必须从独立研发转向协同创新网络，以突破自身资源的"瓶颈"。根据资源依赖观，维持组织运行需要多种资源，而这些不同资源都难以由组织自己提供。网络环境存在，是组织及其管理者自己选择和参与创造出来的，是组织和环境互补互动的一系列结果。研究证明，网络节点多样性能够有效地促进网络整体效用。当创新资源不足时，对于后发企业来说，在缺乏领先的市场和技术资源的条件下，仅仅通过内部研发参与国际竞争，可能是以卵击石。根据资源基础观，开展协同创新是为了满足彼此的战略资源需要，即互补性资源是主体跨界协同创新的核心原动力。企业常常由于缺乏知识、新技术和人才等特定的资源，而协同创新网络中合作伙伴能够弥补这些不足（Peters, 1998）。合作对象长期稳定并能够获得政府的科研经费支持。因而倾向于采取交互程度较高的协同创新，包括联合开发等模式，这类合作模式是目前使用频率较多的；合作范围较广、合作对象较多且享受政府税收优惠政策的创新主体更倾向于采取交互程度较低的合作模式，如技术转让、委托开发、设备共享，这类合作模式的应用率较低。创新的风险成本多少决定于政府支持力度，创新关系的不断深入、技术交流的交易成本不断降低，促使主体更积极参与创新。网络是各种主体基于信任、互补互动互惠和优先权行使等所组成的长期关系系统，是大于个别主体的诀窍总和的集体智慧的储存器，是新的创新成果的摇篮，其优势是使集体学习过程能够超越企业边界、在更广阔的范围内实现[1]。

---

[1] Dennis Maillat, Olivier Crevoisier and Bruno Lecog, "Innovation Networks and Territorial Dynamics: A Tentative Typology", Borje Johansson et al. eds., *Patterns of a Network Economy*, Springer - Verlag, 1993.

当重要的创新资源被其他组织掌控时，应对资源稀缺，创新主体必须与其他组织建立关系，从而战胜资源稀缺的危机。因此，知识和资源共享是协同创新网络发展的主要原因之一（Lavie，2007）。创新主体虽拥有自己的资源，但对于创新的复杂性而言，仍然是不足的，必须依赖其他组织的资源。而协同创新网络拥有整合资源的能力和策略弹性较高，成为创新主体明智的战略选择。

创新资源的稀缺性与创新的综合性、复杂性和不确定性日益强化，为获取外部资源、实现成本共担和风险共享以及提高绩效水平，不仅要保留、发展自身资源，而且要获取其他组织的资源。

协同创新网络是获取关键资源的重要途径。资源依赖论认为，组织环境是一个客观存在，是组织及其管理者通过自身选择和参与促进摩擦性创新。维持组织运行需要多样化资源，这些资源不可能都由自己提供。作为开放系统的组织，与环境交互是创新的需求，更是生存的需求。一般而言，在快速变化的环境中，更大网络规模会增加知识，增加潜在合作者，而合作者又意味着知识资源更多。节点多样化、企业异质性、组织类型多样化，能够有效地提高协同创新网络的整体绩效。

（三）基于交易成本

科斯（1937）及后来的经济学家指出，交易成本普遍存在于市场结构中。他们认为，稳定的网络组织能够减少交易的不确定性，确保交易的稳定性。当双方的交易频率较高时，处于网络组织的成员之间产生较稳定的契约关系，规避多次订立合约的麻烦和成本损失。当然，异质性使主体承担的交易成本更多。首先，在构建创新网络时，要搜寻异质性伙伴、支付搜索成本，而拥有异质性资源和能力的合作伙伴，一般都是在与企业本身所处的领域之外，会产生严重的信息不对称，这就迫使在初期的搜寻过程中支付更多的成本，一旦选择错误或搜寻失败会造成更大的损失。其次，在创新网络构建成后的差异是寻求优势互补的前提，合作伙伴之间存在一种均衡合作的状态。

交易费用的决定因素包括契约人的行为假设和交易的三个特性：资产专用性、不确定性和交易频率（Williamson，1975，1980；Klein，1978）。若资产专用、交易不确定性和交易频率均为较低，则采用市场方式；相反，若市场模式的成本较高，则采用企业方式；当介于两者之间的状态时，在治理结构中，中间形态是最有效率的，因而网络组织应运而生。

（四）基于缓冲视角

网络组织是知识处理系统，其能否成功取决于环境不确定性和组织绩效两个因素。组织通过获得与其核心技术有关的要素来缓冲环境带来的不利影响，从而适应环境变化（Thompson，1967）。环境波动将会使盟主被新的权力中心替代。如何缓冲不确定性带来的冲击？应对复杂性的方法是将组织活动限定在一定专业范围内（Aldrich，1979）。钱德勒认为，获得各个阶段的规模经济，必须进行互补性系统之间的组织重构。许多企业保留研发、设计及营销，将制造外包给专业的企业，而这些分包商也因具有通用技术而受益（Helpman，1998）。

（五）基于复杂性创新

联盟是为了共同目的、共同利益而建立的，通过产品、技术等方式把两个或多个截然不同的创新主体联系起来，构建一个完整的网络（Thomas Eisenmann，2008）或"平台"。这能够利用隐性知识，创造和利用网络的特定优势，并创造、获得以及整合离散知识来创新复杂性技术。此外，如 Gimeno（2004）所指出的，网络内联盟基于市场等相关利益关系而构成。其中，创新与复杂产品关系日益紧密。Kash 和 Coft（2000）认为，复杂技术创新需要建立有助于大量隐性知识学习的网络。这些网络或平台重新排序成为更复杂的结构以及使用更复杂的流程，而无须集中地管理指导。这就要求组织之间要构成一个结合松散的系统（Jay Galbraith，1973），通过跨越组织边界来获得知识积累和创新知识（Badaracco，1991），以应对创新复杂性和环境复杂性的冲击。诸多实证研究发现，若一定行业的知识较快复杂扩展，那么创新就会在中介组织即网络中出现（Powell et al.，1996）。

协同创新网络，依靠各个主体的内部动力和外部动力互补互动。其包括追逐利润的内生动力和竞争带来的外部压力或来自环境的压力。内部动力主要源于创新主体的内在利益需求，外部动力主要源于政府政策推力、资源环境约束、竞争压力等。因此，协同创新网络形成的动力机制包括利益诱导机制、政府与市场驱动机制、资源约束机制。

当前创新日益呈现复杂性、开放性和系统性，强调创新要素的流动汇聚与创新资源的集中集成配置。通过互联网，将分散于不同创新行业的各种专业人才聚集到创新网络这一公共平台，充分集成利用并扩散各个领域的知识，破解创新过程中的信息不对称问题，使研发者、生产者、需求者突破企业、行业、学科、空间和时间局限。在相关人员展开独立、分散化创新的同时，又以低成本的公开渠道研发、收集、筛选形成收敛性方案，形成开放式创新环境下非正式创新网络，建立跨学科、跨行业、跨层级甚至跨国界的动态创新网络，提供多种专业化创新服务。非正式网络，通过与企业、科研机构等建立合作关系，广泛地获取外部知识及创新资源，为正式创新网络提供可持续的要素支持。作为连接不同的创新组织、推进资源与商界广泛对接的创新网络，是促成技术不断商业化的服务支撑体系，也是完善创新体系的重要组织。

（六）基于产品生命周期缩短

随着经济全球化的不断深化，互联网技术的广泛应用，产品生命周期日益缩短，经营环境越来越复杂多变，靠传统的"一着先"在市场上存活已变得不现实，受到技术复杂性、创新风险性、市场不确定性和所处大环境的不稳定性等因素的影响，使企业生存和发展变得日益艰难，独立创新变得极为困难。在互联网条件下，企业组织经历着一场大调整，合作企业的地理距离变得越来越近，世界显得越来越小，为使企业得以生存和发展，各个企业之间会通过构建企业网络来达到资源共享的目的，因此，企业、科研机构和其他组织之间的网络合作关系成为创新活动的重要形式。企业行为的绩效和结果会受到企业组织之间互动机制的影响，企业成为创新网络的节点，通过节点互动，建立资源之间的关系，合作伙伴之间可共同参与新产品的创新，因此，协同创新网络渐趋成为创新主体获取竞争优势的重要组织。

诸多实证研究证明，若某个行业的知识基础复杂而又处于扩展之中，那么创新就会在网络组织中出现（Powell et al., 1996）。

## 二 协同创新网络的外生动因

外源动力机制主要源于外部环境，包括网络环境和制度环境，后者即政府有意识对网络规划、调控，包括市场规制、创新网络政策等。表现为因政策变化、需求变化、产业链整合而调整企业赢利模式的压力。其形成也是企业对系统环境变化的一种应急反应，是一种被动适应过程，外部因素通过刺激、诱导、驱动等方式对协同产生推动作用。

王缉慈（1997）认为，创新网络的形成是协同发展的客观要求，分工细化、专业化水平的提高，使企业之间交易和合作渐趋增多，以信任为基础，促成长期的合作关系。进一步说，随着简单集群转向创新集群，创新主体之间的合作逐步转向协同创新网络。原因是：一方面，创新对知识的需求日趋增加；另一方面，互联网和大数据的出现，为创新网络化提供了可能，引发网络结构产生（Borgattis，2003）。竞争优势取决于网络内部之间"联系"产生的正效应与负效应的差（蔡宁，2007）。集群演化路径与方向取决于集聚力和离散力的综合作用，集聚力是集群成长的推动力，包括竞争合作、知识共享与溢出、创新与扩散、外部经济、合作效率（Jorge and Meyer，1998）、资源禀赋及其整合能力（蔡宁，2007）。离散（心）力是由集群产生的"拥挤成本"和"锁定效应"引起的，即集群丧失成本优势和动态适应力。当离散力小于集聚力时，集群发展；相反，当离散力大于集聚力时，技术锁定，集群内企业转移，经济衰退。

## （一）竞争能力

创新是一个不断通过环境学习与反馈的交互过程。Edquist 等（2000）认为，创新具有累积性特点。企业如有能力积累稀缺、无法替代且难以模仿等特性的资源，就可打造其竞争优势（Rumelt，1982；Bamey，1991）。然而，创造核心能力是极为复杂的过程，远远超出了单个创新主体的能力范围。即使最大的企业虽能快速发展和具备一个新的复杂技术所必要专业化的知识，但也要付出巨大的代价。因此，网络为复杂性创新、巨额投入和成本、加快研发速度、打造核心竞争力等问题提供了有效的解决方案。如供应链网络和合作关系可协助企业增强竞争力，节省资源并分散风险，更快地开拓市场（Hutt，Stafford，Walker and Reingen，2000）。Gomes-Casseres（1994）指出，战略联盟创造一个"集团对集团"的竞争态势。换言之，传统公司之间的竞争，已转变为供应链和价值链网络之间的彼此竞争（Lewis，1995）。对受到资源限制的企业而言，利用组织之间合作关系与外部组织的资源协同，可以比独立研发更快进行创新并取得成果，进而开拓市场（Combs and Ketchen，1999）。

目前，创新日益复杂化，技术市场的竞争更加激烈，从而催生协同创新网络。其动因不仅来自各方的需求和目标，还来自外部环境的压力（Bacilai et al.，2004）。在互联网条件下，面对创新的复杂性和不确定性与单个创新主体资源有限性的突出矛盾，不同层次的相关主体或组织基于共同的创新目标而建立起来的一种组织体系，交流或交换实物或非实物，获得交易剩余，进而提升创新网络整体的竞争力和抗风险能力，产生协同效应，增加合作伙伴的利益。

作为协同理论的基本概念，竞争是协同的基本前提和条件。在系统论中，竞争是以合作、协同为基础的。因此，竞争是系统演进中最具活力的动力。秦书生（2001）提出，协同机制表现为彼此系统相互协调与配合、相互促进，从而形成系统的有序结构。协同创新机制，即协同创新过程中相关要素实现相互联系的动力、规则和程序，它包括若干内部子机制，通过一系列串联和并联的方式来实现。在科技进步过程中，尽管都处于政府的支持范畴，但由于政府财力等原因，有限的资源不可能平均分配到每一个创新主体。一般来说，应该是择优支持。这样，在政府创新网络中，就会产生同行竞争的局面，给创新主体产生一定的压力，迫使创新主体不断提升科技进步能力。同时，激烈的竞争会迫使落后的创新主体调整发展路径，与科技进步优势机构开展合作，推动协同创新，以求占据一席之地。为争夺市场地位而展开面对面的你死我活的竞争已成为历史，而现实是，日益细化的社会分工，使单个企业难以在所在产业价值链的各个环节都拥有核心能力及由此带来的竞争优势。核心能力理论提出，只有专注于自身的核心业务，主动地参与社会分工，才能在竞争中立于不败之地（Parhalad and Hamel，1990）。互联网技术和大数据的发展，也为创新主体之间实现彼此业务的衔接和沟通提供前提条件。即竞争已超越边界，进入一个网络竞争时代，伴随创新主体之间关系向一个更广的"系统"视角发展，竞争已系统化。系统论认为，一个增殖系统的功能提升有赖于各个价值环节特别是关键环节的优化，某个或某几个关键环节的薄弱会给全系统造成"木桶效应"而制约其功能水平。因此，竞争优势在于网络的整体禀赋及其对于资源的整合能力。创新并非孤立，创新要求告别孤立。创新势必要求得到上下游关联和机构的技术配合。创新模式必须放到价值创造网络环境中加以考虑，集群不能仅仅将目光集中在提升自身的研发能力上，而是应将产品创新等研发过程置于从原材料提供到生产、销售直至终端用户的整条供应链中，即十分注重供应链上的全员参与创新。

（二）研发不确定性

研发协同理论强调创新的不确定性。创新的不确定性及需求的复杂性促进协同创新网络发展。创新的不确定性主要来自技术、市场以及技术收益分配和制度环境等方面。主要有：一是科技的不确定性。从实验伊始到中试再到商品化阶段，越是研发的开始，预测准确率越低，失败率越高；二是科技需求的不确定性；三是研发结果的不确定性，即创新收益率高低难以确定。这些不确定性带来的最大难题是高风险性，而协同创新网络将有效地破解这种难题。

创新具有不确定性和高风险性，要求政府鼓励和拉动社会资金投入创新之中，促进科技进步，实现科技进步与经济发展的转型升级。

随着技术复杂性、创新模式的融合性日益加剧，创新不确定性的重要性、迫切性日益显现，单个企业的创新能力日益受到挑战，独立研发的优势与日俱减，协同研发的重要性与日俱增，这已达成共识。许多重要的创新主体纷纷与其他创新主体建立各种合作关系，以应对日益激烈的竞争及创新的复杂性和不确定性。环境的复杂性和不确定性促使创新主体与其他主体结成战略联盟，与其内部主体进行非线性互动，使创新资源能够有效集聚和成功耦合，互补互动互惠形成协同创新网络，降低创新的不确定性，提高创新绩效。

协同研发还发挥类似于期权的作用。当创新环境的不确定性加大时，即使合作创新比自主创新的收益更大，具有一定创新资源的创新主体仍然可以及时地选择期权式创新战略，即用自主创新来积累创新资源和经验，然后根据创新环境的发展要求适时地选择协同创新，以充分发挥企业应对创新环境的相对优势，更好地提升核心能力[1][2]。

（三）政策动力

政策创新是体制创新的重要方面，将增加市场主体的创新动力和压力。如国务院发布《新能源汽车日程表》，汽车企业就有调整自身产能结构的压力。创新协同的外生动力主要来自需求变化对供给的压力。因此，基于供给侧改革的去产能与结构调整、价值链重构成为创新协同的重要方向。

创新协同网络的动力机制以利益增进和收益共赢为基本内容和目标，以对政策供给和需求变化的反应能力为导向，实现企业之间关于政策、资源、流程等关系的合作重构。基于利益共享的游戏规则，参与的各主体通常会根据自身的竞争优劣去寻找合意、合适的伙伴。由于创新协同可跨产业实现，因此，即使在同一产业中，企业之间或协同主体之间也可能存在信息不对称，因而协同主体选择机制是确保协同成功的关键。协同主体之间就政策、资源关系的合作重构，对信息的筛选与传递要求高，更加注重创新资源共享。为主体进行双向或多向选择合意的协同伙伴创造条件。即企业对自身核心能力的评价与业务整合，是建立以项目为平台的协同关系，也可以是建立以战略联盟为模式的协同关系，或者通过创新协同实现并购。

目前，要着力补齐创新体制"木桶"的短板。当务之急是要加快知识产权交易、使用和保护制度建设。尤其是要改变单兵突进的单环节创新模式，探索把研发、生产、分配、交换、消费中的创新活动制度保护以及促进研发和生产一体化的有效途径，加快建立健全现代化和创新一体化网络模式。这要求着力建立健全开放、公平、统一、透明的创新要素市场，

---

[1] 吴崇、胡汉、吕魁：《基于动态核心能力的企业知识创新战略选择研究》，《科学学研究》2009年第6期。
[2] 杨皎、张恒俊、金彦龙：《集群文化嵌入与创新绩效关系研究——以创新环境不确定性为调节变量》，《软科学》2015年第4期。

完善要素的自由流动机制，促进创新要素和创新行为不断优化组合；以创新为根本目标，配套推进人才制度、金融制度和文化制度的综合创新，推动创新跨越式发展。

（四）双重动力

协同的动力机制是指能够有效地促成网络内各个市场主体参与和融入创新协同力量的作用方式与机理，可以是市场主体基于利益前景的主动行为或内生性驱动力，也可以是地方政府的政策引导、产能转移与产业布局调整等外部环境变动而引发的外生性驱动力；合作的可能性取决于外部环境包括政策、法律、金融等各个领域的良好运作，是协同创新网络发展的强大动力。创新主体之间的技术水平差距较大，则合作的空间也大，合作的动力充足；反之则相反。

协同创新动力机制包括两个方面：①内源动力机制是一种自发的内在力量，表现为分工互补、降低交易费用、知识共享、外部经济、规模经济、网络创新等；②外源动力机制主要源于外部环境，包括网络环境和制度环境，后者指政府有意识地对网络规划、调控，表现为市场竞争、创新网络政策等。

科技作为公共产品，属于社会福利。社会福利原则主要有帕累托原则和卡尔多、希克斯原则[①]。科斯定理以帕累托效率为目标，以承认和保护财富的积累为动力，促使知识生产力水平提高，若以排他性给定权利的方式对新创知识拥有者的利益加以保护，就意味着加速积累创新能力，这也是以帕累托福利原则为前提。

在近年来的协同创新机制研究中，突出的转变是由内源机制或外源机制的单体分析到内外动力机制共同作用过程的描述。内源动力机制和外源动力机制是相辅相成的，如分工互补与制度导向完全可以互补互动，它们相互融合组成创新的动力机制，使协同创新网络得以成立，成为一个有机的整体。

追求利润的内部动力与竞争的外部压力整合成为协同创新动力；占有资源的多寡决定创新发展的规模和水平；财政补贴、税收支出等政策手段会迫使和引导创新朝着政府引导的方向发展。更多的时候是双重力量驱动的结果，如国家发展战略与产业政策的调整、需求结构与水平变化、竞争

---

① 卡尔多等的核心论点是：如果生产和交换的任何改变使一部分人的福利增加而使另一部分人的福利减少，那么，只要增加的福利超过减少的福利，就可认为这种改变增加社会福利，是可取的。详见周志太《外国经济学说史》，中国科学技术大学出版社2016年版，第372—373页。

压力变化等因素交织互动在一起，牵引着创新协同高效演进。

协同创新网络的动力机制包括"聚力"和"借力"，两者形成"合力"，以此放大协同创新网络的效用。协同创新发展的合力，等于动力与阻力之和，与协同创新网络的发展水平呈正相关关系。

目前，任何一国或地区创新主体的发展都面临着广博与精深的两难选择。协同创新方式有助于融合企业内外资源，排除技术和制度障碍，不仅可以有效降低因技术不确定性引起的风险，而且可以兼顾创新的博与精。此外，由于技术同构，使协同创新的各个环节互通性和兼容性很强，容易形成完整的创新链，便于协同创新。专业化分工与技术融合、同质化使创新主体之间建立协同创新网络。专业化分工虽是大趋势，但从创新角度看，当今技术大趋势主要表现为技术融合和同质化。过去 20 年出现的全新技术虽然有限，但不同交叉融合的创新却越来越多。协同创新将使区域之间获得互补的知识和技术，凸显协同效应和技术组合的优势，各国或地区之间技术日益同质化。这既是巨大的挑战，又是提高创新水平前所未有的机遇。

### 三　协同创新网络的机制

在科技全球化与经济全球化背景下，在协同创新网络中，包括国家政策引导和机制安排，各个创新要素和互补性资源被大跨度整合，创新资源在优化的系统中无障碍流动，促进企业和科研机构发挥彼此优势、实现各方的优势互补互动互惠，加快技术推广应用和产业化，促进科技进步和创新成果的产业化，是当今创新的新范式。它具有以下五个作用机制。

（一）协同机制

协同机制即主体之间经历学习、模仿、选择、突变等机理的作用，相互之间建立稳定的协作协同关系。各个创新主体既各司其职又相互联系与依存，在创新网络发展演化过程中发挥彼此的作用，共同推动创新网络的转型升级。协同效应即协同创新系统内各个子系统之间具有自组织特征多元互补互动互惠，协同产生出超越各个要素彼此单独作用的效果，即产生整体效应。创新主体在网络内的目标是一致的，存在共同利益，各种类型的创新主体之间是相互联系、相互依存的关系，它们最终只有形成相对稳定、互利共生共赢的协同关系，才能实现彼此在网络中的地位和作用，产生协同创新效用，获取相应的经济利益和社会地位。协同包括正协同和负协同，正协同是在集体理性下形成的帕累托改进，产生"社会促进效应"，它是网络合作的常态。负协同由复杂性和不可预测性引发的"社会惰性",这是创新网络力图规避的结果。互动合作是否产生的根源在于合作价值——正协同力大小。正协同会进一步促进合作节点之间的互补互动互惠,强化彼此的协作关系。创新网络是在正协同作用下形成的,主体互动加强相互之间的网络联系,促进相互之间知识等资源流动,增强相互之间的信任度,提高互动互惠频率。长期协作有利于加强创新主体沟通,当创新网络出现冲突时,主体倾向于谈判协商,而不是退出网络。互动互惠有利于培育主体共同的价值观,进而提高创新网络的整体效益,加强对其他主体的战略、资源、需求与能力的理解和掌握,提高彼此的适应性。网络中某一创新主体获得某项创新成功,势必会给其他合作伙伴带来挑战和机遇,实施复制扩散和采用。在随机网络结构下,主体联系属于一种随机、偶然的联系,主体互动集聚程度虽低,但扩散速度较高。在协同机理指导下,多元创新主体在知识等资源、战略上互补互动,强调各个创新要素的有机结合、互补互动,形成协同效应。

(二) 扩散机制

创新主体的某一种行为或策略在创新网络中具有"传染性",为网络中其他主体复制、模仿进而传播,继而在整个网络中流转运用。扩散机制可能引发某一种行为方式和策略的"锁定",若被扩散的行为和策略是整个网络发展进化所需要的,那就要求加快扩散;若锁定策略是弱占优策略,那么将放慢演化进程。扩散机制是个体学习和突变行为在群体中复制引起的。从接受扩散行为的主体来看,扩散过程也是一种学习和互动过程,具有显著的路径依赖,包括博弈的初始条件、规则和制度以及最终消费者的消费倾向。一般来说,被扩散的行为方式和策略集合在某一特定时间内属于占优行为和占优策略,但这一占优策略很可能是弱占优的,而且这一策略的扩散可能引起策略或行为的"锁定",影响其他策略和创新成果被主体采用的速度和进程,可能会限制协同创新网络的发展。但若被扩散行为或策略是强占优策略或者发展演化均衡策略,那么这类扩散将有利于协同创新网络的发展。

扩散模型主要有:①传染病型。某一主体一旦与其他主体采用变异行为、变异策略的主体博弈,其他主体就会采用这一变异行为或成果。②社会阈值型。某一主体只有等到群体中采用某一策略、行为和成果的个体达到一定数量或比重(阈值)时才会采用。③学习型。即只有从策略使用者身上学习获得足够的信息以证明这一策略和成果的运用是有利于博弈结果的,主体才会采用,进而对整个协同创新网络的创新能力产生积极影响。

## (三) 路径依赖及锁定机制

从广义上说，创新是各种创新行为实现"新组合"的过程，可归结为资源组合和创新过程两个方面，这两者密不可分。若离开创新过程，创新行为的新组合则无法实现；若没有创新行为的新组合，创新过程的展开则是一场空。因此，在讨论协同创新概念时，既要考虑创新过程，也要考虑资源组合。协同创新的概念与其他研究者的区别不仅仅在于过程的复杂性和资源的禀赋性，其本质差异是资源整合优化组合方式和创新实现方式的不同。本书非常赞同熊彼特关于创新实质为"生产要素的"组合过程，但问题的实质在于，一定网络中的各个创新要素之间如何融合或组合，才能获取持续创新能力？协同创新，要实现创新过程中各个要素的自组织效应最优化，更强调要素的非线性和系统演化的自组合特性，是对熊彼特"生产要素组合"思想的发展。

协同创新的本质是各种创新行为与要素实现自组织的过程，是在空间上实现创新自增强机制。在创新过程中，其主要内涵体现三个层面：一是各个资源要素的一般性；二是各个资源要素的非线性；三是各个资源要素的自组织。因此，协同创新网络是更高层次的"生产要素"，是科技交流与合作的最高级形态。协同创新通常可实现多项功能的整合，促进不同创新主体的合作共赢，形成协同效应。包括：①利益驱动功能。在利益共享基础上形成利益共同体，共同推进创新活动的开展。②集聚资源、形成合力的竞合功能。通过整合网络内外的创新资源，构造协同创新的创新系统和运行空间，形成规模经济和规模效应。③优势互补功能。在网络分工和比较优势的基础上，通过建构创新的技术系统，形成结构合理的产业结构和技术结构。④优化组织机制功能。通过精神动力和组织意识，在政府统筹规划下的计划调节和创新网络的市场调节优化的基础上，形成创新主体之间亲密无间的合作，提高创新效率。

## (四) 突变机制

突变包括主体的推陈出新和创新，即在博弈中，某一或某些创新主体处于主观意识或随机行为下，采用某一非常规策略或行为，引起其他创新主体在博弈中获胜或被淘汰的现象。主体喜欢新奇，勇于尝试新事物，采用突变策略就具有不确定性，若能在竞争中占优，创新主体能够快速成长壮大，可能成为网络中的核心节点或盟主，对推动网络的发展演化有重要作用。但是，若突变策略和行为失败，主体就会被淘汰。突变或变异机理是在环境承载能力一定时，产生变异的行为，能够加速创新网络的发展演化进程或导致某一主体的毁灭，使协同创新网络不断保持活力和强大的生命力，不断涌现新的策略、新的行为方式、新的规则和新的成果，对于创新网络的发展具有重要意义。

在网络关键节点及网络结构发生关键变化的时间点上，创新网络出现突变的概率较大，突变策略和行为能否随着创新网络的发展演化而一直持续下去，取决于有向选择机理。从整个创新网络的生命周期来看，有些突变策略和行为能够遗传下去，而有些行为和策略则在演化过程中逐渐被淘汰。突变机理对网络节点、关系、资源和行为产生影响，对于网络发展的方向和目标定位甚至可能出现颠覆性改变。主体突变行为包括加入或退出网络，乃至破产，这些行为对创新网络的影响大小与主体在网络中的地位和作用大小有关。若盟主发生突变行为，对整个创新网络的影响是颠覆性的，一旦核心节点采取突变行为生成负反馈，就会导致网络的不稳定性及脆弱性，甚至导致整个网络解体。若出现正回馈，则将影响到其他网络节点的策略与行为方向，使整个创新网络的发展演化方向出现重大调整。一般节点出现突变策略和行为，会在整个网络内所有主体的筛选下发生作用，若能够取得良好的创新成果和效果，则会被其他主体所学习、模仿，进而为整个网络扩散，成为网络发展方向。采用突变行为和策略的主体自身会发生重大变化，对网络中的关系和资源也有重要影响，要么成功超越其他主体，要么被淘汰，随之而来的是相关网络节点关系的连接或断裂，网络关系强度因此而提高或降低。回馈给其他主体，导致其他主体实施下一轮策略调整和改进。各个主体在这种动态的互补互动回馈中，不断调整自身策略和发展方向，不断提高对环境的适应力，诸要素之间的非线性互动是推动创新网络有序发展的内部动力，使系统产生协同效应，促进整个网络的发展演进。

突变机制有利于协同创新网络保持其强大活力和先进性、推陈出新，是创新发展的关键动力，创新本身就包含着突变。其影响资源流动效益，在自组织形成的创新网络中，主体选择出现突变的可能性较大，因为主体联系与互动是随机、无序的过程，容易发生突变，但是，由于主体的有限理性和认知能力局限，突变策略成功的概率不大。在协同创新网络形成过程中，具有适应能力和主动性的主体，在彼此之间及与环境之间的互补互动作用中，能够不断地"学习"而"积累经验"，根据环境变化调整其行为规则和结构，以求生存和发展，使整个网络呈现出不同程度的复杂性及异质性。同时，通过学习、模仿，尤其是学习和策略调整优化，通过强化主体之间的联系，不断提高其理性预期能力和信息接收与处理能力，主体在创新网络中的选择能力提升，对于明晰创新网络发展方向和演进路径具有重要意义，有利于主体获取外部知识信息和能力，特别是适应关于外部环境变化和网络中可共享资源的增加或减少。在他组织中，网络是在一定目标下运行的，主体采用突变策略是在适应自身发展演化和创新目标实现的基础上进行的，是为了更好地适应和满足消费需求和偏好，增强创新能力和增加知识存量，提高自身的信誉水平和创新能力。

（五）选择机制

选择机制包括主体的策略选择、占优策略选择、合作主体选择和博弈规则选择等。通过选择机制来确定主体的最终策略，不同的选择结果导致创新网络的不同发展演化路径和方向。有向选择机制控制创新网络发展的方向，学习和模仿机制影响创新主体的行为方式及策略选择。创新网络的发展演化过程是在有向选择机制的支配下，在学习机制、突变机制、扩散机制的互动下不断发展演进的，同时伴随创新网络节点之间的关系、网络中资源的动态变化，受到正负反馈机制的共同作用，而呈现出整体涌现性。同时，也存在负反馈机制下导致网络发展的停滞或衰退的可能。

此外，在前面论述了协同创新网络的 21 个特性，均有相应的机制，这里不赘述。网络具有如此之多的特征和运行机制，表明协同创新网络是一种复杂的经济系统。

## 四 协同创新网络子系统

全面协同创新取代独立创新是一种大趋势，协同创新目标要求盟主必须对创新组织的职能重新定位，实施管理制度再造，促使并实现创新主体之间创新规制的统一，包括利益分配规制机制的建设、沟通协作规制机制的建设等，最终形成管理制度方面的统一认识。创新主体通过协调交流实现价值观和文化的认同，建立相互信任关系，确立共同风险与利益观念，在此基础上，更强调实现以战略协同、知识协同、组织协同为一体的全方位协同。构建以"战略—知识—组织"为核心的三重互动模式。

不同的组织有不同的文化，协同创新网络是由多元化主体共同参与的组织。因此，他们的组织文化、发展理念等存在诸多不同，组织文化是一个组织形成初期就基本确定的，它存在于组织的基因中，很难改变，因此，只能从理念入手，让参与者至少在协同创新过程中能保持努力方向的一致性。比如，科研机构长期以科研为主，在开展研究时表现为研发周期长、成本高、风险高、利益观念淡薄等特点；而企业追逐利润，表现在科研方面追求见效快、成本低、风险小、利润高的项目。这就需要双方有效沟通，提前认识可能的冲突并加以预防。协同创新机制的重要职责是指要引导成员目标服从于部门目标、部门目标服从于组织目标,从而确保组织目标的一致性,确保协同创新网络组织能有序运转。一是集合各个目标的共性,通过过滤、整合,使多目标能够有机地统一于合作平台的运行中;二是处理好各个目标的个性与总体目标之间的关系,使其在相当程度上与总目标保持一致;三是做到任务服务于目标,通过实现目标的一致性达到任务的一致性,使各方力量得以聚焦。

协同创新是创新主体深入合作,重视、推动知识灵活应用和价值转换的协同过程。其中,各个主体行动最优同步、创新因子最佳匹配、创新要素整合放大、创新功效协同倍增,获得知识溢出、知识增值的乘数效应和竞争优势,带动技术外溢和累积增值,边际成本随着网络扩大而递减,信息身价倍增,创造"协同剩余"和交易剩余等社会福利的协同效应。作为介于封闭式创新和开放式创新之间的更复杂的协同创新模式①,与封闭式创新相比,开放式创新的核心是打破创新的边界壁垒,将企业的创新优势资源和知识产权同等对待,实现创新资源在组织内外可渗透的双向流动,以最快速度和最低成本实现创新成果转化。协同创新的一个要点是:由于企业家的组织和协调,形成多元化创新主体之间的互动效应。

选择有效的协同创新模式,以整合创新要素,最大化地发挥创新主体的功能,最优化配置资源,实现创新成果最大化。何郁冰认为,协同创新包含战略协同、组织协同和知识协同;三者互为条件、互相促进,战略协同是基础,组织协同是保证,知识协同是核心②。协同创新机制至少包括战略协同、知识协同、组织协同、资源协同等机制,指导协同创新活动顺利开展的多层次、多方位系统。

(一)战略协同

战略协同是协同创新模式的基础,是指主体高度凝聚在组织的战略目标下,在文化、价值观相一致的前提下真正实现思想统一和资源共享。在与自身目标相一致和共同目标的指引下,明确每项工作的具体目标,并进行合理分工,保证协同的有效性。实现战略协同,才是真正有生命力、有创新力的组织。在这一阶段,知识共享最为重要。合作伙伴高度凝聚在联盟的战略目标下,共享资源。这样,协同创新网络已转变为一个学习型组织,形成自身优势,拥有和掌握核心技术。这些优势集聚,使成员对创新组织的认同感日益增强,组织影响力日益提高,超越原先各个创新主体在

---

① 吴昊、张天译:《协同创新视角下的区域创新体系构建》,《社会科学战线》2016年第10期。
② 吴悦、顾新:《产学研协同创新的知识协同过程研究》,《中国科技论坛》2012年第10期。

该领域的影响力，在该行业的创新作用日益重要。在真正实现战略协同后，技术联盟将在一些行业的共性研发中发挥重要作用，并在区域和产业创新体系，甚至在国家创新网络中承担重要的角色。战略协同是一种网络和创新主体内部的战略整合模式，其要求从创新网络整体层面，如战略目标、战略方案与实施等方面考虑这两者双赢共生。与之相对应，包括具体事项协同和战略互动。事项协同整合意味着要将重点事项进行特别分析，将事项与常规的创新活动相融合。事项影响战略目标、战略选择和战略实施三个方面。对于重点创新事项需要识别和关注，进而实现战略与创新重点的整合。战略互动，也属于一种外部整合模式，主要是考虑利益相关者的战略反应并触发本企业的竞争互动。在多重博弈的背景下，充分考虑战略互动，要采取有效措施，持续实现创新战术与创新战略的动态整合。

创新活动是多主体、多因素互动的结果，协同创新有利于提高创新绩效。各个创新主体之间虽然在资源、能力方面存在互补，但有关创新主体的目标和动力机制等方面并不一致，因此，导致协同创新网络难以达到的预期效果。

战略协同体系由多类型多主体共同参与，因而是一个多理念、多目标、多任务系统。盟主有责任引导各个创新主体牢固树立创新驱动发展的理念，不断完善创新环境，畅通和拓宽政府财政、金融、企业投入等多元化融资渠道，建立多元化投入稳定增长的长效机制，深入改革人才的培养、评价与激励机制，这些是提升模式效益的根本前提和保障；在盟主引导下达到理念、目标和任务三者一致，才能最终实现战略协同。当然，这里的"一致"并非"一样"，而是大方向一致＋小方向虽不一致但不冲突的有机统一。各个主体在理念上保持一致是开展协同创新的基础。战略协同在互动维度上是一个沟通—协调—合作—协同的上升过程，即经过各方理念沟通、多目标协调、任务协商制定，最终实现战略高度协同。在此过程中，难免存在权责关系、知识产权、利益分配等方面的分歧，需要协同创新的各个参与者加强沟通，及时解决协同创新过程中的矛盾和问题。

（二）知识协同

知识协同是指协同主体的隐性知识和显性知识的交换与共享，通过组织内外部相互学习，形成知识溢出效应。Karlenzig（2002）最早提出知识协同概念，认为知识协同是一种新兴的战略性创新方式，可系统地、动态地组织内外部系统、流程、技术和利益相关者，从而最大限度地提升创新绩效。佟泽华认为，知识协同是知识管理中的主客体及环境等在时间、空间上达到有效协同的状态，知识主体之间"并行"或"串行"地协同工作,并在恰当的空间(包括实体和虚拟空间)将恰当的知识传递给恰当的对象,实现知识创新"双向"到"多向"的多维动态过程。Kafouros 和 Forsans 认为,外部技术的利用会帮助企业探索多样化技术和知识组合以提升创新能力。Marlowe 和 Kirova 等则定义其是以知识创新为目标,由多个拥有知识资源的行为主体协同参与知识活动的过程。它能够较好地反映组织在知识创造、捕捉、共享方面的制度化程度;它强调知识在越过组织边界进行传递的过程中,重视时间、空间、对象的"准确性"和"动态性"。互联网发展,为知识的跨边界传递和共享提供了便捷的渠道。知识协同是协同创新网络的基础。

综上所述,知识协同的概念虽没有统一界定,但都具有如下共性:主体是创新个体及联盟,对象是组织内外部的知识资源,目标是组织实现知识创新,进而提升竞争力。

(三)组织协同

组织协同是微观主体积极参与和密切配合的要求。为实现价值增值,通过整合优势资源和共享创新要素,培育核心竞争力。在这一阶段,协同创新组织要以研发项目为中心,通过整合要素与创新行为,最终实现创新网络的任务与目标。组织协同是指分工与协作良好、组织文化与各个成员的文化和谐而特色鲜明、各项管理制度规范完整的"合作体",其是协同创新网络的保障,是创新结构与过程层面的协同,协同主体运用组织协调机制,为知识协同和战略协同提供支撑。通过有效调节协同主体的行为,促进知识和技术的共享,推动协同目标实现。组织协同促进创新的顺利开展,促使组织内部多个学科之间与来自不同学科专业人员之间联合攻克难题。开展创新活动,还要打破组织之间的壁垒,将具有显著产业导向性的工程师、研发人员等不同学科的研究者吸纳到组织中来,使这些具有异质性的研究者投入各个具有优势的资源和能力,并优化与整合、共同生产、传播和转移知识以实现协同创新的目标[①]。

组织协同方式可以是横向的,即不同机构之间跨部门、跨组织和跨系统之间的协同合作,也可以是供应链上下游供应商和客户之间的纵向协同合作,实现创新和创新成果产业化、商业化。网络经历松散合作、紧密合作和全面协同的不同创新阶段。松散的网络组织是协同主体研发的集散地,微观主体之间关系松散,创新活动处在混沌状态。联系紧密的网络则

---

[①] 张龙鹏、周立群、蒋为:《协同创新:演化逻辑、中国情景与政策体系》,《中国行政管理》2016 年第 10 期。

为创新主体提供资源整合的协作平台,逐步建立起创新分工体系和全面协同的创新组织。

(四) 资源协同

资源协同是指企业在实施知识产权战略中实施资源聚集和整合其拥有的相关资源,促进不同层次的资源耦合。既包括资源在网络内、创新主体内部的整体规划和战略定位,以及群内外资源的输入输出和网内流动;又包括资源使用的协同动力机制、资源共享和信息沟通机制、创新要素合作机制、利益分配机制以及协同过程中的风险分担机制。

资源整合是协同创新的核心,各个行为主体的资源异质性是协同创新的动力所在,也恰恰是需要整合的内容。基于网络组织的协同创新也必须建立在资源整合的基础上,因此,资源协同的机制设计和制度安排是体现整合资源核心地位的必要抓手,是为整合资源和提高资源利用率服务的。通常所说的资源包括人力、财力、物力、信息、技术和知识六大类,但是,在创新过程中,还有一个非常重要的资源——协同创新网络,通过知识管理的积累—共享—交流—创新的过程,产生"1+1>1"的协同效应。这一过程是在财力、物力的支撑下,经过人的协同和创造性劳动,形成技术和知识的增加与增值,进而实现预期绩效。同时,绩效也有累积效应,实现既定目标,需要以知识为土壤培育出新技术,新技术发展又将带来人力、财力、物力等创新资源的增加。信息流在创新过程中无处不在,信息不对称可能造成失败,因此,保证信息的双向、畅通流动至关重要。在网络组织中,创新资源以分布式状态存在,各个节点需要通过信息交流来获取创新资源的位置与占用状态,并基于彼此权限共享资源。一般而言,在专业知识研发方面,科研机构比企业具有优势;在技术市场、流程管理、成果产业化、资金实力诸方面,企业比科研机构更具优势。

各个创新主体要牢牢把握协同创新的目标和根本利益的一致性需求,将涉及创新的各个资源进行整合,使资源向利用率高的领域转移,将各个创新主体的资源进行有效共享,充分利用闲置资源,充分发挥优势、互补互动,减少重复投资,充分提高资源的潜在效率。利益分享机制贯穿于协同创新过程始终,利益分配合理,才能对创新体系进行更好的激励和管理,引导组织成员在协同创新体制中最大限度地发挥自身作用,基于协商性原则,保障分配体系公平公正。持续改进创新的组织结构与内在运行方式,即以自发、有序、系统地改进为基础,以及组织与外部环境之间所形成的互动关系的总和,具有整合驱动、自我学习、自动适应、不断更新等功能。

此外，横向要素协同强调在单一要素上拓展和互补。主要包括两方面的协同：①政策子系统协同。政府建立畅通的信息沟通机制，加强政策制定主体有效沟通和回馈，降低政策支持系统内耗。否则，不同部门政策差异较大，导致具体措施和手段相互冲突，政策运行与其功能冲突，导致政策支持体系弱化，有序度较低，成为协同创新网络的薄弱环节。②研发子系统协同。创新主体在利益一致的基础上，形成分工协作、风险共担、知识和利益共享等特点的网络式合作。在结构松散和虚拟合作方面，协同创新网络具有更强的灵活性和适应性。

## 第二节　协同创新网络模式

协同创新网络模式是指与一定的制度环境和组织结构相适应，关于科技、资金、设备、人才等创新资源的配置方式及产出结构，合作伙伴建立起相互促进与制约、由多个要素和行为构成的优化内在结构和功能健全的复杂创新系统。其中，企业与科研机构益损与共、合作研发的契约型合作模式，将成为主流形式（Hall，Link and Scott，2000）。

协同创新模式，一直是学术界的重要研究问题之一，围绕创新及其协同创新的可能模式、主要模式等进行大量的实证研究，结果表明：创新及其协同创新的可能模式是多种多样的，既有正式合作又有非正式合作，既有长期合作又有短期合作，既有研发人员利用自己的科研成果创办新企业又有通过专利许可和技术转让实现创新成果转化，还有根据自己的技术需求与科研院所联合开发，或委托高校研发或要求高校提供咨询服务等。

随着科技全球化和经济全球化，协同创新已转变为国家创新系统，进而发展到国家协同创新网络和国际协同创新网络。

### 一　协同创新网络模式演进

（一）按时间分为简单线性到协同创新网络的五代模式

第一代技术推进模式：20世纪50年代到60年代中期，科学和技术开始被崇拜，以研发为起点的线性过程，体现熊彼特创新论。

第二代市场拉动模式：20世纪60年代中后期，面对有效需求不足，在长期创新驱动因素争论中，出现技术推动、市场拉动、技术—市场二元论、需求—资源模式等线性创新模式理论，因为生产力大幅度提升和市场竞争加剧。但是，由于忽略组织复杂性和反馈线路等因素，这些模式均有其片面性，受到许多学者质疑，经过修正衍生出协同创新、网络创新、集成创新、开放创新等非线性创新行为模式理论。

第三代模式：20世纪70年代早期到80年代中期，是市场和技术共同作用的线性回馈过程，创新过程被分为若干相互关联且功能独立的环节。

第四代模式：20世纪80年代早期到90年代早期，进入20世纪80年代后，创新与外部紧密连接，形成"系统"创新（许庆瑞、陈劲，2002）。原长弘等（2015）认为，转型时期，中国的协同创新包括政府支持和需求拉动共同驱动协同创新。

创新的动态性、复杂性和系统性与日俱增，这是跨国经营日益增加、技术日益复杂、市场压力日益增大的结果。在此情景下，凸显创新过程中集成与平行发展并重的特性，功能从简单转向复杂，创新从个体转向系统、从线性转向网络，要素从单一转向多项，由各个网络相互嵌入"咬合"而成，因而把技术、制度乃至组织、文化、行为主体的资源协同整合，促使创新过程各个环节并行化，创新行为集成化，创新绩效最大化。

第五代模式：它是以快速应对顾客的需求为目标的协同创新网络。以前，创新是一个序列发展，现在已发展到高度平行交叉，创新主体与用户的相互支持和协作，强调研发与制造水平集成，才能加快创新。比较前面的创新模式，这一模式的特殊性在于：突出网络整体战略的重要性，整合组织的多样化职能，并集成整合跨组织的多样化创新资源，重视创新因子的交互作用，创新功能集成化。在这一模式中，协同创新网络活动可被看作一种分布式创新。其是涉及集体的努力和不同类型组织相互影响的分布式过程，每个成员从事专门化活动、技术工艺和知识生产，创新是他们活动结合和整合的结果（Coombs and Metcalfe, 2001）。虽经过五代创新模式的变化，但并不等于所有的创新都要按最新模式运行。旧模式依然因产业不同而有用武之地，消费品产业依然表现为市场拉动模式，而机器制造业则存在耦合模式。当然，目前应用最多的是第五代协同创新模式。其是网络成员不断学习的过程，各个成员的成果是在这个过程中相互协调并最终整合形成协同创新网络的成果。

（二）按维度分为纵向、横向和交叉三种结构

协同创新网络是整合纵横交错的一切创新关系的总和，以开放的横向协同创新网络为主。因为按照市场经济的性质，创新主体的地位是平

等的①。

　　横向的广度和纵向的深度，是创新合作与协同度高低的两个维度。前者主要体现在开放程度或合作与协同行为的发生次数，后者主要体现在合作关系的持续时间或合作形式的制度化水平。魏江、叶波（2001）认为，网络内有纵向和横向两种联系，前者是上下游企业所组成的价值链，其因共同的利益而"干中学"和"用中学"，产生创新网络效应，技术、信息在学习中传递从而促进创新；后者是相关竞争而产生的挤压效应，即同处一个领域给企业带来的生存和发展的压力，迫使其创新成果层出不穷。协同创新网络是由多元化创新主体按特定的组织组合而成的，即把企业内部与企业外部的创新资源联系在一起的创新组织，旨在将多层次的横向网络与反映潜在市场的纵向网络有机地整合在一起，注重横向网络与纵向网络之间的平衡性、协调性和多层次性。在科研机构、供应商、客户等在内的主体之间构建起知识和信息交流机制，通过知识信息流、技术与潜在市场信息流双向流动的网络形式，将信息及时传输到网络终端或终端市场，使创新主体得到源源不断的信息。

　　横向创新网络是指同类或同行创新主体之间的组合，产生于竞争对手或潜在的竞争对手之间。包括内部设计、制造、销售等各个部门通过全方位、多维度合作研究。基于供应链的交易网络通常是封闭的，这制约了创新主体与外部交流。但是，这种网络中的创新主体反复进行交易，使创新主体之间形成紧密的横向联系，促进创新主体之间的合作和信任，提高新知识、新产品使用效益，提高产品的转移转化效率。由若干个占有异质性资源、实力相当的创新主体合作研发而形成的协同创新网络，使研发成本降低，规模经济实现。其合作规制由所有合作伙伴共商制定，以互信互利的和谐融洽为基础，各个合作主体平等，研发合作相对自由。需要明确的是，在这一合作关系中，一旦出现冲突，尤其是在合作各方让步缺失的情况下，就会因其缺乏明确的盟主而使冲突不能有效化解，影响整个创新网络的运行效率，甚至使其瓦解。

　　纵向创新网络是指不同规模、存在产业上下游关系的创新主体的组合，包括供应链上的不同节点，或企业、供应商建立的协同网络。纵向结构是基于上下游生产商之间、其与销售商之间的市场供求关系，形成纵向串联结构，或者称为"产业链"创新网络。在纵向上，开展基础研究与应用研究、外部设计各个层次的合作。外部环境的变化，如需求会随着消

---

① 王核成、宁熙：《硅谷的核心竞争力在于区域创新网络》，《经济学家》2001年第5期。

费者偏好的改变而改变，创新主体要与环境变化同步适应。企业专业化程度越高，发现和挖掘市场机会的能力就越强。由于综合实力或资源投入差别较大，合作主体之间存在管理与被管理或控制与被控制的等级关系。规则制定，虽然征求各方意见，但一般是较高等级的主体要比较低等级的主体决策权更大，凸显等级性，一旦冲突出现，可由较高等级的合作主体基于全局利益，科学仲裁或协调，以保证联盟正常运行和发展。然而，这种等级制合作是一把"双刃剑"，在协调冲突中，可能存在忽视乃至牺牲较低等级的创新主体利益的情况，使其合作研发的积极性下降，从而不利于创新的可持续发展。

交叉结构是前两类协同创新网络的综合。集成横向和纵向合作模式，在资源投入或综合实力方面，合作各方可能有较大差异，也可能实力旗鼓相当，在合作主体之间不存在等级关系。这一模式可被分解为若干个由不同等级主体构成的纵向子网络和由若干个无等级差别主体构成的横向子网络。在纵向网络中，高等级的创新主体决策权大于低等级的，而在后者中决策权是被平均分配的，无论是合作规则制定还是合作网络运行，横向合作模式与纵向合作模式的双重特性均兼有，即横向子网络与横向合作网络的功能相同，而纵向子网络与纵向合作网络的功能相同。

（三）按研发技术的成熟程度分为五种模式

1. 预研型协同模式

供给技术，多属于共性技术，其不仅投资巨大，且耗时长，企业对这类技术供给期望不高。该模式的特点是：政府作为公共产品供给者，应承担全部或大部分研发费用，协同双方非正式关系融洽，合作双方对未来技术发展充满希望。政府要鼓励和支持有关机构进行技术攻关。

2. 契约型协同模式

供给技术成熟度较低，企业对所提供技术需求期望大。为增强科研机构的创新能力，采取联合攻关模式，科研机构利用自身技术资源，集中企业资金进行研发。通过设计契约关系或股权关系，实现利益共享、风险共担。该模式的特点是：创新协同对象选择范围较广，同一项技术攻关可由不同科研机构承担，同一项技术也可流向不同企业；创新协同内容丰富，包括技术、资金、生产、销售等多个领域；在协同创新有效期内，企业与科研机构共担研发和产业化过程中的风险，共享创新收益。企业是研发费用的主要出资者，科研机构可技术入股，也可选择直接获取技术服务费。

3. 中庸型协同模式

供给技术成熟度中等，技术需求期望中等，即中庸型协同模式或保守型协同模式较常见的方式有企业与科研机构联合培养复合型人才，如高校的双导师制度。该模式的特点是：创新协同建立在人才培养和创新平台建设的基础上。共建研发平台是企业前向一体化的表现，是实现应用性技术与理论结合的突破点。该模式的特点是：风险分担处于保守状态，有利于科研机构提高技术耦合度，促进技术产业化，为其研发提供强有力的支撑。

4. 衍生型协同模式

供给技术成熟度高，企业对所提供技术需求期望小，这也是由企业与科研机构信息不对称所导致的现象。同时，技术具有时效性，为实现技术价值，科研机构将采取后向一体化策略，较为常见的是创办校（院）办企业。该模式的特点是：技术成熟度较高，产业化可能性大。企业对创新性技术了解不多，缺乏技术引进动机，需要科研机构、政府、金融机构的有力配合才能产业化，才能创造经济效益。这容易形成产业集聚，促进规模经济发展，进一步提高企业创新能力，促进创新技术扩散和转移。

5. 协同一体化模式

供给技术成熟度高，企业对所提供技术需求期望大，创新战略联盟实现技术与产业的结合，是异质性知识跨组织结合的有效途径。这种协同模式需要通过契约实现组织目标与各个主体目标协同，将异质性知识有效组合，增强竞争优势。该模式的特点是：有利于进一步降低创新风险和成本，企业与科研机构均有合作意愿，是一种双向技术转移模式，科研机构在输出技术的同时，引进有关营销和企业管理知识，有利于提高技术耦合度。

上述五种模式没有优劣之分，只有适合与否之别。因此，选取适合创新发展的协作模式尤为关键，选择得当，便可以使创新事半功倍。否则，将给各方造成损失。

创新主体的协作方式是多样化的，模式选择受多种因素影响，如时间、空间的协同功能指向，创新主体研发能力等。因此，各个创新主体常常因地制宜，选取适当的方式进行协作。

（四）按创新内容分为协同创新、组织创新和市场创新

一些学者在研究创新时，将创新分为原始创新、引进创新（模仿创新）、协同创新和自主创新四类；按创新主体个数，可分为独立创新和协同创新；按合作的层次，可分为合作创新和协同创新。Chanps 和 Hride（1993）将协同创新分为供货商联盟、竞争者联盟、互补性联盟、用户联盟、便利化联盟等。首藤信彦（1993）将协同创新分为交叉性联盟、竞

争战略联盟、短期联盟、适应环境变化联盟、新领域开拓联盟。

（五）按成员联系的密切程度分为紧密型和松散型

将产学研协同创新分为共建式、项目式、实体式、联盟式和虚拟式五种组织模式①。协同创新既让企业克服行业边界，也克服地域界线。Rothaermel 和 Deeds 认为，采用双元协同创新模式的企业，能够同时执行探索式创新和开发式创新战略活动②。一些学者基于双元理论对协同创新模式进行探讨。比如，Lee 等指出，企业应采取两种协同创新模式，即探索式创新模式和开发式创新模式，前者是指在研发阶段，各个创新主体利用外部合作伙伴关系，集中精力在有限的技术领域，进行跨组织的研发探索活动；开发式创新模式是指在商业化阶段，各个创新主体通过外包与合作网络等方式进行创新，获得市场产品知识以及消费者的需求信息。

紧密型合作有利于提高企业的创新力。而松散型合作的问题明显，包括合作者的学习交流较少，学习和转移隐性知识较难，创新风险主要由单个企业承担。因此，这种模式不利于企业积累技术和知识。按合作的松紧度和合作范围，大企业协同创新模式一般可分为两个层次：①战略合作。企业与科研机构通过项目或人员交流，达到互信，在此基础上选择合作者，签订战略合作协议，或通过校（院）企合作委员会、科研机构董事会等，建立长期的战略合作伙伴关系。这样，合作各方搜寻、识别技术的能力增强，知识和技术的视野扩大，创新呈现动态发展③。②按企业拥有的特长，与相关学科力量强的科研机构共建研发中心，企业提供资金，科研机构提供科研设备，促进研发人员把握创新规律，提高创新思维能力和研发能力。

（六）按创新主体间的互动程度分为合作研究和知识转移

（1）合作研究，包括合同研究、咨询和共建实验室等，就企业发展中的具体问题与科研机构进行实质性合作，因此，合作研究中的企业和科研机构的互动程度比研究资助更为强烈；研发资助表现为向科研机构提供资金、设备和其他捐赠等，这种模式是互补互动的内容最少的一种。

（2）知识转移，包括正在进行的正规和非正规的研发个人互补互动、合作教学、课程开发、人员交流等，体现合作各方之间更广阔的高度互动

---

① 王章豹、韩依洲、洪天求：《产学研协同创新组织模式及其优劣势分析》，《科技进步与对策》2015 年第 1 期。
② 解学梅、方良秀：《国外协同创新研究述评与展望》，《研究与发展管理》2015 年第 4 期。
③ Vanhaverbeke, W. and Beerkens, B., "Dusters, Exploration and Exploitation in Technology - Based Alliance Networks", *Academy of Management Proceedings*, 2004.

互惠；与知识转移类似的是技术转移，但其中的合作各方互动程度比知识转移水平要高级，其解决的主要问题是当前的具体问题。基于知识的关系划分，经济合作与发展组织提出，创新主体之间的知识交流分为获取公开信息、购买知识和技术创新合作三种。前两种方式交换的一半是可编码的显性知识；而不可编码的隐性知识只有通过合作研发、人员交流互访等方式才能实现。

根据其嵌入的网络不同，还有局部学习网络等，成员之间以稀疏的联系为主，并不排外。通过多元关系促进创新。其中，相关机构同时提供公共服务和民营服务，彼此具有相对的独立性，形成松散的联系。这有利于成员之间进行跨越边界与新企业、新网络进行合作，促进知识在网络中流动，成为创新源泉。

（七）按组织合作的方向分为单向合作和双向互动

单向合作包括技术转让、委托开发；双向互动根据合作深度及利害关系密切程度分为浅层次双向互动（如联合研发、共建科研机构）和深层次双向互动（如共建实体）[1]。归纳、筛选和提炼协同创新的主要模式，包括研发协同、创新外包、专利许可或技术转让、双元协同创新模式等[2]。

专利许可或技术转让有利于形成专利联盟，可充分利用各个创新主体之间的专利，可以使各方专利资源得到充分发挥。Heller 指出，专利许可能够降低交易成本，因为在协同创新过程中，创新主体可通过一次性谈判，减少与各个专利所有者进行重复性谈判的交易费用。Santoro 和 Bierly 指出，专利许可能够整合互补性专利，促进技术转移；尤其是合作成果的技术转让更是知识转移的重要因素。合作增加专利价值，企业可利用其既有专利作为谈判筹码来协商进行交叉许可专利的研发。

Chang 从合作者角度将协同模式划分为竞争者协同模式、用户协同模式、替代者协同模式和供应商模式[3]。协同创新是一个开放、主体之间动态交互的发展过程，在权衡内外部利益的基础上，各创新主体能够择优选择合作模式。经过多年实践，在国家政策引导下，中国的协同创新网络模

---

[1] 何郁冰、张迎春：《网络类型与产学研协同创新模式的耦合研究》，《科学学与科学技术管理》2015 年第 2 期。
[2] 解学梅、方良秀：《国外协同创新研究述评与展望》，《研究与发展管理》2015 年第 4 期。
[3] Chang, Y. C., "Benefits of Cooperation on Innovative Performance: Evidence from Integrated Circuits and Biotechnology Firms in the UK and Taiwan", *R&D Management*, Vol. 33, No. 4, 2003, pp. 425 – 437.

式有所发展,使用频率较高的合作模式是专利许可、咨询与合同研究、共同研究、培训以及衍生等①,表明协同创新网络形成的路径与形式是多样的。可从基础知识的特性、研究者的个人特性、知识产生与应用的环境(组织特性)等方面考虑这几种模式出现较高频率的原因。

(八) 按驱动力不同分为政府主导、市场牵引和创新主体拉动三种模式

何郁冰(2012)提出,政府主导即政府通过政策、规划引导企业配置产能的方向,联结战略伙伴;或通过搭建各种园区,有倾向性地吸引相关企业入驻,形成产业集聚协同。以互联网与制造业深度融合为抓手,以发展智能制造为战略重心的现代制造业体系的框架与脉络十分清晰。与政府主导型创新协同相比,由市场牵引的创新协同更加灵活多样。实践中,多数协同创新模式是在政府指导和市场驱动下以企业为主体的模式。

(九) 按网络关系强度和疏密程度不同分为密集型和离散型

密集型是指网络中各个创新主体之间的联系与最大可能联系的比值越大,网络密度越大,网内的大多数创新主体之间的互动关系越强,各个主体偏好在网络内解决一切问题,与网络外的成员联系不多,这类网络的封闭性显著而规模有限;相反,密度越小,就是离散型网络。这往往以散点、虚拟的网络关系连接各个主体,但开放性和规模性往往较大。通过互补互动,为主体提供适合知识创新的环境,便于知识代码共享机制及有利于创新成果价值确定的主体彼此信任,加快知识和人才流动与技术扩散,使新产品、新工艺、新材料不断地被创造和应用。

此外,按交互关系,还可分为社会信任联系、市场契约联系、交易联盟联系等模式。

## 二 多维视角模式

创新网络与技术联盟的关系。两者的联系在于:创新网络中参与者之间的连接机制和组织是技术联盟、虚拟联盟、战略联盟、供应链和集群等。两者的区别在于:创新网络是指凭借互联网等现代手段,围绕创新形成的社会、商业和专业网络的交流及多元化所有互补互动关系;技术联盟是指两个以上具有独立法人地位在某一技术领域的合作行为,强调的是技

---

① D'este, P. and Patel, P., "University – Industry Linkages in the UK: What are the Factors Underlying the Variety of Interactions with Industry?", *Research Policy*, Vol. 9, 2007, pp. 1295 – 1313.

术合作关系。

协同创新组织大致有两种模式：一是新建创新平台，可建在大学，也可建在园区。它有两个重要特性：①个人合作转向组织合作；②个别项目合作转向长期、多项目合作。二是风险投资者合作，即风险投资把各个方面的合作结合为一体。风险投资既然是创业投资，就不会长期经营，一旦孵化出新技术、新产品，就要退出，转向新的项目创新。创业投资也属于风险投资，对这类投资者的资质要求较高。

高端创新要素市场化配置有三种典型模式：一是互联网+众包平台+科技服务；二是联盟+协同创新、众创空间+初创企业+要素集聚；三是新型研发机构+市场化运行+要素集聚①。

按照交易成本学说，可将创新模式分为内部化模式、外部化模式和半内部化模式三种类型②。根据目标导向，王章豹（2000）把创新模式分为研发型、生产经营型、立体综合型和人才培养型。Pastor 和 Sandonis 应用交易成本理论将企业协同模式分为非股权协同和股权协同两种模式③。

创新模式还可分为集成、联合和共建三种模式（杜兰英、陈鑫，2012）。

王文岩等（2008）按照合作方式、合作形态和政府作用三个维度分别对创新模式进行分类，并分析不同类型创新的特性，提出针对各种创新模式的选择依据。

邓锐等（2007）分别从产学研静态竞合、产学研动态竞合、产学研联盟、企业自主研发角度建立模型，从理论上解释产学研联盟流行的原因。刘洪民等（2016）认为，多主体模块化协同是制造业共性研发的必然选择，其关键在于协同研发中知识链的运行绩效。

将产学研联盟分为基于项目、共建科研机构和共建经营实体；按创新主体成分可将官产学研联盟模式分为点对链式官产学研联盟、点对点式官产学研联盟和网络式官产学研联盟三种（王雪原等，2005）。

谢科范等（2009）将合作研发模式归纳为平台运作模式、战略联盟模式和人才流动模式。其与成果转化模式、项目委托模式和人才培养模式

---

① 陶晓丽、王海芸、黄露、张钰凤：《高端创新要素市场化配置模式研究》，《中国科技论坛》2017年第5期。
② 苏敬勤：《产学研合作创新的交易成本及内外部化条件》，《科研管理》1999年第5期。
③ Pastor, M. and Sandonis, J., "Research Joint Ventures vs. Cross Licensing Agreements: An Agency Approach", *International Journal of Industrial Organization*, Vol. 20, No. 2, 2002, pp. 215–249.

三种传统模式并存。

按照不同视角，学术界将协同创新网络分为多种类型。其可分为自生网络和构建创新网络。后者是指主体通过有意识的努力活动，在创新过程中建立的网络关系（Aken and Weggeman, 2000; Asslmakopoulos, Maedonald, 1999）。哈里斯（2000）、韩新严（2001）将其划分为正式创新网络和非正式创新网络。非正式创新网络是指主体与外部各个创新主体基于非正式关系，形成以创新为目的的网络体系。非正式关系，即各个创新主体进行的创新合作要么没有契约安排，要么这些活动已超越合同安排，即不谋而合的。其中，人际互信和道德约束成为合作依靠，而非依靠法律。正式关系是以契约或合同安排为基础的。从非正式关系到正式契约，界限并不严格，应是一个连续过程。正式关系与非正式关系是相互转化、相互依赖与促进的，非正式网络可以转化为正式网络，正式网络实施中，也需要非正式网络的约束。

按网络内的核心能力，整合内部和外部的协同创新要素与能力，创新网络可以有四种均质和开放的、均质和封闭的、非均质和开放的以及非均质和封闭的（刘友金，2008）。

按参与的合作伙伴类别不同，部分学者认为，国家创新体系主要由企业、政府部门、科研机构和中介机构等主体构成。也有部分学者认为，其不仅包括主体要素，也包括环境要素（体制、运行机制、管理、物质保障条件等）和功能要素（指制度创新与科学创新、技术创新、产品创新、产业创新、人才的教育和培养等）。

陈晓红（2006）首次提出"四主体动态模型"，将企业、科研机构、政府、中介服务融入一个创新系统，如产学研用、官产学用、政产学研、官产学研等；"五主体论"，如官产学研用、官产学研金等；"六主体论"，如"官产学研中金结合"模式。

从2006年第四次全国科技大会至今，产学研合作经历从产学研联合到官产学研用中（介）金（融）媒（体），即"七主体"相互依存互动、共同发展的全方位协同创新模式，研究日渐成熟丰富，开始探究和排除协同创新过程中技术转移性障碍，破解创新风险高和交易成本高的问题。

### 三 国家协同创新网络

本书提出的国家协同创新网络，是指国家通过以企业为主体配置的创新资源和创新行为的大跨度集成整合、系统叠加优化的创新价值链，维持和改善国家所有创新动力要素和创新运行要素的经济关系、组织制度形成和发展的协同关系总和。其有利于逐步实现产学研用各方的良性循环与深度融合，促进创新所需要的各种要素的有效整合，不但可以弥补政府失灵和市场失灵，而且可以弥补系统失灵，实现协同效应。促进协同创新网络建设是当前科技体制改革的重要目标，是国家科技发展的重要手段之一。

其与国家创新体系的区别在于：一是强调网络化条件；二是强调国家创新体系因子的协同化条件，尤其是强调实现国家创新行为的协同效应。国家创新体系为学术界耳熟能详，但国家协同创新网络则是一个崭新的概念。

（一）国家创新系统的理论回顾

系统源于生物学，被应用到国家创新网络（弗里曼，1988，1995；Gregersen，Lundvall，1992；Nelson，1993）、区域创新网络（Cooke，1992，2004；Chen，Zhao，2015）、产业创新网络（Malerba，2002）、生态创新网络等领域，其实践应用也日益具有解释力。

熊彼特创新理论诞生之初，其研究视角是从微观系统角度揭示企业创新行为、衍生出产品创新、管理创新等理论，为创新体系内涵和外延的扩展奠定了一定的基础。随着创新的复杂化和综合化，系统范式作为一种崭新的研究方法得以诞生、应用，从而将创新研究视角引入企业、产业、国家等多层次的系统范畴。基于创新网络论发展的视角，创新的系统范式发展主要经历了企业创新网络、产业创新网络或区域创新网络和国家创新网络三个阶段，分别从微观、中观和宏观三个层次解释创新体系的性质与外延及其存在意义。当企业创新行为聚集和创新链形成时，创新理论的系统范式则逐渐上升到产业和区域层面、国家层面和国际层面，为协同创新网络理论准备了前提和基础。

关于经济周期，马克思提出，固定资本大规模更新是经济周期的直接原因。但是，马克思没有说明企业主为何不约而同地更新固定资本。熊彼特对企业主大规模更新固定资本的原因进行了以下解释：创新周期与经济周期同步，即大的创新引起经济高涨，若创新不明显，经济就处于低谷。重大科技创新引起资本品成本下降而性能改善。这是企业主大规模更新固定资本的根本原因。20世纪60年代后，创新研究开始向多极化发展，欧洲逐渐成为全球创新研究的重镇。1965年，弗里曼基于历史分析法、经济学、创新政策学等视角，全面、系统地分析主要创新现象和规律，初步建立了第一个创新经济学理论体系。之后，弗里曼以熊彼特长波技术论为基础，形成"弗里曼长波论"。伦德瓦尔（B. A. Lundvall）提出了"创新网络"理论；Giovanni Dosi 提出了"技术范式"和"技术轨道"概念。

此后，创新研究遍及全球，熊彼特的创新论被美国经济学家罗森博格（David Rosenberg）继承，他从制度出发，进一步拓展了创新研究的边界。他的主要贡献就是呼吁建立创新研究的系统观。之后，弗里曼、伦德瓦尔、纳尔逊将这种创新系统观深化，提出了著名的"国家创新系统"。在此基础上，本书提出国家协同创新网络，强调一国之内创新要素的整体性和互动性对科技与经济发展的重要作用。

1. 国外文献回顾

李斯特（1841）最早针对落后国家经济发展和策略选择问题，提出了著名的"国家体系"学说。进入20世纪80年代中期以后，对国家创新系统的研究不断深入，视野不断扩大。人们认识到，经济竞争力源泉不是一国"初始的资源禀赋"，而是创新、学习、模仿和扩散过程的结果。熊彼特之后，在研究方向上，创新理论演化出两个分支，即以曼斯菲尔德、施瓦茨等为代表的创新学派和以诺斯等为代表的制度创新学派；在研究进程上，形成了技术创新、制度创新和国家创新理论依次递进的不同发展阶段。20世纪50年代以后，熊彼特创新理论与李斯特的国家学说结合，成为国家创新研究的理论基石。国家创新体系理论是由弗里曼、伦德瓦尔等欧美学者在20世纪80年代中期创立的。

1987年，弗里曼在《技术和经济运行：来自日本的经验》一书中首次提出"国家创新体系"概念，其"是由公共部门和民营部门中各种机构构成的网络，这些机构的活动和相互影响促进新技术的创造、引入、改进和扩散"。这标志着熊彼特创新理论已由最初的纯粹经济学概念上升到国家层面，演变为国家社会经济发展动力构成要素及其作用关系的理论阐述。国家创新系统是各个创新主体通过市场机制进行资源配置而形成的产学研一体化的制度与组织体系，政府、经济主体与科研主体互动而形成的具有自主知识产权的创新成果，强化国家竞争力系统。其决定因素是创新网络与制度安排，协同创新网络的构成包括以下六个方面：有效的政府调控体系；有效的市场机制；充满活力的创新主体；多元化创新主体有机结合的共同体；卓有成效的中介服务体系；职责分明、互补互动互惠的官产学研中金媒的协同创新网络。其中，尤其是加强科研机构与企业之间的互补互动互惠是提高国家创新能力的关键，但必须靠科学的制度体系，才能保证和促进创新主体之间的知识互动。基于不同的视角，关于国家创新系统，形成了多元学派。主要有弗里曼模式、伦德瓦尔模式、纳尔逊模式、波特模式、经济合作与发展组织模式、帕特尔和帕维特模式。

在弗里曼学说的基础上，伦德瓦尔（1992）进一步指出，其是由一些要素及其相互联系作用构成的复合体，这些要素在生产、扩散和使用新的、经济上有用的知识过程中互动，形成一个网络系统。伦德瓦尔（1992）进一步提出了狭义国家创新系统和广义国家创新系统概念：前者仅包括从事研究活动的机构和组织、技术学院和大学；后者则包括经济与开发、影响学习和研究的系统，如生产系统、市场系统、财政系统等。美国经济学家纳尔逊（1993）对15个国家的国家创新网络进行分析比较后认为，其是由企业等有关机构构成的复合体制，制度设计的任务是在私有机构和公有机构建立一种适当平衡；大学和企业组成的研发体系与国家创新政策之间互动是国家创新系统的核心。帕特尔和帕维特（Patel and Pavitt，1994）认为，其是一国制度安排、组织效率和国家能力的体现，用以测度一国技术和知识流动的效率与方向。1997年，经济合作与发展组织在对十多个成员国的国家创新系统进行比较分析后，发表了首份国家创新系统报告，重新界定国家创新系统："其是指参加新技术发展和扩散的企业、科研机构及中介组成的为创造、储备及转让知识、技能和新产品的互动的网络系统。"伦德瓦尔（1992）、纳尔逊（1993）和经济合作与发展组织认为，其实质是设计发展科技并把新发现成果商业化的一系列制度，作为制度的供给者，政府无疑是创新的主导者。

20世纪80年代中后期，纳尔逊、伦德瓦尔、波特等代表人物提出国家创新体系概念。他们虽然分别侧重国家创新体系的不同方面，但都认为其是一国技术知识创新过程中各种相关要素及其关系构成的网络，是一个包括知识创造、知识与技术传播、中介服务系统、创新文化系统等子系统的大体系。

1994年，帕维特对国家创新体系的功能进行深入研究。他认为，创新政策不同，造成国家之间技术差距的扩大，国家创新体系理论有助于一国确定创新路径。波特（1990）在《国家竞争优势》一书中运用钻石模型对国家竞争优势进行比较研究，认为国家只是企业的外部环境，政府目标应是为国内企业创造一个适宜环境，国家竞争优势的获得，关键在于能否形成有竞争力的产业集群，而一国或地区能否形成有效的竞争环境和创新能力对国家产业集群的形成具有重大影响。2002年，福尔曼、波特和斯特恩（Furman，Porter and Stern）在国家竞争优势基础上进一步完善了国家创新体系的概念模型：创新平台、集群特有的创新环境、基础设施与集群之间的联系质量三个因素决定一国的创新效率。1994年，经济合作与发展组织启动国家创新体系的专题研究项目。1996年，经济合作与发展组织发表具有划时代意义的重要文献《知识经济》，完整地描述了一国的科学系统，即知识运动系统是如何完成知识生产、传播和应用三大职能的。1997年，经济合作与发展组织在《国家创新体系》报告中指出，一国的经济发展和创新发展的程度与其国家创新体系的建立有很大关系，而国家创新体系绩效取决于系统中复杂关系的交往是否密切，是公共部门和民营部门中的组织结构网络，这些部门的互补互动决定着一国的创新效率。其包括观念创新、制度创新、知识创新、创新网络和知识传播与应用网络五个子网络。制度创新系统为其他子系统的运作提供合理的制度安排；知识创新是创新的基础和源泉；知识与创新始终需要通过传播与应用才能发挥其最大的作用，反过来，知识与技术的传播和应用又可促进知识与技术创新。

2. 国内文献回顾

1992年，我国引入"国家创新体系"概念后，国内学者从不同角度进一步描述了国家创新体系的含义。代表学者是陈劲，他以国家创新网络理论为基础，以技术系统理论为工具，提出建立"包容企业环境要素"的创新体系与框架。他认为，其"应被看成是各个子系统的综合体，而各个子系统又可据不同的产业、区域和关键技术做进一步的划分。由于每一个产业中都存在创新源——用户关系，因此可将国家创新网络的概念应用到产业中，通过推动主要创新源之间的协作和信息流动，加强产业的竞争力"。杨剑等将其视为一种链形系统，并运用链形系统DEA方法对其进行效率评价。国家创新体系建设战略研究组认为，其是开放的复杂巨系统。他们从科学创新体系、区域创新体系、军民结合创新体系、科技支撑与中介服务体系、教育创新、人才创新、文化创新和金融创新、自主创新与知识产权战略等方面分析中国国家创新体系的现状，提出建设中国国家创新网络的对策措施。比如，充分利用军队的科研资源，大力开展军民协同创新，推进军民融合深度发展。冯之竣（1999）提出，其是一国内有关部门和机构之间互动而形成的推动创新的网络，是由企业和科研机构组成的。此外，其制度安排和网络结构也是创新活动的重要决定因素，通过影响知识的产生，进而影响经济发展。王春法（2003）指出，其是一种有关科技植入经济增长过程之中的制度安排，其核心内容是知识的生产者、传播者、使用者及政府机构之间的互动，并在此基础上形成知识在整个社会范围内循环流转和良性应用的机制。在实际生活中，其具体表现为一国境内创新主体之间围绕着创新发展形成一种互动的网络机制，各个不同创新主体在这种互动网络机制之下为发展、保护、支持和调控那些新技术、新产品进行着各种各样的技术、商业、法律、社会和财政的活动。

政府与市场的互补互动，政府有为和市场有效，政府和市场"两只手"相得益彰，更加协调。政府职能有限与政府干预有效、微观竞争的活力与宏观经济协同、微观市场的经济效益与宏观经济的社会效益协同，这三者互补互动互惠①。市场资源配置是在政府安排的市场体制下进行的，而政府弥补市场失灵则以市场规律被贯彻为前提条件。政府和市场相互嵌套、彼此塑造，不是相互割裂和板块结合的。目前，中国仍然处于"自主创新"的初期和中期阶段，政府"看得见的手"比市场"看不见的手"更重要。要以"有形之手"辅助和引导"无形之手"，提高政府服务效率，促进科技进步。这包括创新制度职能。对于创新而言，利益是内生动力，制度创新是外部诱因。技术创新与制度创新融合成为一种创新协同，推动着经济与社会发展。创新是一把"双刃剑"，需要制度创新加以规制和引导。但规制太多可能束缚发展，而规制不足则难以遏制问题滋长；制度误导可能致使产业误入歧途，引导力度过小则难以生成发展凝聚力，过大则可能带来发展失衡。制度关于技术规制与引导是需要创新智慧的。与科技创新和经济发展速度相比，我国制度创新滞后。制度创新是对制度的优化设计，有助于降低传统制度下的高交易成本或者制度性交易成本，提高创新效率，实现原有制度框架下无法实现的协同效应。

（二）创新政策体系

为降低自身的创新成本，缩短创新活动周期，企业日益倾向于在外部寻找异质性创新资源。良好的外部环境能够激发创新主体的协同积极性，提高协同创新的成功率。在市场机制失灵时，政府是推动协同创新良性发展的关键。政府进行跨组织协调和合作激励来衔接各个创新主体，为各个创新主体提供沟通基础和便利。实施普惠式和后补助式创新支持政策，扶持或新建创新平台与孵化器；协调创新过程中的知识产权利益关系，打造多层级的知识产权保护制度，消除创新主体因单位性质、价值定位、利益诉求等方面的矛盾；提供或资助大型实验设施的开放与共享，形成鼓励变革、崇尚创新的价值观，以鼓励冒险、宽容失败来激励协同创新行为。

国外没有完全与自主创新相对应的概念，最相近的概念是格罗斯曼和赫尔普曼（Grossman and Helpman, 1994）提出的内生创新。Malerba 在国家创新网络和区域创新网络基础上提出产业创新网络，此后，国外一些学者对其概念、理论体系及分析工具进行了一定的研究，逐渐为一些国家制定创新政策所采用。

---

① 周志太、段学慧、周玉梅、鲍步云：《社会主义市场经济概论》，清华大学出版社 2016 年版。

国外关于创新政策和创新机制相关的文献十分丰富，综合起来，主要基于创新论、国家创新系统论、区域创新网络论和产业创新网络论四大类理论展开研究。《产业创新手册》（The Handbook of Industrial Innovation）（Dodgson and Rothwell，1994）的出版标志着国外学术界开始关注产业创新。创新学派主要聚焦于技术如何在创新网络之间生成、扩散和利用，国家创新网络主要关注国家层面、国有机构、非营利组织的创新效率及政策，区域创新网络主要关注区域层面的创新，产业创新网络主要以产业创新为研究对象。中国科学院的张凤、何传启提出，"产业创新网络是指与产业相关的知识创新和创新的机构和组织构成的网络系统"。

（三）创新政策

创新政策是1982年经济合作与发展组织政策委员会发表《创新政策》（Innovation Policy）研究报告正式提出的，并将科技政策、经济社会、产业政策、能源教育和人力资源政策形成一个体系。创新政策工具只有与其他政策配套实施，才能更大程度、更有力地发挥促进创新的作用。尤其是按照创新发展的不同阶段、创新主体规模大小，将政府投入、税收支出政策有效衔接、协同使用，将会更好地发挥激励创新的作用。

随着国家创新网络研究逐渐从理论走向实践，以此为基础的创新政策研究逐渐丰富。政府采购、研发补贴和科技平台，被认为是公共创新政策的主要手段。Edler和Georghiou基于供求对创新的政策效用进行系统归纳，特别是提出公共采购对创新的重要作用。20世纪90年代以来，创新政策作为提高创新网络绩效的有效手段已被广泛认同。创新研究的主要学者Dodgson和Bessant认为，创新政策应包括支持创新主体、弘扬创新文化和减少创新障碍三个方面。还可分为12大类创新工具，基本上涵盖发达国家已实施的创新政策或机制[1]。实践上，陈劲等总结，西方各国的主要创新政策有财政激励、政府采购、风险投资、法律法规和教育培训五种[2]。本书认为，其包括五个方面：（1）政府投入基础设施等形式实施利益支持的财政政策；（2）扩大创新产品需求的政府采购政策；（3）专利制度和规制等保护创新主体利益的政策；（4）风险投资、金融政策等鼓励研发投资的政策；（5）创新环境营造等鼓励创新的政策。

基于产学研联系，Tether和Tajar提出知识流动模型。除组织之间的知识有效流动外，组织内部也要创立创新协同和知识共享框架。例如，华

---

[1] Dodgson, M. and Bessant, J. R., *Effective Innovation Policy*, 1996.
[2] 陈劲、王飞绒：《创新政策：多国比较和发展框架》，浙江大学出版社2005年版，第40页。

为等信息技术企业,中车等中国高铁企业,这些产业的领军企业在内部创新网络、组织设置、创新机制和团队文化等方面均比较优秀,均建立与世界著名跨国公司类似的研究框架。相反,中国汽车业始终没有建立全国性的技术共享平台,即没有建立起协同创新网络[1]。这是一个教训。

Cohen 和 Levinthal 在 1990 年指出,外部知识的积累要求企业突破原有单个企业的创新,进行合作创新。代表性研究是鲍威尔从生物技术网络中识别跨组织协同与创新的焦点,指出地理位置、研发联盟、关系纽带等要素对协同创新网络具有重要影响。从产业链分布角度来看,创新协同是归属于同类产业的企业之间,或分属于不同产业的企业之间,因生产环节分布、生产要素流动、生产能力竞合、供应链联结等原因而产生的相互关联。传统的市场逻辑中,企业在争夺同一资源如目标市场、供应链渠道、生产要素等表现出来的是一种零和博弈。由于水平型创新协同存在市场竞争关系,趋利性会引起产能堆积,而竞争的结果导致资源集中程度较高,形成大量的垄断行为和垄断组织,同时使大量企业陷入生存危机。在互为对抗和竞争的组织之间,以及产业链上下游企业之间,或不同产业链的关联企业之间,在某一方面或某些利益上存在一致或互惠时,就具备协同创新的基础。互联网技术的发展为组建创新战略联盟或组成某一方面的合作团队提供便利。

20 世纪 80 年代以来,中国学术界对创新、区域创新网络、国家创新网络等方面相继开展研究,并以此提出了一些自主创新的政策和机制,特别是对创新政策理论和中国创新政策演化的研究较为丰富。创新政策的作用在于促进政府、企业、科研机构之间的创新协调和整合,掌握未来科学和技术前沿,提升综合竞争力。一方面创新政策对创新机制产生影响,另一方面创新机制也是创新政策与自主创新之间的物质变换方式或转化机制。

依据创新网络理论,创新是合作演化、集体学习、协同发展的过程。

当然,政府制定的政策特别是创新政策,不会自动地促进福利的改善。国家创新网络包括理念创新、制度创新、技术创新和管理创新,这四大要素是相互联系、不可或缺的。其中,理念创新是灵魂,制度创新是基础和手段,技术创新是宗旨和目标,管理创新是保障和前提。从创新过程来看,其由知识生产、流动和应用三部分组成。

---

[1] 张明之:《区域产业协同的类型与运行方式——以长三角经济区产业协同为例》,《河南社会科学》2017 年第 4 期。

国家政策引导和体制机制安排是协同创新网络有别于简单创新活动的最显著特点之一。政府制定并实施与社会经济发展相适应的国家创新规划，并组织监督实施和宏观调控，包括调整政策目标及政策工具，为创新创造良好环境，增强创新动力，推动技术扩散及人员合理流动，将各个创新活动有效地结合起来，促进主体之间的创新合作与联系，促进创新网络化引导创新发展，建设科技基础设施。尽管政府本身并不直接参与协同创新，然而，在协同创新环境的构建上它却有其他创新主体无法比拟的作用。首先，以制定实施相关政策、供给基础设施来有效规范、建设和支撑协同创新环境。其次，以资源配置引导和促进协同创新网络发展，并通过与各个创新主体共担风险来推动协同创新活动展开。尤其是政府采购为创新发展创建需求稳定的环境，有效地促进协同创新活动的展开。

创新是一项风险很大的活动，极富创新精神的企业家不会满足于现状，也不惧怕创新可能带来的风险，他们总是以一种开放、积极的心态鼓励和引导员工直面并适应环境变化的挑战，能够捕捉市场和技术环境的变化，大胆引进新技术，提高企业竞争力。当研发工作遇到困难时，往往要做好人员的激励工作，因而投入增加。企业家往往善于营造企业良好的创新氛围，努力创建学习型组织。目前，诸多实证研究也支持企业家精神对组织学习的积极影响，如企业家精神给组织带来创新和变革的特征是非常显著的，而且日益成为现代企业组织克服路径依赖、应对环境变化和获得可持续竞争优势的重要手段。

以中国汽车、家电、计算机和航天四个产业为案例，研究中国的创新政策对创新的正向作用从大到小依次排序为政府采购、政府重点投入、财税政策、管理政策、金融政策和环境政策[1]。政策对激励机制的作用比对运行机制的作用更为明显；创新机制对创新有正向作用，且激励机制的作用大于运行机制；激励政策中，物质激励大于非物质激励。按主流创新政策和机制理论，创新网络主体之间相互联系和作用、激励政策系统性配套、技术学习和制度创新是实现技术及知识扩散、提升创新能力的必由之路。

系统论表明，国家创新网络是协同创新网络的重要子系统；而协同创新网络不但强调本国网络内创新要素的互补互动互惠，而且强调国内外创新要素的互补互动互惠。从全球角度来看，国家创新网络只是区域创新网

---

[1] 王刚、李显君、章博文、孟东晖、高歌：《自主创新政策与机制——来自中国四个产业的实证》，《科研管理》2015 年第 4 期。

络的一种形式。因此，区域创新网络理论与产业创新网络理论要有机协同，使创新因子互动与整合，促进科技进步。没有区域创新网络之间、产业创新网络之间的协同作为基础，国家创新网络就难以形成，更谈不上创新质量和创新效率的提高。但两者层次不同，功能也不同。国家创新网络主要是从宏观高度，提升科技进步能力；而协同创新网络则主要是从宏观、中观和微观所有层次上促进创新进步。国家创新网络不但不等于国内产业创新系统或区域创新网络的简单相加，而且国家创新网络大于各个产业和各个区域创新网络的总和。因为各个产业、各个区域创新网络的基础和相互联系、彼此互融互动，创造协同创新效应。因此，研究协同创新网络，成为建设创新型国家的重要路径。

在经济全球化、科技全球化不断深化，国家之间的相互依赖不断加强，国际竞争与合作不断加强的大趋势下，创新体系呈现出国际化发展的新趋势，表现为国家创新制度和政策之间的互动与学习渐增，国际协同创新网络逐步形成，创新资源跨越国界在全球范围内的流动性不断增强，创新主体跨越国界在全球范围内开展创新活动日趋增多。这对于中国来说，是机遇，也是挑战。国家创新体系的国际化，并没有削弱国家之间的竞争，反而使竞争方式更加复杂，竞争的领域和空间更加拓宽，使创新资源和创新能力的竞争变得更为关键。规避国际化带来的风险，最大限度地利用国际化带来的机遇，深入研究国际协同创新网络发展的环境、内在机理和规律，准确地把握和抓住创新资源分布、流动和全球配置的动态与趋势，才能制定适宜、有效的国际化战略与政策。

## 四 国际协同创新网络

20 世纪 80 年代以来，科技革命风起云涌，科技供求关系日益复杂多变，创新周期不断缩短，创新步伐不断加快。与之相对应的是，研发成本不断提高，研发风险越来越大，创新的难度渐趋加大，任何一个创新主体都难以拥有在本领域内保持技术领先并给市场带来重大创新所必要的全部技能。在这样的背景下，协同创新势在必行，协同创新网络也成为获得研发资源、保持科技竞争优势的重要组织形式。在这样的形势下，即使是大企业也不能在确保高效率、低成本的前提下，对自身所需要的技术进行创新，这就生成两种互补的趋势。一方面，越来越多的创新主体强调核心能力的重要性，根据自身的综合实力和比较优势，将自身的科技力量集中于高科技和高附加值环节，而将价值链上的其他环节的创新活动留给其他企业。另一方面，创新主体之间的技术联系日益密切，日益依赖于他们超越彼此边界的集体学习（Dieter，1998）。随着互联网发展，组织边界、国家边界日益模糊，创新研究视角逐渐由个体转向网络。能否通过合作不断学习新知识、新技能，创新新产品，提高创新能力，成为保持创新主体持续竞争优势的关键。随着创新复杂性和不确定性的增加，"闭门造车"式的创新将明显无法适应产品更新换代日渐加快的要求，不能只在组织内部获取创新所需要的信息与知识等要素，创新价值链也难以全部纳入创新主体内部完成，必须在创新的各个阶段寻求合作（Escribano，2009）。这就决定合作的非有序性、非协调性。在错综复杂的创新网络中，每次协同都是指系统作为整体功能，其大于部分之和。合作各方相互之间机会主义行为减少、互补互动质量提升的原因之一是长期导向的合作关系（Johnson，1996）。当然，长期合作乃至协同关系，也存在维持成本高甚至被关系锁定的风险。

本书提出国际协同创新网络，其是在经济全球化和科技全球化条件下，随着技术生命周期逐渐缩短，为降低研发风险、应对创新不确定性，适应金融市场发达等环境，拥有开放包容互补互动、密切联系全球的创新组织模式。跨国公司彼此之间求同存异、相互依存与支持，提升技术产品竞争力。随着技术日益复杂、技术开发时效性不断增强，由于自身能力和条件限制，越来越多的企业都开始在全球范围内寻找外部资源为己所用，创新主体深层次参与，发展技术联盟、专利贸易与授权、联合研发等新兴创新组织，使创新从企业内部部门之间协作扩展到外部不同主体间的网络合作，甚至扩展到更广阔的、跨越国界等层面，推进国际协同创新网络形成。我国的创新政策往往过度注重本国国内创新，把注意力放在国内供求方面，而对国际创新供求关注不多；或者放弃自主创新，试图以市场换技术。结果是市场虽让出去了，但是，技术并没有换回来。大多数研究认为，外商直接投资（FDI）的技术溢出效应并不显著。

关于国际协同创新网络的文献，主要包括两种研究路径：一条是国际生产网络。从价值链角度探讨国际协同创新网络各个环节，包括知识生产、流通、分配和消费、地方与网络的镶嵌及网络组织的权力关系等。另一条是国际协同创新网络。包括企业的国际性、网络性和创新性，把握企业的各种发展特征和动力机制，特别是企业、企业与政府、企业与科研机构等创新主体之间的互补互动关系。按创新发展的不同阶段和层次可分为知识、科技和产业三个子网络。由此，基于创新网络的内涵与特征、价值链构成，将国际协同创新网络分为三个层次：①国际科学网络，以科研机构为主体，以论文专利、学术会议、人员访学、合作研究等为载体，主要包括知识流动与创新和创意；②国际技术网络，由全球生产网络升级而来，以跨国公司为主导、全球布局及其研发服务外包为主要介质的研发与生产层次，主要针对高科技产业领域；③国际创新服务网络，依托各种创新载体（包括孵化器、服务中心等）及国际商务、创新融资（天使投资、风险投资及众筹等）、文化融合等影响因素，推进创新服务，该层具有全球网络化架构，主要面向创新成果产业化。国际协同创新网络拥有三层架构，即投资转化为知识（知识网络）、知识转化为产业（科技网络）和财富（创新服务网络），部分财富又投入知识生产的宏观循环运行模式。目前，在这三层网络中，创新要素恰恰不对称地集聚于少数主体，商品、服务、资本流量高度不对称地集聚于少数主体，其成为全球科学体系、技术体系、产业体系中的重要节点枢纽，代表国家参与全球创新竞争和合作，在创新驱动发展战略中发挥示范、驱动、引领和辐射的带动作用。

杜德斌等提出了"国际研发中心"概念[1]，即一个主体或地区集聚众多的国际性、区域性研发机构，成为新产品和新技术的创新源地。黄亮认为，跨国公司研发网络在全球扩张与地方镶嵌，带来资源在世界范围内的空间转移与互补互动，资源在某空间范围内持续集聚的同时，又与本土研发资源互补互动融合，推动国际研发主体形成与发展。保罗·特蕾西等（2003）指出，在国际性互动网络中，创新主体寻求的是最适合它们的产品和市场竞争的合作伙伴，而不是地理因素。

螺旋指标研究结果表明，三螺旋关系在弱化，部分原因是越来越多的国际合作出现[2]。

20世纪80年代以来，在全球生产格局决定的国际分工中，伴随着专业分工细化和要素配置方式的创新，基于产品内分工的模块化生产组织、外包（如OEM、供应链合作等）、制造、销售成为全球布局的生产活动，而在跨国公司里，研发国际化水平是最低的，相对价值链其他环节，研发是最不易移动和外包的部分。但进入20世纪90年代后，研发在空间上的固定似乎开始呈现碎片化，更多全球知名企业如华为、微软、通用、英特尔等都实现全球范围的研发布局。尽管还没有达到如同全球供应链一样多的公司参与的碎片化程度，但随着研发空间分散化，参与者还表现出超越跨国公司的内部组织，更多参与者开始融入跨国公司主导的全球创新体

---

[1] 杜德斌、何舜辉：《全球科技创新过程中心的内涵、功能与组织结构》，《中国科技论坛》2016年第2期。
[2] 高霞：《中国产学研协同创新的研究脉络与现状评述》，《科学管理研究》2014年第10期。

系。进入 21 世纪以后，知识生产日益垂直化和专业化，研发活动日益全球布局化，参与者日益多元化、网络化和互动频繁化。但在跨国公司主导的研发全球扩散化所形成的创新网络发展过程中，一些国际主体通过集聚较多的研发机构、研发活动，科技竞争力较强，成为全球或区域创新网络中的核心主体。其中有国际环境、国家贸易政策等原因，但更多的还是来自主体的创新要素和创新动力支撑，特别是主体适应创新与转型发展的产业基础、研发人才、科技教育、文化氛围等条件。

应对科技全球化，美国的做法值得借鉴，即目的不仅是占据其他国家的产品市场，而且是凭借创新的前瞻性和深厚的科技与经济实力，试图向其他国家拓展，乃至占领科技市场。美国率先加快创新步伐，高度整合创新平台和优势资源，实现创新主体在各方面的高效交流和互动，其创新模式先后实现从"线性模式"转向"平面模式"再到"立体网络模式"的重大跨越[1]，促进创新飞跃式发展。

在创新联盟的时效性凸显、市场竞争日益激烈的过程中，资源在全球范围流动和配置，创新超越国界，促进科技进步提速。以培育优势为目标，以技术引进为核心，遵循跟踪前沿、集成引进、提升能力、注重衔接的总体思路，促进技术引进和自主创新相结合。国际知识交流与限制并存，合作与竞争并存，这种复杂态势促进创新发展。伴随中国综合国力的逐步提高和科技实力的逐步增强，与许多国家开展创新合作的力度相应加大。围绕国家战略需求，制订创新合作计划，大力吸引技术先进的跨国公司投资高科技项目，积极参与国际重大科学工程，分享世界先进创新成果；积极吸引跨国公司在华设立研究院，加强其在华的研发力量。建设功能齐全的国际经济合作平台，鼓励创新型企业和适用技术"走出去"，与跨国公司建立密切的合作关系，在互动互助互惠、共享成果的基础上积极参与国际创新合作，建立双边、多边的合作研发实验室和研发基地，加强重大科研项目的对外合作与交流，重点突破制约中国科技发展与经济升级的重大技术"瓶颈"，提高中国技术引进、消化、吸收和再创新能力，建立以我为主、积极主动的国际协同创新网络，促进国际科技合作的规模和质量全面提高。鼓励和支持中国科技人员到国际组织任职，增强中国在国际组织的影响力。

---

[1] 马建峰：《美国科技政策与技术创新模式的协同演进研究》，《科技进步与对策》2012 年第 1 期。

国际协同创新网络是企业国际化的途径之一①。在国际协同创新网络中，节点差异较大，异质性和多样性凸显，在研发中引进新知识，可促进创新。企业应利用国际协同网络获得竞争优势，包括供应链管理改善和市场进入的合法等。在技术追赶领域的研究中，国际协同创新网络的作用更为明显。但是，目前绝大部分企业并没有跨国公司的管理能力。并且，无论是规模过度还是多样性过度都可能使网络带来的资源效应和协同效应减弱，直至负效应。因此，有一个拐点，创新绩效的正向影响，随着国际协同创新网络规模的过大而逐渐消失，开始凸显管理能力不足、管理成本过大所带来的消极作用，以及文化差异所导致的难以预知的风险。与国内协同创新网络规模一致，国际协同创新网络规模对创新绩效的影响也不是简单的线性关系，而是呈现倒"U"形关系。国际协同创新网络提供获取先进技术的空间和机会，尤其是对技术欠发达国家。但节点之间可能会生成巨大冲突，包括文化差异和制度差异，这些因素都会导致需要付出更多的企业管理成本。因此，偏重任何一种网络都难以取得良好的绩效。国内与国际协同创新网络需要得到"恰当"的规模和平衡。两者比较，国内协同创新网络具有空间接近，方便频繁的联系，容易形成强链接；而国际协同创新网络则需要较长时间培育，链接也较弱，需要更多资源、更大成本去维护。但是，毕竟国际协同创新网络能够拥有国内协同创新网络不具备的要素禀赋，这就使两种网络之间形成相互补充的局面。

国际技术联盟并不等于庞大组织，其组织特征可以是小型、简单和柔性。小型是指其结构简单，组织的中间层次减少，使信息便捷、指令畅通，决策与管理卓有成效。柔性意味着创新联盟组合随意，变更灵活，伸缩自如，系统可大可小，由创新主体构成战略联盟，进行创新。加入研发联盟，必须在核心技术、产品和品牌等方面培育并建立起一整套体系，包括决策系统灵敏、研发能力超群、销售渠道顺畅；要根据创新需要，与多家企业结盟。不是大象，要争取与大象合作，哪怕是与大象同行。

引进国外先进技术具有成本低、见效快、风险低的特性。立足于国家目标和民生需求，针对科技和生产中的主要薄弱环节，中国创新资金应安排一定比例用于引进、消化和再创新国外先进技术，通过"派出去""请进来"等多种形式交流交换科技，博采众长。在共性技术、关键技术和

---

① Subramaniam, M. and Venkatraman, N., "Determinants of Transnational New Product Development Capability: Testing the Influence of Transferring and Deploying Tacit Overseas Knowledge", *Strategic Management Journal*, Vol. 22, No. 4, 2001, pp. 359–378.

关键零部件领域，开展技术和人才引进，并及时做好消化、吸收和创新工作，坚持自主研发与引进、消化、吸收国外的先进技术相结合，以避免走弯路和低水平重复。

21世纪初以来，研发国际化已成为主体实现全球发展战略的重要途径。目前中国高技术产业具有自主知识产权的产品较少，即使拥有自主知识产权的产品，在国际上也不具备多大的竞争力；许多关键技术或零部件依赖进口；有些高技术产业从事的只是劳动密集型的加工组装工作，核心产品出口少；出口产品结构相对集中，涉及产业链的价值环节相对低下。这说明中国产品研发及出口在获取研发国际化和国际分工利益上处于较低层次。协同创新网络国际化有利于中国引入技术，共享彼此创造的智力财富，加快新知识传播，充分利用优秀人才、尖端设施和技术成果，增强创新能力，提升产品附加值。

有重点、有选择地引进先进技术，继续加强主要种质资源、稀有动物基因资源、先进适用技术、大产业转型技术、前沿高新技术、设备和设施的引进等。引进技术功不可没，不少中国特色的技术，都是在引进国外技术基础上中国化的，为经济发展、粮食安全提供强有力的创新支撑。

今后，技术引进的大趋势可概括为"三个转变"：一是以物化资源和人才引进相互配套替代物化引进为主，尤其是注重引进领军人才和"瓶颈"专业的人才；二是以软技术和硬技术引进兼顾替代硬技术引进为主；三是以系统集成技术引进替代单项技术引进为主。

## 五　区域协同创新网络

新熊彼特创新论为区域创新网络内容认知奠定了基础。受伦德瓦尔国家创新系统理论的启发，库克（Cooke，1992）最早全面系统地研究区域创新体系[1]，他提出，其关键在于系统性学习和交互式创新机制和能力。盖文启将其定义为：在一定地域范围内，各个行为主体在交互作用与协同创新过程中，彼此建立起各种相对稳定、促进创新、正式或非正式的关系总和。阿什海姆强调：空间邻近性有助于根植于社会中的黏稠知识，通过集群学习的过程在创新主体之间创造、积累和利用。巴泽尔（Bathel，2003）的观点恰恰相反，他认为，地区之外的力量更多地支配地方的生产结构。巴泽尔认为："区域创新网络其实是把一个区域看作一个实体并

---

[1] Cooke, P., "Regional Innovation Systems: Competitive Regulation in the New Europe", *Geo Forum*, Vol. 23, 1992, pp. 365–382.

拥有产业链中的很大的一部分，而且有着独立于外部环境的治理结构"。阿什海姆认为，这些观点的矛盾源于巴泽尔将创新网络中的"要素或关系"两分法转化为"系统或环境"两分法，情景不同，因而创造各个创新主体互相学习的不同空间和过程。创新制度，使集群内的创新主体进行全方位、网络化的协同创新，进而推动区域创新发展。这催生了创新集群的研究，将对创新的分析从生产系统扩展到区域的制度系统，各种机构之间的联系与合作是其关键。这种联系包括企业之间、机构之间以及企业与机构之间三个层次。因此，公共部门及私有部门内的组织所形成的网络以及它们的活动和互动决定新技术的生产、传播、扩散与改进。随着技术在不同领域之间融合发展的日益加速，单一企业的创新投入日益难以满足创新的要求，研发活动集群化、网络化特征日趋明显，由此协同创新网络形成。

20 世纪 40 年代开始，国家协同创新网络理论渐趋成熟，其包含国家技术创新体系论、国家制度创新体系论和国家知识创新体系论。区域创新体系的构建将推动国家创新网络理论在区域层面的发展，承载起创新网络论中宏观层次与中观层次的理论衔接，丰富区域经济发展理论。完善自身特色与多层级创新体系的开放性互动创新体系，激发地方创新活力，其以区域特色的资源与人文环境为动力源和出发点。许多创新集群将提供良好生活环境、良好创新网络、人性化服务、优良基础设施，以及简化的行政程序，这对海外人才回国创业和就业极具吸引力。创新集群建立，意味着该地区将获得更多的政策引导和资金支持，中介机构活跃于技术需求者和供给者之间，沟通科研机构和企业之间的技术流动，促进创新体系内各个创新主体之间互动，并进行技术搜寻、评估与传播，实现创新体系内在的卓有成效的联系，确保知识和技术在体系内广泛传播，并能对体系中的薄弱环节或短板进行加长；有利于消除技术交流交易中的信息、技术和融资的壁垒，降低交易成本。

结合区域网络结构的特征和节点之间的交互关系，樊霞和朱桂龙将其分为核心企业、辅助机构和网络延伸三个层次[1]。任胜刚、胡春燕和王龙伟研究网络规模、结构洞、开放性、集中度和网络强弱联系等对区域创新能力的影响。结果是，除网络集中度外，其他四个因素都对区域创新能力有显著的正向影响。

区域协同创新网络特征主要有五个方面：①地方政府引导。其发挥重

---

[1] 樊霞、朱桂龙：《区域创新网络结构对企业创新绩效的影响》，《商业研究》2010 年第 2 期。

要的资源汇集集成和资源配置引导的作用。政府具有统筹全局和监督的职能，提供创新所需要的基础设施、部分资金以及政策保障、法律保护。②创新成果的外溢性和公共产品性强。这要求政府代表社会利益介入其中。同时，在一般性资源配置中，市场作用最有效率，但是，创新是调动和激励无形要素、创造新要素，政府拥有市场不可代替的集中集成作用。③创新主体的参与动机并不一致，要求政府作为中间人对其他创新主体进行引导，以制度创新调动各方活力，推进协同创新开展。④典型的本地根植性、内部协调性和环境依赖性。⑤开放性。协同创新网络以协同研发技术为基本目标，建立的并非一定是独立的公司实体，网络中各个成员之间的关系是一个动态、开放的体系。通过区域网络内创新主体行为的网络延伸获取区域外异质性资源，获取跨区域的竞争优势。将区域创新体系嵌入国家创新体系乃至更高层级的体系中去，实现开放性互补互动。

区域协同创新网络是地方政府通过制定和有效实施的产业协作政策，创造区域竞争优势和良好的竞争环境，各个创新要素的有机结合、互补互动，以区域创新链提升价值链和产业链，形成创新协同效应。

区域创新网络是国家创新网络在区域层次的延伸和体现，对于建设创新型国家，推进国家从要素投入驱动向创新驱动转型升级具有重大的指导意义。在研究方法上，其与企业创新网络的根本区别是：前者需要综合性知识，而后者则需要分析性知识。中央政府的绩效考核导向，使地方政府如同一个巨型企业，也使辖域内企业拥有诸多的相似性，协同管理成本降低。

### 六 企业协同创新网络

企业协同创新网络是指为克服自身创新能力的有限性和创新资源的稀缺性，与其他创新主体，通过正式和非正式关系连接、资源互补互动而形成的共享资源、共担风险的创新组织。本书系统地分析企业创新网络的产生和演化发展过程，总结其一般发展规律，有利于提升企业创新能力与社会创新水平，为推动中国企业积极参与以科技为基础和主要内容的国际竞争提供参考。

（一）企业在国家创新体系中的主体地位

国家创新体系的主体中，必定有一个居于首要地位并发挥核心作用的创新主体。以企业为主体，让企业在协同创新过程中担当更为重要的角色。企业是投入主体、创新主体、需求主体和成果应用主体。一般认为，国家创新体系的核心主体应是企业，这是由企业的性质、创新的特点及市场经济的要求诸多因素决定的。在市场经济发达的国家中，企业无疑是国家创新体系中居于首要地位并发挥核心作用的创新主体。这是由以下因素决定的。

首先，从理论上说，企业具有创新的内在动力和明显优势。企业具有逐利的自然属性，企业要在激烈竞争的市场环境中求得生存和发展，就必须持续不断地进行创新，才能不断降低成本，改造工艺，提高效率，更好地满足市场不断发展的需求。同时，在市场经济条件下，企业贴近市场、了解需求，在创新上也更为有效，企业拥有将技术优势转化为产品优势，将创新成果转化为商品、通过市场得到回报的要素组合和运行机制。

其次，从历史来看，无论是新兴产业的发展，还是新兴国家的强大，都需要一批企业实现创新突破和商业化运用。如航空业的波音和空客，通信领域中的贝尔实验室，汽车业的通用公司，化工业的杜邦和拜耳，机床业的西门子，计算机业的华为、IBM、英特尔、微软。正是这些领军企业不断创新，把创新成果引入生产，制造出适销对路的商品，才能打造规模产业、新兴产业，把知识、技术转变为一定层次的物质财富。这些企业通过不断发展和财富积累，形成新的研发投入，进一步推动技术更新和技术突破，将知识和技术转变为更重要的物质财富，成为经济发展的根本动力，转变资源和环境利用方式，促进人类文明进步。

最后，从实践来看，企业特别是跨国公司的创新已成为国家竞争力的根本。统计表明，全球跨国公司的专利和技术许可费占全球的98%，技术贸易占全球的60%，贸易额占全球的60%，产值约占全球的25%。企业不但是创新的主体，而且是国家之间进行实力较量的重要主体和载体。当今世界，拥有核心科技的跨国公司已成为国家产业竞争力的重要体现。

企业研发经费投入强度（企业研发经费与主营业务收入之比）是国际上被广泛采用的评价企业创新能力的核心指标。然而，科技部的数据显示，2014年、2015年、2016年，我国规模以上企业研发经费投入强度虽然逐年提高，但是也仅为0.84%、0.9%和1.16%，与美国、日本、德国等制造强国企业的研发经费投入强度差距依然很大，这些发达国家普遍在2.5%以上，其中，美国为4%，日本达到3.5%。中国企业研发投入远远低于发达国家。并且，在我国约有70%的技术创新、65%的国内发明专利和80%以上的新产品来自中小企业。这些中小企业，95%是民营企业。在2007—2016年的十年间，华为累计投入3130多亿元资金用于研发，累计申请中国专利57632件，累计申请外国专利39613件，始终保持着中国企业研发投入冠军的纪录。并且，2015年、2016年华为获得的专利，居世界第一位。本书选取沪深两市 2012—2016 年 406 个国有制造业及信息科技上市公司为"样本国有企业"，2012—2016 年，样本国有企业研发投入强度均值达到 3.26%，超过了我国企业平均研发经费投入强度 2.42%。其意义可想而知。首先，企业应成为创新投入的主体，研发投入强度要提高。这也是科研机构的一个重要经费来源。在运用上，企业经费限制比政府经费要少；并且，企业与科研机构合作，能够给广大科研人员或师生带来理论联系实际的实践机会。其次，企业是联结技术与市场的主体，对研发进度与需求变化反应较为灵敏，理应发挥研发的主体作用。最后，企业还是创新成果应用的主体。符合需求和研发价值要求的创新成果，必须通过企业参与并由企业加以付诸实施使用，才表示创新过程的完结。可见，作为创新主体，企业的主导作用贯穿于创新全过程。

一般认为，市场因素对创新行为的影响主要体现在需求拉动和竞争压力两方面。前者对创新行为的影响体现在技术发明、革新和推广这些关键环节。在发明阶段，需求为创意的提出和形成提供明确的目标及技术目标；在技术应用开发的阶段，需求为发明的完善和应用提供前进灯塔。这是创新成果的经济价值和社会价值衡量的重要标尺。在技术应用开发和功能扩展的阶段，需求决定科技成果是否应扩大。竞争对创新行为的影响主要体现在：迫使企业及时掌握市场信息，主动收集对手的信息，做好研发前期准备，促使企业加大引进人才力度，使企业不断研发适销对路、性价比高的新产品并不断改善自身服务；提升企业竞争力。

## (二) 企业家精神

熊彼特认为，创造性破坏是企业家的重要精神，企业家精神是指渴望新事物、渴求变革和追求成就感的内在心理动因所驱动的企业高管的开拓进取精神。熊彼特、彼得·德鲁克、麦克尔·马丁、霍华德·史蒂文森、戴维·甘波特等著名学者认为，企业家精神是企业的一种无形资产，是创新的巨大推动力量，对创新起着举足轻重的作用。伦普金·G. T. 德斯 (Lumpkin G. T. Dess, 1996) 等学者研究表明，具有创新精神的企业家更易于支持或采用新观点、方法和技术，使生产要素重组是创新和经济发展的主要驱动力。

企业家能够调动科技人员的积极性，将创新成果应用，显著提高创新的商业成功率，并使研发人员利用各个层面的知识，将知识溢出作用于产业与创新活动。企业家激励影响主要包括以下两个方面：一是企业家精神对研发人员具有内在激励驱动作用；二是在企业家精神的驱动下对企业组织运行层面的激励驱动作用。

企业家精神对创新的影响主要表现在：促使企业不满足既有的技术水平和市场地位；促使企业对现有产品、服务、工艺和管理流程进行革新及突破；促使企业开发出富有竞争力的新技术、新产品（服务），从而大大推进创新工作，使企业在竞争中赢得优势地位。企业家精神还有助于培养和塑造富有创新精神的企业技术团队与经营团队，促使企业形成富有创造力的企业文化和氛围，使创新能力不断提高，有利于企业生成突破性创新成果。

　　在创新过程中，与合作伙伴共担风险，有利于提高企业创新资源利用率，使创新成本逐渐下降，创新速度加快，创新成果日益丰硕。寻求合作伙伴的动力不仅是竞争加剧和技术更新加快，而且由于单个企业一般难以拥有创新所需要的全部资源，且协同创新网络具有边际报酬递增的特征，因此，协同创新网络成为一种备受关注的创新模式。企业创新能力较强和协同创新意愿较强是企业创新网络建立和实现的前提与基础。作为一个错综复杂、动态、开放的系统，企业创新网络的参与节点众多，不断与外部环境进行互动，因此，影响因素很多。形成创新网络之后，原来的个体不仅没有消失，而且会随着创新网络的发展向着更适应环境的方向发展演化。在创新网络中，每个节点组织与其他节点都存在各种各样的正式与非正式关系。同时，创新网络是动态开放的，在不断适应环境、与环境进行互动中生存。创新主体参与协同创新的意愿是，在彼此信任的条件下，多个独立的个体相互掌握对方的控制权，只有各个个体都愿意协作，各主体的行为才能有机地结合起来；只有协作各主体都具备一定的创新能力和创新资源，将自己的行为与他人的行为协同，个体才会愿意与对方分享自己的创新资源，个体之间的沟通才会促进创新网络的协同发展，并减少彼此的不信任和相互猜疑，企业之间的创新协同效应才能产生。

　　第一，利益因素。协同创新需要公平合理的利益分配与激励，应将协同目标与协同过程联系起来，兼顾过程指标和结果指标，以取得更好效果。这是协同创新网络形成的根本因素。只有文化上达成"共赢"的共识，才能形成鼓励协同的文化氛围，实现协同利益合理分配，使协作关系稳定。竞争越是激烈，就越能带来创新的紧迫感，使企业努力提高其创新能力，否则只能被能力较强的对手所取代；技术发展飞速，产品更新换代速度加快，市场竞争激烈，单个企业的创新能力不足，进行协同创新的意愿强烈，促进企业创新网络的形成。政策支持对于协同创新的顺利开展起着重要的激励和辅助作用，通过对节点资源的配置，影响和提高节点的个体创新能力，激发其协同创新意愿。

第二,个体因素,是创新协同形成的根本因素。其包括个体能力、协同创新意愿、内部考核与激励制度。如前所述,创新网络中的资源是共享的,个体协同创新意愿影响资源共享程度,进而影响协同创新网络形成。而个体能力也会直接影响到节点在创新网络中的位置和权责利分配。

第三,网络内环境因素,是创新协同形成的中坚因素。其包括权责利分配机制、文化、考评和激励机制。如前所述,内部环境主要是通过影响个体节点的心理安全和公平感来对创新协同产生影响的。公平的责权利分配机制、良好的协同文化氛围、科学合理的考评和激励机制,直接影响到节点的心理安全与公平感。只有节点感到公平与安全,才能减少矛盾和冲突,使各节点与其他节点很好地沟通和合作。

第四,节点关系,是创新协同形成的直接因素。其包括信任、沟通和合作。协同是网络内节点之间在创新过程中频繁互补互动逐渐形成的,良好的信任沟通可打破彼此之间的猜疑和不信任壁垒,提高个体节点之间合作关系的认同感,促进资源共享程度提高。从纵向来看,企业协同创新的路径是:外部环境—个体因素—内部环境—节点关系—企业协同创新网络。外部环境是协同影响中的不可控因素,包括市场环境与政府政策影响资源配置,对上述三个层次中各个因素生成的作用;中间三个因素是影响企业创新网络内的可控因素,个体因素会对前面的因素造成影响,最终影响整体协同创新网络的形成。因此,个体因素虽然不是最直接的,但却是最关键的。节点构成的多主体异质性决定创新协同效应的形成,其会受到诸多因素影响,排除这些影响创新协同的障碍,才能实现企业创新网络发展。

综合来看,企业创新网络的主要联结有企业之间的联结,企业与科研机构、政府、中介机构等联结。按网络中企业参与度和网络控制度两个方面,可将企业创新网络从松散到紧密分为五种类型[1]。即第三意大利模式、风险资本网络、虚拟组织网络、核心网络和联合体网络等。按合作中的学习形态,创新网络包括探索型联盟和利用型联盟两种类型[2]。美国管理学家奎因提出,成功创新的大企业研发管理具有如下功能:缔造有利于创新的环境与气氛,面向需求,小型化扁平的组织结构,研发方法多样化,在研发后期进行选择、分权化的小组织,在相互影响中学习和创造。

---

[1] 张伟峰、万威武:《企业创新网络的构建动因与模式研究》,《研究与发展管理》2004 年第 6 期。
[2] Koza, M. P. and Lewin, A. Y., "The Co‑Evolution of Strategic Alliances", *Organization Scince*, Vol. 9, No. 3, 1998, pp. 255–264.

企业创新网络的特征有：①主旨是创新，主要强调异质性资源的互动协同关系；②核心主体是企业——重要的经济个体和创新成果得以实施的个体；③节点联系可以是跨区域的。

从美国北卡三角园案例中容易发现，协同创新平台较之传统的合作平台最显著的特点在于其组织结构不是点对点的线性模式，而是企业主导形成的多元创新主体协同的网络创新、非线性、立体化的网络化结构[1]，通过系统内知识无障碍交流交换、系统外知识外溢并有边界的有限开放，形成一个高密度的关系网络，实现以科研机构为主的知识创新体系和以企业为主的创新体系，创新要素、战略目标上的互补互动，释放系统化的协同创新效应。

胡海波、黄涛[2]采用探索性案例研究方法，以企业创新网络理论为基础，综合企业成长理论与资源基础理论，识别企业在不同发展阶段的创新网络构建过程，从结构特征和影响因素两个方面深入探索企业创新网络。结果表明，其发展经历分散到集中、封闭到开放、非正式到正式、单核到多核的发展演化过程。在这个过程中，非盟主一直处于被动状态，盟主一直处于主动状态。人们已意识到协同创新网络对形成核心竞争力的重要性。因此，各种创新主体通过各种正式和非正式的关系形成创新网络，使企业创新从单枪匹马转向网络。从互动频率、互惠交换、信任情感等角度看，成员联结关系或紧或松，但都是以共享资源为目的自愿性合同，并通过联结，实现技术、信息等资源的多向流动，实现企业创新网络的协调与互动。

已有文献从多角度探究企业创新的内部与外部因素，但是，仍然存在一些不足：①忽视企业家激励的协同机制，不利于调动企业家开展创新活动的积极性。创新是由企业家主导的、全员参与的新知识创造过程，企业家的创新积极性直接决定了企业创新成就的大小。②对创新网络的作用重视程度仍然不够。成功的创新应是企业与其他创新主体之间的交互耦合，而不只是企业内部各个部门之间的简单协同。由此，本书尝试从企业家协同激励和协同创新网络视角探讨协同创新问题。而既有研究对于协同创新过程中的主体利益协调机制关注不多，这是解决协同创新可持续发展的关键。

---

① 李张珍：《产学研协同创新过程中的研用对接机制探析——基于美国北卡三角协同创新网络发展实践的考察》，《高等工程教育研究》2016年第2期。
② 胡海波、黄涛：《全球化视角下中国汽车制造企业创新网络演化路径："江铃"与"奇瑞"双案例研究》，《科技进步与对策》2016年第22期。

### 七 生态协同创新网络[①]

伴随经济体制改革和资源配置方式的变换，中国产学研创新正在发生从单位制创新、项目制创新到生态式创新的历史性演变[②]。

生态协同创新网络，即以生态学理论为指导，以可持续发展为最终目标，以创新为目的，以科技资源共享为平台，各个创新主体集合在一起共享资源、信息和人才，分担风险，协同发展的有机整体。协同创新网络与生态群落的构成要素及要素之间的关系具有较强的相似性，而生态群落理论是比较成熟的。生态群落是指一定生态环境中各种生物种群构成的结构单元，种群之间有直接或间接关系，它们相互影响、互相依存、共同进化。协同创新网络结构特性体现在以下六个方面。

（1）多样性。即生物个体、种群和种群内外关系的多样性，这使群落的稳定性更强，更能够抵御外界环境的突变。

（2）结构层次性。其包括组成层次性，由个体组成种群，由种群组成群落。其表现为：在同一网络中多个产业占比不同，有优势产业、亚优势产业和劣势产业；由不同层次的种群构成，有优势种群、亚优势种群和劣势种群。种群内和种群之间关系的改变，协同创新网络中不同层次的产业也在发展变化，有的原本处于劣势的产业经过几年创新孕育，成功转化为生产力，逐渐成为优势产业，改变网络原有种群格局，协同创新网络也随之演替。

（3）协同竞争性。生物群落是紧密联系、相互影响并具有内在联系的有机整体，各种群的最终目的都是协同进化，但在各种群内和不同种群内同样存在竞争性，既有争夺生存资源的种内斗争，也有争取生存空间的种群之间竞争，这些竞争促使群落不断进化。在协同创新生态网络中，具有共同目标的不同创新主体共享资源，分担研发风险，通过竞争可促使创新主体保持活力，实现高效创新。不同群落之间存在物质与资源的交换。网络与外部环境也应存在密切的交流和联系，使外部创新主体能够不断加入网络，内部不适应发展的创新主体也能够及时被淘汰出网络。由孤立创新转向协同创新，在互联网条件下，形成协同创新网络。随着各级协同创新网络的不断出现，资源竞争日趋激烈，人才、信息、资金成为稀缺资

---

[①] 张晶、许正权、张中强：《生态视角下协同创新网络构建及演替研究》，《科技进步与对策》2016年第12期。

[②] 张国昌、胡赤弟：《场域视角下的高校协同创新模式分析》，《教育研究》2017年第5期。

源，一些不适应竞争的创新主体被淘汰，一些具有优势的创新主体逐渐凸显，并向更高级的协同创新网络迈进。此时其原始创新能力强，环境适应能力强，稳定性强，结构复杂，网络层次多，自我纠错功能强，创新效率高。

（4）动态性。即群落结构不断变化，结构由简单向复杂、创新效率由低向高、创新水平由低级向高级转化。外部是影响生物群落最重要的因素，国外协同创新模式会对国内协同创新生态网络产生正效应，国外创新失败的案例会为本国网络内创新提供可借鉴的经验，促使网络不断演替。

（5）互利性。企业种群与科研机构种群之间存在种群之间竞争和互利关系，科研机构能够提供协同创新过程中所需要的资源，它们之间的关系为营养关系；企业需求能够影响科研机构创新方向，它们之间形成供求的关系，还有创新环境。内部环境是指群落的生命活动对环境产生影响，环境又反作用于群落，如此反复，促进群落演替。协同创新网络中主体的创新成果不断涌现，促进科技发展，进一步提高协同创新效率，形成正反馈，促使协同创新网络不断演替。

（6）渐进性。借鉴生态群落的演替进程，将协同创新演变分为产学研基地、协同创新过程中心、亚顶极协同创新网络和顶极创新网络阶段[①]。

协同创新网络的规模带来的创新水平、创新功能和创新规模的差异即为规模效应。

完善生态创新网络体系，即完善产业链—技术链—创新链—资金链—服务链"五链"，以"五链"融合为重点，开辟打造创新网络建设的新路径。

第一，围绕产业链，完善技术链，补齐研发设计、高端制造等环节的"短板"，着力提升智能与绿色制造水平，大力发展符合消费升级要求的个性化、高端化、多样化产品，积极培育新模式，促进价值链向中高端环节攀升。

第二，围绕技术链，布局创新链。梳理技术链，制定技术路线图，完善产业分工链，不断延伸价值链。针对前沿创新领域，选准关键技术领域进行集中突破，着力突破制约产业发展的关键技术、共性技术和核心工艺。当前，要切中时弊、针对创新链中存在的"肠梗塞"问题，建设一

---

① 张晶、许正权、张中强：《生态视角下协同创新网络构建及演替研究》，《科技进步与对策》2016 年第 11 期。

批以企业为主体、需求为导向的应用研发机构和公共中试平台，在应用研究、中试和商品化三个环节，构建起多方共同参与、互补互动互惠的机制，促进创新主体有效参与、创新活动无缝对接、创新功能完整协调的协同创新网络。

第三，围绕资金链，完善服务链。围绕创新发展的需要，构建设计研发、商务咨询、技术培训等服务链，完善网络化、专业化、社会化的服务体系，为开发新产品、新技术和新业态提供全周期的增值服务。引导主体对技术联盟、交流平台等创新服务体系进行参与和建设。

## 八 创新链分解模式

"价值链"概念最早由波特提出。并非价值链上各个环节都创造等同的价值，一个组织要保持竞争优势，是指要在创造价值较大的环节上保持优势。按照这个原则，在协同创新过程中，要构建一条包含知识生产、知识传播和知识转移的创新链。

（一）委托—代理模式或外包模式

委托—代理模式是指将创新项目进行细分，对于某些企业自身难以完成的或非核心技术的细分项目，通过技术外包和招标方式，将子项目外包给科研机构或其他企业，节省成本，核心委托方将其他（代理方）的细分项目研究成果进行整合，创造整个项目的成果，并确保创新成果的先进性。委托方负责项目整体，代理方负责子项目的研发，彼此分享相应的经济收益。几乎没有任何一个企业内部研发机构能够掌握和控制所有与创新活动相关的知识和过程，也很难拥有所有必要的资源和人员。协同创新网络，虽然使外部资源在一定程度上得到利用，但合作各方仍然是独立主体。这一模式更适合于非核心技术，或者创新周期较短，且可拆分的创新项目。创新外包活动涉及有形服务或无形服务和供应链上合作伙伴之间的信息共享以及资源互补。因而，必须借助外部的知识和人才，才能保持创新的持续性。通过创新外包，企业增加创新开发的灵活性，促进企业获得多元化知识，加速产品开发，并保持公司的核心竞争优势。提高创新速度，降低创新的综合风险。总之，外包模式成为企业提升创新能力以及改善创新绩效的重要路径。合作双方相对独立，不涉及信息共享，核心技术不被泄露。

但是，其也存在一些缺点，子项目由受托方实施，委托方难以控制其创新进程，也难以根据需求的变化或技术的最新进展修改子项目细节，因而难以应对复杂多变的需求和一日千里的科技进步；同时，长期实施这一模式，企业的学习能力可能降低。

（二）联合创新模式

创新是一种突破传统组织边界的协同活动。企业与多样化组织开展合作，是其获取外部资源、提升创新绩效的关键途径。与其他有意愿的创新主体进行合作，共同投入，联合开发，共担风险，共享各种创新资源，共享创新的总体利益。这是一种合作主体地位平等、沟通密切、配合紧密的模式。其适合于一些重大或尖端技术的科技项目，如新药研发、顶级芯片、核高基、海洋科学与工程等重大专项的开展。这些重大项目，只有大量的资金、人员和设备的投入，才能取得协同创新的规模效应，并提升协同创新能力；同时，也能够快速响应需求的变化和技术的发展，对协同创新项目规划进行相应的调整。这正是单个创新主体无法独立完成的。联合创新模式的主要不足在于：合作意识要求高，对创新主体的素质要求高；同时，信息共享的要求，可能带来重要核心技术的泄露。所以，采用这一模式，合作伙伴的选择，关系到协同创新的成败。

近期研究的结论是，在研究对象拓展和假设条件放宽的条件下，常见的协同创新模式是合资研发，研发联盟的成员共担研发成本和风险，共享收益。Baerenss（1999）的模拟显示，当初始成本存在差异时，只要成本差异不大，合作研发的社会福利就会更高；当技术溢出取任何值时，这一结论也都是成立的。在独立研发时，初始研发投资虽多，但进行合作就意味着有的创新主体放弃成为垄断者的机会。合作的机会成本就是可能放弃独立研发成功带来的垄断收益。因此，创新主体对于合作与协同的决策需要权衡利弊。

## 九 技术联盟与联盟能力

技术联盟是指基于某一产业的研发与成果产业化、创新产品的市场拓展等共同目标，多家具有相同或类似产业背景的创新主体联合起来形成的具有战略意义的产业组织和运作制度；联盟成员之间的优质资源聚集整合，创新风险分担，合作深度和效率提高，在合作共赢方面作用显著。

关于创新主体联盟能力的已有研究，主要是从学习过程和组织惯例等方面进行的，主要派别有两个：一是过程学派。该学派在强调学习机制的重要效用时提出了"联盟学习过程"的概念，其是指联盟拥有的梳理、编码、共享和内部化管理诀窍知识的能力，其致力于学习、积累和利用联盟管理知识来生成和发展联盟的管理技能。二是资源学派。该学派认为，联盟经历是重要资源，这些经验有助于形成和发展联盟能力，促进联盟取得创新业绩。

联盟能力的内涵主要包括创新主体主动合作程度、合作伙伴的关系治理水平和联盟内部的资源配置与协调水平三个维度。当然，还要优化创新联盟的创新环境，提高创新主体素质。

战略联盟是指两个或两个以上实力相当的企业为达到共享市场、共享资源等战略目标，通过契约结成的优势互补互动、风险共担、要素水平多向交流交换的合作关系。其是应对新的经济全球化而形成的特定创新结构形式和竞争模式。理论上说，建立战略联盟的出发点可能不同，但都是跨国公司对国际科技经济发展和竞争环境变化的一种战略反应。近年来，多样化的战略联盟已成为绝大多数跨国公司的主要扩张手段之一，技术合作、服务外包和联合采购成为重点领域。战略联盟更强调合作的协同性、长期性、深入性、稳定性，强调合作的战略目标和长远愿景，强调协同创新实现的长期契约安排和股权安排，强调通过体制机制创新，防范有限理性，抑制机会主义行为，降低不确定性和交易成本，确保利益共享与风险共担，拓展协同创新深度、广度和协同度，促进创新要素的合理交流交换与优化组合。

协同创新通过鼓励创新主体构建合作共赢的新型战略联盟，利用组织之间的非线性耦合效应，降低创新成本，实现"跨组织合作创新"的系统最优、效益最佳。通过组织之间协同创新，既将部分交易成本内部化，破解市场低效甚至失效问题；又充分发挥科技中介和政府等组织的作用，促使协同创新各个参与方与外部环境建立起更加灵活、更加密切和更加有效的信息与资源流动互动网络，并通过缩短信息和资源流动的"距离"，降低知识、资源流动的交易成本，为协同创新参与者创造更大的科技驱动发展的空间。

研发联盟与交叉许可契约的模式选择。两者各有千秋。Perez – Eastrillo 和 Sando（1996）认为，契约可成功地诱导合作伙伴真实地公开其信息，因而能积极地促成研发联盟形成和运行。他们（1997）研究发现，若合作伙伴都愿意分享知识，交叉许可契约就不如研发联盟。后者会激励更多的有价值的协同创新。但是，若以上条件不能满足，合作研发选择交叉许可契约会更好，因为其能更有效地鼓励研发（Perez – Eastrillo and Sando, 1997）。然而，Morasch（1995）认为，交叉许可契约优于研发联盟。交换许可合同，是指出让方与受让方在互惠互利的基础上，以价值相等的技术、商标或软件交换使用权和产品的制造、销售权的许可合同。这种合作模式的优点是交易成本较低。而研发联盟需要更为复杂的契约和机构，这使交易成本大大增加。因此，研发联盟选择应考虑信息不对称引发的激励和信息披露问题。若契约难以规定实验室要掌握的技术细节，那么，向合作伙伴提供技术时，成员就会采取机会主义行为；若能够规避这种机会主义行为，那么交叉许可契约就逊色于或不及研发联盟，因为后者能够激励合作创新主体实施更多的研发努力，因而获得协同创新带来的好处，而合资联盟使技术扩散或外溢又会增加社会利益。若契约不能遏制机会主义行为，那么交叉许可契约就更有效率。若创新主体在科技市场中是竞争对手，他们就应选择研发联盟。

## 十　内部协同和外部协同

创新系统是复杂的，其演化是指创新主体在发展过程中受到系统内部多种作用力要素和外部要素的直接或间接影响，其创新能力的状态、特性、结构、行为以及发挥的作用等随着时间推移而发生变化。系统演化有两个基本方向：由低级到高级的进化或反向的退化。因此，在内部和外部有利条件下，主体创新能力才能得到充分培育，使协同创新网络不断发展。

学者将协同研发分为内部协同和外部协同两个方面。

（1）内部协同。优化要素的组合方式，使资源效益最大化，产生"协同经济"。基于经济学，协同创新成立的根据是：其比传统创新模式能以更低代价产出同样大小的效用或以同样代价产出更大的效用，给当事人带来更大的利益。创新成本主要是指由于不可规避的创新失败而引发的成本增加。协同创新能力是创新要素协同作用的结果，是指在协同创新过程中形成的系统整体模式，实现相关能力耦合及由此决定的系统整体功能，是创新系统演化的结果。

通常，大企业集团内部各个业务单元拥有的研发资源是有限的、稀缺的；而另外一些子公司业务单元的研发资源却处于闲置状态，通过集团各个部门的内部协同，即可优化研发资源配置，激发企业研发资源的最大效能，产生协同效应。

（2）外部协同。超越产业组织本身的局限，主要进行以企业、科研机构以及政府为主体的协同创新网络研究。优势创新主体以联合骨干企业为主导，建立产业创新联盟，充分利用一切可利用的资源，充分优化配置一切创新因素，产生规模经济。

开展各个行业共性技术攻关活动，协同推进产品研发与标准制定，及时发布行业新产品，甚至新标准，提高企业在行业内的影响力和话语权。

创造条件，吸引重点企业加入各个产业创新联盟，借助资源和平台优势进行技术攻关和市场开拓，提升创新的能力和动力。

欧美国家及相关企业正在加快整合创新资源，形成内部与外部资源协同、本地化与全球化协同、创新与扩散协同的创新网络。尤其是跨国公司正在加快创新资源整合，形成内部与外部资源整合、本地化与全球化整合、创新与扩散整合的创新网络。中国应顺应这一趋势，根据现有资源的分布和战略需求情况，促进和强化资源集成，形成多层次的协同创新网络，进一步提升协同创新效率。

## 十一　知识产权联盟

随着科技的快速发展，知识产权的范围也将日益扩大，知识产权和协同创新的利益冲突也将日益激烈。将知识产权作为普通商品进行管理，积极进行知识产权许可、转让、购买和受让。这样，既可与其他创新主体充分沟通交流知识、技术，促进协同创新顺利开展；又可预防知识产权被无偿使用或盗用，在增加收益的同时，提升自己的创新能力。对低级别、容易获取的知识产权可免费共享，而对高级别的知识产权则要求合作方或相关部门予以付费。要根据协同创新的特点和要求，对协同创新过程中运用的知识产权进行科学评估，以满足创新主体对知识产权收益的预期，鼓励其主动、充分与其他创新主体共享已有的知识产权。至于协同创新产生的知识产权的归属，若约定在先，那么，知识产权的使用者需要向创新主体支付相应的报酬，只有对知识产权价值进行科学合理的评估，才能使知识产权的使用者和创新主体就知识产权的归属达成一致协议。若共同拥有协同创新产生的知识产权，知识产权实施所获得的收益要根据协同主体贡献大小进行分配，由于各方在协同创新过程中投入的主要是知识、技术和信息等知识产权，对知识产权的评估缺乏准确性，所以，很难在协同主体之间进行清晰合理的收益分配。因此，只有建立科学的知识产权价值评估体系，才能保证协同主体相互之间利益的合理分配，使协同创新过程稳定、进展顺利。建立科学准确合理的知识产权价值评估体系，要详细、精准地规定知识产权价值评估的程序、方法等内容。完备的合同能大大加强对协同各方的约束，减少合作各方源于知识产权的冲突。要在合同中明确盗用或模仿的惩罚措施，明确各方对协同创新过程中涉及的技术和知识等知识产权的保密责任。在此基础上，根据协同创新的特点，增加协同创新过程中知识产权归属和处置等具体条款，同时关注具体条款的实用性与可操作性。此外，也应在合同中规定不可抗力的处理方式。应结合协同创新的实际，通过立法，调整、规范协同创新合同并促进其实施；同时还要通过政策引导来降低协同创新与知识产权的冲突。

（一）知识产权联盟的目标与手段

知识产权联盟是在自愿、平等、互利、合作的基础上，联合优势企业、科研机构实施知识产权战略，面向产业领域内所有企业的跨行业性、开放性非营利组织。构建联盟的主要目标是在产业领域内促进企业专利交叉许可和实现资源共享，推动产业重大关键技术的知识产权创造及拥有；对联盟外部企业进行专利倾销、批量许可，放大专利技术的扩散效应，或发起专利攻势，也可依托供应链、价值链实现产业链上下游创新主体之间的产业协作与配套。比如，江苏德威木业有限公司吸引国内50多家强化木地板企业参与NCD专利联盟，实现自主知识产权与自主品牌深深地嵌入专利联盟，打造成为联盟的"进攻之矛"与"护体之盾"。诸如江苏省NCD专利联盟以及广东省的数字家庭、LED、新能源三大专利联盟，皆可通过知识产权的信息沟通、许可交易、保护调解和优化发展的创新机制，对外维权，对内自律，不断完善开放式创新环境下的知识产权创新、运用及保护体系，汇聚集成知识产权资源，催化知识产权应用转化，既可帮助联盟成员进行专利预警，降低知识产权风险；也可为产业内的相关企业带来多重价值，帮助其形成明显的技术领先和产业链优势；还可促进产业可持续、高端化、内涵式发展，改变产业的竞争态势，带动产业结构转型升级，进一步提升产业核心竞争力。在知识产权利用中，除自己利用知识产权生产产品以外，还可通过许可他人使用获得更多利益。而这种许可在一定程度上与合作方形成利益共同体，有利于知识产权保护。知识产权资产的保护与管理可在如下两个层面进行：①企业在战略上构建一个知识产权保护体系，包括专利资产等知识产权资产的保护和管理问题，坚持保护与利用相结合的原则。知识产权资产的管理涉及从知识产权研发到利用的全部内容，是一个系统工程，囊括知识产权研发与知识产权申请、许可合同的签订与实施以及发生侵权纠纷的相关诉讼与调解等。②知识产权战略协同，包括内部协同和外部协同，前者是指企业内部各个职能部门之间关于知识产权战略目标所实施的相互配合与支持的行为；后者是指企业、政府、科研机构等外部主体关于知识产权的创造、利用、保护等方面事务的协同行为。

（二）知识产权战略协同

它是知识产权研发战略、保护战略、市场运营战略之间连续多次的协同运动。其可从知识产权活动基本运作加以研究，分为知识产权研发战略、保护战略和市场运营战略。上述协同基本体现以下两个方面：

第一，战略目标趋同。知识产权研发战略以研发出具有技术和市场潜力的成果为主要目标，它关注通过对新技术、新产品和新工艺的研发，对前沿技术的跟踪和模仿，不断积累知识产权；企业知识产权保护战略侧重于知识产权风险防范和管理，注重充分保护自身获得的知识产权，注意在研发、生产销售等创新的各个环节防范侵权行为的发生；企业知识产权市场运营战略则侧重于如何促进企业自身知识产权的转化，提升品牌形象，实现知识产权的保值增值。

第二，知识产权研发战略与市场运营战略的协同。知识产权创新是知识产权市场运营的前提和基础，市场运营凸显知识产权创新的巨大价值。从战略高度来看，知识产权创新战略与知识产权市场运营战略的协同，并非简单的前后相继的承接关系，而是在研发中应融入知识产权市场运营的内涵，在知识产权市场运营中为再创新提供指引。这使两者协同过程具有更深层次的意义。同时，引入市场导向原则，以便使未来研发出来的知识产权能够更好地适应市场需要，满足消费者需求。基于运作的知识产权战略协同，包括认识协同、部门协同、资源协同和政策协同等内容。其中，认识协同是指企业不同部门、全体员工应形成较为统一的企业知识产权文化。其中最重要的是企业需要根据其理念、使命与愿景，培养具有自身特色的知识产权文化，包括保护自身知识产权、尊重他人知识产权和创新进取的精神。意识协同有利于企业不同部门和人员之间在落实企业知识产权战略具体环节、具体任务时互相认同、互相支持。

由于拥有的资源是有限的，企业在实施知识产权战略资源协同方面，还应注意资源投入和分配的效率，把产品优势转化为知识产权优势与市场竞争优势。不同知识产权战略相互之间保持高度的战略协同尤为重要，不同部门之间知识和经验互补与共享也是确保知识产权战略实施的有利条件，促进各个经营层和各个职能部门的密切配合，加强不同部门之间的相互沟通、相互支持、精诚合作，通过激发创新主体的主动性和积极性，促使企业知识产权战略的各个子系统协同运行。

（三）知识产权研发战略与保护战略协同

知识产权战略协同的特点是耦合性。因此，创新主体要整合内外部资源，调动各方面人员的积极性，发挥企业内组织要素的作用。从战略管理角度来看，其实施也是一个管理流程，这些流程环环相扣，相辅相成。企业家要调动企业内外部各种组织和资源，运用其知识和能力，为实现共同的战略目标而努力。从协同学原理来看，知识产权战略通过对创新主体知识资源和有形资源的合理配置，利用科学的知识产权管理手段，充分调动联盟成员在实施知识产权战略中的主动性和积极性，努力实现知识产权战略目标，提高整体的经济效益和市场竞争力。知识产权战略实施协同是指创新主体运用协同管理思想，整合内外部资源，在研发、生产、采购、市场营销等活动以及内部不同部门及外部环境之间建立协同合作关系，为实现企业知识产权战略目标而进行的行为。它以知识产权管理组织为依托，调动各方面管理要素和资源，协调内部各个组织之间以及内外部环境之间的关系，对知识产权进行有序的计划、组织、控制等活动。

知识产权协同管理的理论基础是指知识产权管理的系统性、动态性和开放性。从知识产权战略规划的高度对知识产权创造、运用、保护和管理的各个环节进行整体部署，在最有价值的环节重点投入，完善机会识别与动态决策机制，研发、市场规划、生产制造、产品经营、销售等生产经营活动相互渗透和融合，取得知识产权战略的协同效应。协同学认为，系统各个要素是互动与相互影响的，基于知识产权战略各个主体需求的互补性和利益相关性，要保障知识产权战略运行的连续性，特别是对外部环境保持灵活的战略柔性，使知识产权战略在动态运作中始终整合自身的资源和组织力量，促进创新。

创新网络模式不同，运行方式也不同，但本质上都是各个创新主体赖以实现协同创新的制度和组织形式。

## 第三节 协同创新网络效应

### 一 协同创新网络产生的必然性

科技全球化加速，网络技术发展加速，创新主体不再仅仅关注对稀缺资源的占有，而是通过不断沟通、学习和创新来获取竞争优势。创新动力与创新资源的范围不断扩大，引起创新模式从封闭转向开放，各种创新要素互动、整合的动态过程凸显。创新主体必须参与到国际创新网络中，在与华为、孟山都等知名创新型企业的合作过程中，学习、挖掘其先进的技术、管理、营销等资源并迅速积累和整合。协同创新网络，按照运行机制划分，经历模仿式创新、吸收式创新、整合式创新和自主式创新四个阶段。由于技术和产品的生命周期逐渐缩短，促使技术消化吸收下的开放性原始创新逐步取代"技术引进下的模仿创新"，实现"从模仿生产转变到核心科技创新",向创新价值链的高端升级,获得关于产业结构优化升级的核心技术和关键技术,提高自主创新能力。由此,越来越多的企业通过契约关系、合作网络、创新关系与不同的创新伙伴联结进行协同创新。Ritala 认为,与竞争对手合作是创造渐进性创新和根本性创新的有效途径,在高科技产业领域中尤为明显。

在网络经济时代,竞争主体之间的零和博弈已逐渐演变为合作共赢、兼容共生共长的竞合关系。开放式创新,可与竞争对手通过合作和协同创新方式,实现资源共享和优势互补,分摊创新费用和风险,以及共同争取补贴等。而对于价值不大的创新产品和"沉睡"的专利技术,即可出售或许可给竞争对手,通过外部商业化途径,增强自身的获利能力。开放由创新引发,这带来难得的机遇和各种挑战,为使创新成效卓著,必须采取一系列措施:先拟好战略规划,选择恰当的开放模式与路径等一系列开放组合,并辅以文化、结构和制度的调整。充分考虑和应对各种潜在的风险和机会、收益与成本,通过开放来充分利用创新主体内部和外部两种资源,提升创新能力,促进经济发展。

在科技全球化与经济全球化下,创新日益具有开放性,科技创新与应用部门之间需要构建开放式的协同创新。其先期基础是协同制造正在从传统的串行工作方式转变成并行工作方式,从而得以最大限度地提高设计、生产的柔性,缩短创新周期和生产周期,快速响应客户需求。即充分利用互联网技术,整合网络制造、智能制造、虚拟制造、全球制造等生产模式的优点,打破时空的约束,使整个供应链上的企业和合作伙伴共享客户、设计、生产经营信息,实现供应链内部及供应链之间的企业在产品研发、制造、管理和商务等方面精诚合作,最终通过改变业务经营模式达到创新资源最充分利用、创新成果水平更高的目的[1]。

现代经济,不再仅仅是你死我活的竞争,而是一种协同创新式的竞争。在协同创新网络时代,网络内部创新主体之间虽然存在竞争,但是,这种竞争的性质已发生质变。协同创新所具有的互补互动机制会促进知识、技术、人才的有效流动和优化配置,从而推动创新发展。协同竞争是创新的一个显著特性,目的和结果是最终达到共赢。

在知识经济和经济全球化背景下,现代经济社会的竞争主要是产业竞

---

[1] 大型工程协同创造的典范是波音 777 飞机项目,参与人员超过 8000 人,所用小型机和个人电脑总数超过 1 万台,协同创造和整合零部件超过 10 万个,整机的设计制造周期约为 4.5 年。这样,其远远少于波音 757、波音 767 所花的 9—10 年时间,创造了巨大的经济效益。

争或者产业链和创新网络的协同竞争。在协同创新过程中，也存在必要的竞争，从而促进自身能力特别是创新能力和创新优势提升。创新优势来源于与环境的协同，而不仅仅是内部的柔性专业分工，是以专业化分工与协作为基础的互动和相互依存。

协同创新网络涉及多种创新主体跨界面、跨文化、跨组织的合作创新活动，是多种创新主体在物质、信息和能量之间互动的直接体现，强调创新成果的应用转化，实现协同创新绩效的最优化。其是多元创新主体进行价值体系、组织文化、能力优势、多元需求、战略愿景等方面的整合，并利用伙伴选择机制，建立具有共同目标、互信的协同创新组织。各个创新主体在接洽和沟通中构建协同创新治理系统，其包含基本的激励机制、制约机制和保障机制三个机制部分。激励机制是为充分调动各个创新主体的创新积极性，包含动力及利益分配机制等。制约机制是为保证协同创新网络有序化、规范化运行而设立的机制，包括伙伴选择、组织模式选择、路径选择和知识管理等机制。保障机制是为协同创新活动提供外部环境条件的，主要包括法律机制、行政管理体制、融资和人才引进等机制。在协同创新网络中，网络关系强度越高，企业拥有"干中学"的机会就越多，就越有利于提升企业整合和创新知识的能力；同时频繁的网络关系，能够增强创新主体在成员之间的信任度，促进深层次的知识分享与合作。

与独立创新相比，协同是各个创新主体遵循"利益共享、风险共担、优势互补、共同发展"原则开展的创新活动。现代创新是一个多方合作、交互作用不断形成协同创新网络的过程，替代过去的相对独立的内部创新，不再是简单的原子式过程，而是以群体创新主体构成相互依赖的网络参与国际竞争，实现知识共享共赢，增加创新绩效。创新主体已从个人转向团队、转向网络（Powell et al.，1996）。传统边界逐渐变得模糊，"个体研究"日益被"关系研究"所取代，行为和绩效可通过所嵌入的网络阐释（Granovetter，1985；Gulati，Nohria and Zaheer，2000）。相互影响、相互依赖是创新网络的本质，是促使合作的主要动力之一（M. Granovetter，1985）。推动知识增长和发展从片段型向综合型和分析型转变，知识累积过程从整体植入向逐层累积转变，创新政策支持重点从大项目向兼顾创新服务平台和协同创新网络的建设转变，关注重点从"大企业"向兼顾创新型企业转变，形成和促进外部知识与内部知识体系的有机互动，构建协同创新网络。

互联网飞速发展，虽然使知识传播容易，但学习难度却与日俱增。因为空间扩大、技术复杂程度和商业不确定性渐趋提高，而隐性知识获得和传播的有效性相应减弱，创新投入巨大而风险与日俱增。为弥补资源不足，在合作、共享资源且投入程度很高时，均可增强竞争优势（R. Baptista，2001）。知识流动使主体之间在思想碰撞活动中产生智慧火花，使创新不断生成，并迅速被其他企业模仿，创新价值得到快速实现，形成马歇尔的"创新氛围"。相互依赖的资源是对创新网络形成解释的诸多理论中影响最大最广泛的一种。高度专业化与精细分工、激烈竞争与紧密协作，是创新网络得以延续并产生竞争力的源泉，柔性分工体系是创新网络形成的基础（纪慰华，2004）。单个企业作为一个资源包，自身资源不能自给自足，要合作继而形成协同创新网络，才能得到足够的资源以用来创新。因为创新主体拥有的资源具有互补或相互依赖性（Wernerfelt，1984）。协同创新使知识共享提速和创新层次提高，使研发的外部效应内部化；消除重复研究和投资，使创新效率提高；完成单个企业无法完成的大规模研究项目；克服因技术外溢而导致的市场失灵。协同的互动机制会促进信息、技术、人才流动，为垂直型公司创造合作与信任的空间，从而深化协同创新。这不仅是为了减少不确定性，而且获取其他创新主体的资源（Pfeffer，1978）。这种情况在技术密集型产业中更为多见，知识复杂性和多学科性被认为是形成合作的主要因素（Hagedoom，1993；Arora，Gambardella，1994），其使成员之间的知识转移更为顺利，为成员提供一种"共同身份"，建立内部协调规制，使成员能够更有效地创造和转化知识，降低交易成本。由此，创新主体日益偏好合作，人员接触和交流面越广，频繁学习与创新互动就越多，利用彼此优势，提高专业化水平，使网络有序，面对面地交流隐性知识，生成知识场，分担风险，降低创新成本，促进技术生产、转让与模仿转化。但是也要看到，创新网络也成为网络外的企业学习网络内知识的壁垒（Kogut，1992）。

协同创新在20世纪70年代兴起，并在许多发达国家得到重视和推广，如美国在生物、新材料、计算机等领域的合作研究与协同创新组织活动非常频繁。美国的实践证明，这对于提升创新水平具有重大变革意义，能够有效地提高国家创新能力和竞争力，有利于促进经济发展。

总之，通过合作与知识共享提高国家的创新水平与知识含量，进而在科技全球化和知识经济的背景下获取独特的竞争优势和更大的市场份额。这是协同创新的重要意义和价值所在。

## 二 协同剩余的社会福利效应

协同效应从何而来？在成熟、运行高效的协同创新网络内，市场一体化使贸易壁垒消除、规模经济产生、运营成本与研发成本最小,由于公共资源高效运营,可通过系统统筹来实现各种资源的边际效益最大化,获得如下好处:一是获得高素质的研发人才;二是获得前沿的研究成果或技术知识;三是获得特殊课题的知识来源;四是获得合作伙伴的特殊设备;等等。随着协同效益增加,利润和社会福利也增加。其主要机理是:建立整体协同网络后,由于系统内各个子系统之间同向合作、相互配合、良性互补互动,消除或降低在非协同状态下出现的一系列负面效果,减少或规避内耗和重复研发,充分增强相关要素和相关系统在协同创新过程中的耦合度而产生互补互动互惠效应,放大系统整体效应,产生整体大于部分之和的效应(Gulati,1999)。若系统中的要素为 $X_1\{x,x_2,\cdots,x_n\}$,系统的整体功能为 $F(x)$,则协同效应的结果为:

$$F(x) > F(x_1) + F(x_2) + \cdots + F(x_n),$$ 即通常表达的 $1+1>2$ 的效应。

这里所创造的差值 $\triangle v = F(x) - \{F(x_1) + F(x_2) + \cdots + F(x_n)\}$ 为协同剩余。其是协同创新各方以追求共同的潜在利润为基本动力,为实现收益最大化,争取剩余索取权所进行的一系列合作博弈中形成的激励、约束、监督等原则的作用过程和行为总和。协同创新过程不是要求要素的完整独立,而是强调在既有资源条件下通过要素的相互作用实现整体功能放大,产生促进组织有序化进程的协同剩余。其产生过程是:各个要素或各个子系统按复杂的非线性方式互动、协调和同步,产生决定系统发展的序参量。其支配系统有序、稳定发展,使系统整体功能放大。在充分信息的情况下,协同剩余的形成与增进,可通过"分工合理+竞争适度+融合互补"三个维度的整合与互补效应来实现。具体包括:通过主体之间协同创新,建立主体之间的信息交流平台、中央政府与地方政府之间的共性技术平台等,其与本地和其他地区的主体协同创新关系日益加强,充分利用创新资源,产生外部规模经济。通过协同促使各个创新主体之间优化整合方式和组合方式,进一步激发创新行为的整体优势,从而产生协同经济效应。

经济学认为,协同创新网络形成与发展的基本效用是:与传统的创新模式相比,以同样多的成本能够获取更大的收益或更低的成本获取同样的收益,或是成本和收益两者都增加,但是,成本增加的幅度小于收益增加的幅度。

依照耗散结构论,网络从无序到有序必须从外界吸收负熵,除抵消系统内在自发的熵增之外,还必须有"剩余",剩余负熵将促进新系统有序度提高。在协同创新过程中,为获取协同剩余,外控变量的驱动是不可忽略的。对企业而言，外控变量是一个复杂的集合，包括经济变量、技术变量和政策变量，即包括需求、用户偏好、外来技术、制度设计、政策变动等。

早期研究的结论是：技术溢出水平与合作创新呈正相关关系。在合作研发条件下，其带来的社会福利水平总是高于独立研发的情况。但是，若技术溢出水平较低，社会福利效应就难以确定，参数值大小决定其社会福利水平。

随着竞争的加剧以及科技发展的新趋势，加之自然环境、地理环境及各国经济结构的差异性，使对外部创新资源的需求及对伙伴创新资源的依赖性与日俱增。合作与协同创新，即整合双方资源和能力，不同知识领域的整合常常能够产生全新的技术，甚至获得突破性创新，产生新的核心能力和协同效应。通过协同获取和创造新的资源与创新能力，表现在四个方面：①获得互补性知识，形成组合优势；②获得创新知识；③获得技术转移机会，即协同创新为有效的技术转移形式，这种技术转移常常使技术跳跃发展，增强竞争优势；④获得新的知识等资源。

当然，必须健全创新网络，扩大与外部环境的接触面，将更多的符合社会需要的研发资源集中在一起，使企业能够有效地收集信息并提高信息的处理和利用效率。外部网络化使原先由单个企业独立完成的创新流程分解为多个环节，分别由网络中的各个创新主体执行，从而拓展与之相关的信息收集的广度和深度，更能准确地把握创新环境的变化。而且，由于各个创新主体拥有与其创新流程相关的专业知识和技能，其能够高效率地收集信息和处理信息，促进创新主体之间的信息交流、技术和知识传播、转移和共享，从而提高技术知识的积累和创新能力。凭借这些稀缺、难以模仿的创新资源，降低技术和市场的双重不确定性，这就能够极大地推动创新。创新需要知识，知识在于学习与吸收，谁能比竞争对手更快地学习与吸收新技能，谁就拥有竞争优势。任何技术优势最终都会过时或被模仿，只有持续学习，才能保持企业的长期竞争力。合作研发是抓住外部学习的机会，尤其是通过与合作伙伴的互动学习，使知识增加、技术领域拓展和创新力提高。在协同创新网络条件下，由于创新主体专注、专业于某个环节，使创新周期大大缩短、创新成功率大大提高。

在速度经济时代，创新速度成为竞争优势大小的关键因素，创新已成为一场不断缩短产品生命周期的时间战争。在竞争压力和竞争条件下，创新不再是从一个职能到另一个职能的程序性过程，而日益成为涉及创意的产生、研发、设计制造和营销的"并行"或"同步"过程。协同创新网络使创新层次提高，创新速度加快，创新周期缩短，对科技进步发挥非常重要的作用。

协同创新使研发的外部效应内部化，促进研发投入增加；重复研究和重复投资得到消除，创新效率得到提高，取得研发的规模优势；分担研发成本，分散风险；完成企业单独无法承担的重大研究项目任务；克服专利制度不完善的问题；使企业范围以外的技术专长内部化，实现资源共享和能力互补；获得新技术和市场的速度加快。

格兰斯特朗（Granstrand，1990）等提出，若外部知识与其自有知识联系不大，吸收外部知识，将会困难重重。协同创新能够提供吸收外部知识的方便；同时，要求提高学习效率，尤其是提高互帮互学的效率，还能够增强创新主体应对不确定性的技术和市场的能力（Ciborra，1991）。因此，协同创新的效用有两种：一种是提高知识学习能力和创新能力；另一种是建立知识推广和应用的有效机制。

当单个创新主体的资源有限、难以满足潜在市场机会所提出的创新要求时，可将创新组织从企业内部向外部拓展，在相关企业之间组建虚拟创新组织。其是以互联网为技术前提，相关创新主体基于某一共同研发目标而组建的一种灵活的联盟，其成员具有互补的资源和核心能力。由最早意识到新的市场机会或掌握某一关键技术的龙头企业牵头，联合其他相关企业，迅速动员合作伙伴的资源和能力，敏捷地响应市场机会，共同开发新产品，开拓新市场，共享市场份额，共担风险并按贡献分享利益。其优势包括以下两个方面：一是快速配置创新资源，继承和充分利用成员企业的各种资源和创新能力，运用并行工程，使多个企业的同步运作，节省新项目建设和人才培训的成本，节省资源投入，实现单一企业难以实现的创新目标；二是有效规避风险，有助于其相互学习，加速技术积累，加快新产品研发、制造和市场开拓的速度，增强各个成员企业自身的核心能力。

目前，中国龙头企业的经济实力和创新能力仍然不强，况且任何企业的创新资源都是有限的，重大创新需要多元化创新主体的协同实施。尤其在网络经济时代，从多种内外推动因素出发，必须加强多层次、全方位的合作，以迅速提升创新能力。如科研机构拥有技术，因资金缺乏而无法转化为成果；而企业急需其技术，因人才限制而难以进行创新。这就需要发挥彼此优势，合作开发。理顺利益关系，是建立研发协作机制的关键。协同创新是一个过程，其中切入点和退出点很多，合作各方可在其中的任一阶段进入，也可依据协议，在某个阶段退出。在应用性科研机构改革方面，可把这类纯科研机构改制为公司体制，建立公司办科研的体制来加速科技的开发与推广。协同创新，可以是成果拥有方，如科研机构提供技术和人才，企业方提供必要的资金、场地和工人，签约规定双方应得的利润比例。联合创新一般是将创新成果和其他生产要素都折成股份，参股联合，共同管理，按股分红，等股等利，益损与共。

### 三 协同度

为进一步理解协同创新，需要明晰协同度的概念。一般来说，协同度越高，系统的整体协同效应就越大；反之，协同度越低，系统整体协同效应就越小（陈光，2005）。

通过借鉴、学习国外有关理论，中国学术界从创新层面进一步解释协同度和协同剩余。彭纪生在《中国技术协同创新论》（2000）一书中较全面地分析、论述协同度和协同效应的概念。

协同创新是指要素之间不断整合互动互惠的过程，沟通交流是要素互动的基本过程。协同创新维度是指协同创新可持续发展的特性，主要取决于创新网络协同度高低和由于协同创新作用所产生的协同剩余（净利益）的分配水平。协同管理能力包括协同度和协同剩余两个方面。协同创新水平的标尺为协同度，协同创新的外在表现是实现和获取整体协同效应，反映了创新要素之间、子系统之间及系统与环境之间整合的紧密程度适度和有序程度适中，这种紧密程度和有序程度统称为协同度。协同度高低关系到协同创新网络的可持续程度，各个子网络或创新要素之间整合紧密度和有序度越高，说明它们之间的协同度越高，进而使全系统产生紧密度和有序度越高，协同创新就越具可持续性；反之则不利于协同创新的可持续性。即创新要素及系统与环境之间相互联系、结合紧密度、互动强度和要素有序度的度量，内部要素在互动过程中和谐一致程度的度量。协同度高，即整合程度高，互动性强，要素之间及系统与环境之间的相互联系方式多，形式复杂；反之，协同度低，即整合程度低，互动性弱，要素之间及系统与环境之间的相互联系方式简单。从整体功能看，协同度越高，系统的整体功能就越强；反之则相反。协同效应是协同度的函数，可用协同强度、协同久度、协同规模和协同满意度来衡量。协同强度是衡量协同关系的重要指标，表明"互动时间长度，情感的亲密程度，互信和基于互惠的维护程度"，还可用合作项目数量多少来度量。协同强度高，伙伴相对可靠、互惠和团结，相互帮助意愿更强烈，资源更容易实现共享。协同久度是指与主要伙伴的合作时间跨度。由于这是一个表示关系密切程度的特征，难以量化。从创新网络的协同强度和协同久度两个方面来描述网络关系，若以各种不同方式表示协同前各个要素单独效能之和，与协同化后比较，表示不同的协同度，可将协同度从低到高依次分为低协同度、中协同度和高协同度。

低协同度，即协同创新的一般性组合。其中，企业职能部门能够各司其职、分工协作，相互之间关系较为协调，总体效应略大于彼此单独力量之和。一般的协同创新组织属于此类。

中协同度，即协同创新过程中较为复杂的组合，企业职能部门活跃而富有特色，主动以彼此的优势与其他创新主体的要素互动整合，合理分工，相互关系互动融洽，所形成的创新网络整体功能明显大于参与各个创新子系统单独之和。一般来说，具有一定竞争优势的协同创新组织属于此类。

高协同度，即协同创新的最佳组合，即创新主体之间职能部门，包括创新的核心资源知识、技术、市场、制度等各个要素相互补充，相互激励，彼此交融，你中有我，我中有你，高度耦合，浑然一体，优化组合，优势互补，动态地实现最佳结合，在创新网络整体层面动态演变，最大限度发挥各个创新要素的主动性和创造性，实现协同效应最大化，而成本最小。目前，只有少数世界级创新性企业如"硅谷"这样的创新集群，华为、空中客车这样的霸主企业，才能达到这一境界。

按协同水平或程度分，可分为知识转移和创造两种形式。前者是指知识转移过程的协同，表现为知识在创新主体双方或多方之间的流动，其协同效应主要决定于对知识的共享。这是一种低层次的协同，协同度低，协同的可持续性较差。而知识创造是指科技知识的整合协同，是在对既有知识有效整合互动的基础上，通过学习创新出新知识。其协同效应主要体现在对新知识的创新上，是一种最高层次的协同。显然，知识创造的协同度比知识转移还要重要，其协同的可持续性较好，科技决定的核心竞争力较强。为此，协同度的本质是所反映的网络内部和网络之间的创新要素之间、创新子系统之间及创新子系统与环境之间结合的紧密程度、互动的强度和有序和谐的程度，进而决定协同效应大小。若创新要素之间、创新子系统之间以及创新子系统与环境的相互联系、互动方式众多，形式复杂，一体化程度高，互动性强，则其创新网络协同度高；反之，若创新要素之间、创新子系统之间以及创新子系统与环境之间的相互联系较少，联系形式简单，一体化程度低，互动性弱，协同度就低。

协同满意度是对协同关系的主观评价，它主要源于协同中对自身竞争优势的强化、竞争力提升的幅度，以及对合作过程愉快程度的感知。在创新过程中，各个主体的协同满意度越高，就越能在合作中规避摩擦，其协同创新能力就越强。沟通结构整合度反映不同创新主体之间的沟通方式和互动程度。沟通结构整合度高意味着创新主体之间信任程度高，交流障碍小，有利于构建和发展协同创新网络。沟通技能强和可信性强是协调能力强的体现，彼此之间的信任度和熟悉度高是保持网络因子整合的必要条件。

协同规模是指在协同创新过程中与创新主体相关联的创新伙伴数。创新网络规模大小意味着参与创新的主体可获取的创新资源丰裕程度。合作关系的数量与创新成果成正比（Shan et al., 1994），联系紧密的网络比开放网络能够创新更多更大，实证研究证明，信任增加、合作发展和改进及机会主义减少，对网络结构、创造紧密联系的内部合作伙伴都有一定的影响（Ahuja, 2000）。

### 四　协同创新网络的价值

协同创新网络有四种重要作用：一是获取外部资源；二是增强成员之间的信任；三是提供权力与控制的工具；四是发挥信号传输作用[1]。协同创新网络是基于消费需求而创新复杂产品，进而将研发者、生产商和销售商紧密地联系在一起的组织。其非常注重创新，具有复杂的创新结构和产能结构等，需要企业之间的密切互补互动、实现创新，从而促进其商业化。

（一）协同价值与意义

1. 创造协同剩余

协同创新网络是以知识开发创造、增值为核心和目的，是比开放式创新更为复杂的创新组织，实现非线性协同效应，获取额外效益。Hagedoom 等提出，降低研发成本和风险，缩短发明周期和市场引进周期，技术转移与互补，技术监督，发现机会，开拓新市场，获得潜在的垄断利润。姚艳虹等（2013）以创新资源边际效应、创新资源禀赋和创新协同度为量标构建协同剩余的形成机理模型，她们认为，协同剩余是协同创新的动因，影响协同创新的形成和效应[2]。协同创新能够帮助合作伙伴从利用外部资源的开放式创新以及利用协议保证创新产权在封闭式创新过程中

---

[1] Zaheer, A., De Gozubuyuk, R. and Milanov, H., " It's the Connections: The Network Perspective in Inter - Organizational Research", *Academy of Management Perspective*, Vol. 24, 2010, pp. 62 – 77.

[2] 姚艳虹、夏敦：《协同创新动因——协同剩余：形成机理与促进策略》，《科技进步与对策》2013 年第 20 期。

获益（Davis et al., 2011）。协同创新网络为参与者生产额外价值，从而产生协同创新，包括提升创新水平、缩短研发时间、共享研发成本和风险、获取相关的技术资源和知识等（Powell et al., 1996）。通过协同创新，企业不仅可充分利用外部资源，注入新的技能与知识，创造相对优势，迅速提高自身的创新能力，还能在协同合作中与外部环境互相依存与作用，以提高企业适应外部环境的能力，加速创新步伐。

此外，施瓦茨等指出，企业通过依赖各种合作伙伴的外部关系可获得技术、设备、专业知识、资本，商业网络和知识产权等资源。协同创新有利于"新资源"的形成，产生知识溢出，并带来协同剩余，实现成本共担和风险共享。协同强调在既有资源水平下，通过各个相关要素的配合与协调，实现整体价值超过各个要素价值之和，促进组织获取协同价值。基于价值链的网络将创新主体联系起来，通过专业化分工深入和更透明的知识传递与知识学习，降低协调成本，降低技术和市场的不确定性，提高创新力和环境控制力，加大资源整合力度，完善全链条服务体系。今后要着眼于薄弱环节，补足创新链条"短板"，整合科技资源和完善平台。

2. 整合创新资源

协同创新网络可用来描述知识分配和扩散的基本情景，有效地检测和挖掘经济系统中知识密集度和知识应用的能力与潜力，反映知识对经济增长的贡献度[①]。"只有那些包含有形或无形资本要素的长期联系才能构成网络。"[②] 在网络经济环境下，竞争的知识更加多样化和复杂化，同时，创新主体为专业化而缩小其知识基础（Capald, 1999）。因此，需要与其具有知识互补互动性的伙伴一起进行协同创新。协同创新网络提供各种创新机制，以便较好地整合创新资源。创新网络中，知识的流动扩散，促进各个成员的创新活动，如具有网络位置和核心资源的优势还使其能够对各个成员的资源进行集成，形成创新成果（蒋军锋等，2007）。可见，创新主体主要是依赖相互的知识流动、知识共享来完成创新活动，当这些创新资源整合到一起时，就形成系统型创新成果。

3. 创造创新平台

创新网络与市场网络总是相互交错、彼此叠加的。注重创新主体之间资源共享、频繁互动及能力互补，集体创造隐性知识，创新资源和成果累

---

[①] 申小莉：《创新网络中知识转移的影响因素研究——基于企业实证样本的分析》，《科学学研究》2011年第3期。
[②] 贾根良：《网络组织：超越市场与企业两分法》，《经济社会体制比较》1998年第4期。

积，使创新风险和创新成本降低，市场扩大而成为领先者，创新网络内含乘数传导和创新动力增强等机制，知识溢出，使其富有创新活力并获得持续的竞争优势，获得超额利润或共享网络租金。由于创新网络效应、柔性结构和知识共享等特性为协同创新提供了一个有利平台，使网络成为创新最为活跃的载体，竞争优势较强。创新主体之间形成长期稳定的合作创新关系，实现网络内多主体的资源共享与优势互补，有效地克服单一主体创新资源不足的局限，弱化创新活动中的不确定性，适应和满足科技市场的多变性需求变化和精致性用户需求，成为有效的协同创新组织。创新主体要密切合作，积极实施协同创新，尤其是紧密型协同创新，精诚合作，解决技术难题，促进科技快速发展。

4. 创造协同效应

创新主体之间的学习，延伸网络边界，为联结外部创新资源、创新要素和创新活动提供新的"共同语境"，新的交易关系和人际关系形成，使知识创新的效率提高。因为高位势和低位势之间生成技术能力拉动效应和挤压效应就是网络学习过程，共同促进网络能力呈现螺旋式上升态势，从而提升网络竞争力（魏江、叶波，2002）。知识溢出和扩散是组织之间及组织内部的学习促进的，尤其是跨区域学习，能够产生重要的异质性知识，增加网络知识存量，促进网络内生动力增长，提高创新能力。技术进步成为内生性驱动力的主要源泉。现代产业体系中，某一产业链可分解为不同的生产环节，在产业标准的规制下，技术渗透性作用于产品研发、生产、销售、服务等各个节点，生产环节与销售、服务环节高度对接，生产性服务业与制造业服务化发展所带来的产业融合发展，或寻求由政府政策和外部环境的支持，有助于创新协同模式的生成与调整优化。如企业纷纷改造或集成业务流程，按现代技术理念整合成一个以供应链为纽带的一体化业务流程，直至供应商与经销商以及客户之间建立共生共存的协同关系。创新协同的内生性动力机制的作用与效用既取决于系统外部环境变化的冲击力，又取决于企业对系统外部环境变化反应的识别能力和灵敏度，更取决于企业的战略谋划、技术储备、资金调动能力等因素。一旦企业捕捉到环境变化对原有经营造成影响，就会适时同科研机构、关联企业一并或适时调整资源投向，产生协同效应。

5. 促进技术发明和扩散

这是协同创新网络效能提升和竞争力提升的实现。首先，协同创新网络中，大量的知识和人才在创新主体之间存在集聚和频繁流动与互动，技术和知识外溢加速。其次，在协同创新网络中，"干中学"能力得到提升。在经济环境中，研发协同主要通过联合研发的方式来实现，包括正式和非正式创新行为以及多渠道交流交换频繁地进行，创新必要的隐性知识和创新成果迅速扩散。正式合作是通过生产和价值创造的协同氛围来增强创新能力的关键机制，但是，信息源允许包括非正式合作在内的知识流价值增值。非正式合作是通过研发思想的集成，促进协同创新的产生，也是实现协同创新的重要方式。再次，促使网络内企业的创新活力迸发。最后，网络内发达的专业市场能够加速技术溢出，专业市场在提供交易场所的同时，承担创新主体、科技率先采用者和跟进使用者的联系纽带，降低协调费用和交易风险，在汇集物流的同时，传递大量的人才流、知识流，促进协同创新成果的扩散，提高创新成果的转化成功率。研发协同是企业利用外部技术和知识的有效手段，能够促使企业获取互补性资产，同时分享风险，降低研发成本，促进信息共享和提升企业的竞争力。Belderbos等研究发现，竞争企业之间的研发协同有利于创建增量效率与收益。由此，企业在发展中要注重与合作伙伴进行研发协同，包括共建研发中心、交换研发信息等。

6. 创造知识溢出效应

Okamuro等指出，协同创新不仅可以使初创企业获得互补性资产，更关键的是共摊成本、共担风险，进而提高其研发生产力。此外，协同创新的另一种方式是保持知识高频流动，保护内部知识外泄之间的平衡，即溢出效应之间的权衡，企业能够从合作伙伴中获取溢出的外部信息流，并通过知识传递、分享和集成等多维互动过程，形成知识接收的溢出效应。同时，加速创新，促使企业获取创新利润。此外，Lopéz也指出，企业与其他组织或机构进行协作，能够将不同主体的优势技术和信息资源有机整合，改善市场的准入条件，获得规模经济，实现成本共担和风险共享。通过与其他创新主体的合作，还有利于实现企业知识的积累，进而转换成新的技术和组织创新。本质上，协同创新网络是各个主体围绕某一创新目标而形成的大跨度组织网络，相关主体秉承彼此创新的资源优势，在同一平台上形成知识产生、共享、流动、增值的全过程。

7. 提高学习能力

宏观上看，网络越密集，开放度越高，联系越稳定有效，越能根植于良好的环境，越容易激发和方便创新，自我创新能力就越强。微观上看，学习能力与创新能力呈正相关关系。创新网络实现分工与专业化的效率机制，强化既有的社会分工与专业化，创新主体联系紧密，能够更进一步推动分工与专业化发展，反过来又促使创新网络扩大与加深，这种良性循环将高效地提升整个网络效率（李新春，2000）。网络发展可归纳为交流交换的内容丰富、治理机制和网络结构完善（Katila，1999）。通过创新主体彼此之间协同网络合作，共同应对不可测的市场与技术变化，提高经济利益（吴思华，1996）。

协同是制度配置，使公司能够有效地运用策略以利于公司的学习和创新。最成功的伙伴是"最能够接受学习"，这是一项不可多得的优势，不仅促进创新水平提高和垂直沟通，进而将个别的学习转回到组织本身（Hamel et al.，1989），进一步提高创新网络的能力（Cooke，2000）。企业与外部的组织和机构发生相互关系，进而获得创新所需要的资源。协同创新网络是获取互补性资源的重要途径，是创意的来源，促进隐性知识和专业知识的转化共享。由于产品的高度相关性，使网络内各个创新主体彼此交往频繁，使社会资本丰厚，形成相互学习互动的体制，学习成本和交易费用降低。这源于追求自身利益的理性与市场的自发性，依托市场，专业化分工关系发展，通过网络内部交易与外部交易，充分利用网络内部的知识溢出效应和外部效应，以及知识等资源共享机制，互动互惠。另外，网络内专业化分工和"学习曲线"存在，使专业化程度较高的小企业学习成本降低，因而参与创新活动，更容易激发创意产生，使创新价值最大化。专业化网络分工，促使各个创新主体专注于核心技术，依托竞合机制，促进创新协同，显著降低创新成本。若与其他创新主体的关系良好，则创新主体会将其他活动外包，而专注于最具有竞争优势的创新活动，获取分工利益，降低交易成本，达到规模经济，提高创新效益。

### 8. 提高国家创新能力

协同创新以亟待解决的重点问题为出发点，打破组织边界，整合人才、知识和物力资源，促进科学理论与实践需求的有机结合。同时，其是不同学科的优势资源共同致力于重大问题的破解与创新的过程。其中，不同观念的碰撞与启发、知识的交融与合作、方法的互补互动与创新，必然能促成新知识的生成与发展，新技术的研发与应用以及创新人才的成长和进步，从而促进国家自主创新能力的成长。

协同创新的组织保障是网络组织，协同创新的前提是资源互补性。战略协同机制使各个创新主体的理念、目标、任务具有方向一致性；在信用保障体系支持下，契约协同机制使契约的生成与执行有序进行；资源协同机制突破不同主体之间的壁垒，兼顾不同创新主体之间网络和各个主体内网络的差异性，针对创新资源在网络中的分布状态，使不同节点通过知识流获取资源的占用便利，并基于彼此权限共享知识，使优质创新资源在各个创新主体之间的不断整合、流动与共享；实现共担风险、共同投入、成果等利益共享。

重大科技突破极大地促进技术在产业链上的显著进步，也促进生产与服务的商业模式、盈利模式、产业形态的变革。其中，先进制造技术对传统全球生产体系的作用因国际分工格局的变动而调整，价值链在互联网作用下重新整合，为跨创新协同创造条件。

创新主体成为网络中集散节点，对于整个网络的演化发展具有决定性作用，新加入的主体也倾向于与那些联系较为广泛且实力雄厚的主体建立关系，包括正式合同和非正式交流及沟通，通过正负反馈机制促进网络内知识和信息的交流交换、转型升级。

随着各种资源在网络中流动，各个主体的利益来源变得更加多样，企业得到的收益除由新产品、新技术带来的显性收益外，还存在着由于参与协同创新而获得的研发人员和个人的技术水平提升、人力关系渠道拓宽、与其他创新主体的关系提升、社会声誉提高等隐性收益。研发人员的创新能力，也是在合作尤其是在协同创新的过程中提高的。因为在动态多层次协同创新网络中，要素关系变得日益错综复杂。同时，完全开放决定了协同创新网络边界的模糊性。知识、制度、市场、文化等要素之间的协同活动，构成不同的创新要素协同模式，使组织要素彼此耦合。

研发人员对知识信息流、资源流进行有效搜索、嫁接和转移。这是通过研发平台实现的。研发人员能够及时了解、掌握和获得不同领域与专业的最新知识信息及技术资源，不断拓宽他们的视野，随时抓住跨技术融合的机遇，使研发人员的创新能力实现跨越式发展。据统计，1901—1972年的286位诺贝尔奖获得者中，有185位是通过与他人合作研究而获奖的。

(二) 提高研发效益和效率

协同研发，知识、技术、信息、人才等创新资源共享，可显著降低研发成本与风险，产生单一创新个体无法企及的整体协同效应。其最常见的形式是共享要素平台，在上游研发环节构建共享技术平台，从研发成果的形成、流转与应用等诸方面提高研发效率，在下游销售环节构建共享市场平台，扩大内生性销售规模，以及促进上下游环节之间的互补互动互惠。

协同创新网络形成后，往往能降低整个系统的成本，是因为规模经济与网络学习效应的发挥、成本的降低以及网络经济的利益实现（吴思华，1996）。通过研发主体之间协同，可以用更低的研发成本创造出同样或更高的研发绩效。研发成本一般分为三部分：①过程成本，包括研发项目搜寻成本、研发成本、试生产与试营销成本等；②管理成本，主要是指为实施创新而投入的人力和资源管理等成本；③风险成本，项目失败而导致的成本。实施协同研发，如我国的中车集团，通过母子公司和子公司之间的信息、技术、设备等共享，通过集团内部各个职能部门之间的沟通交流，如营销部门及时将市场信息回馈研发部门，可有效地降低上述成本。根据消费需求研发产品，尽可能提高顾客满意度；研发部门及时将产品生产要求传达生产部门，可有效地降低沟通成本等交易成本，通过集团内部实现研发协同，提高研发的组织效率与交流水平，降低研发项目失败的概率。

交易成本理论是新制度经济学的重要组成部分，试图解释企业为何选择以某种组织形式开展相关的经济活动，其基本前提是将生产和交易成本最小化作为企业行为准则。交易成本理论认为，人们在创新关系中进行经济行为时，面临着有限理性、信息不完全、投机行为等问题，这使人们不能像新古典理论所假设的在无交易成本的情况下进行决策。由于交易成本发生，交易中主体的资源异质性、交易不确定性、交易频率决定成本高低，并影响企业组织运作的选择。资源异质性在市场机制下伴随很高的转换成本，创新主体的资源异质性十分明显，协同创新可最大限度提高异质资源质量，并伴随付出比其他模式更小的成本，获取与转换的优势明显。同时，参与协同创新的主体在同一平台上进行知识和信息的频繁沟通与交易，主体之间的协同效应便会生成与需求匹配的、更有效率的交易行为和交易动力，更好地控制个体有限理性和投机行为的风险，降低交易成本。同时，各个主体通过互补互动使彼此关系更加密切，有助于建立更适于彼此观察、监督的机制。基于资源基础论视角，分析该理论把网络作为多种资源的集合，并用不同资源的异质性解释企业可持续的发展优势和相互之间差异。该理论中，企业基础资源具有四个特性：一是有价值；二是稀缺；三是无法复制；四是无替代品。要在竞争中保持持续优势，企业就必须拥有这些特殊资源。在开放式创新背景下，创新逐渐趋于过程的各个环节并行化、资源集成化和行为主体协同化。如国外的种业公司，都是以企业为主导、育繁推模式一体化、市场化、分工专业化、运行集约化、创新协同化。新产品的选育、繁殖、推广环环相扣，有机衔接，既符合种业的客观规律，又与市场经济相适应，使前期研发与后期推广相互促进，共同提高，形成高投入、高产出、高回报的良性循环，企业得以迅速扩张。

降低交易成本，使企业达到合作研发、知识共享、风险共担，进一步降低交易成本等目的。在以策略联盟为实现形式的协同创新网络中，各个经济主体之间的协同和合作活动本质上是一种价值创造活动，这些活动以各个经济主体所拥有的资源为支撑,通过资源互补、共享和在分工基础上的合作方式来实现。降低成本的可能途径是:①通过技术与市场的互动互惠,减少技术搜寻和试营销成本;②通过研发部门、生产部门和营销部门的互动与协同,增加彼此之间信任,减少组织成本;③通过提高组织效率来降低创新失败率;④在网络中,各个主体互动和接近,信息资源共享,公共技术和公共平台共享,有效地减少重复建设、重复研发,实现专业化分工,减少过程成本,提高创新资源利用率,增强创新行为的有效性;⑤通过协同创新网络,不仅降低创新的不确定性,分摊成本,而且还规避或减少创新的风险成本。

20世纪末,为开发256兆芯片和大规模集成电路,日本东芝公司与国外两家大公司建立合作研发网络,融合这三个公司的技术,使研发时间缩短,研发成本降低,确保东芝公司在大规模集成电路市场上的份额。创新组织以攻关某一难题、开发共用知识为目标,整合有关资源,在课题选择、资金分配、组织架构上遵循市场规律和科研规律,科研机构供给先进知识与人才的储备和更新,金融机构、中介机构、风险投资机构等作为创新相关的资源持有者提供服务支撑,形成创新驱动的可持续动力和可持续发展的条件。

知识从外部向网络内部扩散的渠道是:①通过专业市场和人才流动;②通过全球网络、知识转移与知识网络对接;③通过与国际领先的盟主建立标准和技术联盟;④通过与著名科研机构联建技术中心、实验室等,获取关键知识等资源,增强知识积累和知识能力。合作在更大范围内获取资源和"组合生产要素",创新往往是借助协同创新网络来实现的。

协同研发体现为集团内部或网络内部各个公司或各个部门、各个组织以及研发人员之间的协同关系,研发工作不仅是研发部门的职责,而且要求相关部门的配合与协调,任何一个相关部门都在协同范围内,尤其是通过研发部门与营销部门的配合,可及时获取消费者的需求信息,形成以市场为导向的研发机制,并在协同研发的导向下,有效地减少组织的摩擦成本,快速响应市场变化。研发协同,可以企业集团为研究对象,强调企业集团内部的母公司和子公司之间、各个子公司之间、各个公司内部研发部门与相关职能部门之间、研发团队之间等的协同,其中集团的战略、文化、激励、考核以及集团对于创新的重视程度,各个层面、各个方面的工作状况对研发协同均有很重要的影响。

(三)弱化创新环境的不确定性

协同创新网络使不同的创新主体之间建立起牢固的技术合作联系,使创新活动与需求之间建立起密切的联系，可降低创新的风险与不确定性。如在新产品的设计阶段，设计工程师可同生产工程师及产品设计部门进行深度的合作和交流；在产品试制阶段，研发人员可与一线生产工人、生产工程师合作，不断改进工艺过程，使产品开发成本的不确定性降到最低点；在产品营销阶段，研发人员可及时获得对创新产品的需求信息，为完善创新产品和进行新一轮产品创新提供条件。这一切都意味着创新网络可以在很大程度上降低创新风险。

因为资源不足和对环境变动的信息掌握不足，需要实现组织带来的可预测性、稳定性及依赖性，并共担风险。这就促使创新主体之间发生联系，主体之间的关系紧密而稳定，协同创新网络比联盟更持久，因为其带来文化认同和信任这些可强化创新动力的支撑因素（Asheim，1998），提供隐性知识学习、交流、互补互动和传播的途径。隐性知识是难以用语言解释清楚的。创新活动的基本内容正是交流编码化知识和隐性知识，使各个主体对未来收益具有可预期性，大大提高创新主体的主动性和自觉性，产生创新乘数效应和协同效应。

因为技术溢出，创新成果尤其是工艺研发成果，很容易被模仿。曼斯菲尔德（Mansfield）等发现，60%的专利在四年内被模仿[1]，三年内，过半的创新产品被模仿[2]。因此，企业无法独占研发成果，专利制度也难以充分发挥保护创新的作用，这通常会挫伤创新主体的积极性。协同创新网络，可以把创新资源内部化和创新成果内部化，即创新成果不是在市场销售，而是在协同创新组织内部销售消化。

此外，协同创新网络的主体符合正当性需求和权威机构需求，与其他组织链接，并借以表达其投入产出等活动均符合合作伙伴的期望、规范与价值观，从而保全自身，规避被排斥。

同时，让消费者主权变成现实。在传统经济中，尤其是在生产短缺的条件下，生产什么，消费者就只能被动地接受，顾客至上、顾客是上帝，只能停留在口号上，消费者主权难以实现。随着新经济时代到来，这种分众化时代的消费需求取代了大众化生产模式，这使消费者权力得以实现。

### （四）跨组织网络的效用

关于这个命题，目前存在针锋相对的两种观点：①正方，网络中大

---

[1] Mansfield and Edwinetal, "Imitation Costs and Patents: An Empirieal Study", *Economic Journal*, Vol. 91, No. 364, 1981, pp. 907–918.

[2] Levin, Riehard C., "A New Look at The Patent System", *American Economic Review*, Vol. 76, No. 2, 1986, pp. 199–202.

量、永久性的链接具有高聚合性和高嵌入性，从而形成高水平的信任和分享，促进有价值的隐性知识扩散，这有助于网络中的成员提高创新能力（Boschma and Frenken，2010；Ter Wal，2013）。②反方，紧密的网络系统可能不利于探索、发现和创造新知识、新产品、新技术及新服务。若网络内部缺少链接，尤其是缺少跨越网络的链接，网络中的成员会变得闭塞，这种过度嵌入性使网络成员不容易发现新观点和新想法。高度集中的团体会减少成员的资源异质性，使新奇的创意和技术难以产生（Lambooy，2005；Powell and Koput，2009；Smith‐Doerr，2011）[1]。

研究结果显示，协同创新网络规模与创新绩效之间均呈现倒"U"形关系。如地理位置、网络平衡度对创新绩效存在显著的正向影响。相反，过大的地理距离意味着文化冲突更大，甚至使传播的信息扭曲和失真。一个组织在决定是否与其他组织共享资源时，主要取决于对未来收益的预期以及相关风险的认知（Powell，1990）。但是，随着协同创新网络规模的继续扩大，存在一个拐点，即管理成本增加的劣势开始凸显，协同带来的多样性优势日益减弱，其对创新绩效的促进作用逐渐消失直至负向。大部分研究结论是：协同创新网络规模对创新绩效的影响不是简单的线性关系，而呈倒"U"形关系。

## 五 协同创新网络的乘数效应

乘数效应是指某一原始经济变量的数量变化直接或间接地影响那些被作用的经济变量而产生的宏观经济效应。科技创新带来了巨大的乘数效应。据测算，在航天科技上投入一元钱，可产出 7—12 元[2]。"互联网+"让传统制造业向着价值链高端努力攀登。

国外研究中，福格尔（Fogel，1964）对美国铁路史的实证分析证明，基于技术革命的多重创新而不是个别创新所带来的乘数效应才是经济增长的首要原因[3]。德布瑞森（Debresson，1991）从长波理论视角探讨创新的

---

[1] Lambooy, J. and Smith‐Doerr, K., "Do External Knowledge Sourcing Modes Matter for Service Innovation? Empirical Evidence from South Korean Service Firms", *Journal of Product Innovation Management*, Vol. 31, 2014.
[2] 康磊晶、高晓明、王颖昕、饶成龙：《国防预研成果价值评估方法研究》，《航天工业管理》2014 年第 5 期。
[3] Fogel, R. W., *Railroads and American Economic Growth: Essays in Econometric History*, John Hopkins, 1964.

乘数效应与加速效应①。森古塔（Sengupta，1998）探讨初级产品销售产生的乘数效应对于高技术企业获取竞争优势的重要性②。

国内研究中，纪玉山（1998）最早基于网络效应视角研究技术乘数效应，并利用投入产出法从宏观上分析网络经济的乘数效应③。

总的来说，与乘数理论在其他领域较为深入的研究不同，学术界对于创新乘数效应这一重要学术命题的探讨还很不充分，有待于拓展。

创新及其扩散产生促进经济增长的乘数效应是一个起于微观达至宏观的复杂过程。这一过程的解析，学术界基本上遵循索洛开创的总量分析法的研究路径，其基本思路是：采用柯布—道格拉斯总量生产函数因素分析法或回归分析法，将一国经济增长中不能解释的份额（索洛余量）归结为创新。该分析基于总量生产函数模型，对影响经济增长的诸因素进行计量核算，其实质可归结为增长核算理论的范畴。但是，这种核算是一种纯粹的经验性检验，无法揭示创新促进经济增长的发生机理。纳尔逊和温特开创的演化经济学发现了新古典和新增长理论的不足，指出技术进步是一个非均衡过程，存在较大的不确定性，具有路径依赖特点，是一个需要较长的时间调整的过程，难以进行精确的定量分析。然而，若说任何随时间变化的系统本质上都是演化的，生物世界的演化有基因可检测，那么经济增长中的创新是否可测？如此疑问，演化经济学的解释并不令人满意。创新乘数效应的发生机理问题仍未解决。本书通过扩散路径和组织载体两条分析路径，对创新乘数效应的发生机理进行阐释。

（一）创新扩散的时空展开

创新乘数效应产生的途径是创新扩散，它是创新随时间的推移在空间上传播、转移和推广应用的过程，有创新采用者在时间的数量累积过程，又有不同潜在采用者在时间上的数量累积过程，是一个时空统一过程。这一溢出效应只是创新产生乘数效应的一个特定表现，若想揭开始于微观层面的创新活动何以推动宏观经济增长这一"黑箱"，还需要在一般层面揭示创新乘数效应的内在运行机理。熊彼特认为，创新会给创新主体带来垄断利润，吸引众多企业纷纷模仿创新，引发技术扩散，使创新的经济效应由单个创新企业获得超额利润扩展为所有应用该创新成果的企业获得整体

---

① Debresson, C., "Technological Innovation and Long Wave Theory: Two Pieces of the Puzzle", *Evolutionary Economics*, Vol. 1, 1991, p. 241.
② Sengupta, S., "Some Approaches to Complementary Product Strategy", *Product Innovation Management*, Vol. 1, 1998, p. 352.
③ 纪玉山：《网络经济的外部性与联结经济效能》，《数量经济技术经济研究》1998年第8期。

行业利润，最终引致宏观经济增长。同时，构成创新乘数效应的发挥过程，其实质是创新通过内在的运行机理在一定的时空限度内实现由微观层面向宏观层面的转移与扩散。这一过程的探讨始于莫克多戈尔的一般福利分析，他率先将技术溢出效应视为创新的一个重要现象。其后，众多学者都对相关问题持续展开深入分析。

1. 同质型市场扩散：规模经济的创新乘数效应

创新通过提高资本产出比和劳动产出比，推动企业扩大规模以获得递增的规模效应。创新是对既有技术水平的突破，其产生乘数效应的原因在于：创新及其扩散是一个建立在知识共享基础上的量的扩张过程，而在其共享的总成本形成之后，如知识共享的机构成本、组织成本、编码成本、搜寻成本、交易成本、接受成本等，会始终保持不变。即随着创新成果使用次数增加，平均共享成本相应下降，产生规模经济。

规模经济在同质型市场环境中体现得最为充分，但该市场的需求类型单一，导致竞争模式趋同化，若想赢得并保持竞争优势往往相当困难。此时，率先应用创新技术将成为企业赢得竞争优势的重要途径。通过将创新技术应用于生产，同时通过扩大生产规模、降低生产成本，建立一种独特的规模和成本结果，进而营造出强大的"先行者优势"。规模经济建立在创新标准化和技术水平稳态化的基础之上，其效应的大小主要取决于企业的资金和资源投入水平，且两者基本上同比例增减。因此，在规模经济中，企业创新乘数的规模呈单倍数级增长态势。当然，创新产生规模经济是有边界的，它要受制于市场范围的有限性，以及不同消费群体对产品的差异化需求。

2. 互补型市场扩散：范围经济的创新乘数效应

创新随着生产经营范围的扩大能给企业带来创新收益的范围经济。其是指企业联合生产两种或两种以上产品时的成本小于单独生产其中一种产品时的成本。其所分享的或联合使用的是没有完全拥挤的投入要素，如信息、知识等具有共享性的软要素。对同一企业生产相近产品的生产过程而言，是在本行业范围内进行创新，因为相关软要素的共享性，可以使相关信息、知识等共同的生产要素，不受资产专用性束缚，创新成果的形成和应用可从一个生产过程转移到另一个生产过程而不必支付额外的成本，从而降低成本。与规模经济强调通过产量规模来提高经济效益不同，范围经济强调生产既有关联性又有差异性的不同种类产品所获得的经济性。在互补型市场环境下，进行多产品联合生产，在空间上实现正的外部性，创造集聚效应。企业获得范围经济效应的大小取决于通用技术的使用范围和产品类别。在通用技术的适用性和产品的关联性不变的前提下，企业收益与通用技术的使用范围和产品类别成正比。由于创新既可形成和优化通用技术并拓展其使用范围，也可增加产业类别并提升产品的关联性，因此，在由创新带来的范围效应中，其乘数规模呈多倍数级增长态势。当然，创新产生范围效应也是有边界的，除同规模经济性一样受制于市场范围和差异化的需求之外，还受制于既有创新的配套能力，一旦出现"短板"，则会影响到整个创新及其扩散的效果。

3. 网络经济扩散：联结经济的创新乘数效应

在互联网时代，创新往往会形成建立在网络效应之上的联结经济，它使创新活动所带来的技术进步一旦在个别企业发生，就可通过发达的网络途径在全社会铺展开来，迅速实现创新的经济效果由企业层面到产业层面，再到宏观经济层面扩散。联结经济是指当信息化发展到互联网阶段时，多个市场主体通过互联网相互联结，建立起一种新型的竞争与协同关系。联结经济包括企业先期投入方面的共用生产要素的扩大使用带来的低成本甚至零成本，也包括创新产出方面的由多个创新主体相结合所创造的乘数效应。这使企业突破传统技术"瓶颈"所导致的时间和空间限制，大大降低交易成本，极大地提高社会劳动生产率，为经济发展提供新的生产潜力和动力。

联结经济在网络市场环境中所创造的网络效应体现为直接网络效应，即在网络消费中，消费者需求之间的相互依赖和边际收益递增；间接网络效应，即随着产品用户日益增多而增加附属商品的价值，而原来的网络用户效用也得到额外增加。在网络效应作用下，创新的经济效益将随着采用技术的经济单位的数量增加而递增。因此，创新乘数的规模在联结经济中呈指数级增长趋势。与规模经济性和范围经济性具有边界不同，基于网络效应的联结经济由于具有容量的无限性和传播即时性、边际成本近乎为零等特征，因而在理论上其创新乘数的规模具有无限扩展性。但事实上创新通过联结经济产生乘数效应仍存在边界，因为在技术、生产及市场网络中，创新扩散程度受到空间距离和市场结构接受能力及社会等多种因素制约，也面对创新扩散与转移中不可规避的交易成本和摩擦成本的增加。

4. 速度经济的时间效应：创新乘数效应的不确定性

实践中，受到多种因素制约，创新乘数效应很难达到其作用发挥的边界。单就市场因素而论，市场一体化状况将影响创新扩散的延伸程度和扩散成本；需求容量直接影响规模经济的发挥；特定区域的产业集聚水平直接影响范围经济的发挥；市场信息网络化建设水平直接影响联结经济的发挥。此外，上述三种效应的发挥还共同受制于基于速度经济的时间效应影响，因为创新及其扩散总是发生在一定的时间限度之间，所以，有不同的扩散和传播速度。速度经济是指企业因迅速满足需求而获取超额利润，体现的是企业对生产能力的利用强度。在市场变化加速时代，消费者日益重视时间效用，一旦决定购买，便希望商品早日到手，时间成为顾客需求的一个重要因素。因而以时间差异化作为企业差异化便成为企业所追求的一个有效手段。顾客快速多变的个性化需求与激烈的市场竞争环境所形成的微利时代，都给企业的生产经营带来巨大的挑战。将顾客需求迅速转化为高品质、低成本、个性化的产品，成为确立企业综合竞争优势的关键，这对创新的强度和频度都提出了极高要求。在现代市场环境中，创新的生命周期面临诸多挑战。在高端市场领域，更具竞争优势的新技术对原有的技术和设备进行"创造性毁灭"，使原有的旧技术成为创新的"固定负荷"，企业被迫面对如何处理传统技术和设备的先期投入的沉没成本问题；在低端市场领域，在位的技术领先企业面对来自落后或新进入企业基于"破坏性创新"所带来的冲击。在"摩尔法则"大行其道的信息时代，技术生命周期加速缩短且有"自增强"机制，在技术更新换代频率加大的情况下，创新若不能及时形成生产力，就可能在持续创新过程中被淘汰。企业的应对策略必然是让创新成果及早商业化，以防止被闲置或其效用未得到完全发挥即遭淘汰。因此，在基于速度经济的时间效应作用下，创新乘数效应的发挥具有很大的不确定性，产品生命周期理论所隐含的发展路径可能会随时因具有更新功能的突破性技术的干扰而消退。上述情况一旦出现，原有创新的乘数效应就会随之消失。

（二）技术创新与制度创新的耦合：乘数效应制度载体的演进

创新与制度相互依赖、相互促进，对立统一。创新总是以一定的组织制度作为载体的。在市场经济条件下，企业是创新最为重要的微观主体。钱德勒曾对此关系做过这样的结论：一方面，创新是组织制度创新的引擎，引起工艺改革、原料采购渠道变化以及不同类型的生产线运行，势必导致既有企业组织结构的调整；另一方面，通过组织制度创新、改善组织结构中激励、约束与协调机制，消除组织结构对新技术的障碍，企业增强实施创新的内在动力。伴随创新与制度创新耦合方式的变化，创新产生乘数效应所依赖的组织载体也呈现阶段性演进的特征。

1. 创新与福特制耦合：标准化生产的乘数效应

福特制是机器大工业时代的典型组织形态，这一时期，产品和创新速度较为缓慢，需求相对稳定，对应变能力要求不高，遵循"线性创新"

模式。一旦创新成果实现标准化，在整个产品生命周期内，都将维持技术标准的稳定性和可控制性。而产品的非标准性所带来的任何复杂性或定制工作都将扰乱生产过程，导致企业成本上升。福特制作为一种生产组织方式，很好地适应技术和产品标准化、需求稳定化和市场统一化的环境。其特点在于其所蕴含的规模优势使福特制的组织形式可有效地适应市场对低成本制造技术的追求，为工业制成品的"大规模生产"和大众式消费奠定基础。

但福特制的局限明显。首先，分工实现的劳动简单化，使直接生产者在生产过程中放弃自主性和决定权，这虽然有助于管理部门直接监督劳动强度，但却不利于工人技能的提高和能动性的发挥。其次，产品单一化，不能满足消费层次的差异性和消费需求的多样性。最后，获取廉价原料和能源的无限可能性，以及无限制地利用大自然作为生产和再生产"免费生产力"的前提假设过于严格。随着20世纪70年代以来国际分工模式、市场条件发生根本性变化，福特制的内在缺陷不断凸显，"后福特制"时代应运而生。

2. 创新与丰田制耦合：柔性生产的乘数效应

与以规模经济为基础的福特制不同，丰田制更加依赖范围经济的效应发挥。20世纪70年代以后，随着市场环境由稳定统一和具有可预测性向追求个性化、多样化和多变性转变，面对客户需求种类的不确定性，企业必须具备制造柔性，以便满足客户对新产品系统宽度变化的要求。丰田制在这一时代背景下应运而生。与福特制下的刚性制造系统相比，丰田制下的柔性制造系统具有灵活性、质量控制和最低限度的浪费等核心优势，通过与分包商和供应商建立合作关系，以较少的科层管理体系实现恰当及时的存货和订货管理，从而将规模经济、范围经济与灵活生产紧密结合，一度成为后福特制时代产业组织的基本模式。

需要明确的是，丰田制并没有彻底否定福特制，而是在继承福特制标准化、流水线作业等合理内核的基础上实现的"渐进式创新"。本质上，丰田制只是福特制的改良，两者都从属于追求规模效应和范围效应的垂直结构，其技术基础仍属于工业经济技术范畴。对于创设丰田制的日本企业来说，其所依赖的技术基础不是来自原始创新而是源于模仿创新。20世纪60—80年代，创新产品大部分集中在重化工业，其产品生命周期长，一项技术被模仿后，可有较长时期取得模仿红利，日本是那时这一红利的得主。而人类进入信息时代，产品生命周期加速缩短，产品创新周期少于"反求工程"所需要时间。模仿创新的速度跟不上创新的速度，此时擅长模仿者就失去了用武之地，丰田制的局限性在全新的技术环境和市场环境中开始暴露，新一轮组织变革呼之欲出。

3. 创新与温特制耦合：模块化生产的乘数效应

温特制是从20世纪80年代起随着个人计算机的推广而产生的，微软和英特尔共同构筑温特制平台，开创一种不同于福特制或丰田制的全新组织形式。温特制企业围绕着产品标准在全球范围有效配置，形成标准控制下的产品模块生产与组合，标准制定者在与模块生产者的分工合作中，最终在价值链的全过程中完成以双赢为基础的控制。企业以高新科技为基础，利用自己掌握的强大信息网络，以产品标准和全新的商业游戏为核心，控制整合全球资源，使产品在其能被有效生产出来的地方，以模块方式进行组合，为创新成果的社会效应极大化提供强有力的组织支撑。温特制时代，创新的最高目标是制定通用的标准技术，标准制定者同时成为市场垄断者，网络效应的"正反馈"机制使任何其他企业参与竞争，都要付出比以往大得多的代价。控制标准为企业带来巨大的垄断租金，如微软即以其强大的创新优势，掌握本行业的技术标准，形成上下游配合紧密、"相互支持"、规模庞大的网络产业链，缔造网络时代的商业奇迹。但技术标准的制定者并不能使整个行业丧失创新动力。一方面，在温特制的模块化生产结构中，各个模块供应商之间"背靠背"竞争具有"淘汰"性，竞争渗透进模块生产的所有环节和全过程；另一方面，在时间效应作用下，即使是在模块化系统中居于核心地位的标准制定者也无法摆脱速度经济带来的冲击，在面临后进入者的威胁和消费者追求新产品的求新偏好的双重作用下，必须强化创新力度和节奏，甚至不惜采取"自我吞噬"的策略，主动摧毁原有技术标准，通过技术标准的不断升级所带来的"瞬时"垄断优势来获取新的熊彼特租金，以期主导技术标准的制定权和发展方向。

长波理论认为，世界经济发展的轨迹表现为非均衡的波动形态，而长周期与生产过程中的创新和新产品的引入密切相关，每一个长周期都对应着一次技术革命的爆发和大规模扩散，进而引发整个经济社会的结构性转换。从西方发达国家的发展历程来看，创新乘数效应的表现形态在长期内也呈现周期性变化，如规模经济在机器大工业时代最先流行，范围经济与精细化制造业时代相适应，联结经济在网络时代得以张扬，而速度经济则在技术经济范式出现变革阶段最为活跃。就组织载体而言，为适应不同生产条件的要求，通过创设福特制、丰田制、温特制等企业制度模式，为创新乘数效应的生成提供有效的组织载体。当然，这些组织载体只是企业组织模式的典型代表，事实上，由于创新主体自身条件与外部环境的巨大差异性，适宜于创新乘数效应生成的组织载体的模式并不统一。

## 六 协同创新网络的演化与治理

以系统序参量为主要依据构建协同创新网络。在创新治理过程中，影响和支配协同网络治理方向与效果的序参量主要有目标的一致性程度、利益的分配和共享的合理程度、信息共享程度，这些因素对创新治理协同产生直接而决定性的影响。应当根据序参量的特点和要求来选择确定协同机制，反映创新治理系统中各个子系统之间存在的本质联系，通过对治理明确重点，提高协同网络治理的针对性；同时，通过序参量来构建协同机制，可以降低治理的复杂性，有效地降低协同过程中的风险。

复杂适应理论，即为适应外部环境，主体经过多次选择—合作—学习—选择—合作的过程，网络内主体之间的合作关系（黏着）稳定；若需要，主体又会去寻找其他创新主体进行合作，从而形成更大的联盟。同理，为适应环境的需要，主体与中介主体之间即可形成更大的网络体系，从而促进创新网络与创新成果的涌现。

网络演化的动力即创新主体在适应市场体制等外部环境而调整自身行为（刺激—反应），是一种从个体到整体、从微观到宏观的逐步涌现的过程。有两种不同的网络演化动力：自身动力和网络动力（D. J. Watts，2003）。前者是网络的各种链接的增减，即合作创新方式增减；后者则反映网络节点的创新行为变化，包括信息搜寻、知识学习、信息传播、作出各种决策等，即创新主体不断寻找合作伙伴、学习伙伴的创新经验和规避风险的行为。

创新系统学派认为，任何协同系统都包含协同意愿、共同利益目标和信息沟通三个基本要素。协同意愿是异质性个人行为有机协作的关键；共同利益目标是达成协同意愿的前提和基础；协同作用和协同意愿通过信息沟通相互联系，形成动态的协同过程。为实现协同网络治理，多元创新主体需要建立共同的协同创新愿景，对协同创新的使命形成统一的认识，这样，才能展开相应的协同创新行动。

### （一）共同的利益基础

协同网络治理除了需要统一的意愿，还需要微观主体的积极参与。微观主体之间产生行为协同的基础是具有共同的利益，这是协同创新网络建立的前提。改革开放以来，我国不同利益主体之间的矛盾时有发生，如何科学地调整利益关系，形成共同的利益基础，成为当前协同网络治理的难点。其主要包括公平稳定的利益分配、利益补偿、利益冲突调节机制。

(1) 确立按照资本、劳动、技术和管理等要素的贡献进行利益分配的原则，按照效率优先、兼顾公平原则，建立规范公正、符合市场经济要求的利益分配机制。

(2) 建立公正的利益补偿机制，在社会转型和市场竞争中，需要根据效率优先原则，使有创新贡献的群体和个人，特别是贡献突出的个人利益得到合情合理的满足和补偿。

(3) 建立利益表达及冲突调处机制，疏通创新网络结构中利益表达的渠道，往往能够减少群体性事件或极端表达意见的方式发生，成为减震器，也是展开创新治理的基础。制度化、畅通稳定的利益表达机制，即建立健全规范化和普遍化的对话协商、信息沟通制度。充分利用复杂的网络结构范型，建立畅通的利益诉求网络表达机制，让不同利益主体的要求得到顺畅表达，不仅减缓其对社会冲击可能产生的"蝴蝶效应"，更有利于及时解决创新过程出现的问题，提高政策支撑科技进步的能力。增进社会"条块"之间的沟通，减少不同利益群体之间的误解、猜忌，增进全网络，乃至全社会的利益共识；建立完善的公共决策社会公示制度、公众听证制度和专家论证制度，为公众的利益表达提供制度条件和组织条件；发挥中介组织提供创新服务、规范社会行为、反映社会诉求的作用，通过微博、微信、互联网积极主动回应社会关切的科技问题，引导公众合法理性表达诉求。

(4) 创新治理利益整合协同机制。利益是协同网络治理过程中最根本的序参量，构建系统、稳健的社会利益整合协同机制，有效地化解利益分化所带来的各种矛盾，确保整个创新网络的高效发展。

(二) 协同创新治理系统

当前，在创新协同效应的形成过程中，市场环境和政策等制度发挥关键的作用，并主要是通过政策制定、市场体制完善来促进创新网络的形成和发展，使创新主体在公平的环境、协同的文化氛围、良好的节点关系中提高创新绩效。因此，提高政府制度创新的能力，促进市场调节配置资源合理化，是发展和治理创新网络的重要举措。战略权变理论提出，作为一种复杂的创新策略或行为，合作的有效性受到市场环境的显著影响。竞争强度和动荡性是关于市场环境特征的两个重要变量。竞争强度是指企业产量占行业总产量的比重（包括互补产品或替代产品之间）反映的市场竞争程度。竞争越激烈，搜寻广度越大，就越有助于改善创新绩效，而搜寻深度扩大则不利于创新绩效的改善。因此，要合理设计和把握市场竞争的激烈程度，设计合理的治理机制。既有文献关于合作关系治理机制的研究涉及以下三个方面：①契约机制。治理分为事前治理机制和事后治理机制。

前者主要是通过正式契约、正式协议实现的。事后治理是非正式契约，是存在于企业之间非正式协议中的行为规则，对于合作伙伴关系的可持续具有更重要的作用。②信任机制。是一种非正式的治理机制，信任促进全方位的信息交流交换、增强获得知识的可能性[1]；有助于降低交易成本，促进企业之间的合作创新。在创新网络中，正式契约往往是不完备的。以信任为基础的非正式合同有助于建立和保持长期合作关系，促进知识共享和协同创新。③矛盾机制。即其潜在张力能够促进新思想的产生，从而促进创新。

利用互联网和大数据技术，识别出虚实"二相"创新网络中的关键节点，从而对这些节点进行有针对性的管控，增强创新网络的可控性，提高创新决策和治理的效率。具体包括以下七个方面。

（1）应急预警协同网络机制。通过完备的创新监测预警网络体系、应急管理协同机制（包括预防机制、应对机制和修复机制）、系统预测网络各个子系统的发展状态和协同程度，有效地评估、调整或强化创新治理模式，降低发生网络系统"脆弱性"风险的可能性。

（2）建立健全由宏观创新调控网络、微观调控网络和虚拟网络组成的创新矛盾调解应急处置协同系统，充分挖掘创新治理资源，形成创新治理合力，及时有效地把矛盾化解在基层和萌芽阶段，有效地提高创新风险防范和应急处置能力。

（3）创新治理评价、监督协同机制。通过建立科学有效的激励机制和约束机制，构建合理的创新绩效评估的指标体系，对创新运行的状态和结果给予评价，对创新协同的效果进行系统检验。

（4）监督机制在于用制度管人管事管权，"将权力关进制度的笼子里"。其包括完善政府重大信息披露和报告制度、重大决策听证和投诉制度、重大决策审计和风险评估和纠错制度。

（5）创新治理制度协同机制。积极发展创新组织，积极鼓励它们参与和提供创新服务，形成多元创新主体及多中心协同的创新网络，建立制度化的创新治理协同机制，充分发挥社会组织和公众的专业化、社会化优势，引导他们依法参与创新治理，有效承接政府购买的创新服务和委托的创新事务。

（6）创新诚信机制。不但加大奖励力度以鼓励守信者，而且通过严

---

[1] Narasimh, R., Swink, M. and Viswanathan, S., "On Decisions For Integration Implementation: An Examination of Complementarities between Product – Process Technology Integration and Supply Chain Integration", *Decision Sciences*, Vol. 41, No. 2, 2010, pp. 355 – 372.

厉的惩罚制度，对其行为进行约束，有效地提高全社会的诚信水平。

（7）尊重差异协同原理。创新系统发展的根本原因在于系统构成要素和结构的层次性、差异性与协同性。系统内部各个要素之间、子系统与要素之间、子系统之间协调一致的行为，产生系统的整体目标和特质，其整体协同效应的内因在于系统内部的差异性。协同绝不意味着消灭差异，但要防止过度差异。在创新治理过程中，各个社会主体的利益永远不会完全一致，存在差异性是必然的。

计划经济体制下以行政管理为主、追求同质性的社会管理思维，实践证明是低效的治理模式。

（三）协同创新治理机制

1. 创新治理多元创新主体复合的协同创新机制

创新系统是多层次复杂网络结构，这表明协同网络治理首先需要建立起多元创新主体之间纵向和横向复合的协同创新机制，这是协同网络治理的主要序参量。

通过创新治理网络中各个主体、各个层次围绕创新治理目标的协同行动，才能提升创新网络和社会的容错能力，实现创新治理的"帕累托改进"及社会整体功能的优化。政府是创新体制的供给者、创新资源的供给者和创新过程冲突的调节者，是创新主体中必不可少的重要组成部分。但是，在我国随着政府进行管理职能和组织结构上的创新，逐渐实现与市场融合，社会组织也逐渐拥有可以支配的创新资源和工具，开始通过参与创新治理积极支持、监督国家的政治权力和政府的行政权力。当前，针对政府公权力对其他创新治理主体具有很强的"挤出效应"，导致其生长缓慢，生存空间狭窄。建立创新治理多元创新主体复合协同机制的关键是要突破制度性障碍，通过制度创新，明确规范政府权力，保护社会权力，培养具有自组织能力的多元创新主体，围绕高效创新的治理目标展开充分的协同行动。对于公共权力的活动边界，政府要有所为有所不为。比如，在重大创新课题面前，政府能够提供资金帮助、基础设施供给，乃至直接实施，但政府无法提供科研人员的文化引导，创新关系的重建等微观服务，而社会组织在一定程度、一定领域中能够替代、补充政府的某些功能，这在实质上是公权力与公民权利之间竞合博弈的结果，而不是"零和博弈"。关系协调得好，就可以发挥社会组织积极管理社会的作用；如果处理不当，就有可能诱发创新网络不稳定的"蝴蝶效应"。

2. 创新治理公众参与的多中心协同治理机制

在复杂创新网络中，作为最基础的层级，企业和公众具有强烈的参与创新治理的愿望和动力，这就要求创新治理必须重心下移，重视公众的参与权，尊重公众的主体地位。公众参与创新治理本质上是社会自组织能力的体现。中国的改革开放所带来的社会结构转型，催生了企业和公众主体意识和参与意识的发育，当代中国现代社会日益增强的动态复杂性，显著地推进了企业和公众参与创新治理的形成和发展，政府的施政需要得到企业和公众的认可及参与，他们更多地希望通过听证会、电视问政、网络等多种途径积极参与与创新密切相关的公共创新政策制定及相应的创新治理活动。

3. 创新治理协同实施机制

协同网络治理的复杂性不仅来自治理活动的复杂性，还来自社会、市场和技术环境不确定性导致的治理过程的复杂性。构建协同网络治理的实施机制，是降低创新治理的复杂性和风险以及实现创新治理目标的根本保证。

（1）创新治理信息沟通与信息整合协同机制。有效的信息沟通机制也是统一、协调各个主体行为与目标的基本要求。依据复杂网络理论，需要建立起覆盖全面、协同共享的创新信息网络，尤其是在创新网络各个中心主体之间建立起程序化、制度化的信息交流机制。同时，充分兼顾互联网"虚拟社会"的特征，整合传统媒体、社区、网站、短信、微信、微博、电子邮件等多种信息采集方式，通过优化政府的组织结构，拓宽企业和公众的参与渠道，建立开放的行政决策与执行中企业和公众参与制度，建立多样化的议事机构，从立法和制度上确立一套公众参与程序，将政府决策的传统路径拓展为"企业和公众参与"的多中心协同治理合作形式，有助于创新主体了解对方的愿望和诉求，最大限度地增强创新共识；同时，有助于建立公共服务管办分离的制度化机制，政府不断地增加向社会组织购买公共服务的比重，理顺政府管理部门与公共服务供给主体之间的关系，提高企业家的管理水平，在多中心协同治理下，创新系统逐步走向有序化，涌现出良好的自我管理组织，自我管理和自我服务的能力也相应地提高。

（2）创新治理资源整合协同机制。即把创新治理系统中稀缺的、现实和潜在的、具有不同性质和来源的资源进行激活、配置与耦合，使其具有较强的系统性、协调性和价值性，实现整体配置与使用效用的最优，形成创新治理的系统性资源。目前，制约我国创新治理资源整合的单位制惯性依然强大，缺乏制度化的资源整合协同机制，导致创新治理需要的各种资源处于单位制度下条块割据的分离状态。为此，要充分发挥政府在创新资源整合协同中的主导作用，打破单位制惯性，通过政府有序让渡行政和创新资源，对创新治理的资源进行优化配置，把资源更多地投入创新网络的基本节点，确保应对各种创新问题所需要的各种资源得到最大化、最合理的使用；充分发挥基层组织在资源整合协同中的基础性作用，利用市场机制来配置创新资源；充分挖掘与整合创新习俗等传统创新资源和手段，调节创新关系，规范公众行为，优化创新治理。

# 第五章 高管创新激励协同实证研究

本章将高管创新协同激励系统与公司治理、市场机制的理论相结合,分别从内部治理机制、外部环境机制和综合机制三个维度研究高管创新协同激励系统配置的特性,提出高管创新激励系统与内外部环境的协同问题,研究高管创新激励系统与公司治理、市场机制、创新政策分工、融合、互动、共赢的协同效应。

创新驱动经济发展的主要性质是以人为本,即创新依靠人,创新成果造福于人。依靠人,在熊彼特看来,主要是依靠企业家创新。

既有研究,关于协同创新的机制与模式、特点与意义等研究虽然较充分,但是,对于企业高管协同创新激励的研究仍然较缺乏。

## 第一节 文献评述

激励协同的概念,由哈佛大学学者特里萨(Teresa,1993)最早提出,并构建一个激励协同模型。在协同论和激励论结合的基础上生成激励协同。其是指主体基于一定目标,对激励对象采取的激励因子之间的协同,因而产生"1+1>2"的协同效应(Amabile,1993)[1]。从内外激励叠加发展到激励协同论,再到有机整合论,后者虽然是对前者的修正和发展,但总体上看,对连接内外激励的协同系统仍缺乏整体的理论构建和分析。

特里萨通过实证研究,指出应采取内、外部激励协同的形式激励知识型员工,获得协同效应。基于协同论,人们发现通过激励知识主体能够明

---

[1] Amabile, M., "Motivational Synergy: Toward New Concept Ualizations of Intrinsic and Extrinsic Motivation in the Working Place", *Human Resource Management Review*, Vol. 3, No. 3, 1993, pp. 185 –201.

显促进知识转移、知识共享和创新，通过对知识联盟中各个知识主体的行为、动机及利益的分析，设计科学与公平的激励机制，加速知识共享、利用和创新，最终实现创新绩效的最大化。

## 一 高管晋升激励与研发

关于高管激励与企业绩效的文献虽然汗牛充栋，但是，国内对高管激励与企业创新关系的研究起步较晚，研究有限。张长征、李怀祖、赵西萍（2006）对此进行实证研究的结论是：经理自主权仅对企业规模与研发经费投入强度的关系有显著影响，而对企业规模与研发人员投入强度关系的影响不显著[1]。唐清泉、甄丽明利用2002—2006年披露研发支出的436家国内上市公司样本，发现薪酬激励与上市公司研发投入之间存在正相关关系[2]。王燕妮以2007—2009年年报披露的529家制造业上市公司研发投入为样本的研究结果表明：高管股权激励与研发投入呈正相关关系[3]。

一般而言，关于高管控制权作为激励与约束因素的讨论是针对现代公司制企业进行分析的。对于中国国有上市公司而言，高管控制权问题具有特殊的内涵。中国国有企业不是在契约基础上形成的，"剩余权"也就无法界定，这也是为何国有企业清楚界定"剩余权"十分困难的原因（周其仁，1997）。但是，国有企业的正常运转，需要一个权威，即排他性使用企业资产、对企业的生产经营活动进行管理决策的权力。在传统的计划经济体制下，层级性的行政管理体制，决定了对高管的根本激励在于控制权。在经济转轨时期，国有企业高管仍然具有行政级别，优秀的国有企业高管被提拔为更高一级的政府官员是"控制权回报"的典型表现。高管职务也多数源于行政任命或委派，主要不是通过高管市场进行选择的结果，而政治晋升、控制权回报这种隐性的报酬体系对国有企业高管的激励作用更强。高管的行政任命以及国有企业兼顾社会公平、充分就业的非利润目标使高管更加追求控制权回报、政治晋升等隐性激励，而对股权激励的敏感性不足。[4] 在中国社会崇尚权力且处于薪酬管制的情景下，晋升激

---

[1] 张长征、李怀祖、赵西萍：《企业规模、经理自主权与R&D投入关系研究——来自中国上市公司的经验证据》，《科学学研究》2006年第3期。
[2] 呼建光、毛志宏：《国有企业深化改革中的公司治理——规制与激励》，《社会科学》2016年第7期。
[3] 王燕妮：《高管激励对研发投入的影响研究——基于中国制造业上市公司的实证检验》，《科学学研究》2011年第7期。
[4] 王栋、吴德胜：《股权激励与风险承担——来自中国上市公司的证据》，《南开管理评论》2016年第3期。

励对国有企业高管更为有效。随着计划经济体制转向市场经济体制，效率目标的要求，政府逐渐将生产控制权交给高管，只保留对高管的任命权。与传统计划经济下的企业相比，目前高管拥有绝对的经营自主权，"控制权回报"给高管带来的满足是巨大的、全方位的。只要拥有控制权，即可直接利用职位满足各种物质和精神需要，"一旦拥有（控制权），无所不有"；反之，"一旦失去（控制权），一无所有"。

在我国，高管的控制权凸显，控制权的经济实现形式就是在职消费。由于对国有企业高管薪酬实施管制，并且长期以来，在高管管理方面一直存在"重奖轻罚"的情况下，高管进行过度投资的积极性更高，以追求更多的控制权收益，更加隐蔽的在职消费是最为常见的代理成本。在职消费在国有企业普遍存在，作为正常经营需要以及契约不完备性的产物，其作为高管的一种自我激励的方法，本身具有一定的合理性[①]。但是，迄今为止，有关控制权激励效应的研究结论仍然众说纷纭。授予控制权是解决委托—代理问题的有效手段，还是导致委托—代理问题的重要来源？要从控制权激励的本质和激励机理进行深入剖析。根据赫斯伯格的双因素论，与工作本身有关的因素才能真正起到激励作用。比较而言，薪酬是满足高管生存需求的，应该是一种保健因素；而股权激励这类基于绝对业绩的激励措施并不适合非常容易失败的科技创新（Manso，2011）；相反，由于晋升激励拥有连续多轮淘汰的机制，使激励周期更长，"择优"不"劣汰"的选拔机制允许高管失败且保证职位安全，所以，晋升激励是提升研发能力的主要措施之一[②]。Sharma（2011）、Kini 和 Williams（2012）、Shen 和 Zhang（2013）的实证研究发现，高管晋升激励能够显著增加企业研发投入。王昌林、蒲勇健（2005），张硕、赵息（2016）[③]通过实证研究得出，让高管享有控制权能够抑制创新过程中的机会主义行为。作为重要的隐性激励机制，控制权激励具有激励相容等正效应，将会促进上市公司创新。以利润等规模指标为主，晋升激励促使高管提高短期业绩；而当考核指标为研发支出时，高管则增加企业的研发投入[④]。这能够突出控制

---

[①] 王曾、符国群、黄丹阳、汪剑锋：《国有企业 CEO "政治晋升"与"在职消费"关系研究》，《管理世界》2014 年第 5 期。
[②] 康华、扈文秀、吴祖光、赵欣：《晋升激励、成长性与创业板上市公司研发投入》，《科研管理》2016 年第 10 期。
[③] 张硕、赵息：《资本投向差异与私利攫取——来自中国上市公司控制权转移的经验证据》，《会计研究》2016 年第 12 期。
[④] 俞鸿琳、张书宇：《高管晋升激励、考核机制与国有企业研发投入》，《经济科学》2016 年第 10 期。

权激励对创新的促进效应，并规避其消极效应。吴成颂、唐伟正、钱春丽以 2008—2013 年沪市 A 股制造业为样本研究发现，正常在职消费则能显著提升公司业绩。高管控制权与在职消费呈正相关关系，其是高管处理公司日常事务合法且必要的支出，也满足自身效用（陈冬华、梁上坤、蒋德权，2010）。同时，根据激励相容性原理，激励契约有效，要求高管在追求个人利益的同时，其管理行为所取得的客观效果，应同时实现委托人所要达到的目的。因此，对于那些控制权增加而实现自我价值的高管来说，控制权激励的积极作用最为有效，"晋升激励具有显著的风险促进效应"，其与企业研发投入之间呈显著正相关关系，且成长性能够显著调节晋升激励与企业研发投入之间的关系[1]。刘春和孙亮（2010）[2]、缪毅和胡奕明（2014）[3]、邵剑兵和朱芳芳（2015）[4] 均持有以下观点：①晋升激励能够促进研发投入，进而提升技术水平和创新能力，最终提升企业的生产效率和经营业绩；②晋升激励效果与公司成长性密切相关，只有高成长性企业的组织规模和层级才会扩张，这意味着晋升职位和机会的增加，因此，采用职位晋升而非现金奖励即可达到激励目的，同时，薪酬激励的效果有所减弱。与之相反，低成长性的企业晋升机会不多，而薪酬激励效果更显著。同时，诸如"在职消费"中，具有固定收益性质的薪酬占比越高，高管报酬与风险之间的不对称性越大，高管就越倾向于安于现状，甚至热衷于巩固他们既有的"地位"，而不去积极寻找与实施有利于企业价值增值的创新或其他长期投资（Sundaram and Yerillack，2007[5]；Devers，2008）。张兆国、刘亚伟、杨清香以中国 2008—2012 年上市公司为样本考察结果发现：管理者既有任期与研发投资呈倒"U"形关系；高管预期任期与研发投资呈正相关关系；晋升激励在既有任期影响研发投资中起到正向调节作用[6]。Rajan 和 Wulf 指出，一定程度上，在职消费为高管提供激励，但因其不透明使该激励机制难以奏效。俞鸿琳、张书宇以

---

[1] 张兆国、刘亚伟、杨清香：《管理者任期、晋升激励与研发投资研究》，《会计研究》2014 年第 9 期。
[2] 刘春、孙亮：《薪酬差距与企业绩效：来自国有企业上市公司的经验证据》，《南开管理评论》2010 年第 2 期。
[3] 缪毅、胡奕明：《产权性质、薪酬差距与晋升激励》，《南开管理评论》2014 年第 4 期。
[4] 邵剑兵、朱芳芳：《晋升效应还是财富效应：CTO 激励机制影响企业研发投入分析》，《商业研究》。
[5] Sundaram, R. and Yerillack, D., "Pay Me Later: Inside Debt and Its Role in Managerial Compensation", *Journal of Finance*, Vol. 62, No. 5, 2007.
[6] 张兆国、刘亚伟、杨清香：《管理者任期、晋升激励与研发投资研究》，《会计研究》2014 年第 9 期。

2007—2015 年在沪深两市的国有企业中董事长或总经理发生变更的情形为研究样本，总体上看，晋升激励对国有企业研发投入的影响显著为负①。由于"寻租效应"的存在，控制权激励也具有消极性，若没有配套的约束机制，包括有效的董事会监督、完善的信息披露制度等因素，控制权激励将被操纵，在高管拥有过大权力的情况下，控制权激励可能诱发代理问题，从而背离其初衷。吴成颂、唐伟正、钱春丽研究发现，当前约束中国上市公司高管攫取超额在职消费的力量主要来自公司内部治理以及外在政治因素，市场化程度的提高并未能产生明显的作用②。原因是市场化改革仍然没有到位③。

## 二　高管股权激励与研发

在所有权结构中，中国国有上市公司股权过于集中，普遍存在国有股"一股独大"的现象④。根据本书对 406 个高科技和制造业国有上市公司 2007—2016 年样本数据计算，国有股平均占比为 38.645%。就第一大股东与企业创新的关系而言，目前学术界对这两者关系的结论大致可分为正相关、非线性关系和不存在显著性关系三种。一般而言，大股东在公司治理过程中拥有绝对的控制权优势，大股东持股比例越多，产生的激励效应越大，就越能促进大股东加大对高管的监督力度，有利于改善公司的绩效。周瑜胜、宋光辉⑤选取 2007—2013 年上市公司研发投资数据，运用单变量分组差异检验和多变量回归分析的方法，研究发现，股权制衡度、机构持股对公司研发投资具有正向影响，而国家大股东、法人大股东、第一大股东、两权分离度对公司研发投资具有负面影响，大股东股权对公司研发投资强度有微弱的非线性影响；公司垄断地位对研发强度有负面影响，而行业竞争对研发强度具有正向影响；在交互性方面，行业竞争可减轻国家大股东或实际控制人对公司研发投资强度的负面影响，行业竞争与股权制衡在公司研发投资的影响上具有一定替代性。李小娟（2016）利

---

① 俞鸿琳、张书宇：《高管晋升激励、考核机制与国有企业研发投入水平》，《经济科学》2016 年第 5 期。
② 吴成颂、唐伟正、钱春丽：《制度背景、在职消费与企业绩效——来自证券市场的经验证据》，《财经理论与实践》2015 年第 5 期。
③ 王海峰、杨坤峰：《构建"一带一路"阶段性战略目标》，《中国发展观察》2017 年第 6 期。
④ 陈晓珊：《公司内外联合治理、在职消费与公司绩效——基于国有企业改革视角的实证研究》，《当代经济科学》2016 年第 4 期。
⑤ 周瑜胜、宋光辉：《公司控制权配置、行业竞争与研发投资强度》，《科研管理》2016 年第 12 期。

用275家战略产业上市公司2011—2014年的样本数据进行研究发现：在股权结构中，第一大股东，与企业创新能力呈显著的正相关关系，债务水平与企业创新能力呈显著的负相关关系[①]。与其他因素相比，高管在制定研发投入决策时会更多地考虑公司的财务状况及资本结构。这体现熊彼特的有关思想。大股东比小股东更加关注企业长期回报，Albert、Aghionl Hill、Snell[②]、Hosono、Tomiyama和Miyagawa均认为，机构投资者对创新有正面作用。相反，Yafeh[③]、杨建君、盛锁[④]则认为，股权越集中，企业创新投资就越少。李健、杨蓓蓓、潘镇[⑤]实证研究表明，企业股权集中度会弱化政府补助对创新可持续性的正向影响。杨凤、李卿云以深圳证交所2009—2014年创业板上市公司为样本，实证研究结果也表明：股权集中度的提高将减少公司的研发投资，而股权制衡则促进公司的研发投入[⑥]。股权分散有助于弱化大股东侵害中小股东利益的行为，促进公司长远发展，加大创新投资；机构持股比例越大，公司创新投入越大，这类似鲁桐（2014）的研究结论。相反，根据委托—代理理论，当公司大股东股权相对少且股权分散时，股东无力监管，高管因追逐自身利益最大化而减少研发投资。这些彼此矛盾的结论一般是在彼此不同的情景下产生的。

　　控制权结构，包括行政控制权和股权控制权。后者即实际控制人通过直接持股或金字塔控制、差异化股份持有等方式控制公司，导致其对公司拥有的控制权大于其所有权，而超额的控制权可能导致实际控制人攫取控制权收益，负面影响公司绩效。高管离职率高，也淡化高管的创新投入意愿（Kaplan，Minton，2008）。吴剑峰等（2014）指出，两权分离负向调节政府补贴与研发投资之间的关系，因此，两权分离可能会对公司研发投资带来负面影响[⑦]。这是因为实际控制人拥有超额控制权的收益追求，导

---

[①] 李小娟：《Top1、债务约束与创新——基于战略性新兴产业上市公司的经验证据》，《湖南大学学报》（社会科学版）2016年第4期。

[②] Aghionl, Hill, C. L. and Snell, S. A., "External Control, Corporate Strategy, and Firm Performance in Research – Intensive Industries", *Strategic Management Journal*, Vol. 9, No. 6, 1988, pp. 577 – 590.

[③] Yafeh, Y. and Yosha, O., "Large Shareholders and Banks: Who Monitors and How?", *The Economic Journal*, Vol. 113, No. 484, 2003, pp. 128 – 146.

[④] 杨建君、盛锁：《股权结构对企业技术创新投入影响的实证研究》，《科学学研究》2007年第25期。

[⑤] 李健、杨蓓蓓、潘镇：《政府补助、股权集中度与企业创新可持续性》，《中国软科学》2016年第6期。

[⑥] 杨凤、李卿云：《股权结构与研发投资——基于创业板上市公司的经验证据》，《科学学与科学技术管理》2016年第2期。

[⑦] 吴剑峰、杨震宁：《政府补贴、两权分离与企业技术创新》，《科研管理》2014年第12期。

致其不愿牺牲目前稳定的最大化利益而换取未来的风险创新收益。冯根福和温军的研究结论是：高管持股与创新存在倒"U"形关系，适度的股权结构更有利于公司创新[1]。Morch 等认为，在一定区间内，大股东股权产生正激励。但当股权过大时，其效应将由正转负。Shleifer[2]、Lee、Jian 和肖利平[3]也认为，股权集中与研发投资存在倒"U"形关系。随着大股东股权增加，其控制权也增加，大股东的监管能力增强将促进研发投资。但当股权占比过大时，股权激励的正效应将被利益掠夺的负效应所超越，将负向影响研发投资。盈利能力、上市年数都与企业创新能力呈显著的负相关关系，而两职合一与公司的创新能力呈显著的正相关关系（Core et al.，1999），严子淳、薛有志（2015）[4] 利用 2010—2012 年制造业主板上市公司数据，实证研究结果显示，当两职合一时，董事会权威增强、促进董事会为研发投入带来重要的资源。在国有企业中，两职合一的现象较多，是否增加研发投入？事实是，国有企业高管更多在乎短期目标，而不愿意投入更多的资源在具有高风险的研发上[5]。

一般来说，股权越集中，大股东参与公司管理改善的能力和动机就会越强，通过参与高管监管、薪酬激励及晋升激励的改进和完善，进而影响公司的综合绩效。在高第一大股东的企业中，盈利能力、上市年数及企业性质都与企业创新呈显著的负相关关系，而两职合一与公司创新呈现显著的正相关关系；董事会规模越大，对高管的监督力量越弱小（Core et al.，1999；Hwang and Kim，2009）。在低第一大股东的公司中，盈利能力、企业性质与企业创新呈不显著的负相关关系，上市公司年数与企业创新则呈显著的负相关关系（李小娟，2016）。中国上市公司董事会与监事会的监督职能未能较好地体现。原因可能是：中国多数企业设置董事会、监事会及其他一些委员会，但是，实际控制权还是掌握在大股东代表手中，董事会不时遭遇"治理尴尬"。公司内部治理情况表明，大股东在约

---

[1] 冯根福、温军：《中国上市公司治理与企业技术创新关系的实证分析》，《中国工业经济》2008 年第 7 期。
[2] Shleifer, A. and Vishny, W. R.，"A Survey of Corporate Governance"，*The Journal of Finance*, Vol. 52, No. 2, 1997, pp. 737 - 783.
[3] 肖利平：《公司治理如何影响企业研发投入？——来自中国战略性新兴产业的经验考察》，《产业经济研究》2016 年第 1 期。
[4] 严子淳、薛有志：《董事会社会资本、公司领导权结构对企业 R&D 投入程度的影响研究》，《管理学报》2015 年第 4 期。
[5] 罗党论、应千伟、常亮：《银行授信、产权与企业过度投资：中国上市公司的经验证据》，《世界经济》2012 年第 3 期。

束高管在职消费方面未能发挥预期的监督作用，其持股比例上升并不必然带来监督效率的改善，反而容易形成"一股独大"，诱发高管在职消费增加①。其内在原因可能是由于存在非薪酬激励契约，如政治升迁、高管声誉等。同时，随着资产负债率提高，企业自由现金流规模上升，可支配的现金流增加，高管在职消费的可能性增强。对于国有企业而言，薪酬计划一般由董事会决定，董事长与总经理两职合一、若国有企业股权分散且第一大股东持股比例越低，管理权力集中、高管权力越大，对公司控制权越强，由于利益主体之间缺失相互制约，也缺少互补互动，必然导致股票激励契约难以生效，引起高管对公司经营能力和业绩的主观评价，从而制定出有利于高管利益的薪酬计划。

学术界还较多综合考虑董事持股比例、董事会规模、董事会会议频率等董事会特征对公司绩效的影响，但是，目前并未得出一致意见。Yermack 以独立董事（独董）激励（工资、留用、名誉）为研究视角，指出对独董施加激励措施有助于提升董事对高管的监督力度，进而提高企业绩效②。由于外部董事的独立性和对内部董事的制衡性，有助于预防高管因短视而拒绝高风险项目；独董提供的专业化咨询意见有助于高管制定更合理的创新策略，促进企业研发活动的开展（Zahra，2000）。相反，Bhagat 和 Black 发现③，独董的比例和公司价值增加无相关性。一般而言，独董能否发挥真正的监管作用事实上取决于其能否对公司大股东形成真正有效的监督和制衡关系（陈晓姗，2016）。有关同一治理因子对公司研发的不同作用，乃至作用相反的现象，这应源于高管激励因子匹配性和协同性缺失。

### 三 高管创新激励因子协同效应

关于高管创新激励，从直接关联的监督视角看，一般考察单一高管激励因子与创新之间的关系；从动态权变的视角看，更加关注诸多的条件因素对于高管激励与创新关系的影响；从协同的视角看，应分析不同高管激励因子（包括薪酬、股票等显性契约及晋升激励等隐性契约）的创新效应差异与它们之间的互补互动关系。

---

① 罗进辉、万迪昉：《大股东持股对管理者过度在职消费行为的治理研究》，《证券市场导报》2009年第6期。
② Yermack, D., "Remuneration, Retention and Reputation Incentives for Outside Directors", *Journal of Finance*, Vol. 59, 2004, pp. 2281–2308.
③ Bhagat, S. and Black, B., "The Non-Correlation between Board Independence and Long Term Firm Performance", *Journal of Corporation Law*, Vol. 27, 2001, pp. 231–274.

既有文献对于在职消费的研究主要在委托—代理理论和效率理论这两个方面进行，且其均衡取决于公司内部和外部治理机制的协同有效性。因此，将公司内部治理机制、外部治理机制、控制权机制、市场机制与高管激励不仅纳入同一个分析框架，而且构成一个协同创新系统，非常必要且具有一定的现实意义。

高管绩效大小主要取决于激励契约结构是否合理，而不是激励力度大小（Stephen，2008），激励契约配置合理才能更快地促进创新发展。

关于公司创新与内部控制（公司内部治理）之间关系的学术研究，形成了内部控制促进论和内部控制悖论两种截然相反的意见，前者认为影响企业创新的关键是内部控制，而不是市场控制。方红星和金玉娜（2013）、李萍等（2015）、曾建光（2015）等认为，作为企业董事会、高管和员工共同实施的内部控制体系，通过规划、分工、授权审批、独立负责制度，明确各个部门、各个员工的权责，将创新过程制度化，对降低研发投资的代理成本和信息不对称起到重要的抑制作用；如建立良好的预算和考评等制度系统，明确地向各级员工传达组织的战略定位和可承受的风险边界；信息通畅机制使公司的创新能够根据环境变化及时进行微调以更符合科研立项的要求，进而促进公司创新。与之相反，Solomon 和 Brian - Low（2004）、Zhang（2007）[1] 则认为，内部控制制度化必然带来一定程度的管理僵化问题，这与创新所需要的经营灵活性之间将存在不可克服的矛盾（Jensen，1993；Kaplan and Norton，1996）。此外，内部控制严格势必加大高管的风险而减少其隐性收入，极大地弱化高管对风险性创新的投入意愿。在西方企业科技创新史中，内部控制的负效应已多次出现并广受关注。2004—2009 年普华永道在对美国公司创新的调查结果显示，很多高管陷入内部控制与创新的冲突之中。对中国制造业上市公司的理论分析和实证检验发现，整体上看，中国企业内控对创新投入和创新绩效虽有促进作用，但作用力不强[2]。具体表现是：创新活跃的公司中，内控加强对创新绩效的作用力较弱；在大部分处于中等创新水平的公司中，内控加强产生抑制创新投入的倾向；而创新消极的公司，内控对创新投入与绩效的改善作用并不显著。总之，内控手段即使众多，仍然不足以促使高管采取更为有利的创新行为。为使内控系统对投资者的监督更为有效，需要靠灵

---

[1] Solomon, D. and Brian - Low, C., "Companies Complain about Cost of Corporate Governance Rules", *The Wall Street Journal*, Vol. 10, 2004, A1.

[2] 张娟、黄志忠：《内部控制、创新和公司业绩——基于中国制造业上市公司的实证分析》，《经济管理》2016 年第 9 期。

活有效的外部控制系统运作①。其信号传递功能，可在一定程度上降低高管与内控系统之间的信息非对称性，提高内控系统的运营效率，使内控系统的监督更有效，且给定相同的合约，还使高管的剩余进一步减少，而分给投资者的剩余更多。因此，在加强内部监管的同时，不应忽视包括产品市场及控制权市场在内的外部控制系统的建立健全。美国资本市场的成功经验表明，市场的存在和完善对于健全公司的内部治理系统发挥重要作用（Jensen，1993）。学术界普遍认同竞争具有显著的公司治理效应，能够有效地缓解管理懈怠问题，进而提高公司绩效。竞争的正效应是因为其具有优胜劣汰的机制，促使高管增加研发投资，进而增强公司生存和发展能力。一般而言，公司内部治理机制包括大股东治理与董事会治理机制，外部治理机制包括产品市场及高管市场等竞争机制，这些机制协同使高管有能力且有意愿进行创新投资、促进价值创造。制度环境是决定公司治理效率的重要因素，没有有利于企业生存和发展的外部制度环境，设计再好的公司治理结构也会失效（刘汉民，2002）。希勒等（Hiller et al.，2011）指出，国家治理制度和公司内部治理对高管决策产生作用时会具有交互性。单个体制即使再完美，但是，若无其他配套体制相辅相成，其终究难以发挥更大作用。高管创新激励作为一个系统，任一单一的内部治理因子或单一的外部治理因子均难以持久奏效。希勒等（2011）指出，国家治理制度和公司内部治理对高管决策产生作用时会具有交互性。

迄今为止，有关高管激励契约与创新关系的研究，多考察单一的高管激励因子与创新之间的直接关系。但是，徐宁、王帅（2013）②通过实证研究，采用股权激励和薪酬复合型激励契约与采用任一单一型激励契约的企业相比，对动态创新能力的影响差异显著，前者明显高于后者。

高管激励系统是有机的，不同治理机制科学组合，使激励与约束达到一种有机平衡，其创新效用才是最大的。就效用而言，单一激励契约不如两种激励协同。不同的激励机制之间仍可能存在相互作用，单一激励因子作用的发挥受到其他激励因子互动效应的影响（陈冬华等，2010），尤其是控制权激励与股权激励可能存在互替效应（徐宁和徐向艺，2013）③。

---

① 郑志刚：《投资者之间的利益冲突和公司治理机制的整合》，《经济研究》2004年第2期。
② 徐宁、王帅：《高管激励契约配置方式比较与协同效应检验——基于中国高科技动态技术创新能力构建视角》，《现代财经》2013年第8期。
③ 徐宁、徐向艺：《技术创新导向的高管激励整合效应——基于高科技上市公司的实证研究》，《科研管理》2013年第9期。

但是，他们仍然没有通过实证分析，比较股权和薪酬组合与市场竞争和控制权组合这两个激励组合的效应大小。因为有效运营的公司不能单靠任一单一机制，而是要发挥整个激励系统的效用。高管激励契约体系是由诸多子契约构成的，不是任一单一的高管创新激励契约在发挥作用，而是通过两种、三种乃至多种子契约的整合而发挥协同作用[1]。创新导向的高管激励机制应是包含多个激励因子的整合，即内部激励与外部激励协同、显性激励与隐性激励协同，才能达到调动高管创新积极性的目的。

动态内生性视角的研究者认为，公司治理并不是一个静态结构，而是动态的平衡结构，任一单个因子的改变都可能引起后续连锁反应，影响高管激励的绩效。动态公司治理论是党印、鲁桐提出的。公司治理结构应随公司内外部条件的变化而不断调整，因而促进科技进步使企业增值，股东和利益相关者的利益最大化[2]。即在静态时，实现结构性公司治理系统优化，不同类型的公司应执行不同的治理实践，保持原则性和灵活性之间的平衡。治理结构通过董事会、监事会和高管的权责分配，实现三者之间的彼此制约与权力平衡[3]。股东大会、董事会、高管的责权利结构是包括创新绩效在内的多种因素共同作用的均衡结果，受当期和上期绩效的作用，也可能对当期和下期的绩效产生影响。高管激励对创新的促进作用是滞后的，董事会独立性最为显著，要两到三年才会见效。

动态代理理论认为，薪酬激励与股权激励之间效用是互补的[4]。完善国有企业内部与外部治理机制可有效地抑制高管激励操纵行为，如拓宽激励渠道、提高机构投资者持股比例、审计服务质量提高均可有效地规避操纵性薪酬的负面价值效应。

权变理论指出，不同外部条件下的公司价值创造，与高管激励发生作用的机理不同。梳理文献发现，部分学者开始关注经济、政治以及文化等外部环境，以及行业和公司治理结构等中观和微观环境。

德姆塞茨和莱恩（Demsetz and Lehn，1985）最早提出高管持股具有内生性，高管激励是公司治理、规模等诸多微观因素和宏观因素共同作用的均衡结构。在外生视角的基础上，超外生视角引入不完全契约理论。这

---

[1] Dale–Olsen, H., "Executive Pay Determination and Firm Performance: Empirical Evidence from a Compressed Wage Environment", *The Manchester School*, Vol. 3, 2012, pp. 355–376.
[2] 鲁桐、党印：《金融危机后公司治理研究的最新进展》，《产经评论》2014 年第 1 期。
[3] Edmans, A. et al., "Dynamic Executives Compensation", *Journal of Finance*, Vol. 67, No. 5, 2012, pp. 1603–1647.
[4] Ibid..

种理论认为，由于高管努力水平只能被单方面观察到，加之信息不完全性、有限理性以及交易不确定性等因素，契约不完全是必然的。契约结构很大程度上决定交易结果，因此，契约结构完善是超外生视角下的高管激励研究的永恒主题。在整合上述三种研究视角的基础上，超内生视角引入制度创新理论。即非均衡是制度创新的必要条件，因为制度均衡是暂时的。高管激励契约结构必然受到其所处的制度环境制约。

高管激励强度、公司治理与创新绩效之间是一个相互联系而内生决定的互动过程。在各个激励因子边际效用相等的均衡条件下，单独改善公司治理的任一个因子或增大任一个因子的激励强度都不会对公司创新绩效产生重大影响。

不同公司治理手段的创新效用是相互替代的，监管机制和激励机制是相互替代的[1]。不同治理机制的创新效用是相互关联的，一种治理因子的选择与其他治理因子的选择显著相关，其又与公司外部环境发生作用[2]。

高管激励的单个因子要与其他因子整合起来，相互融合、相互促进，才能更好地发挥其长期激励作用。高管激励对创新的影响是多种不同激励因子协同效用的结果，实证研究结果为各个公司治理因子之间存在互补效用提供证据。

企业为了缓和或消除激励冲突做出的一系列互补性契约安排，各个激励工具、不同治理机制的创新效用是相互作用（互补和替代效应）的，这对公司绩效的影响显著。协同即"两个或多个因子的相互作用"，从质和量上放大系统的效用，创造演绎局部因子所没有的新功能，创新价值增加[3][4]。

公司治理的各个因子与外部环境中的各个因子交互作用，共同对创新绩效起作用。

在职消费激励的有效性取决于高管消费与其贡献的正相关程度，同理，晋升激励有效和激励约束强度取决于高管的贡献与其所获得的控制权之间的对称性。徐宁、徐向艺基于创新经济学，运用2007—2010年中国

---

[1] 宋增基、郑海健、张宗益：《公司治理的监督机制与激励机制之间的替代效应——基于中国上市公司 EVA 绩效的实证研究》，《管理学报》2011 年第 6 期。

[2] 宋增基、郑海健、张宗益：《公司治理的监督机制与激励机制之间的替代效应——基于中国上市公司 EVA 绩效的实证研究》。

[3] Holmstrom, B. and Milgrom, P. , "The Firm as an Incentive System", *The American Economist*, 1994.

[4] 于雪然、胡艳：《高管激励与创新投入——来自创业板的经验数据》，《首都经济贸易大学学报》2015 年第 1 期。

高科技上市公司的平衡面板数据，进行实证检验的结果是①：控制权激励与创新能力之间存在倒"U"形关系，在经过控制权极值之前，控制权激励对创新具有促进效应，但经过此极值后，则产生抑制效应。若高管对于公司的贡献大于其所获得的控制权，即"激励不足"；但若高管获得的控制权大于其对公司所做的贡献，即"激励过度"，高管获得超过其贡献的控制权，同时他们也更有能力实施"寻租"行为，且能够及时采取措施掩盖此类行为，严重损害委托人及其他利益相关者的利益。此时，控制权激励便成为代理问题的重要根源。因此，合理配置显性激励与隐性激励，控制权适度激励，是促进上市公司创新能力的理性选择，是公司在高度动态的竞争环境中得以生存与发展的必要情景。

将上述激励理论整合成为协同激励理论，能够克服单个激励之片面性，对高管的行为动因做出更为全面、正确的解释。实践表明，每一种模式都各有千秋，但也都各有不足。国有企业高管激励模式的发展趋势是将多种激励模式综合起来、协同起来，注重市场竞争的外部激励作用，但不忽视国有上市公司治理的激励作用，激发高管的经营管理劳动积极性。在物质激励效果下降时，精神激励力度应加大。并且，要因时、因人、因企制宜，设计相应的激励方案。对高管的最佳激励应是物质激励和非物质激励在量上的一个组合。这一组合的含义是：在一定的激励成本约束下，使高管的效用最大化。所有者需要做的就是在最佳激励组合的情景下，决定最佳的激励成本，使其净收益最大化。

## 第二节　高管创新激励因子协同

关于高管创新激励，从直接关联的角度来看，一般考察单一高管激励因子与创新之间的关系；从动态权变的视角来看，更加关注诸多条件因素对于高管激励与创新关系的影响；从协同的视角来看，应分析不同高管激励因子（包括薪酬、股票等显性因子及晋升激励等隐性因子）的协同创新效应差异与它们之间的互补互动关系。

既有文献对于高管创新激励的研究主要在代理理论和效率理论这两个方面进行，且其均衡取决于公司内部和外部治理机制的协同有效性。因

---

① 徐宁、徐向艺：《控制权激励双重性与创新动态能力——基于高科技上市公司面板数据的实证分析》，《中国工业经济》2012年第10期。

此，将公司内部治理机制、控制权机制、市场机制等外部治理机制与高管激励不仅纳入同一个分析框架，而且构成一个协同创新系统，具有一定的现实意义。

2016年诺贝尔经济学奖得主霍姆斯特朗的重要贡献是提出多任务委托—代理模型和激励的平衡性原则与协调性原则①。激励分摊的平衡性与合理性要求多种激励机制的整合、协同，构建合理的高管激励契约体系，特别是寻求控制权激励、股票期权这些具有长期激励与约束协同的契约体系。同时，鉴于控制权激励的双重效应及其对创新影响的双重效用，应通过显性激励与隐性激励的科学合理配置，发挥和放大不同激励机制之间的协同效应，因此，将薪酬激励、股权激励、市场激励与控制权激励协同配置是公司高管创新激励系统完善的根本路径。

## 一 高管创新协同激励与外部环境

经济体制的健全与创新水平呈正相关关系。只有创新制度完善，发展中国家才有可能缩小与发达国家的科技差距（Fabio Manca，2010）。在法制缺失、政府过度干预时，产权保护制度在促进创新方面的作用弱化，公司内部治理系统可能为外部激励缺失提供一定的补充或发挥其替代效应。比如，强化独董的资质与效用，既可预防高管因短视而推行高风险项目，又提供管理专业化咨询，提高企业管理水平和创新效率，促进企业长远发展；通过薪酬、晋升、股票等各种激励促进高管加大研发投入，有利于企业发展（鲁桐、党印，2014）。在一定程度上说，公司内部治理机制与外部的政府监管也存在替代效应，当外部监管力度不够时，内部治理机制则弥补外部监管的不足（林钟高、徐虹、王帅帅，2017）②。

外部环境与公司治理的互补作用促进创新。企业经营活动所依赖的外部产权制度等基础条件应该由政府提供，国有企业治理规制的制定与运作都处于政府的设计和约束下。公司治理系统、市场结构、运作方式都与公司所处的制度环境相适应（North，1981；LLSV，1997，1998）。提高公司创新效率的关键，就是根据不同公司的经济特性，合理安排其资本结构，并根据其所处的体制环境设计治理系统（刘汉民，2002）。若政府政策及产权保护措施不当，即便公司治理系统先进也难以保障企业正常运

---

① 郑健雄：《霍姆斯特朗的契约理论与我国债转股改革》，《福建论坛》（人文社会科学版）2017年第1期。

② 林钟高、徐虹、王帅帅：《内部控制缺陷及其修复、合规成本与高管变更》，《河北经贸大学学报》2017年第7期。

行。公司治理因素与创新活动的正相关关系，需要以良好的外部制度环境为前提，两者存在互补效应。

Diamond 和 McConnet（1991）提出，资本市场完善使公司财务运行更规范，提高企业透明度，有助于降低信息不对称性，有助于增强资本市场对公司业绩的准确反应能力。公司内外部环境是相互影响的，最成功的公司治理制度应是将内部机制与外部环境机制有机结合（Denis，2001）。内部治理机制有效和外部环境有利是促进创新的重要因素[1]。外部方面，新制度经济学和法经济学认为，政府应为创新提供必要支持。不同的法律环境和市场体系与公司治理，决定国家之间的创新水平差异及经济增长的差异。高管激励契约随公司所处的外部环境的变化而相应变化，因此，股权激励制定必须结合外部要素进行分析。"效率市场假说"认为，高管应以有效市场作为其决策的背景依据。超产权理论认为，激烈的竞争将增大破产的压力，迫使企业改善治理机制，促使高管更加投入地经营企业，提高企业效益[2][3]。凭借价格保护机制，股东仍可获得来自市场竞争的回报，这能够替代显性的激励契约。市场对高管能力和道德等方面信息的综合反映，能够有效地甄别高管是否称职和尽职，因而代理问题并不突出，也不重要[4]。

市场化程度越高，高管薪酬对研发效率的激励效应越强。较为完善的公司治理机制，既是市场机制作用的结果，同时也会受到规制政策的影响。在2015年《中共中央、国务院关于深化国有企业改革的指导意见》下发前后关于高管薪酬、官员兼职和高管持股计划等一系列企业治理规制政策的推出，都力图使国有企业通过市场机制优化公司内部激励[5]。在规制的"执行论"下界定国有企业治理实践的合理性与规制的边界，指出规制的本质在于完善公司激励机制，而规制有效性则可通过投资者选票进行判断。陈修德（2015）认为，较为完善的公司治理机制，既是市场机制作用的结果，同时也会受到规制政策的影响。

La Porta 等（1998）认为，法制完善与资本市场健全具有同步性，在

---

[1] Diamond, D. K. and McConnet, J. J., "International Corporate Governance", *Jounrnal of Financial and Quantitative Analysis*, Vol. 38, No. 1, 1991, pp. 1-36.
[2] 刘凤委、李琦：《市场竞争、EVA 评价与企业过度投资》，《会计研究》2013 年第 2 期。
[3] 徐二明、张晗：《上市公司董事会监督机制替代效应对绩效影响的实证研究》，《经济理论与经济管理》2006 年第 10 期。
[4] 汪平、邹颖、黄丽凤：《高管薪酬激励的核心重构：资本成本约束观》，《中国工业经济》2014 年第 5 期。
[5] 梁彤缨、雷鹏、陈修德：《高管激励对企业研发效率的影响研究——来自中国工业上市公司的经验证据》，《管理评论》2015 年第 5 期。

法制和资本市场缺失时，高管实施盈余管理、审计和评估等第三方机构均不能有效地实施监督职责，资本市场对企业绩效的反应迟钝；在资本市场和法制较完善时，这些行为均因为受到严惩而不复存在，资本市场能够准确灵敏地反映公司绩效。在法律制度和资本市场较完善时，尤其是审计和会计及相关法律法规较完善时，通过关联交易而转移资产、操纵投资及盈余管理等各种灰色方式由于风险过大而难以实施；而且资本市场对绩效的反应也十分灵敏，股票市场价值将与公司绩效同方向变动。

市场结构对创新的驱动作用，有三种不同的观点：一是熊彼特为代表的垄断促进创新论；二是阿罗为代表的完全竞争促进创新论；三是市场结构与创新之间存在更复杂的非线性关系。完全竞争下，若企业市场份额过小，无力进行创新；只有市场份额提高，企业才有力量进行创新，但一旦企业达到寡头垄断或垄断水平，实力增强，竞争压力减弱，可能会倾向于独立研发，对协同创新的需求降低，即呈倒"U"形变化。

公司内部治理制度必定处于外部环境的约束之下。企业外部经营环境构成如下：一是法制，特别是知识产权制度的健全，这是创新最主要的制度保障；二是政府行为，旨在弥补市场激励创新的缺陷，提供创新必要的基础设施、营造化解风险的创新软环境，促进创新。

## 二 高管协同激励与内部治理

熊彼特认为，非均衡创新决定经济周期性。经济下行压力与创新论演进，学术界开始从创新的视角审视高管激励。传统创新论以熊彼特为代表，难以解释在相同环境中不同企业的创新绩效迥异。贝洛克（Belloc，2012）[1] 认为，深入探讨公司治理不同维度之间的交互关系及它们对创新的协同效应将成为未来研究重点。高管激励与创新关系已成为公司治理和创新经济学研究的重心，公司治理应以创新促进和价值创造为导向。基于公司治理结构的视角，探索高管激励对创新的影响已成为近年来诸多学者的专门研究课题。创新导向的公司治理理论提出，公司治理应为创新资源配置提供制度保障，即有利于创新。沙利文（Sullivan，2000）以创新经济学为基础提出组织控制论，即公司治理的核心问题是促进创新等价值创造活动，而不仅仅是进行价值分配[2]。通过组织控制替代市场控制，将企业的

---

[1] Belloc, F., "Corporate Governance and Innovation: A Survey", *Journal of Economic Surveys*, Vol. 26, No. 5, 2012, pp. 835–864.
[2] 卢馨、龚启明、郑阳飞：《股权激励契约要素及其影响因素研究》，《山西财经大学学报》2013年第4期。

重要资源配置到创新过程中去。本书认为,这一目标和手段的提出,值得肯定。但是,割裂分配与生产的关系,没有对高管进行合理激励的机制,创造价值的科技进步是难以出现的。价值分配的基础与前提是价值创造,只有创造价值,才有可能被分配。诸多环境因素会影响甚至决定股权激励契约设计是否合理可行。高管激励包括股权和薪酬激励与控制权激励,高管持股具有"激励与治理双效应"(黄群慧等,2015)[1]。公司治理与高管激励是互补互动的。公司治理会直接影响到股权激励的效用大小,其是创新的制度基础[2][3],其不断优化是股权激励能否发挥奏效的保障。公司治理水平越高,高管激励的动机越强。实证研究方面,大部分学者认为,高管激励与创新绩效呈显著的正相关关系,公司利润和权益分享能够促进研发,提高产品质量而使公司获益[4]。富余资源较多或业绩较好时,股票期权对研发支出有积极影响。高管激励方案必须容忍短期失败,如期限较长的股票期权等。激励契约设计方面,必须将研发投资作为高管考核和付酬的主要依据;增加高管持股比例,激励高管加大研发投资力度,提升公司未来持续盈利能力[5]。

高管薪酬结构主要决定于公司股权集中度、监事会规模、总资本结构等五个因素。股权集中度与高管持股占比、股权制衡度、独董比例、董事会规模和债权融资机制存在替代关系;但是,其与高管激励机制和债权融资机制是互补的。

大多数学者提出,薪酬激励与企业长期创新能力呈显著的正相关关系[6]。利润和权益分享能够促进研发、提高产品质量从而使公司获益。高管持股占比越大,与股东的利益就越一致,对监督的需求就越少,从而独董比例可能越低。

高管持股结构和领导权结构等均影响公司研发水平。一般认为,股权集中度有利于研发投资,大股东更关注长期回报。股权集中,大股东拥有足够的动力去监督高管,大股东监督力度较大,可能使高管利益与股东利

---

[1] 黄群慧、余菁、贺俊:《新时期国有经济管理新体制初探》,《天津社会科学》2015年第1期。
[2] 周宏、刘玉红、张巍:《激励强度、公司治理与经营绩效——基于中国上市公司的检验》,《管理世界》2010年第4期。
[3] 夏芸:《管理者权力、股权激励与研发投资——基于中国上市公司的实证分析》,《研究与发展管理》2014年第4期。
[4] 鲁桐、党印:《公司治理与技术创新:分行业比较》,《经济研究》2014年第6期。
[5] 刘振:《高管薪酬契约设计、研发投资行为与公司财务绩效》,《经济与管理研究》2014年第2期。
[6] 牛彦秀、马婧婷、李昊坤:《高管薪酬激励对企业自主创新影响研究——基于高新技术上市公司的经验数据》,《经济与管理研究》2016年第4期。

益相一致。股权集中与公司绩效之间呈显著的正相关关系，监事会治理水平和其独立性与股权的集中度和制衡度、股权竞争度均为正相关关系，与监事会行为有效性呈负相关关系。股权集中度越高，对高管的监督作用越强，这两者之间是互补的。王振山等（2014）以2002—2011年716家上市公司为样本的研究结论是[1]：高管持股占比、股权集中度、董事会独立性都与代理成本呈负相关关系，高管薪酬机制与股权集中度呈负相关关系、与股权制衡度、独董比例和高管持股比例呈正相关关系。独董比例与高管持股激励是替代关系，其与非执行董事比例呈显著的正相关关系，而独董比例与公司价值之间呈显著的负相关关系。国有股比例与高管持股比例、独董比例与第一大股东持股比例、资产负债率与高管薪酬，均呈负相关关系。独董比例与股权集中度呈负相关关系；高管薪酬机制与股权集中度和债权融资机制呈负相关关系，与股权制衡度、独董比例和高管持股比例均呈正相关关系。债务融资具有公司治理性质，其与股权集中度和高管持股占比呈负相关关系，与独董比例和高管薪酬激励呈正相关关系。在董事会独立程度强、权利相互制衡有效的情景下，高管激励效用最优。董事会和股东，对高管激励契约起到重要的监督和控制作用。高管股权激励与研发支出呈正相关关系，而受限制的股票与研发支出之间则呈负相关关系[2]。必须明确，股权激励的动机决定研发投入：激励型股权与研发支出之间呈正相关关系；而福利型股权激励与研发支出的关系并不显著[3]。

一般认为，创新与董事会规模之间存在倒"U"形关系，与独董比例呈显著的负相关关系。高管激励力度与研发投入之间呈倒"U"形关系，即高管激励达到极值后，随着高管激励力度的增加，研发投入呈递减趋势[4][5]。

总之，高管激励的绩效大小取决于相互影响的公司治理因子，其中机构持股比例、股权集中、高管持股比例、独立董事数量、董事会独立性、

---

[1] 周嘉南、陈效东：《高管股权激励动机差异对公司绩效的影响研究》，《财经理论与实践》2014年第2期。
[2] 姜涛、王怀明：《高管激励对高新技术企业R&D投入的影响——基于实际控制人类型视角》，《研究与发展管理》2012年第4期。
[3] 周嘉南、陈效东：《高管股权激励动机差异对公司绩效的影响研究》，《财经理论与实践》2014年第2期。
[4] 吴卫华、万迪昉、吴祖光：《CEO权力、董事会治理与公司冒险倾向》，《当代经济科学》2014年第1期。
[5] 徐宁、王帅：《高管激励与技术创新关系研究前沿探析与未来展望》，《外国经济与管理》2013年第6期。

股票期权激励均与研发投资呈正相关关系；高管激励与独立董事比例呈显著的正相关关系；当大股东缺乏制衡时，独立董事比例对绩效的促进作用显著降低。大股东股权竞争与董事会构成之间的效应是相互替代的，高管股权激励与大股东股权竞争、监事会与董事会构成之间的效应均为互补的（周建、刘小元、于伟，2008）。这表明中国上市公司的治理机制关系呈现出复杂的特性，提高高管激励水平，需要理顺诸多公司治理因子的关系，实现高管激励因子的协同配置。

基于治理捆绑论研究公司治理的各个因子的相互关系及其对公司业绩的影响，逐渐成为研究公司治理机制有效性的重要领域（Ghosh and Simans，2003）。治理捆绑论指出，由于信息分布的非对称性，引起单个治理因子的边际效用递减，甚至会因其过度使用而产生负面效应，其实际实现的经济效率一般是次优的，不同治理因子的科学配置组合才具有最优效用。公司治理的任一因子的创新效用都是互补的，高管加薪和独立董事比例增加、高管激励协同与大股东股权竞争、股权集中度和董事会构成与监事会行为、股权制衡度与独立董事比例之间均为互补关系，控制权和薪酬激励之间相互强化性显著；董事会独立性强，权利相互有效制衡，高管激励效用最优。控制权或任期激励和薪酬激励之间相互强化，存在显著的交互效应，大股东股权竞争与董事会结构之间的效用相互替代，高管激励与大股东股权竞争、董事会构成与监事会行为之间的效用是互补的。上述诸种公司治理机制的科学组合或协同激励才是最优的。作为一种治理体系，薪酬激励等各个因子，并非是独立存在的，而是要与其他治理因子互补互动，才能使治理系统最优。

### 三 高管创新协同激励与内外部治理

市场化改革带来的竞争加剧，促使股票收入激励逐渐有效，在一定范围内，其也与高管薪酬激励存在替代效应，与高管其他激励为互补效应。高管激励是引入市场强制力，与组织强制力互补互动。较为分散的股权结构与市场竞争之间是互补的，董事会治理与市场竞争之间存在替代性，两职合一也与市场竞争存在替代交互作用。公司之间业绩比较可消除市场波动的影响，辨识高管的能力与努力，增强激励效用。

代理理论和协同理论决定，高管激励制度应当介于市场决定的薪酬与公司治理决定的薪酬这两者相交的某一点上，单纯依赖某一个因子难以取得理想的激励效果。市场机制与政府调控属于外部作用，其积极作用依赖于良好的公司治理结构的建立，而外部系统可以调节内部治理机制的作用效果。公司治理结构内生于外部制度环境,政府干预必然会对公司治理体系产生影响。政府干预抑制高管激励功能,其与高管激励机制形成替代效应,而市场竞争能够强化高管激励的正向作用,促进社会效益最优。当然,声誉机制只有在重复博弈的合约安排中才能有效地发挥作用。

运用薪酬等经济手段激励高管,为短期激励;运用期权等远期实现的物质手段激励高管努力工作,为长期激励。两者的有机组合可增强持续的创新力,有效地提高企业近期和远期的经营绩效水平[1]。薪酬与股权都可以称作显性激励,而高管的在职消费则是隐性控制权权益的有机组成,并根据相关研究可知,两者具有替代作用。本书认为,在职消费等隐性激励与显性激励还应该存在协同效应。薪酬激励与股权激励对创新能力也具有协同效应,两者的有机整合才能对创新能力产生显著的促进作用[2]。因为年薪激励具有促进高管盈余管理行为的作用,股权激励则具有抑制高管盈余管理行为的作用。由于薪酬往往与公司短期绩效挂钩,当薪酬水平较高时,加剧高管的短期行为,高管偏重将较多的冗余资源用于保持既有业绩,而不会推行或实施风险较高的研发投资。

自从新制度经济学和法经济学兴起以来,许多研究指出,政府应支持创新。但是,当外部环境相同时,一些规模和市场影响相近的公司,创新绩效却截然不同,原因只能从公司治理结构进行解释。许多研究认为,由代理问题引发的公司治理结构对创新具有重要影响。创新的权、责、利配置是在公司治理框架内运作的,公司治理结构对利益的分配、创新的投入、权力的配置均有决定性影响。有效的内部治理和外部治理是促进创新的重要因子(Hiller et al.,1988)。

上述研究,大多针对所有上市公司高管的创新激励提出。本书在上述既有研究的基础上,提出如下假设:

假设1:若水平合理,国有企业高管晋升激励和政府补贴与研发投入呈显著正相关关系,且与薪酬激励存在协同效应。

假设2:国有企业高管股权激励、晋升激励、控制权激励和市场激励在对国有企业创新效用中具有协同效应,这三者有机整合才能对国有企业创新能力产生显著的促进作用。

---

[1] 魏颖辉、陈树文:《高管薪酬、股权、控制权组合激励与绩效》,《统计与决策》2008年第20期。
[2] 李建英、戴龙辉:《高管薪酬与盈余管理关系研究——基于中国上市公司的经验证据》,《华南理工大学学报》(社会科学版)2014年第1期。

## 第三节 研究方法与模型设计

### 一 样本选取与数据来源

参考学术界的相关研究，遵循国际公认的公司治理法则，充分考虑中国国企所处的治理环境与特殊历史阶段的实际情况，根据研究目标和可行性，参照李汇东、唐跃军、左晶晶（2013），苏治、徐淑丹（2015）[1]，毛其淋、许家云（2015）[2] 等学者的做法，按以下标准筛选剔除以下类型公司：①银行（无研发支出）、建筑、公用事业、交通运输、房地产、文化传媒、商贸零售、食品饮料、餐饮旅游等行业，后八个行业不但研发投入均不显著，而且其中的公用事业属于垄断企业，剔除垄断企业，与本书提出的以竞争性国有企业为研究对象相一致；②实施股权激励后连续三年公司严重亏损的；③三年内上市的；④数据严重缺失的，以确保比较的可持续性。仅保留 A 股的数据，剔除 B 股、H 股和 N 股的有关数据，以避免 B 股、H 股、N 股对 A 股信息产生的影响。最后，选取沪深两市 406 个国有制造业及信息科技上市公司为"样本国有企业"，时间跨度为 2007—2016 年的 10 年。始于 2007 年，是因为财政部、国资委于 2006 年 9 月联合发布国有控股上市公司（境内）《实施股权激励试行办法》，2007 年标志着股权激励开始。但是，研发投入、研发人员投入和专利这些产出指标，只能查到 2012—2016 年的数据。所有数据均来自 CSMAR 财经研究数据库、《中国工业统计年鉴》、上市公司年报，共获得 21 类 87830 个有效样本数据。只选取制造业及信息技术产业，这既能够排除不同行业之间拥有的创新模式差异过大生成的影响，制造业及信息技术更是当前中国经济转型升级的重点行业。

选取国有企业作为研究样本，因为国有企业虽然起着建设创新型国家主力军的作用[3]，但是，关于国有企业高管激励手段协同方面的研究仍然

---

[1] 苏治、徐淑丹：《中国技术进步与经济增长收敛性测度——基于创新与效率的视角》，《中国社会科学》2015 年第 7 期。
[2] 毛其淋、许家云：《政府补贴对企业新产品创新的影响——基于补贴强度"适度区之间"的视角》，《中国工业经济》2015 年第 6 期。
[3] 李政、陆寅宏：《国有企业真的缺乏创新能力吗——基于上市公司所有权性质与创新绩效的实证分析与比较》，《经济理论与经济管理》2014 年第 2 期。

不多。

## 二 变量设计与定义

（一）被解释变量

创新投入和产出两类指标通常用来衡量企业创新。创新投入指标包括：（1）研发投入是物质资本投入；（2）研发人员是人力资本投入。

创新产出指标：（1）无形资产或技术资产[1][2][3][4][5]，包括已实现的先进技术、专利权和商标权等公司创新产出，是企业创新活动所形成的非物质形态价值（顾群、翟淑萍，2012）；（2）专利指标。

（二）解释变量

主要高管激励因子以下两个方面：

（1）显性激励，即收入总水平（自然对数）=短期激励（前三位高管薪酬的自然对数）+长期激励（股票期权收入），使用两个变量衡量高管股权激励：①持股比例的自然对数变量；②股权激励（年末持股总数×年末股票收盘价）的自然对数变量。高管收入主要包括现金薪酬和股权激励两部分。刘绍娓、万大艳（2013）[6]，任广乾（2017）[7] 等均认为，高管的薪酬占比较大，而持股占比不大、零持股的现象较为普遍。而本书采用的样本中，高管零持股为 70 家公司，占比不到 18%，高管持股占 82.7586%。相反，2007—2016 年，本书样本公司所有的高管前三名名义平均薪酬虽然变化不大，从 2007 年的 1537790.866 元增长至 2016 年的 1647885.151 元；但是，考虑到物价每年上涨 2% 的情景，高管的实际薪酬收入下降了。

（2）隐性激励包括控制权激励和晋升激励两个方面。很多学者把这两者当作一个概念，如高管过度投资，以追求在职消费增加、社会声望和地

---

[1] 于东智、谷立日：《上市公司管理层持股的激励效用及影响因素》，《经济理论与经济管理》2001 年第 9 期。
[2] 章细贞：《竞争战略对资本结构影响的实证研究》，《中南财经政法大学学报》2008 年第 1 期。
[3] 徐宁、徐向艺：《控制权激励双重性与技术创新动态能力——基于高科技上市公司面板数据的实证分析》，《中国工业经济》2012 年第 10 期。
[4] 宋英慧、侯婧：《竞争战略对企业经营业绩影响的实证研究》，《工业技术经济》2014 年第 4 期。
[5] 苏方国：《人力资本、组织因素与高管薪酬：跨层次模型》，《南开管理评论》2011 年第 3 期。
[6] 刘绍娓、万大艳：《高管薪酬与公司绩效：国有与非国有上市公司的实证比较研究》，《中国软科学》2013 年第 2 期。
[7] 任广乾：《国有企业高管超额薪酬的实现路径》，《西南大学学报》（社会科学版）2017 年第 2 期。

位提升以及政治晋升等控制权收益[1]。我们认为，这两者区别是明显的。在职消费多少、社会地位高低，均取决于控制权大小，即职位晋升与否。控制权的实现形式是在职消费。晋升与否决定在职消费多少和水平高低。晋升意味着薪酬更高，在职消费更多，工作环境更好，成就感更强，控制权更大。对于高管来说，现有控制权是基础和出发点，而获得更大的控制权——晋升才是目标，才具有更大的动力。总之，控制权是静态的，晋升是动态的。既然这两者存在区别，本书把控制权激励和晋升激励分开来说明。

根据国泰安提供的数据和国家统计局的数据，本书计算的结果是：2007—2016年高管前三名、董事监事高管和职工年人均薪酬分别为523453.16元、227586元、45345.90元[2]，三者的薪酬比为100：43：8.6。高管前三名人均收入分别是全体董事监事高管人均收入的2.3倍、职工收入的11.54倍。薪酬差距如此之大，足以证明晋升激励能够给高管带来巨大的动力。

（三）控制变量

考虑到可能存在的变量缺失带来的估计偏误问题，加入一定的控制变量。控制变量包括对公司创新具有重要影响的公司特征和高管权力。

1. 公司特征

公司特征包括四个方面：①以总资产衡量公司规模。公司规模越大，不仅绩效越好，而且研发投入也越多。②以盈利水平衡量创新能力。熊彼特（1942）指出，盈利能力是影响创新能力的决定性因素。多数研究文献选取净资产收益率等某一个或两个会计业绩指标来衡量盈利能力，但是，单一指标的选择很难完全代表公司的业绩水平，采用的指标应更具有综合性，选取公司业绩评价当中两个最重要且有代表性的指标ROE、ROA来综合考察公司的会计业绩。其中，净资产利润率，作为公司绩效指标，是反映股东权益的收益水平及企业自有资本效率的代表性财务指标，是评价公司经营效益的核心指标。③成长能力也决定公司研发状况，用营业收入增长率表示（夏芸和唐清泉，2008；卢锐，2014）。④控制不同年度（$\varepsilon$）引起的影响。

2. 高管权力

借鉴芬克尔·斯坦（Finkel Stein，1992）、卢锐等（2008）、王烨等

---

[1] 步丹璐、文彩虹：《高管薪酬粘性增加了企业投资吗?》，《财经研究》2013年第6期。

[2] 综合《中国统计年鉴》、国有企业职工人均收入和2016年联网直报平台企业不同岗位平均工资情况，http：//www.stats.gov.cn/tjsj/zxfb/201705/t20170527_1498364.html，2017年5月27日。

(2012)、谭庆美（2014）、李小荣和董红晔（2016）①的做法，高管权力总量有以下广泛采用的四个指标。其中，前两个数据与高管权力呈正相关关系，后两个数据与高管权力呈负相关关系。①高管兼职。采用三分法赋分，即高管兼任董事1分，兼任副董事长2分，兼任董事长3分。当高管本身也是董事时，其影响力将增大，被监督的可能性将降低，高管权力增加；②高管持股，在董事会决策过程中的话语权增大；③股权结构。国有股占比越高，股东对公司的控制权越强，就越能监督高管行为，可减少高管自利行为，提升公司绩效；④独董占比越高，董事会越独立，董事会的监督作用越大。

高管控制权激励水平用在职消费度量。借鉴安格和科尔（Ang and Cole）的做法，陈晓珊采用公司管理费用率（管理费用占主营业务收入比例）作为在职消费的代理变量，计算得出样本公司的平均在职消费为0.3239，最大值高达1.6319，说明国有上市公司普遍存在较多的在职消费②。本书选取国泰安披露的八项费用之和与公司主营业务收入之比作为控制权激励比率③。本书样本的均值为0.226，说明国有企业的职务消费低于社会平均水平。

2012年以前，八项费用或在职消费失控、泛滥化，国有企业代理成本和企业成本剧增。但是，自2012年以习近平总书记为核心的党中央大力反腐败、出台"八项规定"以来，尤其是2015年后，所有国有企业的出国培训费、董事会费和小车费均不见了，只有一家公司把小车费修改为交通费；还有的公司出现"交际应酬费和会务出国费。一些企业，不便列出的在职消费，称为"其他"或"业务经费"，在职消费为0。这种情况下，这两种费用均应视为在职消费的组成部分。有些公司出现出国费用和出国经费，考虑到他们拥有涉外业务项目，没有把这两项费用计算到在职消费之中。

晋升用薪酬差距度量。晋升带来薪酬、在职消费、成就感等诸多利益，由于成就感等精神因子无法显性化或量化，薪酬才是制定公司激励合约时最为关注的因素（廖理等，2009），学术界现有两种不同的具体做

---

① 李小荣、董红晔：《高管权力、企业产权与权益资本成本?》，《经济科学》2016年第8期。
② 陈晓珊：《公司内外联合治理、在职消费与公司绩效——基于国有企业改革视角的实证研究》，《当代经济科学》2016年第4期。
③ 八项费用包括办公费、差旅费、业务招待费、通信费、出国培训费、董事会费、小车费和会议费。详见陈冬华、陈信元、万华林《国有企业中的薪酬管制与在职消费》，《经济研究》2005年第2期。

法：(1) 廖理、廖冠民、沈红波采用总经理薪酬与其余全部高管平均薪酬之差①；(2) 刘春和孙亮采用前三名高管平均薪酬与普通员工平均薪酬之差②。综合这两种方法，本书采用前三名高管薪酬的均值与全体董事、监事和高管薪酬的均值、职工薪酬的均值，三者之间的阶梯差额度量晋升激励。其中，不包括股权收入，只计算他们当年上市公司的应发薪酬，以保持各个层次人员的薪酬收入水平具有可比性。

3. 市场激励

市场激励采用两个指标：(1) 市场占有率，即单个企业主营业务产值占该行业的份额。(2) 勒纳指数，衡量市场竞争程度③。市场集中度越高，说明某公司对市场的控制能力越强，而行业竞争能力则越弱。

本书使用的被解释变量、解释变量和控制变量的变量定义描述如表5-1所示。

**表 5-1　　　　　　　　　　变量定义描述**

| 类别 | 变量 | 变量符号 | 变量定义与计算方式 |
| --- | --- | --- | --- |
| 被解释变量 | 无形资产比率 | INT | 无形资产总额/总资产 |
| | 研发投入强度 | RDI | 研发支出/主营业务收入 |
| | 研发人员强度 | RDP | 研发人员数量/企业总人数 |
| | 发明专利 | Pat | 发明、实用、新型专利 |
| 解释变量 | 晋升激励 | PI (promotion incentive) | 高管收入前三名收入、全体高管与职工之间平均薪酬差额 |
| | 薪酬激励 | SI (Salary incentive) | 高管收入前三名收入均值的自然对数 |
| | 政府补贴 | | 根据 Wind 数据库计算 |
| | 股权激励 | EI (Equity incentive) | 高管前三名持股量/总股份（权益薪酬） |
| | 控制权激励 | CI, Control incentive | 管理费用率＝高管职务消费总额/公司营业总额 |
| | 市场激励 | MI (market incentive) | 市场占有率、勒纳指数 |
| 控制变量 | 两职合一 | Dual | 高管兼任董事为1，否则为0 |
| | 国有股占比 | Top1 | 国有股或第一大股东持股数量/总股数 |
| | 独董比例 | IB insider | 独董数量/董事会成员总数 |

---

① 廖理、廖冠民、沈红波：《经营风险、晋升激励与公司绩效》，《中国工业经济》2009年第8期。

② 刘春、孙亮：《薪酬差距与企业绩效：来自国有企业上市公司的经验证据》，《南开管理评论》2010年第2期。

③ 勒纳指数计算公式：$L = (P - MC)/P$，式中，$L$ 表示勒纳指数，$P$ 表示价格，$MC$ 表示边际。

续表

| 类别 | 变量 | 变量符号 | 变量定义与计算方式 |
|---|---|---|---|
| 控制变量 | 总资产 | Size | 总资产的自然对数 |
| | 成长性 | Grow | 主营业务收入增长率＝主营业务利润增长率/总资产增长率 |
| | 资产负债率 | Lev | 负债总额/资产总额 |
| | 投资机会 | TobinQ、TobinQA、TobinQB、TobinQC、TobinQD、 | 股票市场价值＋资产账面价值－股票账面价值/资产账面价值 |
| | 盈利能力 | ROA、ROE | 净资产利润率、总资产贡献率 |
| | 年份虚拟变量 | $\varepsilon$ | |

资料来源：笔者整理。

## 三　模型设计

高管激励与创新投入的关系。借鉴既有文献的方法，以高管激励的各个因子为自变量，研发（R&D）为因变量，用以检验假设 1 和假设 2，建立多元回归模型：

$$R\&D_{i,t} = \alpha + u_i + \beta_1 PI_{i,t} + \beta_2 Top1_{i,t} + \beta_3 Size_{i,t} + \beta_4 Dual_{i,t} + \beta_5 IB_{i,t} + \beta_6 ROA_{i,t} + \beta_7 Grow_{i,t} + \beta_8 LEV_{i,t} + \varepsilon_{i,t} \quad (5.1)$$

$$R\&D_{i,t} = \alpha + u_i + \beta_1 SI_{i,t} + \beta_2 Top1_{i,t} + \beta_3 Size_{i,t} + \beta_4 Dual_{i,t} + \beta_5 IB_{i,t} + \beta_6 ROA_{i,t} + \beta_7 Grow_{i,t} + \beta_8 LEV_{i,t} + \varepsilon_{i,t} \quad (5.2)$$

$$R\&D_{i,t} = \alpha + u_i + \beta_1 EI_{i,t} + \beta_2 Top1_{i,t} + \beta_3 Size_{i,t} + \beta_4 Dual_{i,t} + \beta_5 IB_{i,t} + \beta_6 ROA_{i,t} + \beta_7 Grow_{i,t} + \beta_8 LEV_{i,t} + \varepsilon_{i,t} \quad (5.3)$$

$$R\&D_{i,t} = \alpha + u_i + \beta_1 MI_{i,t} + \beta_2 Top1_{i,t} + \beta_3 Size_{i,t} + \beta_4 Dual_{i,t} + \beta_5 IB_{i,t} + \beta ROA_{6i,t} + \beta_7 Grow_{i,t} + \beta_8 LEV_{i,t} + \beta_{9i,t} + \varepsilon_{i,t} \quad (5.4)$$

$$R\&D_{i,t} = \alpha + u_i + \beta_1 SI_{i,t} + \beta_2 EI_{i,t} + \beta_3 SI_{i,t} \times EI_{i,t} + \beta_4 Top_{i,t} + \beta_5 Size_{i,t} + \beta_6 Dual_{i,t} + \beta_7 IB_{i,t} + \beta_8 ROA_{i,t} + \varepsilon_{i,t} \quad (5.5)$$

$$R\&D_{i,t} = \alpha + u_i + \beta_1 SI_{i,t} + \beta_2 EI_{i,t} + \beta_3 CI_{i,t} + \beta_4 SI_{i,t} \times EI_{i,t} \times PI_{i,t} + \beta_5 Top1_{i,t} + \beta_6 Size_{i,t} + \beta_7 Dual_{i,t} + \beta_8 IB_{i,t} + \beta_9 ROA_{i,t} + \varepsilon_{i,t} \quad (5.6)$$

## 四　主要变量的描述性统计

本章主要变量描述性统计结果见表 5-2 至表 5-25。

先对各个变量进行描述性统计分析，然后进一步分析研发与各个高管激励变量和控制变量之间的关系。

表 5-2 显示，2007—2016 年十年来，无形资产占比基本上呈现逐年上升趋势。

表 5-3 和表 5-4 显示，2012—2016 年五年来，研发投入强度逐年上升，但研发人员强度逐年下降。

表 5-2　　　　　主要变量描述性统计（无形资产比重）

| 年份 | 2007 | 2008 | 2009 | 2010 | 2011 | 2012 | 2013 | 2014 | 2015 | 2016 | 2007—2016 |
|---|---|---|---|---|---|---|---|---|---|---|---|
| 平均值 | 0.0419 | 0.0473 | 0.0483 | 0.0466 | 0.0459 | 0.0502 | 0.0522 | 0.0524 | 0.0518 | 0.0515 | 0.0489 |
| 最大值 | 0.4022 | 0.3175 | 0.3176 | 0.4781 | 0.4465 | 0.3530 | 0.3570 | 0.3924 | 0.3788 | 0.3736 | 0.4781 |
| 最小值 | 0.0000 | 0.0000 | 0.0000 | 0.0000 | 0.0000 | 0.0001 | 0.0001 | 0.0001 | 0.0000 | 0.0000 | 0.0000 |
| 中位数 | 0.0267 | 0.0305 | 0.0333 | 0.0326 | 0.0349 | 0.0368 | 0.0392 | 0.0398 | 0.0399 | 0.0381 | 0.0357 |
| 标准差 | 0.0512 | 0.0526 | 0.0535 | 0.0511 | 0.0476 | 0.0532 | 0.0539 | 0.0535 | 0.0516 | 0.0522 | 0.0522 |
| 方差 | 0.0026 | 0.0028 | 0.0029 | 0.0026 | 0.0023 | 0.0028 | 0.0029 | 0.0029 | 0.0027 | 0.0027 | 0.0027 |

资料来源：以上描述性统计数据均为本书作者根据国泰安数据和历年《中国工业经济统计年鉴》进行计算整理。

表 5-3　　　　　主要变量描述性统计（研发投入强度）

| 年份 | 2012 | 2013 | 2014 | 2015 | 2016 | 2012—2016 |
|---|---|---|---|---|---|---|
| 平均值 | 2.8504 | 2.9892 | 3.5044 | 3.4866 | 3.4170 | 3.2615 |
| 最大值 | 28.8700 | 29.2400 | 137.4500 | 88.5600 | 41.0400 | 137.4500 |
| 最小值 | 0.0030 | 0.0100 | 0.0040 | 0.0100 | 0.0100 | 0.0030 |
| 中位数 | 2.4200 | 2.3050 | 2.4900 | 2.7250 | 2.6800 | 2.5150 |
| 标准差 | 3.1172 | 3.3937 | 8.1592 | 5.7312 | 4.0154 | 5.2759 |
| 方差 | 9.7169 | 11.5173 | 66.5726 | 32.8466 | 16.1236 | 27.8353 |

资料来源：以上描述性统计数据均为本书作者根据国泰安数据和历年《中国工业经济统计年鉴》进行计算整理。

表 5-4　　　　　主要变量描述性统计（研发人员强度）

| 年份 | 2012 | 2013 | 2014 | 2015 | 2016 | 2012—2016 |
|---|---|---|---|---|---|---|
| 平均值 | 20.6375 | 18.6440 | 13.0391 | 11.3528 | 11.3994 | 11.8380 |
| 最大值 | 42.7300 | 47.7600 | 77.3000 | 77.7500 | 76.8100 | 77.7500 |
| 最小值 | 3.2600 | 0.9000 | 0.2900 | 0.1100 | 0.1100 | 0.1100 |

续表

| 年份 | 2012 | 2013 | 2014 | 2015 | 2016 | 2012—2016 |
|---|---|---|---|---|---|---|
| 中位数 | 14.0500 | 13.1500 | 10.5250 | 9.0200 | 9.2950 | 9.4400 |
| 标准差 | 15.8023 | 16.5033 | 13.1098 | 11.1302 | 10.6883 | 11.5264 |
| 方差 | 249.7116 | 272.3595 | 171.8659 | 123.8804 | 114.2406 | 132.8574 |

资料来源：以上描述性统计数据均为本书作者根据国泰安数据和历年《中国工业经济统计年鉴》进行计算整理。

表5-5　　　　　主要变量描述性统计（发明专利数量）

| 年份 | 2012 | 2013 | 2014 | 2015 | 2016 | 2012—2016 |
|---|---|---|---|---|---|---|
| 平均值 | 80.9423 | 66.1961 | 112.4860 | 134.4200 | 105.4074 | 99.8695 |
| 最大值 | 1451.0000 | 2389.0000 | 3011.0000 | 3769.0000 | 3942.0000 | 3942.0000 |
| 最小值 | 2.0000 | 1.0000 | 1.0000 | 1.0000 | 1.0000 | 1.0000 |
| 中位数 | 21.0000 | 16.5000 | 28.0000 | 34.0000 | 30.0000 | 26.0000 |
| 标准差 | 191.7090 | 239.0644 | 342.3745 | 490.1906 | 386.8119 | 346.8391 |
| 方差 | 36752.3428 | 57151.7655 | 117220.3246 | 240286.7836 | 149623.4451 | 120297.3918 |

资料来源：以上描述性统计数据均为本书作者根据国泰安数据和历年《中国工业经济统计年鉴》进行计算整理。

## 第四节　实证研究与结果

从公司薪酬激励、股票激励、市场激励、晋升激励和政府补贴五个维度提出高管创新协同激励系统因子综合模型，结合数据，对实施高管创新协同激励系统前后的创新绩效进行对比分析，比较不同治理结构效用的大小，因而设计出高管创新协同激励系统模型。

运用因子分析法，提取原有创新变量（RDI、RDP、INT）中的信息重合部分，提取主成分，综合成最终因子。然后运用因子加权总分的方法，综合评价与测量创新能力。

### 一　五年数据分析

（一）五年完整数据分析

下面运用SPSS软件，对高管股权激励、政府补贴、高管收入前三名

### 表5-6 主要变量描述性统计（高管股权激励）

| 年份 | 2007 | 2008 | 2009 | 2010 | 2011 | 2012 | 2013 | 2014 | 2015 | 2016 | 2007—2016 |
|---|---|---|---|---|---|---|---|---|---|---|---|
| 平均值 | 86295547.66 | 12917120.73 | 32922830.11 | 66385187.93 | 85755022.46 | 75458231.4 | 89185203.98 | 108760831.4 | 130943555.9 | 139320838.3 | 82800000 |
| 最大值 | 26293302617 | 2137307280 | 3947266785 | 4960874885 | 16349601980 | 14270367000 | 18509483835 | 22232915604 | 21642745461 | 33726287031 | 33726287031 |
| 最小值 | 0 | 0 | 0 | 0 | 0 | 0 | 0 | 0 | 0 | 0 | 0 |
| 标准差 | 1375815509 | 116089442 | 249200714.5 | 440397968.1 | 867164479.5 | 749598730.8 | 949547140.6 | 1137560490 | 1155424309 | 1694562549 | 1004318601.9221 |
| 方差 | 189806850 | 13512792 | 62263564 | 194436461 | 753840175 | 563289094 | 903860559 | 1297231168 | 1338285445 | 2878614997 | 1008655854 |
|  | 1858700000 | 659941500 | 144045800 | 481980000 | 485689000 | 437202000 | 867652000 | 950550000 | 824520000 | 765340000 | 166720000 |
| 中位数 | 3800 | 3858 | 3718 | 2998 | 1450 | 1245 | 1450 | 1917 | 1500 | 1300 | 69166.5 |

注：406 个制造业及信息科技国企中，336 个公司实施股权激励，占 82.75862%。这是对目前关于大多数国有上市公司没有实施股权激励的判断的一个修正。

资料来源：以上描述性统计数据均为本书作者根据国泰安数据和历年《中国工业经济统计年鉴》进行计算整理。

### 表5-7 主要变量描述性统计（政府补贴）

| 年份 | 2007 | 2008 | 2009 | 2010 | 2011 | 2012 | 2013 | 2014 | 2015 | 2016 | 2007—2016 |
|---|---|---|---|---|---|---|---|---|---|---|---|
| 平均数 | 28248060.92 | 64876260.1 | 26457803.78 | 34861580.64 | 44587889.45 | 74648942.43 | 76535479.37 | 94172486.5 | 125528085.4 | 121728496.5 | 72897121.07 |
| 最大值 | 4863000000 | 16006000000 | 699504502 | 983000000 | 1225000000 | 2814000000 | 2908000000 | 3932000000 | 5002000000 | 5779000000 | 3874200000 |
| 最小值 | -23461000 | 20000 | -3076923 | 32327 | 50297 | 145399.99 | 50000 | 58993.2 | 130000 | 36180 | 179546.6225 |
| 标准差 | 281385436.8 | 862857873.6 | 59505978.47 | 82256559.24 | 105503549.8 | 233530174.6 | 225500884.8 | 309833150.9 | 427064510 | 411391234.9 | 281062268.4 |
| 方差 | 7.91778E+16 | 7.44252E+17 | 3.54096E+15 | 6.76614E+15 | 1.1131E+16 | 5.45363E+16 | 5.08506E+16 | 9.59966E+16 | 1.82384E+17 | 1.69243E+17 | 7.8996E+16 |
| 中位数 | 3106871.2 | 5371534.31 | 8746343.31 | 10288826.94 | 13428249.07 | 18104578.58 | 22762717.32 | 21947924.6 | 24935893.66 | 29064221.47 | 21749215.03 |

资料来源：以上描述性统计计算数据均为本书作者根据国泰安数据和历年《中国工业经济统计年鉴》进行计算整理。

第五章 高管创新激励协同实证研究

表5-8 主要变量描述性统计市场占有率（主营业务收入占行业总收入比重）

单位：%

| 年份 | 2007 | 2008 | 2009 | 2010 | 2011 | 2012 | 2013 | 2014 | 2015 | 2016 |
|---|---|---|---|---|---|---|---|---|---|---|
| 均值 | 0.97 | 0.81 | 0.75 | 0.71 | 0.69 | 0.66 | 0.65 | 0.68 | 0.62 | 0.62 |
| 最大值 | 47.03 | 37.07 | 18.63 | 18.42 | 15.37 | 9.81 | 8.92 | 8.18 | 7.65 | 17.29 |
| 最小值 | 0.01 | 0.01 | 0.01 | 0.01 | 0.01 | 0.01 | 0.01 | 0.01 | 0.01 | 0.01 |
| 标准差 | 2.39 | 1.93 | 1.69 | 1.60 | 1.54 | 1.48 | 1.46 | 1.48 | 1.41 | 1.40 |
| 方差 | 0.0571 | 0.0372 | 0.0285 | 0.0256 | 0.02372 | 0.02190 | 0.0213 | 0.0219 | 0.0199 | 0.0196 |

资料来源：以上描述性统计数据均为本书作者根据国泰安数据和历年《中国工业经济统计年鉴》进行计算整理。

表5-9 主要变量描述性统计（勒纳指数）

| 年份 | 2007 | 2008 | 2009 | 2010 | 2011 | 2012 | 2013 | 2014 | 2015 | 2016 | 2007—2016 |
|---|---|---|---|---|---|---|---|---|---|---|---|
| 平均值 | -0.003018484 | -0.051391845 | -0.024552317 | -0.131941031 | -0.135051274 | -0.008493769 | 0.001814373 | -0.01465697 | -0.055734813 | -0.026587601 | -0.441142427 |
| 最大值 | 0.625018216 | 0.657 | 0.62816046 | 0.615512983 | 0.670174078 | 0.711676358 | 0.702063355 | 0.687229711 | 0.663870899 | 0.721571326 | 6.563739706 |
| 最小值 | -13.1753 | -18.6023 | -18.2768 | -56.5488 | -65.0849 | -9.0239 | -1.2944 | -7.0386 | -6.3827 | -1.9217 | -131.2303 |
| 标准差 | 0.741393688 | 1.029482211 | 0.956197835 | 2.934425283 | 3.239390307 | 0.470474481 | 0.162406759 | 0.376677421 | 0.411002399 | 0.246483534 | 7.550530973 |
| 方差 | 0.5496646 | 1.05983362 | 0.914314299 | 8.610851739 | 10.51957891 | 0.221893946 | 0.026375955 | 0.142235686 | 0.168922972 | 0.060754132 | 57.01051797 |
| 中位数 | 0.0466 | 0.026081713 | 0.02975 | 0.03895 | 0.032882879 | 0.01855 | 0.01525 | 0.0124 | 0.0059 | 0.015981407 | 0.1964 |

资料来源：以上描述性统计数据均为本书作者根据国泰安数据和历年《中国工业经济统计年鉴》进行计算整理。

表 5-10　主要变量描述性统计（高管收入前三名收入总额）

| 年份 | 2007 | 2008 | 2009 | 2010 | 2011 | 2012 | 2013 | 2014 | 2015 | 2016 | 2007—2016 |
| --- | --- | --- | --- | --- | --- | --- | --- | --- | --- | --- | --- |
| 最大值 | 10459700 | 10386800 | 6560000 | 10459700 | 13878800 | 15890500 | 16753000 | 16978000 | 17692000 | 19035000 | 122584600 |
| 最小值 | 50000 | 92820 | 97200 | 102180 | 90000 | 184500 | 178000 | 220000 | 136500 | 122900 | 190760 |
| 均值 | 1647885.151 | 1642563.278 | 1621224.721 | 1610226.966 | 1606535.131 | 1603242.176 | 1599901.362 | 1597684.419 | 1567304.849 | 1537790.866 | 1570359.48 |
| 标准差 | 1637382.045 | 1661366.478 | 1646819.918 | 1634522.406 | 1627880.295 | 1491672.601 | 1600185.694 | 1582420.44 | 1563055.95 | 1542052.56 | 13723394.4 |
| 方差 | 2.68102E+12 | 2.68102E+12 | 2.68102E+12 | 2.68102E+12 | 2.68102E+12 | 2.68102E+12 | 2.68102E+12 | 2.68102E+12 | 2.68102E+12 | 2.68102E+12 | 1.88332E+14 |
| 中位数 | 1253900 | 1250000 | 1227050 | 1189400 | 1185650 | 1186100 | 1182850 | 1183000 | 1180000 | 1586867.681 | 11911600 |

资料来源：以上描述性统计数据均为本书作者根据国泰安数据和历年《中国工业经济统计年鉴》进行计算整理。

表 5-11　主要变量描述性统计（董事监事高管薪酬）

| 年份 | 2007 | 2008 | 2009 | 2010 | 2011 | 2012 | 2013 | 2014 | 2015 | 2016 | 2007—2016 |
| --- | --- | --- | --- | --- | --- | --- | --- | --- | --- | --- | --- |
| 人均值 | 135314.11 | 152449.58 | 159800.92 | 200838.39 | 235540.35 | 247831.50 | 259325.95 | 279357.79 | 300941.67 | 304460.11 | 2275860 |
| 最大值 | 37047000 | 35467000 | 36650000 | 41061802 | 40841200 | 52048700 | 41072000 | 58910000 | 82224000 | 66708000 | 82224000 |
| 最小值 | 129500 | 207660 | 105000 | 294000 | 322900 | 383200 | 405000 | 429000 | 556000 | 258200 | 105000 |
| 标准差 | 3515048.579 | 3654690.127 | 3962462.387 | 4441601.511 | 4848654.091 | 4984588.555 | 4820300.963 | 5546086.576 | 6664525.291 | 6018497.795 | 4940945 |
| 方差 | 123555665 | 133567599 | 157011081 | 197278239 | 235094464 | 248461230 | 2323530 | 3075907630 | 444158973 | 3622231570 | 2.44129E+13 |
| 最小值 | 13014.30 | 26462.10 | 65092.60 | 83735.90 | 94772.00 | 66864.30 | 1377586.70 | 7708.80 | 57336.20 | 3821.10 | 105000 |
| 中位数 | 1793550 | 1990000 | 2206000 | 2790000 | 3348900 | 3773900 | 3862900 | 3958300 | 4079300 | 4220500 | 3561400 |

资料来源：以上描述性统计数据均为本书作者根据国泰安数据和历年《中国工业经济统计年鉴》进行计算整理。

## 第五章 高管创新激励协同实证研究

表 5-12 主要变量描述性统计（职工人均收入）

| 年份 | 2007 | 2008 | 2009 | 2010 | 2011 | 2012 | 2013 | 2014 | 2015 | 2016 | 2007—2016 |
|---|---|---|---|---|---|---|---|---|---|---|---|
| 平均值 | 33551.79 | 30477.32 | 14718.52 | 16413.36 | 16172.13 | 13486.61 | 14237.97 | 22831.97 | 24101.42 | 17486.98 | 193888.61 |
| 最大值 | 6548930.47 | 6303765.24 | 258832.31 | 390763.05 | 478301.37 | 200409.49 | 243209.35 | 3182500.08 | 3345715.50 | 212279.16 | 13840024.04 |
| 最小值 | 54.03 | 26.51 | 131.12 | -4.45 | 5.64 | 22.38 | 2.25 | 2.36 | 2.52 | 7.52 | 3702.94 |
| 标准差 | 355872.74 | 338809.71 | 24180.19 | 30585.23 | 32100.72 | 19206.59 | 20983.54 | 164167.68 | 172413.57 | 19358.60 | 795679.25 |
| 方差 | 127769555849.89 | 115790887976.73 | 589982820.78 | 940903911.21 | 1036673871.54 | 369898295.36 | 442880024.12 | 27091999277.14 | 29803751250.91 | 374755480.97 | 633105463774.05 |
| 中位数 | 6953.38 | 6857.57 | 7610.92 | 8327.78 | 8821.71 | 7885.63 | 9017.15 | 9242.18 | 10027.05 | 12367.72 | 92801.69 |

资料来源：以上描述性统计数据均为本书作者根据国泰安数据和历年《中国工业经济统计年鉴》进行计算整理。

表 5-13 主要变量描述性统计（管理费用率）

| 年份 | 2007 | 2008 | 2009 | 2010 | 2011 | 2012 | 2013 | 2014 | 2015 | 2016 | 2007—2016 |
|---|---|---|---|---|---|---|---|---|---|---|---|
| 平均数 | 0.024595875 | 0.089156827 | 0.155426308 | 0.145167883 | 0.113586916 | 0.113171353 | 0.602318201 | 0.7921425657 | 0.113409 | 0.113958 | 0.22629 |
| 最大值 | 0.876126 | 0.858081 | 0.913931 | 0.844092 | 0.90637 | 0.936129 | 0.969289 | 0.97301 | 0.971163 | 0.999715 | 0.999715 |
| 最小值 | 0.001579 | 0.001729 | 0.000149 | 0.000203 | 0.001047 | 0.001555 | 0.002298 | 0.001956 | 0.002057 | 0.002542 | 0.000149 |
| 中位数 | 0.367392 | 0.378834 | 0.403377 | 0.406769 | 0.414137 | 0.424102 | 0.541355 | 0.508489 | 0.498063 | 0.511631 | 0.4191195 |
| 标准差 | 0.3662285885 | 0.2680879203 | 0.3696947579 | 0.322695454 | 0.3926971963 | 0.4128817712 | 0.3728532607 | 0.286765833 | 0.26770819 | 0.414907809 | 0.347380375 |
| 方差 | 0.134123379 | 0.071871133 | 0.136674214 | 0.104132356 | 0.154211088 | 0.170471357 | 0.139019554 | 0.082234643 | 0.071667675 | 0.171554003 | 0.123594 |

资料来源：以上描述性统计数据均为本书作者根据国泰安数据和历年《中国工业经济统计年鉴》进行计算整理。

表 5-14  主要变量描述性统计（国有股占比）

| 年份 | 2007 | 2008 | 2009 | 2010 | 2011 | 2012 | 2013 | 2014 | 2015 | 2016 | 2007—2016 |
|---|---|---|---|---|---|---|---|---|---|---|---|
| 平均值 | 40.03060438 | 39.87428182 | 39.75221361 | 39.19056484 | 38.98965124 | 39.25490296 | 39.13020914 | 38.73555852 | 37.87576034 | 37.11547882 | 39.09657177 |
| 最大值 | 86.29 | 86.42 | 86.75 | 86.2 | 86.35 | 86.35 | 86.35 | 86.35 | 86.35 | 87.46 | 86.287 |
| 最小值 | 8.07 | 8.07 | 5.14 | 5.02 | 5.14 | 5.14 | 5.14 | 4.16 | 8.12 | 8.12 | 6.876 |
| 标准差 | 16.14262169 | 15.75450581 | 16.03789797 | 15.88533987 | 16.06023486 | 15.86886505 | 15.84908404 | 15.58608977 | 15.26521582 | 15.13927534 | 14.86202074 |
| 方差 | 260.5842351 | 248.2044532 | 257.2141713 | 252.3440229 | 257.9311439 | 251.8208781 | 251.1934649 | 242.9261942 | 233.0268139 | 229.1976579 | 220.8796604 |
| 中位数 | 40.72 | 39.98 | 39.135 | 38.77 | 37.79 | 38.58 | 38.49 | 37.97 | 36.97 | 35.505 | 38.70094444 |

资料来源：以上描述性统计数据均为本书作者根据国泰安数据和历年《中国工业经济统计年鉴》进行计算整理。

表 5-15  主要变量描述性统计（董事长与总经理兼任情况）

| 年份 | 2007 | 2008 | 2009 | 2010 | 2011 | 2012 | 2013 | 2014 | 2015 | 2016 | 2007—2016 |
|---|---|---|---|---|---|---|---|---|---|---|---|
| 标准差 | 0.1535 | 0.1598 | 0.2384 | 0.2858 | 0.2947 | 0.2952 | 0.2938 | 0.2849 | 0.2907 | 0.2910 | 0.25878 |
| 方差 | 0.02356225 | 0.02356225 | 0.02356225 | 0.02356225 | 0.02356225 | 0.02356225 | 0.02356225 | 0.02356225 | 0.02356225 | 0.02356225 | 0.02356225 |
| 最大值 | 2 | 2 | 2 | 2 | 2 | 2 | 2 | 2 | 2 | 2 | 2 |
| 最小值 | 1 | 1 | 1 | 1 | 1 | 1 | 1 | 1 | 1 | 1 | 1 |
| 均值 | 1.9073 | 1.9023 | 1.9022 | 1.9028 | 1.9034 | 1.9033 | 1.9043 | 1.9087 | 1.9066 | 1.9065 | 1.90474 |
| 中位数 | 2 | 2 | 2 | 2 | 2 | 2 | 2 | 2 | 2 | 2 | 2 |

资料来源：以上描述性统计数据均为本书作者根据国泰安数据和历年《中国工业经济统计年鉴》进行计算整理。

表 5-16　主要变量描述性统计（独立董事占比）

| 年份 | 2007 | 2008 | 2009 | 2010 | 2011 | 2012 | 2013 | 2014 | 2015 | 2016 | 2007—2016 |
|---|---|---|---|---|---|---|---|---|---|---|---|
| 平均值 | 0.3567 | 0.3615 | 0.3644 | 0.3657 | 0.3669 | 0.3704 | 0.3720 | 0.3684 | 0.3741 | 0.3738 | 0.3675 |
| 最大值 | 0.5714 | 0.6250 | 0.7143 | 0.5714 | 0.7143 | 0.7143 | 0.7143 | 0.7143 | 0.6250 | 0.6667 | 0.6222 |
| 最小值 | 0.1429 | 0.1429 | 0.0909 | 0.2500 | 0.2000 | 0.2500 | 0.2727 | 0.2500 | 0.2857 | 0.2857 | 0.2994 |
| 标准差 | 0.1264 | 0.1285 | 0.1006 | 0.0785 | 0.0716 | 0.0614 | 0.0595 | 0.0541 | 0.0578 | 0.0625 | 0.0427 |
| 方差 | 0.0023 | 0.0030 | 0.0035 | 0.0027 | 0.0032 | 0.0034 | 0.0032 | 0.0029 | 0.0030 | 0.0036 | 0.0018 |
| 中位数 | 0.3333 | 0.3333 | 0.3333 | 0.3333 | 0.3333 | 0.3333 | 0.3571 | 0.3333 | 0.3636 | 0.3333 | 0.3533 |

资料来源：以上描述性统计数据均为本书作者根据国泰安数据和历年《中国工业经济统计年鉴》进行计算整理。

表 5-17　主要变量描述性统计（净资产收益率）

| 年份 | 2007 | 2008 | 2009 | 2010 | 2011 | 2012 | 2013 | 2014 | 2015 | 2016 | 2007—2016 |
|---|---|---|---|---|---|---|---|---|---|---|---|
| 平均值 | 0.0452 | 0.0371 | -0.0344 | 0.0181 | 1.9204 | 0.0272 | -0.1957 | 0.0334 | -0.1183 | 0.1367 | 0.1905 |
| 最大值 | 8.9348 | 1.1379 | 1.1567 | 0.8902 | 713.203 | 2.2393 | 2.2571 | 3.8375 | 4.2476 | 33.3041 | 713.2036 |
| 最小值 | -20.264 | -8.4833 | -14.511 | -20.701 | -8.8898 | -9.5588 | -82.574 | -2.0337 | -20.119 | -5.5102 | -82.5740 |
| 中位数 | 0.0892 | 0.0617 | 0.0635 | 0.0819 | 0.0764 | 0.0514 | 0.0441 | 0.0381 | 0.0265 | 0.0382 | 0.0576 |
| 标准差 | 1.2418 | 0.4822 | 1.0124 | 1.0741 | 35.5298 | 0.5995 | 4.1284 | 0.2682 | 1.3984 | 2.0551 | 11.4965 |
| 方差 | 1.5421 | 0.2325 | 1.0250 | 1.1537 | 1262.36 | 0.3594 | 17.0437 | 0.0719 | 1.9555 | 4.2234 | 132.1688 |

资料来源：以上描述性统计数据均为本书作者根据国泰安数据和历年《中国工业经济统计年鉴》进行计算整理。

表 5-18　主要变量描述性统计 [总资产净利润率（ROA）]

| 年份 | 2007 | 2008 | 2009 | 2010 | 2011 | 2012 | 2013 | 2014 | 2015 | 2016 | 2007—2016 |
|---|---|---|---|---|---|---|---|---|---|---|---|
| 平均值 | 0.3641 | -0.0077 | 0.4747 | 0.3700 | 0.3717 | 9.8727 | 0.4312 | 2.7967 | 2.1836 | 1.3535 | 1.8734 |
| 最大值 | 23.7501 | 4.5868 | 53.0157 | 35.6675 | 60.2172 | 3107.43 | 33.8347 | 982.661 | 760.580 | 238.943 | 3107.4322 |
| 最小值 | -2.7701 | -1.0722 | -0.8011 | -0.7983 | -0.9126 | -2.0539 | -2.6833 | -0.7572 | -1.4630 | -1.0000 | -2.7701 |
| 中位数 | 0.1046 | -0.1369 | 0.1039 | 0.1230 | 0.0223 | 0.1034 | 0.1149 | 0.0930 | 0.1000 | 0.2104 | 0.0928 |
| 标准差 | 1.7362 | 0.5156 | 2.9596 | 2.0293 | 3.3910 | 158.215 | 2.0714 | 48.7782 | 37.7452 | 12.6282 | 54.8477 |
| 方差 | 3.0144 | 0.2658 | 8.7592 | 4.1181 | 11.4989 | 25031.9 | 4.2907 | 2379.31 | 1424.70 | 159.471 | 3008.2723 |

资料来源：以上描述性统计数据均为本书作者根据国泰安数据和历年《中国工业经济统计年鉴》进行计算整理。

表 5-19　主要变量描述性统计（总资产贡献率）

| 年份 | 2007 | 2008 | 2009 | 2010 | 2011 | 2012 | 2013 | 2014 | 2015 | 2016 | 2007—2016 |
|---|---|---|---|---|---|---|---|---|---|---|---|
| 最大值 | 69.91 | 69.51 | 69.51 | 83.43 | 83.43 | 84.98 | 86.83 | 84.28 | 0 | 0 | 86.83 |
| 最小值 | 8.9 | 8.98 | 11.18 | 13.69 | 13.77 | 11.09 | 10.42 | 10.71 | 0 | 0 | 8.9 |
| 平均值 | 21.60777778 | 22.69777778 | 22.02222222 | 26.60444444 | 27.7 | 15.10777778 | 15.17 | 14.15666667 | 0 | 0 | 16.50666667 |
| 标准差 | 18.0351957 | 17.8277186 | 17.18921353 | 20.07316844 | 21.22442618 | 29.69653799 | 30.66746434 | 30.35409558 | 0 | 0 | 22.24389293 |
| 方差 | 325.268284 | 317.8275506 | 295.4690617 | 402.9320914 | 450.4762667 | 881.8843688 | 940.4933688 | 921.3711188 | 0 | 0 | 494.7907725 |

资料来源：以上描述性统计数据均为本书作者根据国泰安数据和历年《中国工业经济统计年鉴》进行计算整理。

表 5-20　　　　　　　　　　　主要变量描述性统计（主营业务收入增长率）

| 年份 | 2007 | 2008 | 2009 | 2010 | 2011 | 2012 | 2013 | 2014 | 2015 | 2016 | 2007—2016 |
|---|---|---|---|---|---|---|---|---|---|---|---|
| 平均值 | 0.3641 | -0.0077 | 0.4747 | 0.3700 | 0.3717 | 9.8727 | 0.4312 | 2.7967 | 2.1836 | 1.3535 | 1.8734 |
| 最大值 | 23.7501 | 4.5868 | 53.0157 | 35.6675 | 60.2172 | 3107.43 | 33.8347 | 982.661 | 760.580 | 238.943 | 3107.4322 |
| 最小值 | -2.7701 | -1.0722 | -0.8011 | -0.7983 | -0.9126 | -2.0539 | -2.6833 | -0.7572 | -1.4630 | -1.0000 | -2.7701 |
| 中位数 | 0.1046 | -0.1369 | 0.1039 | 0.1230 | 0.0223 | 0.1034 | 0.1149 | 0.0930 | 0.1000 | 0.2104 | 0.0928 |
| 标准差 | 1.7362 | 0.5156 | 2.9596 | 2.0293 | 3.3910 | 158.215 | 2.0714 | 48.7782 | 37.7452 | 12.6282 | 54.8477 |
| 方差 | 3.0144 | 0.2658 | 8.7592 | 4.1181 | 11.4989 | 25031.9 | 4.2907 | 2379.31 | 1424.70 | 159.471 | 3008.2723 |

资料来源：以上描述性统计数据均为本书作者根据国泰安数据和历年《中国工业经济统计年鉴》进行计算整理。

表 5-21　　　　　　　　　　　主要变量描述性统计（资产负债率）

| 年份 | 2007 | 2008 | 2009 | 2010 | 2011 | 2012 | 2013 | 2014 | 2015 | 2016 | 2007—2016 |
|---|---|---|---|---|---|---|---|---|---|---|---|
| 平均值 | 0.6882 | 0.7781 | 0.6503 | 0.6035 | 0.5445 | 0.5453 | 0.5414 | 0.5436 | 0.5366 | 0.5345 | 0.5939 |
| 最大值 | 61.3354 | 96.9593 | 41.9394 | 29.4540 | 2.9918 | 2.0239 | 1.0942 | 1.1123 | 1.0042 | 1.1575 | 96.9593 |
| 最小值 | 0.0091 | 0.0408 | 0.0510 | 0.0283 | 0.0224 | 0.0505 | 0.0496 | 0.0156 | 0.0308 | 0.0523 | 0.0091 |
| 中位数 | 0.5217 | 0.5335 | 0.5473 | 0.5320 | 0.5452 | 0.5734 | 0.5671 | 0.5630 | 0.5614 | 0.5514 | 0.5474 |
| 方差 | 3.1876 | 4.9915 | 2.1238 | 1.4625 | 0.2419 | 0.2158 | 0.2040 | 0.2049 | 0.2064 | 0.2103 | 1.9946 |

资料来源：以上描述性统计数据均为本书作者根据国泰安数据和历年《中国工业经济统计年鉴》进行计算整理。

表 5-22　主要变量描述性统计（托宾 QA）

| 年份 | 2007 | 2008 | 2009 | 2010 | 2011 | 2012 | 2013 | 2014 | 2015 | 2016 | 2007—2016 |
|---|---|---|---|---|---|---|---|---|---|---|---|
| 平均值 | 2.8976 | 1.1984 | 2.2585 | 2.2869 | 1.3949 | 1.3799 | 1.1853 | 1.5080 | 2.0961 | 1.8196 | 1.7907 |
| 最大值 | 20.7103 | 31.3351 | 48.6613 | 14.7157 | 31.3830 | 92.1088 | 9.3301 | 18.6817 | 19.1295 | 42.6786 | 92.1088 |
| 最小值 | 0.4691 | 0.2128 | 0.2502 | 0.1726 | 0.1488 | 0.1128 | 0.1272 | 0.1592 | 0.1799 | 0.0070 | 0.0070 |
| 中位数 | 2.2300 | 0.8192 | 1.6505 | 1.6327 | 0.8927 | 0.7686 | 0.7452 | 1.0205 | 1.3350 | 1.0188 | 1.1620 |
| 标准差 | 2.2604 | 1.8705 | 2.9472 | 2.1264 | 1.9948 | 4.6953 | 1.2593 | 1.6072 | 2.3114 | 2.7973 | 2.6130 |
| 方差 | 5.1096 | 3.4987 | 8.6862 | 4.5218 | 3.9792 | 22.0458 | 1.5858 | 2.5831 | 5.3424 | 7.8249 | 6.8275 |

资料来源：以上描述性统计数据均为本书作者根据国泰安数据和历年《中国工业经济统计年鉴》进行计算整理。

表 5-23　主要变量描述性统计（托宾 QB）

| 年份 | 2007 | 2008 | 2009 | 2010 | 2011 | 2012 | 2013 | 2014 | 2015 | 2016 | 2007—2016 |
|---|---|---|---|---|---|---|---|---|---|---|---|
| 平均值 | 3.0506 | 1.2650 | 2.4091 | 2.4338 | 1.4755 | 1.4567 | 1.2671 | 1.6173 | 2.2488 | 1.9525 | 1.9054 |
| 最大值 | 21.2148 | 31.3351 | 50.2197 | 16.1040 | 31.3830 | 92.1088 | 9.3307 | 18.6817 | 19.1295 | 42.6786 | 92.1088 |
| 最小值 | 0.4710 | 0.2366 | 0.2510 | 0.1878 | 0.1644 | 0.1198 | 0.1275 | 0.1625 | 0.1832 | 0.0070 | 0.0070 |
| 中位数 | 2.3049 | 0.8727 | 1.7350 | 1.7155 | 0.9399 | 0.8190 | 0.7947 | 1.0798 | 1.4188 | 1.1164 | 1.2242 |
| 标准差 | 2.4070 | 1.8952 | 3.1115 | 2.3029 | 2.0473 | 4.7113 | 1.3623 | 1.7221 | 2.4986 | 2.9233 | 2.7163 |
| 方差 | 5.7938 | 3.5919 | 9.6814 | 5.3033 | 4.1915 | 22.1968 | 1.8558 | 2.9656 | 6.2430 | 8.5456 | 7.3780 |

资料来源：以上描述性统计数据均为本书作者根据国泰安数据和历年《中国工业经济统计年鉴》进行计算整理。

表 5-24　主要变量描述性统计（托宾 QC）

| 年份 | 2007 | 2008 | 2009 | 2010 | 2011 | 2012 | 2013 | 2014 | 2015 | 2016 | 2007—2016 |
|---|---|---|---|---|---|---|---|---|---|---|---|
| 平均值 | 3.5830 | 1.9739 | 2.9035 | 2.8135 | 1.9385 | 1.9264 | 1.7276 | 2.0500 | 2.6365 | 2.3581 | 2.3767 |
| 最大值 | 65.0634 | 128.2944 | 90.6007 | 15.1134 | 32.3522 | 93.1758 | 9.5441 | 18.7739 | 19.6997 | 42.7963 | 128.2944 |
| 最小值 | 1.0841 | 0.7050 | 0.8704 | 0.7863 | 0.7873 | 0.7337 | 0.7110 | 0.7708 | 0.8325 | 0.8514 | 0.7050 |
| 中位数 | 2.7210 | 1.3482 | 2.2174 | 2.1423 | 1.4738 | 1.3582 | 1.3148 | 1.5706 | 1.8450 | 1.6076 | 1.7037 |
| 标准差 | 3.9578 | 6.6556 | 4.8395 | 2.0567 | 1.9975 | 4.7004 | 1.1607 | 1.5072 | 2.2320 | 2.7281 | 3.6018 |
| 方差 | 15.6640 | 44.2974 | 23.4212 | 4.2298 | 3.9900 | 22.0939 | 1.3472 | 2.2717 | 4.9817 | 7.4428 | 12.9727 |

资料来源：以上描述性统计数据均为本书作者根据国泰安数据和历年《中国工业经济统计年鉴》进行计算整理。

表 5-25　主要变量描述性统计（托宾 QD）

| 年份 | 2007 | 2008 | 2009 | 2010 | 2011 | 2012 | 2013 | 2014 | 2015 | 2016 | 2007—2016 |
|---|---|---|---|---|---|---|---|---|---|---|---|
| 平均值 | 3.7610 | 2.0672 | 3.0890 | 2.9913 | 2.0487 | 2.0381 | 1.8441 | 2.1942 | 2.8265 | 2.5305 | 2.5244 |
| 最大值 | 65.0634 | 128.2944 | 93.5023 | 16.3622 | 32.3522 | 93.1758 | 9.5448 | 18.7739 | 19.6997 | 42.7963 | 128.2944 |
| 最小值 | 1.0902 | 0.7448 | 0.9132 | 0.8232 | 0.8246 | 0.7652 | 0.7443 | 0.8088 | 0.8707 | 0.8520 | 0.7443 |
| 中位数 | 2.8989 | 1.4358 | 2.3299 | 2.2433 | 1.5406 | 1.4453 | 1.4028 | 1.6543 | 1.9643 | 1.7492 | 1.8001 |
| 标准差 | 4.0369 | 6.6587 | 5.0394 | 2.2421 | 2.0528 | 4.7147 | 1.2646 | 1.6217 | 2.4214 | 2.8535 | 3.6877 |
| 方差 | 16.2964 | 44.3383 | 25.3959 | 5.0270 | 4.2140 | 22.2288 | 1.5992 | 2.6298 | 5.8633 | 8.1426 | 13.5993 |

资料来源：以上描述性统计数据均为本书作者根据国泰安数据和历年《中国工业经济统计年鉴》进行计算整理。

收入、主营业务收入占比、管理费用率、国有股占比、两职合一、独立董事占比、净资产收益率、总资产净利润率、总资产贡献率、主营收入增长率、资产负债率、托宾 QA、托宾 QB、托宾 QC、托宾 QD、职务收入差、无形资产比率、研发投入占比、研发人员占比共计 21 个指标，五年数据进行分析。

1. 主因子分析

下面运用 SPSS 软件分析，得到陡坡图（见图 5-1）。

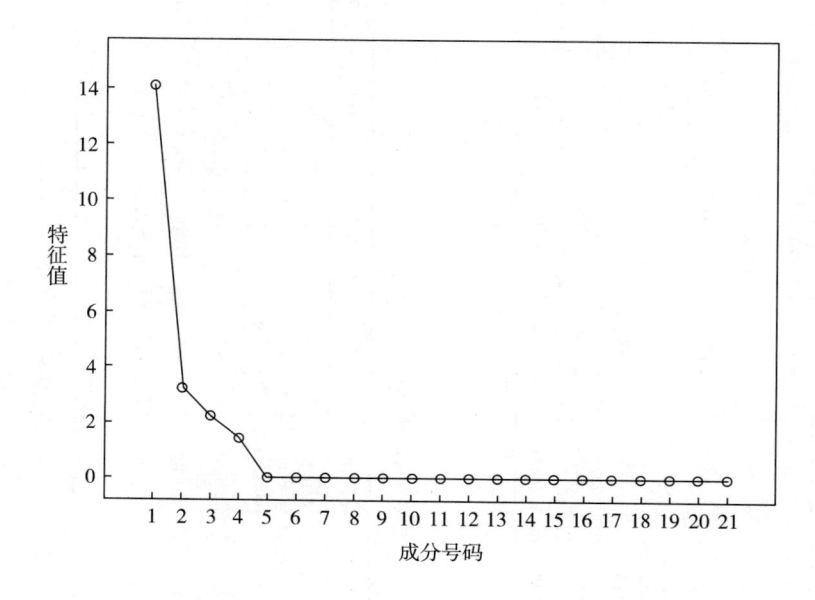

图 5-1 陡坡图

2. 结论

五年全部数据，运用 SPSS 软件做主因子分析，找出主因子为前四项。从图 5-1 陡坡图可以看出，高管股权激励、政府补贴、高管收入前三名收入和主营业务收入占比为主因子。

（二）四项因子分析

就以上五年完整数据主因子分析结果得出的四项主因子，做进一步的因子分析。

1. 因子分析

运用 SPSS 软件，进行 KMO 和巴特莱特检验，得到陡坡图（见图 5-2）。

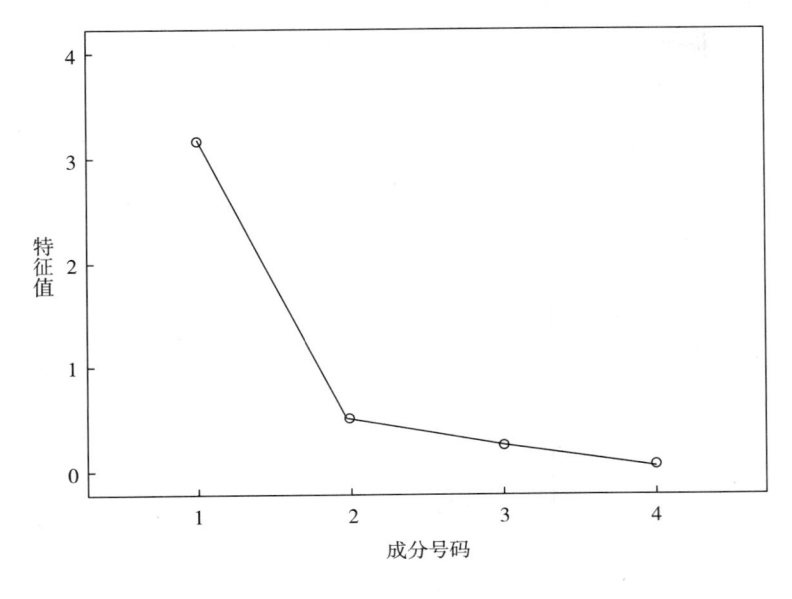

图 5-2　陡坡图

2. 结论

就四项主因子做 KMO 和巴特莱特检验，检验结果显示，高管股权激励、政府补贴、高管收入前三名收入和主营业务收入占比四个主因子之间存在一定的相关关系，即适合做因子分析；陡坡图显示，第一个因子位于非常陡峭的斜率上，第二个因子开始变缓，因此，此四项因子中，第一个因子即高管股权激励为主因子。

## 二　十年数据分析

（一）除研发投入占比和研发人员占比外的十年数据，做主因子分析

除研发投入占比和研发人员占比外，运用 SPSS 软件，对高管股权激励、政府补贴、高管收入前三名收入、主营业务收入占比、管理费用率、国有股占比、两职合一、独立董事占比、净资产收益率、总资产净利润率、总资产贡献率、主营业务收入增长率、资产负债率、托宾 QA、托宾 QB、托宾 QC、托宾 QD、职务收入差、无形资产比率共计 19 项指标的十年数据做主因子分析。

1. 主因子分析

运用 SPSS 软件，就上述 19 个因子进行分析，得到陡坡图（见图 5-3）和旋转空间中的成分图（见图 5-4）。

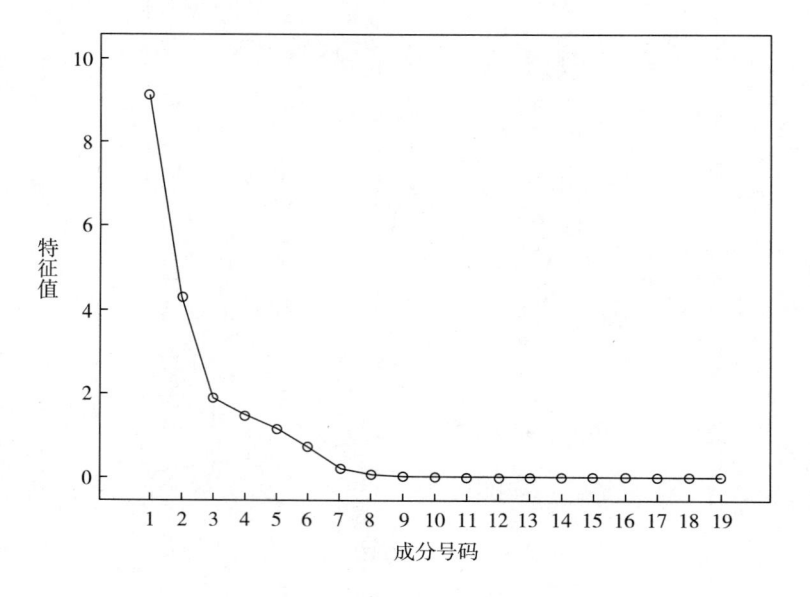

图 5-3 陡坡图

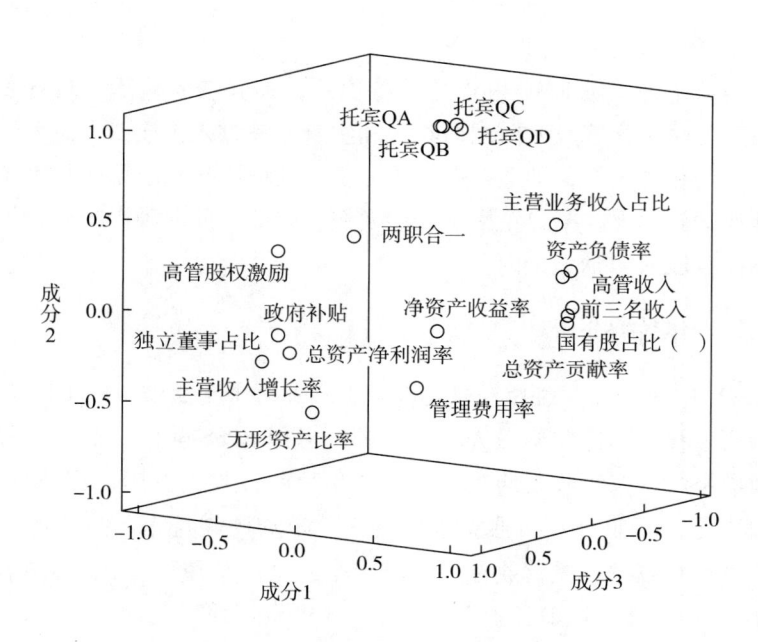

图 5-4 旋转空间中的成分图

2. 结论

除研发投入占比和研发人员占比外的十年数据，运用 SPSS 软件做主因子分析，找出主因子为高管股权激励、政府补贴、高管收入前三名收入、主营业务收入占比、管理费用率、国有股占比（%）和两职合一七个因子。

（二）对上述七项主因子做因子分析

下面就上述七个因子做进一步分析。

1. 对除研发投入占比和研发人员占比外的十年数据主因子分析结果得出的四项主因子，做进一步的因子分析

下面运用 KMO 和巴特莱特检验，以及 Communalities 方法进行分析，得到陡坡图（见图 5-5）和旋转空间中的成分图（见图 5-6）。

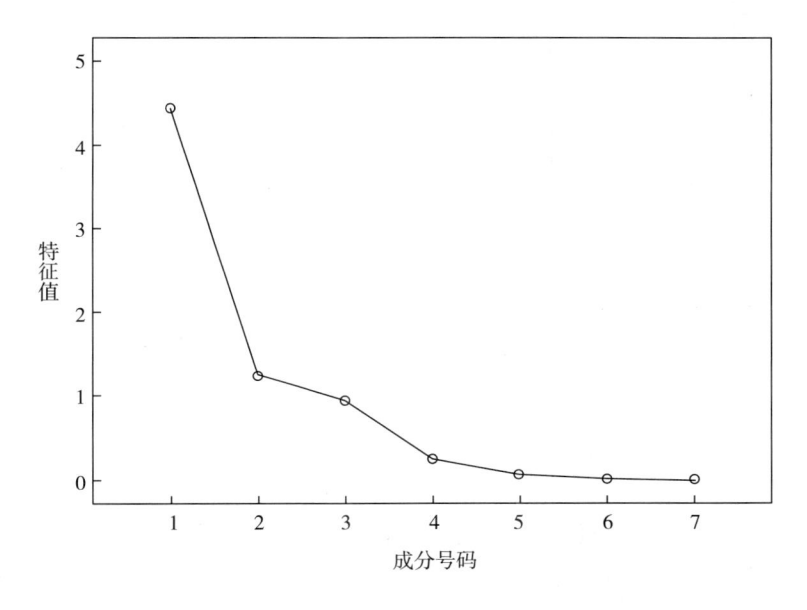

图 5-5　陡坡图

2. 结论

对上述七个主因子进行 KMO 和巴特莱特检验，检验结果显示，七个主因子之间存在一定的相关关系，即适合做因子分析；陡坡图显示，前三个主因子位于非常陡峭的斜率上，第四个主因子开始变缓，因此，此七个因子中，前三个因子即高管股权激励、政府补贴和高管收入前三名收入为主因子。

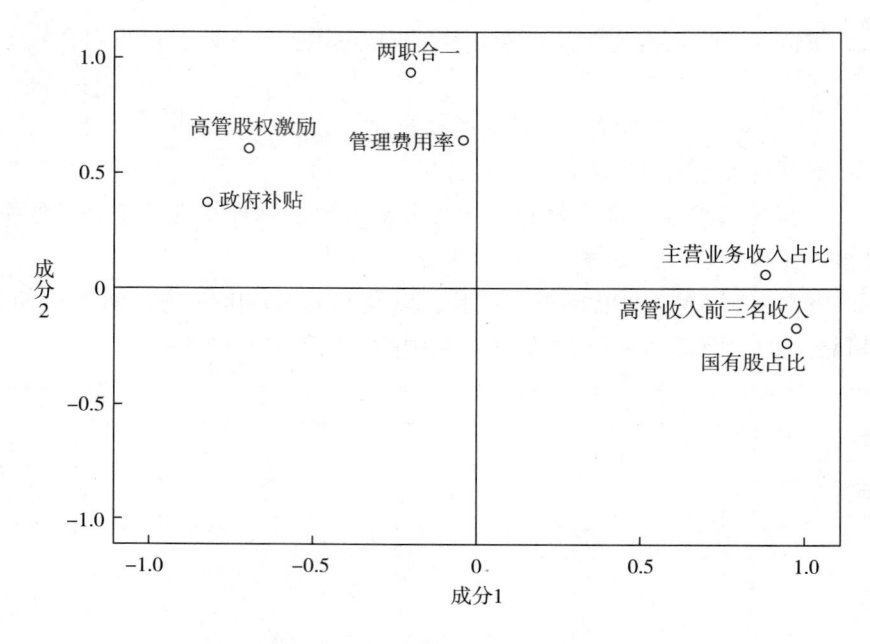

图 5-6 旋转空间中的成分图

## 第五节 研究结论与启示

采用理论分析与实证研究方法，对国有企业的创新能力进行理论分析及计量，继而就不同高管激励组合对创新能力的作用进行分析比较，对股权激励、晋升激励和市场激励之间的协同关系进行理论分析及计量验证，得出以下结论和启示。

### 一 研究结论

企业创新投入和创新能力是影响国有企业发展的重要指标和前提条件，根据高管激励协同的要求，进行理论分析及研究假设，并检验公司高管激励契约协同与创新发展之间的关系。本书的研究结论可概括为四个方面：

（1）晋升激励、股权激励、控制权激励和市场激励对国有企业创新能力促进作用中具有协同效应。

（2）晋升激励和国有企业创新投入关系呈正相关关系，即晋升机会越多，高管加大创新投入力度越大，增加国有企业发展潜力。

（3）晋升激励与创新投入不存在明显的线性或非线性关系。晋升激励是隐性部分，晋升激励的度量和监督均有一定的隐蔽性。需要另外对其进行深入分析和探索。

（4）晋升激励与股权激励在一定程度上存在替代效应。

## 二 理论启示与政策建议

国有上市公司需要高管协同激励实现"创新推动"的发展和价值增加。结合实证研究结果，本书认为，需要建立薪酬和股权等显性激励以及晋升、控制权等隐性激励相结合的高管创新激励体系；而且建立公司内部激励和外部激励相结合的激励协同体系，注意这些激励因子的适度性。

在国有上市公司中广泛推行股权激励的同时，应进一步强化公司治理结构，提高公司的激励与约束水平，为激励体系的实施提供良好的内部环境。同时，也应进一步完善激励的市场环境，为激励体系的推行提供有效的外部规制。这两者相结合，高管激励将会充分放大其对国有企业创新能力的促进效应。因此，将高管的股权激励、晋升激励、市场激励通过合理的机制进行协同配置是国有企业治理实践完善的重点。协同过程的本质是创新激励节点之间动态协同与互为约束，通过动态的激励和约束，并最终实现企业创新能力的全面提升。具体提出以下三个方面的建议：

第一，国有企业采用复合型激励契约与采用单一型激励契约的相比较，创新能力显著差异，前者明显高于后者。因此，要提升国有企业的创新能力，应加强公司治理与约束水平。同时，激励体系效应的实现必须建立在一定的制度环境之下。为此，应进一步完善企业外部环境，深化市场化改革，为高管激励体系的优化提供有效的外部条件。内外部条件相结合，高管激励将会在国有企业运行过程中充分放大其对创新能力的促进效应。

第二，股权激励、薪酬激励、晋升激励和市场激励对国有企业创新能力作用应具有协同效应，四者的有机协同才能对创新能力产生、放大发挥巨大的促进作用。因此，应对这些激励手段进行科学配置，具体的配置结构应考虑不同的情景。在不同的情景下，对股权激励、薪酬激励、控制权激励和晋升激励的配置结构进行科学分析和合理配置是亟须深入研究的关键问题。必须懂得，随着显性激励的增加，对于高管激励的边际效应是递减的，这时，加入隐性激励才能够更好地规避高管的失德问题。创新导向的高管激励协同结构需要隐性激励与显性激励契约的优化组合，形成一个协同的高管创新激励体系。因此，将高管的诸多激励因子通过科学的机制进行协同配置是国有企业治理结构完善的重点和关键。

第三，为合理水平的在职消费正名，使国有企业有关的"其他"费用转变为正常的在职消费。以便激励高管搞好企业管理，促进科技进步，加快国有企业做大做强做优的步伐。

# 第六章 协同创新网络重要节点与实现途径

## 第一节 协同创新网络环境

协同创新网络是在一定的环境中运行的,并与环境建立一定的联系,通过物质、能量和信息的交换,实现协同效应。创新环境或外部因素主要包括制度等环境因素,是协同创新网络的重要组成部分,主要包括市场环境、相关政策体系、宏观经济状况、创新产品的需求、资金、知识和人才资源。这些是创新协同形成的外部动力因素。创新主体与创新环境相互联系、共同作用,复杂的协同创新网络得以形成。

作为一种整合多个创新主体和多种创新资源的创新组织,协同创新网络产生和发展对创新环境有诸多的依赖性。必须重视对创新环境的内涵与外延的理解,并为创新环境的建设与优化提供制度保证。创新环境是创新活动的基本背景,是维系和促进创新的保障因素,包括政策环境和体制机制、基础设施、社会文化环境等创新氛围。协同创新网络具有多层次性、复杂性、环境依赖性,生成创新资源的循环流动。在协同创新生态系统中,创新主体彼此之间广泛地作用和协调协同;而政策等制度和创新资源的交流交换则构成赖以生存的无机环境,为创新系统的发展提供良好的基础。

经济学认为,创新环境是指带动经济超越简单再生产和扩大再生产的创新经济要素、制度要素和社会要素的总和,是一个包含创新活动中所需要的所有社会、经济和自然资源的广泛研究范畴。按产生的场所,又可分为内部创新环境和外部创新环境,前者是指内部通过组织和积累形成的、可用于形成创新成果的各个资源要素;后者是指在外部形成的、可通过各种渠道获取的创新要素和创新行为。由于环境作用力方向不同,环境影响力也有正负、大小的区分。环境影响作用于创新过程的各个环节,是创新活动的刚性约束。协同创新网络与环境要素之间存在一定的关联，如良好的宏观经济环境对经济链完善会起到有力的促进作用。经济链是指从生产、流通、分配到消费的生产和再生产的全过程。

协同创新是实现创新资源优势互补的有效途径，但是，在这一过程中也存在一些问题，如风险、沟通、价值取向与内外部环境变化等。

协同创新需要良好的环境，这主要是由国家创造的。国家不仅创造协同创新网络所需要的制度，而且供给科技进步所必需的基础设施、共性科技。

## 一 协同创新网络环境

进入21世纪以来，发达国家纷纷把创新上升为国家战略，优先发展科技，这也必然成为中国的战略部署。无论是新古典经济学的"市场失灵"，还是演化经济学的"系统失灵"，都表明政府干预是必不可少的。尤其是在中国创新基础薄弱、创新经验不足、创新绩效低下的情况下，政府扶持与调控就更为必要。创新绩效取决于创新制度的完善程度。

西方制度创新理论大致经历两个发展阶段。第一个阶段主要研究其发展动力，制度创新是需求诱致型的，即是当事人对获利机会自发反应的必然结果。但是，仅有需求还不足以导致制度创新。制度供给应日益引起重视，制度设计的理论研究成为制度创新理论的第二个发展阶段。

新制度经济学认为，制度变迁的初始动力是制度需求，是在制度供求的相互影响和作用下实现的，制度创新的研究必须放在制度"供求"模式中进行。在一定的制度安排下，既得利益集团的统治力量和利益格局，与新制度体系下潜在利益集团的权力结构或力量格局，这两种力量之间的对比，决定制度变迁的供给水平与结构。

制度供需要平衡，这种理论逐渐地从经济领域延伸到行政领域，发挥其指导政府供给公共物品服务的作用。这样，在公共科技服务供给与科技需求之间有一个交叉点或平衡点。需求决定供给，这对创新制度建设的指导意义是重大的。缺少这个平衡点，就会出现公共科技服务供求失衡，要么供给不足，要么供给过多或过滥，表现为政府管理缺位、越位、错位乃至滥用权力等。创新制度应该是公共物品和公共服务的重要内容与表现方式，要结合创新发展的需求，制度供给要"适销对路"，并使其供需达到平衡。

创新是多维度和多主体交互作用的复杂系统，基于协同创新网络理论，本书认为，中国创新水平和创新效率不高的原因是：计划经济体制的一个遗产是中国的科技系统和经济系统彼此独立、平行运行，两者之间相互协调和联系缺失。因此，优化协同创新网络的环境，要加快以完善市场经济体制为目标的改革。统筹科技资源改革，设立集技术交易、技术服务、设备共享、人才集聚和云服务于一体的科技大市场，加速创新要素聚集、匹配和互动共享的能力提升。目前，改革不够深入，市场体系不健全，科技市场不完善，竞争机制缺失，使协同创新活动的激励因素不足、条件缺失，成为中国科技发展不快、科技以数量型增长为主要特征的原因之一。

第一，目标与手段不一致。现有创新制度与科技进步的目标不一致，甚至矛盾，阻碍科技进步，知识产权保护制度、研发管理等制度有待于完善，如科技管理"九龙治水"。

第二，互动失灵，即协同创新网络内部要素和行为交互失灵与外部要素和行为交互失灵。内部失灵是指创新系统内部目标与行为不相适应，如基础研究与应用研究的衔接不紧密，创新成果与需求不相适应，等等。外部失灵不但包括在国外技术封锁与溢出阻止的策略下，获取外部技术源困难重重；而且还有我国创新主体无论是"走出去"，还是引进技术再创新，均有不当或不适应之处。

科技政策，尤其是研发投入的支持政策是协同创新网络构建的重要保障。其与创新网络各个节点建立牢固的交互式联系。政府提供创新的配套条件和完善的政策法律制度，营造有序、开放、公平的市场环境。

提升协同创新能力，是创新政策的根本目标。然而，"创新政策—创新能力"之间的关系不一定是直接的线性关系。因此，政策体系要着眼于解决科技政策供给与需求相互适应的问题。政府要加强协同创新政策的一致性、系统性，促进企业、政府和科研机构三者之间的行动最优同步化。协同涉及知识、资源、行为、绩效的全面整合。系统匹配度是影响创新绩效的重要原因，政府制定的各项经济政策与实际经济运行实践之间、科研机构的成果与企业的技术需求之间的匹配度，系统内知识、资源、行为的匹配度都将决定创新绩效的高低。

中国创新体系存在核心科技创新能力有限与创新效率低下两个主要问题。创新成果的公共产品性质与其收益的不确定性导致创新生产者难以获得与其投入相匹配的收益，因而创新的动力缺失。因此，政策的制定与实施要保障创新主体的创新收益，着重建立以下机制：①创新收益差额的补偿。创新带来的社会福利与主体个别收益存在差额，政府要通过研发补贴和税收支出补偿，以促进创新收益与创新投入之间的对称性。②创新收益持续的保障。完善知识产权保护制度，保障创新主体收益。③创新风险的持续规避。财政补贴使政府与创新主体共担风险、弥补创新失败带来的损失；政府采购，不但可规避科技的市场风险，而且可降低创新成本，增加创新收益，还引导科技的投资方向。

通过有关政策刺激，促进和优化创新供给行为：①创新的制度支持。②创新的资金支持，应对科技进步尤其是核心技术的巨额投入。通过研发或技术推广立项、专项基金等形式直接提供资金支持，推动科技快速发展；同时，还要通过融资渠道的拓宽与环境的改善，调动社会资金投入创新活动中，间接帮助创新主体突破自身的资金"瓶颈"。③创新主体的再造，如培育新型非营利组织作为创新主体。

创新机制分为运行机制和激励机制。运行机制是协同创新网络发展的机制；激励机制是指对创新主体的创新方式引导和对创新结果进行物质奖励和非物质奖励方式。激励机制可以有效激发创新主体的创新积极性，促进创新要素合理有效配置。而创新政策在很多方面包含创新机制，如政府采购既是需求方面的政策，也是对创新主体的一种激励机制。王刚等根据实证研究，从四个案例产业的演化看，航天、计算机和家电产业的创新政策要比汽车产业创新政策更为科学合理、更适合产业的充分竞争和创新过程，因而形成更有效的创新机制[①]。汽车业的自主创新政策是直到近几年才明确的，这使我国作为世界汽车产销第一大国，汽车业的自主创新能力有限，国际竞争力较弱。

创新是创新网络相关者合作演化与学习的过程。产业文化、共享知识、非正式交流和社会资本强烈影响产业网络及其创新绩效；地方知识创新体系可被理解为一种知识结构和产业持续共同演化的过程。在20世纪90年代早期，大量国家创新网络的文献不断涌现，强调创新的本质是相互联系、相互依赖，组织之间的创新网络和资源利用决定着创新绩效。创新过程也是知识流动和学习过程。因此，产学研之间的联系受到广泛关注。除组织之间的知识充分有效流动外，组织内部也要建立创新协同和知识共享体系。

政府研发经费刺激协同创新的效用，可能存在非线性关系，当有关行业的协同创新已达到一定规模、再提高的空间有限时；或者创新主体的经费充足使企业专注于增加自身的研发实力而疏于合作创新。

---

① 王刚、李显君、章博文、孟东晖、高歌：《自主创新政策与机制——来自中国四个产业的实证》，《科研管理》2015年第4期。

## 二 制度环境及产权环境

制度是影响协同创新网络最重要的外部因素，是一个集合概念，包含各种用以激励、规范创新活动的具有不同地位和作用的正式制度与非正式制度以及它们的实施机制耦合而成的规制体系，形成促进创新的制度环境。包括直接促进创新的制度，如税收补贴制度、专利制度、奖励制度、风险投资制度等研发投入制度，还有一些虽不是专为创新而形成的制度，但对创新也起着十分重要的促进作用，如市场制度、企业制度和教育制度等。此外，还有很多涉及文化、政治等方面的正式制度与非正式制度，都可能对创新起到直接或间接的促进作用。

### （一）制度动力及其成因

技术创新和制度创新是协同创新体系的两大基本内容，这两种创新并非同等重要，制度创新是创新体系的核心和根本。诺斯认为，社会的技术和知识存量决定产量的上限，而实际产量还要受制度的约束。吴敬琏也指出，推动技术发展的主要力量是有利于创新的制度安排。诺斯把制度分为正式制度和非正式制度。前者包括产权激励制度、市场激励制度、企业激励制度；后者是指文化激励制度。每一种制度对应若干个创新激励机制。如前所述，每一类创新政策都包含若干个运行机制，也包括激励机制。如税收和财政投入政策，是对创新型企业所采取的两种激励机制；奖励和采购制度是政府常用的激励制度，其优点在于不会引发垄断，也不会使社会福利净损失，当然，它们也有其不同的适用范围。文献表明，在信息完全时，最优的制度是奖励；在信息不完全时，政府采购的激励效果较好。总之，多种激励制度协同，形成激励体系，才能有效地促进创新。

经济因素或利益关系是制度创新的主要动因。制度创新成功的标尺是制度收益大于制度成本。第一，市场化与公益化是科技供求互动的两个重要渠道；第二，共享利益机制表明，在科技创新与服务中，把经济利益与技术传播紧密地联系在一起，即构建研发与推广主体的利益共享机制，拓宽科技供求之间有效沟通、互补互动的路径，实现供求双方共享收益。技术进步使企业的投入与产出的相对价格变化，投入水平一样，如果原有用户的收入水平低于使用科技的用户，就产生增加技术需求的制度激励。在财政投入发挥种子作用和杠杆作用时，发展多元化推广队伍、购买民营企业的科技推广服务等，社会投入将被带动。

### （二）产权激励和约束的协同创新动力

市场经济作为一种产权经济，要求建立产权明晰与交易费用降低的制度。中国目前科技的投资利润率虽高，但科技投资仍然不足，是因为产权界限不明晰，因而制度交易费用居高不下，轻而易举地获得创新成果的边际成本很低，这种交易费用超高不是创造更多潜在科技市场机会，而是给科技市场行为设置种种障碍，以致科技交易行为难以顺利实施，因而其增加较难。

诺斯宣称，产权十分重要。产权被视为约束国家的一种社会力量。一是产权规制是规定政府行为的边界和行为空间，可有效约束和规范政府行为。二是产权规制严格划定政府与市场的边界，以便形成良好的市场经济秩序，促进市场经济的健康发展。因为利益分配是制度存在的根本原因。创新资源的稀缺性和各个创新主体之间行为目标的差异性都可能导致冲突，使协同创新过程中断甚至失败，合作主体化解创新过程中冲突的能力是协同成功与否的重要因素，其关键是解决利益分配问题。

产权制度为协同创新提供强大而持久的动力：①产权制度把人们经济活动的生产性和经营性努力与其收益紧密联系在一起，提供创新的资本投入和经济发展的长效激励机制；②产权制度把人们经济活动的风险与决策责任联系在一起，可以有效地约束不负责任、有悖于效率原则的各种经济行为。

在制度创新过程中，鼓励生产性努力是制度创新的根本特性。总的来说，努力包括生产性努力和分配性努力，前者是个人为获得利益而创造财富的活动，即使他人的努力程度不变，个人生产性努力也会使社会总财富增加。创新主体的活动能够促进社会经济发展，人才收益不仅是无可厚非，而且尤其需要保障和鼓励。创新的基本条件是：打造协同创新的利益共同体，充分激发主体的创新力，增加创新资源的供给，直接服务于经济发展，因而增加社会利益。

市场经济体制的内在要求是：在制度变迁中，以需求主导的诱致性变迁方式成为主导力量。与发达国家相比，中国的创新水平仍然落后，这其中固然存在制度原因，中国科技制度变迁的空间很大，从国家利益和人民利益的角度来看，要求制度变迁。但是，由于科技的公益性、基础性等特性，从而决定了在任何体制下科技创新制度都必须以强制性变迁为其主要特性，即以政府强制力量推行为主。

然而，现代知识生产的重要趋势是日益倾向于组织行为，即企业内部与企业之间相互协作的组织。现代知识生产协作是共同创造，共同拥有。其中，产权是难以明晰的。这就决定了知识生产只能是非产权的合作，知识生产经常不是一个交易，而是一个协作管理。因此，用给定产权的方式促进知识资源配置的意义被淡化。采用团队作业方式进行知识生产，强调团队利益，而不使用个人产权方式作为激励、规避对知识连续生产和共同生产的干扰，人们在实践中对科斯定理使用做了修正。此外，知识生产先合作后给定产权、边生产边给定产权等情况也是大量存在的。

## 第二节　协同创新网络中的政府

根据各国经验，政府虽不直接参与协同创新，但在协同创新环境的构建上却有其他创新主体无法比拟的作用。这主要体现在两个方面：一是通过制定与实施技术和经济等相关政策及平台供给，有效地规范和支撑创新环境，促进协同创新活动展开；二是通过对资源的配置来引导和促进协同创新网络发展，并通过与各个创新主体共担风险，推动创新活动展开。

协同创新是将各个创新主体要素进行系统优化、合作创新的过程[①]，主要表现为研发合作，但其不是自发的，因为各个创新主体的利益诉求和出发点都不同，若缺乏国家的宏观引导和制度安排，结果很可能是零和博弈，个体的理性导致群体的非理性，个体的利益最优可能导致群体利益最少。因此，在一定程度上说，政府的支持和干预是不可或缺的，需要正确处理协同创新网络发展过程中政府与市场的关系。

第一，进一步转变政府职能，不断创造和完善制度环境，主要是健全政策法规，发挥市场调节的优势，使创新合作更加有效，为创新成果转化开设绿色服务通道，如减免收费、简化流程等。在技术转让上，理顺企业和科研机构在技术创新、转让方面的责权利关系，加速研究成果向企业转移；在风险投资上，政府可通过建立风险资本的进入或退出机制，允许建立有限合伙制公司，放宽资金准入条件，对投资者给予税收优惠、财政补贴等激励政策，为风险投资创造宽松环境。

第二，扶持发展中介服务体系。目前，即使是在发达国家，科技中介服务业整体上还是相对新兴的。因为其获利不大，民间营利性中介机构服务难以发展。为此，各国政府都扶持一些中介机构，积极为科技中介创造需求；鼓励具有互补性的服务机构形成联盟，提升整体服务水平。

---

① 陈劲、阳银娟：《协同创新的理论基础与内涵》，《科学学研究》2012 年第 2 期。

## 一 国家协同创新网络现状

### （一）研究现状：国家创新系统与国家协同创新网络的关系

21 世纪以来，随着创新研究不断深入，政府在国家创新系统中的作用问题日益引起学术界的关注。同时，政界和学术界日益重视政府在国家创新系统中的作用，进一步丰富和发展国家创新系统理论，并创新性地提出"政产学研用一体"创新网络的思想①。

2017 年 6 月 14 日，由教育部人文社会科学重点研究基地——清华大学技术创新研究中心主任陈劲教授主编的《国家创新蓝皮书：中国创新发展报告（2016）》发布，其以国家创新能力综合测度指标体系为基础，从创新资源、创新环境、创新成果和创新效益四个领域考察中国创新水平的发展情况。结果表明，1991—1999 年为中国创新的起步阶段、2000—2007 年为创新的加速阶段和 2008—2014 年为创新的稳步发展阶段。经过 20 多年的发展，已初步形成全方位创新能力协调共进的发展局面，但创新资源利用率和创新成果的转化率依然不高，需要加大提高这"两率"的力度，促进"资源—成果—效益"创新链顺畅转化，促进知识创新增加及其转移和使用。

2016 年，习近平总书记在全国创新大会上的讲话中提出，中国科技事业发展的目标是：2030 年进入创新型国家前列，2049 年成为世界科技强国。党的十九大再次提出建设创新型国家战略目标。目前已形成大量讨论国家创新系统问题的文献。其大致可分为两类：一类是关于国外有关理论的介绍、结合中国实际情况从宏观理论上予以探讨和研究，包括国家创新系统的新探索、国家创新系统的国内外比较研究等。另一类是关于国家创新系统的微观问题研究。在研究重点上，大多数学者关于创新型国家的研究主要围绕在创新型国家的内涵、主体、创新型国家的建设路径、创新能力分析、创新制度、文化及创新型国家建设的意义等方面。关于创新型国家的内涵，国内学者基本上认同国际学术界的观点，即其是把科技创新作为经济社会发展的首要推动力量，形成日益强大的国家。

国家创新系统与国家协同创新网络两者联系紧密，在很多条件下，两者是同义的；但是，两者的区别仍然是明显的。

国家协同创新网络是在互联网条件下通过网络促进官产学研用等创新

---

① 原长弘、章芬、姚建军、孙会娟：《政产学研用协同创新与企业竞争力提升》，《科研管理》2015 年第 12 期。

主体协同,实现创新要素的互补互动互惠,产生国家创新系统并不具备的协同效应。其特性有协同性和网络性。当然,国家协同创新网络不等于一国之内所有产业和所有区域的创新网络的简单相加,它们之间互补互动,可以创造协同效应。而国家创新系统是指创新主体创造、储备及转让知识和新产品的系统(OECD,1999)。

目前,学术界对创新型国家建设的论述较丰硕、深入,但仍然存在不足之处:一是研究内容多数较宽泛,各个研究处于相对割裂的状态,理论与实践协同的整体实证研究不多,尤其是鲜有多角度协同的研究,大多数学者都只是从某个或某几个侧面简单进行研究,尚未形成一套完整的理论体系,等等。二是研究深度不够,如把创新型国家建设简单地说成是科技进步问题,没有提高到国家治理现代化建设的高度。

从创新驱动发展的目的来看,应以既有的微观创新研究为主,以企业和科研机构为主体的协同创新和知识产权战略制定为核心,向中观创新尤其是向宏观创新研究拓展,将研究层次拓展到通过知识产权制度的创新引导自主创新支撑的战略新兴产业、互联网产业发展的中观层面,以及通过知识产权等制度建设引导经济结构转型升级和发展方式转型的宏观层面,最终形成微观、中观和宏观相结合的创新研究集成。创新驱动发展战略的实施中,创新与经济发展是手段与目的的关系,发展要解决的是中国发展方式落后、经济结构失衡、发展速度放缓等宏观和中观问题,但是,国内关于创新驱动发展、创新制度建设的研究主要集中于微观层面,研究广度不够,这势必给政策制定带来直接影响,并可能忽略创新驱动发展的宗旨与目的。

2006年,国家发布《国家中长期科学和技术发展规划纲要(2006—2020年)》,提出知识创新、技术创新、国防科技创新、区域创新和科技中介服务五大创新体系,建设创新型国家。这五大体系的构想虽全面,但较分散,忽略政府这一重要组成部分,尤其是整个体系缺少系统工程的集成机制,而本书试图弥补这一缺失。

施莫克(Schmoker,1996)提出了需求推动论,认为创新是需求的函数。但是,莫厄里和罗森伯格(Mowery and Rosenberg,1979)认为,创新在很大程度上归结为政府干预。史密斯(Smith,2000)认为,政府在国家创新网络的演进上具有核心作用。

经济学认为,创新的公共产品性质是由于知识的公共产品性质引起的,这决定知识生产不能带来独占权和利润,私有部门对基础研究的投资意愿较弱,需要政府承担或引导创新主体承担基础研究和共性研究任务。

新古典经济学认为，创新是市场推动的，竞争促使企业创新。根据上述分析，政府既要实施普惠式的创新支持政策，又要充分认识到政府功能及其局限性，明确政府和市场的边界，减少自身喜好对市场作用的影响。

在市场经济发达的国家，政府通常是技术中性的，但对于正在从以模仿创新为主转向以掌握核心科技制高点为主的中国来讲，一定程度的政府导向有助于少走弯路、加快创新发展。随着以模仿创新为主的低成本平推式工业阶段的市场空间缩小，中国应加速转向以自主创新模式为主，抢占产业链制高点。其中，政府要准确把握协同创新的内涵，让出传统创新资金占据的位置，将对创新扶持方式从选拔式、分配式转向普惠式、引领式，对创新的支持要从针对性重点倾斜的小范围，扩大到具有一定创新资质的普遍性范围，统一对达到一定创新投入标准的企业给予税收减免、人才引进补贴等政策支持。减少人为的等级制和歧视性待遇，让市场机制发挥决定性作用，将公平竞争和优惠政策更好地结合起来。

此外，政府应进一步简化政务审批，创新体制，减少创新过程中的制度交易成本，释放市场活力。政府放弃多余职能、减少越位，就是最为有效的普惠作为。完善协同创新组织的认证标准，给予后补助式或奖励式支持。在普惠式激励下，市场机制会通过竞争创造先进的协同创新组织。进一步对协同创新的项目和组织平台进行政府标准认证，这不能任由其包装概念，不能局限于一定区域内部。对于达到认证标准的协同创新项目和组织，一是财政给予匹配的专项经费投入，并将重大项目优先向协同创新组织倾斜；二是针对人才培育和人才引进机制设计的支持政策更为灵活。最终形成企业在前期进行自主决策、先行投入、组织和参与协同研究，在项目和组织得到认定后给予后补助式支持，与普惠式政策结合，形成根据公益性大小实施由宽到紧的扶持体系。同时，为提高创新效率，要将政府与企业的研发投入领域和项目进行区分，对项目进行系统性分类，避开企业主导的创新项目，将经费投入国家关注而市场忽视的基础性和超前沿探索的领域，把市场前景看好和显性效益的项目与领域让给企业。值得注意的是，创新具有长期性，因此，在普惠式和重点支持式结合的政策制定中要注重政策的连续性、递进性和稳定性。同时，地方政府要针对自身区域特征和发展现状，制定与中央政策既相配套又发挥自身优势的地方政策，在政策推动上形成区域创新网络与超本地创新网络的匹配与互动。

《中国制造2025》提出，提高创新能力的首要任务是："完善企业为主体、市场为导向、产学研用相结合的创新体系。"完善国家创新体系的路径是："加快建立以创新过程中心为核心载体、以公共服务平台和工程数据中心为重要支撑的创新网络"和"采取政府与社会合作、政产学研用产业创新战略联盟等新机制新模式，形成一批创新过程中心"等。包括成立专门的组织机构，发挥政府的协调统领、支持和激励作用；深化体制机制改革，强化政府部门、科研机构、企业等各方面创新主体的充分互动和有机联系，促进知识、人才和资金在各个组织之间的有效流动和优化配置，形成开放的、形式多样的协同创新网络。依据服务专业化特性，政府可规划建立与扶持不同的创新孵化器，这是发挥创新组织化的长期、连续、稳定优势的有利举措。

（二）现实背景：制度保障

提供多层级的制度保障，实现知识产权分享与保护的有效结合。首先，依靠法治力量保护知识产权。不断完善知识产权保护政策，促进创新成果、知识产权归属和利益分享机制的完善，加快推进股权和分红激励政策，将成果转让收益在企业家和科技人员之间合理分配，形成协同创新的长期效应，引导更多企业参与创新，就必须建立严格的知识产权保护制度，营造激励创新的竞争环境。其次，加快培育世界级创新领军企业，促进创新性企业健康发展，推动协同创新。

在协同创新过程中，不仅要不断灌输"失信失利、守信获利"的思想，而且要贯彻落实"守信有利、失信有害"的原则。营造良好的信用文化，提升创新主体的信用水平，使其诚实守信，互信互利。这样，既可减轻或消除其他创新主体的顾虑，主动将核心技术等知识产权运用到协同创新过程中；也可提高创新主体对知识产权的尊重和保护，减少模仿和盗用行为的发生，化解知识产权与协同创新的冲突。

政产学研用各个创新主体之间存在资源、地位和功能等方面的异质性，使系统处于远离平衡态。当初始外部环境变化时，刺激远离平衡态的各个创新主体在序参量的主导下产生非线性协同，使系统的宏观结构和状态发生改变，推动系统从无序向有序发展，形成新的稳定有序结构以适应外部环境的改变。创新协同网络是国家创新体系的重要组成部分，在明确各个创新主体功能定位的基础上实现高效联结，为创新驱动发展提供环境支撑、实践载体和机制保障。

新中国成立以来，响应经济建设与社会发展的需求，陆续建成涵盖基础研究、技术开发与工程化、产业化等创新链各个环节、多层次的创新基地，如国家重点实验室、国家工程（技术）研究中心、国家工程实验室、国家认定的企业技术中心、国家高新技术产业化基地等。这些基地汇聚集成创新人才和创新资源，攻克科技难关，转化创新成果，有力地提升了中国自主创新的能力。但是，创新基地的发展中仍有一些不足和薄弱环节，如创新资源集成不够，系统封闭问题制约创新成果扩散。要在既有创新基地基础上，以新的组织形式将不同的分散化的各个创新基地整合起来，促进跨国界、跨领域、跨部门、跨区域组织实施面向国家目标的协同创新，集成资源构建满足国家重大创新需求、具有国际竞争力的协同创新网络，大幅度提升自主创新能力，加速创新成果的转化和扩散，促进科技与经济的紧密结合。

孵化器是正式合作和非正式合作相结合的创新平台，将外部创新资源内部化，集成并放大包括金融机构、技术与人才中介机构、风险投资机构的功能，对接公共资源与创新主体，是培育创新型企业，促进新兴产业发展的有效组织，有利于降低所有创新主体的交易成本，拓宽服务对象及各个合作方的创新网络，形成协同效应。在孵化器建设中，政府要进一步为创新孵化项目提供集中的研发场地和启动基金，强化服务主体的功能建设，对入驻者提供培训及法律、政策、风险投资、信息等方面的服务，进一步拉近创新主体之间的信息距离，降低创新的风险与成本，推动成果转化，使其具有开放性和公益性。在孵化器中，提供市场信息，一旦发现具有商业价值的创新成果，企业便提前介入，引领科研机构向市场化发展。创新活动归根到底是以市场价值大小为判断标准的商业行为。

优化创新服务系统，促进创新服务体系的网络化。经过20多年的发展，我国已陆续建立起各个技术转移中心、技术市场和孵化器等服务组织，已在全国范围内建立各个支持创新的工作渠道、服务载体、创新服务组织，形成衔接产学研各方的创新过程中介服务体系。为构建具有国际竞争力的创新网络，要在既有基础上围绕国家战略目标、研发服务平台等各个中介服务体系引导科技成果孵化转移，以多种方式集成创新资源，有效地对接创新公共资源和市场资源。通过各种专业化的增值服务，帮助各个创新主体构建多层次、开放式的创新网络。采取多种政策，推进包容不同类型的创新主体和中介组织的创新网络。欧美国家注重采取政策、论坛、平台和联盟的方式，促进产业链上相关创新主体建立创新网络，加强创新主体之间的互动和联系。中国目前的集群政策主要关注产业集群的发展，突出生产制造环节的产业配套和规模效应。在建设创新型国家的过程中，更需要加大构建适合中国国情的多种形式的创新网络的力度。国家级自主创新示范区建设，选择东湖、张江、合芜蚌等区域，推进集群从简单集聚向创新集群发展。在既有制度框架下，各级政府应进一步引导各个创新主体在坚持彼此功能定位的基础上，试点并完善各项创新激励政策。下一步，要重点支持不同产业、不同区域中各个创新网络的培育和发展，发展政产学研用结合的、灵活高效的协同创新网络。

## 二 国家创新绩效评价体系

（一）研究现状

2012年，国家发布了《关于深化科技体制改革加快国家创新体系建设的意见》，旨在加强人才培养和科研，确立企业在创新过程中的主体地位，加快建设国家创新体系，其衡量指标主要聚焦于国家创新能力。因此，构建科学、合理的协同创新水平评价指标体系，正确评价创新主体的协同创新能力，使创新主体认识到自身的优势和不足，对促进协同创新活动的深入开展有重要的现实价值。

第一，国家创新体系指标的设计原则：①系统性：要求将创新视为整体，分析创新绩效，并衡量有关因素作为绩效评价标准；②科学性：要求研究结果能够准确并具有实践意义，包括指标选取程序、指标来源及指标统计标准等；③全面性：要求覆盖创新网络中各方面各种可能的信息，特别是对主要评估内容不能有大的遗漏。主体层级不同，创新绩效评价体系指标选取有很大不同。在国家层面，学者更关注社会效益和技术效益，经济效益占比显著上升。一个好的指标体系，要不断总结创新规律，以便于政府有效地进行宏观调控、动态管理和政策引导，有利于未来创新，适用于中长期创新。

第二，弗尔曼等（Furman et al.，2002）界定了国家创新能力的概念。他们基于国家创新体系理论、国家竞争优势理论和创新能力理论，强调创新成果新颖性的重要性，在创新基础设施与创新环境两个重要影响因素上，构建国家创新能力构成的 FP&S 理论模型[1]。其侧重于上游指标的测度，如技术经验积累、贸易开放度等。胡和马修斯（Hu and Mathews，2005）认为，创新提升的根本决定于创新潜能、创新持续性及制度变迁，提出包括上游效应概念的 H&M 模型，其侧重于下游指标测度，如 GDP、人才密度、科技期刊、外资利用与市场占有率等。刘和怀特（Liu and White，2001）构建一个分析国家创新体系的理论框架，选用研发、生产、最终使用、联系（连接）和教育五项最基本的指标，分析国家创新体系的结构变动和运行绩效之间的关系。常和肖（Chang and Shih，2004）从

---

[1] Jeffrey L. Furman, Michael E. Porter and Scott Stern, "He Determinants of National Innovative Capacity", *Research Policy*, Vol. 31, 2002, pp. 899–933.

技术政策、研发实施、研发投入、人才开发、技术转移和企业家精神六个维度，对国家创新体系的结构与运行进行实证研究。借鉴国家创新能力的研究方法，波特（2002）对不同国家的创新能力进行由大到小的排列。尼奥斯（Niosi, 1993）从贸易和专利数据两个维度衡量；波特和斯特恩使用人才当量、创新政策、创新环境、创新联系和创新导向五个指数测度；巴尔扎特（Balzat, 2006）综合众多学者的研究成果，提出了一国创新体系绩效模型，使用创新激励、创新能力、知识基础、金融环境、组织框架和国际化六个维度测度。纳斯尔诺和阿克鲁斯（Nasierowski and Arcelus, 2003）通过对国家创新体系指标进行细化和量化，构建了一个相当完善的测度体系。

中国科协发展研究中心（2009）出版的《国家创新能力评价报告》，从创新投入、产出和潜能三个角度，构建包括 21 个指标对国家创新能力进行测量。

第三，国际组织机构高度关注，研究推出的国家创新能力测度指标体系的影响更广泛，把对国家创新体系衡量的定量化变为现实。

（1）经济合作与发展组织最早研究国家创新体系，并对国家创新能力进行测度，其研究报告《科学、技术和工业：记分牌和指标（1997）》，是对经济合作与发展组织成员国科技和产业活动绩效进行比较的分析框架。2007 年修订后的报告从研发与知识投入、科技人才、创新政策与绩效、信息与通信技术、特定技术（生物技术、纳米技术等）、科技国际化、全球要素流动、生产率和贸易九个维度描述创新，是目前流行的测度方案中指标最多的（9 个一级指标、90 个二级指标），除将与科技活动直接有关的科技活动人员数、创新政策、创新绩效等一级指标细化之外，还大量使用经济资源和经济活动效率指标。

（2）欧盟（EU, 2008）提出 GIS 指数，包括知识创造、扩散、应用和知识产权、创新驱动力 5 个一级指标和 12 个二级指标，提供了一个实用的测度体系。

（3）联合国开发计划署（UNDP, 2001）的《人类发展报告》提出技术成就指数（TAI），提供一国社会技术成就的大体描述，研究其是怎样参与技术的产生和使用，主要分析技术产生、新技术扩散、已有技术扩散和人际关系技能四个方面的内容。

（4）联合国工发组织（UNIDO, 2003）在《工业发展报告》中提出产业竞争力绩效指数（CIP），使用人均制造业增加值、人均制成品出口、中高技术制造业产出占制造业总产出比重和中高技术制成品出口占制成品总出口比重 4 个指标作为绩效测度指标。

（5）联合国贸发会议（UNCTAD，2005）在《世界投资报告》中提出创新能力指数（ICI），包括科技活动指数和人力资本指数。科技活动指数包括人员、专利和论文；人力资本指数突出公民的受教育情况，关于企业的描述较少。

（6）瑞士洛桑管理学院（IMD，2006）在《国际竞争力年鉴》中提出科技竞争力（CST），在两个一级指标下设计 39 个二级指标，但 CST 将科学投入与产出一并纳入科学基础设施，可能会出现重复计算问题。

（7）世界银行（WB，2006）提出知识经济指数（KEI），使用经济激励与政治体系、创新网络、教育与人力资源、信息基础设施 4 个指标对一国或地区知识经济发展水平进行测度，包括 12 个二级指标。与 STI、CST 相比，KEI 指标相对简单，且考虑创新载体、环境、投入和产出四个方面，可行性较强。

（8）世界经济论坛（WEF，2007）发布《2006—2007 年全球竞争力报告创新能力指数（ICI）》，包括科技人力资源、网络环境、创新政策、创新联系和导向等指数。

（二）现实背景与指标体系

世界知识产权组织发布 2019 年全球创新指数。中国连续四年保持上升势头，排在第 14 位，2018 年为第 17 位，上升 3 个位次；2017 年为第 22 位。2019 年全球创新指数基于 80 项指标对 129 个经济体进行排名，这些指标有研发投资、专利和商标国际申请量等传统指标，也有移动应用开发和高科技出口等较新指标。其中，在"知识和技术产出"上中国排在第 5 位。世界知识产权组织指标研究处处长沙夏·文森特认为，中国已奠定创新领导者的地位，下一步要提升质量，加大对基础设施、制度和人力资本的投入[①]。

国家创新能力是指国家创新根基所产生的创新技术并将其商业化的能力，创新层次高而复杂。创新效率是在给定条件下最大限度地发挥创新资源的作用；创新效果仅仅考虑最后成果。因此，要建立利润增长、新产品开发、科技人才培育、竞争力提升等基于产出的绩效测度指标体系，尽量涵盖主要创新方面，较为清晰。产出绩效分为经济效益、技术效益、技术积累效益和社会效益四个方面。已有文献大多从投入产出角度出发，结合投入值与产出值综合测度创新绩效，包括单投入单产出指标体系、多投入

---

① 张盖伦：《我国科技创新质量仍有待提高》，《科技日报》2019 年 7 月 29 日。

多产出指标体系和多投入单产出指标体系。多投入多产出体系充分考虑到产出指标的多样性，更为复杂全面。

## 三 政策体系

1980—2005 年，中国大约有 72.5% 的创新政策是由单一机构制定和实施的[1]。经济合作与发展组织（2008）指出，中国创新政策主要由单一机构制定[2]。这造成了两个非协同问题：一是各个机构制定的创新政策可能在政策目标、政策工具等方面存在冲突；二是单个机构实施创新政策，得不到其他部门的协同支持，将降低创新政策的实际绩效。就创新政策体系而言，国家层面尚未专门出台和实施协同创新的政策，这会导致协同创新缺失。一个新兴的协同创新网络往往表现出功能弱小，或发展缓慢，或停滞不前。如新技术的创新主体组织不够有效，新技术的功能不能发挥；潜在用户的需求表达不够，"市场发现"等功能不能发挥。在这种情景下，政府大有作为。包括政府激励，其主要是通过协同、系统的创新政策来发挥作用。

自 2006 年我国发布《国家中长期科学和技术发展规划纲要（2006—2020 年）》以来，单一机构制定和实施创新政策的比例下降到 40.5%，比 1980—2005 年下降 32 个百分点。根据经济合作与发展组织的研究报告，政府的创新政策主要是应对两个方面（张建华，2000）的问题：一是市场失败；二是系统失败。由于创新网络以及扩散知识的赋能结构缺失，政府的创新政策可以克服市场失败，如建设创新的基础条件，缩短创新"时滞"，培育创新能力，加快科技产业化进程。

尤其是促进创新模式由线性向非线性模式演进，要求传统的单个创新政策转向依靠创新政策体系推动科技发展（Asheim, 1998）。即将分离的、由各个部门制定和实施的各个政策整合起来，形成创新政策体系，实现整体协同效益。因此，将多种单个政策进行彼此配套、相互适应的过程，就是创新政策体系的制定和实施过程，其组合特性决定政策体系效用的水平，各项政策之间的匹配程度是衡量创新政策质量高低的基点。其匹配性主要体现在以下四个方面：首先，科技政策、教育政策与科技推广政策之间的匹配，这三者分别与经济政策匹配，促进科教推（广）一体化。

---

[1] 张龙鹏、周立群、蒋为：《协同创新：演化逻辑、中国情境与政策体系》，《中国行政管理》2016 年第 10 期。

[2] Organization for Economic Cooperation and Development (OECD), *OECD Reviews of Innovation Policy*, China, Paris: OECD, 2008.

其次，中期、短期与长期科技政策的匹配。再次，科技需求政策与科技供给政策的匹配。目前，要强调以需求的扩大来促进科技供给的增加和科技供给结构优化。最后，市场调控与国家干预政策的匹配，实现有效市场与有为政府作用的协同。

（一）促进协同创新的政策体系

单纯依靠市场和科技等因素，促进创新的外部环境并不会自动出现，还需要政府支持。第二次世界大战以来，各国政府都运用了政策手段鼓励和支持本国创新。这是由创新的性质和特点所决定的。首先，创新的非独占性和外部性是一种知识溢出的结果。从全社会视角来看，这种知识溢出越多、越快，对整个社会的进步就越有利。基于保护创新主体利益的视角，原创者虽可通过创新，率先开发出大量产品投放市场而获取收益，但在缺乏政府干预的情况下，若其他竞争者通过对新产品实施反求工程等手段获取该新技术信息，继而分享创新主体收益，给原创者带来的损失将难以规避，这将会严重打击原创者的创新积极性。综合来看，原创者的利益和社会整体利益是辩证统一的，若既要使原创者有创新动力，又要使创新成果达到社会效益最佳，政府要出台相应的政策，以保证两者的利益平衡，使原创者的个人（企业）收益率与创新的社会收益率趋于一致。目前，世界各国对创新的政策调节普遍遵循上述逻辑，一般采用两种方法：既肯定原创者的知识产权，强调对知识产权的保护；又采取税收优惠、关税优惠、信贷优惠、设立创新发展基金、奖励创新主体，给原创者以某种补偿和激励。其次，现代社会，创新的复杂性日益增强，对研发基础设施的要求日益提高，而这些基础设施具有投入巨大、超规模经济和公共产品性质，政府要从社会整体利益出发，加强对创新的基础设施建设，以降低创新的壁垒和研发成本，有力地促进创新。

（二）政策对创新主体的影响

一般来说，政策对组织创新行为的激励主要包括产业政策和科技政策、知识产权保护、信贷和税收优惠、基础设施、政府采购与资助、重大创新成果奖励等政策体系。这说明政府的主要作用表现在对企业整体层面的激励和对企业组织成员个体层面的激励两方面。其中政策对组织激励产生较大影响，主要是政府直接资助和重大创新成果奖励等针对组织个体层面的激励政策。对于组织个体层面的政策激励，必须要将其转化为科学的组织激励措施，并严格贯彻执行，才能使该政策激励发挥作用。

必须明确，在降低研发投资不确定性的同时，科技政策本身也是不确定的。包括是否或何时推行何种科技政策，以及政策形式、政策的力度等一些更为具体的问题。因此，制定和实施政策过程中，需要规避由于政策自身的不确定性导致科技行为的推迟或停滞。

科技政策，以往强调综合运用行政手段与市场机制，今后还要强调充分运用网络手段刺激和优化各个创新主体的行为，将其科技活动纳入国家协同创新网络，从而使科技活动的微观自主性选择与宏观整体性要求协调协同，促进科技资源整合优化，创新主体活力喷发，加快创新型国家建设。

全面构建起创新支持的政策体系，把创新的协同效应与内生动力相结合，从根本上改变以往仅聚焦于合作模式来研究创新政策的局限。首先，增强政策的诱导性与强制性，如对国有科研机构关于技术推广的奖励性规定与强制性规定的协同。其次，增强政策靶向性，提高政策配置的静态效益与动态效益，使政策受惠主体的积极性增强。对资源配置的决定性调节效用即市场作用，引导科技资源向企业集中，向基础研究、共性研究和"瓶颈"项目倾斜，向创新网络和创新集群集中。在创新链的不同环节，政府与市场的职能是有所区别的。政府支持要有进有退，在创新初始阶段，离市场最远，创新的不确定性最强，政府扶持最有必要，要建立创新风险与收益对称的创新投资保障机制；随着创新深入，市场作用逐步显现，要衔接知识与知识的应用，注重清除创新成果扩散的障碍。

政策完善，是促进协同创新网络发展，破解创新能力不强，科技因子之间协同性不强，科技与经济联系不紧密的根本出路。其最大效用在于：以激发创新为导向和以公平竞争的市场环境为目标，并着眼于促进科研评价体系的完善和科研管理的优化。实践中，有关科技组织模式和运行机制已有所创新，如专项补贴和税收支出设立，提高人才激励水平。但是，在实践中，这些政策的执行效果仍然不够理想，因为政策激励协同创新的力度仍然不够。

（三）政策体系

按国家干预程度的强弱，政策工具可大致分为强制性、自愿性和混合性三大类。其中，前者包括设立创新专项，依托重大项目组织创新主体联合攻关，依托国有科研机构和国有企业组建创新联盟等。包括建立大学技术转移中心和工程技术中心，加大创新的税收激励和金融优惠的力度，政府优先采购创新产品等。中者是利用市场机制调动应用性创新主体的积极性，包括技术贸易、专利授权、促进技术服务、咨询、委托研究等协同创新组织等。在创新发展过程中，一个基本要求是"相机性"。创新内容不同，如自发的科技交易与政府主导的国家重大项目，其结构特性和治理路径不同，对政策需求也不同。因此，未来科技政策优化，还要加强对微观创新机制的考察，将宏观政策制定与微观政策优化统一起来，根据不同科技所要求的政策需求，选择一组干预从强到弱、再到不干预的政策工具轨迹，以促进、加速不同条件和不同内容形式的创新。

创新政策建设要与时俱进，注重长效机制与短效机制的整合，基于科技进步的不同阶段，从协同性、兼容性、衔接性等方面出发，完善促进科技发展的针对性、配套性税收、补贴、金融、产权保护、需求等方面的政策与法律，促使科技政策规范化与高效化。在发起过程中，要优化对创新资助对象的评估和遴选机制，加大扶持力度；在运行过程中，要优化创新项目实施中的多主体协同机制；在推广与应用过程中，提供资助，降低有关风险。

根据系统论，协同创新是多元化创新主体与制度等多方面交互与回馈的非线性过程。优化多元化科技互补互动关系，是建设创新型国家的关键，主要包括以下两个方面。

第一，主体功能适配。创新主体相互适应、相互配合与相互促进，形成创新合力。积极推进体制机制创新，完善不同类型、不同层级主体的利益共同增进与利益冲突化解机制，保障其内部主体行为、目标和利益协同，促进协同创新网络的形成。在创新发起、实施、应用与扩散过程中形成创新主体合力，产生协同效应。

第二，开放机制。面临发达国家技术出口封锁及跨国技术外溢阻断等格局，要加强政府支持多样化创新开放，整合面向全球、面向未来与民生的创新行为和创新要素，优化吸引优质外资、技术贸易、人才引进等机制，设立海外研发机构、并购创新型企业，加强外向嵌入机制，有力地促进本土企业"走出去"，发展国际协同创新网络。

目前，中国创新能力虽有大幅度提升，但不少核心技术仍然缺失。要建立以下两个机制：①技术引进内化提升机制。通过建立研发平台、增加补贴和税收优惠等方式，促进引进技术的消化吸收，提升可持续的内生资源的创新能力。②技术链节点之间协同发展机制。发挥政府的信息优势和举国科技体制的优势，优化其调控职能，构建协同创新网络，孵育核心技术，实现核心技术的优先发展与重点突破。

（四）完善创新政策体系

促进技术能力内化与技术链之间协同发展，技术链与产业链和市场链"三链"协同发展，统筹发展这"三链"协同的若干关键环节的引进、消化、吸收、再创新过程，提高创新结构转型升级的能力；在政策优化中，体现和突出技术的"链式"布局与创新主体共进突破的系统协同思想。

在科技进步政策设计与实施上，十分注重完善政策之间的协同机制。①创新政策与经济政策协同机制；②基础研究政策与应用研究政策协同机制；③创新驱动与技术扩散驱动协同机制；④主体协同机制，优化科研机构与企业之间、金融机构、中介机构等创新主体之间协同的政策体系，这些不同创新主体之间形成合力，促进国家创新战略的快速推进。

按作用侧重和主导力量不同，科技政策可分为需求主导型激励政策和投入主导型激励政策。既有科技政策，大多是基于后者而制定的。主要表现为通过财政补贴等直接投入和间接投入、税收支出和金融支持等经济手段，促进科技资源增加。今后要加大需求扩大的政策支持力度，拓宽科技产品和新技术市场。

在投入方面，物质激励和经费保障虽然可发挥一定的推动作用，但以高昂的财政支出为代价，势必使财政负担过重；而创新的决定因素是多方面的，单一的投入激励难以满足创新发展的多元化需求。财政资金应发挥"种子"和"杠杠"作用，对共性技术、核心技术的创新主体提供补贴，促进创新投入增加，促进科技可持续发展和创新溢出的实现。技术扩散越充分，溢出越多，受惠企业越多、受惠水平越高，创新型国家的目标实现就越快。

## 四 政府与市场的关系

### （一）理论模型

市场、政府和网络在协同创新网络中都在不同程度地发挥作用。按协同创新网络的发展要求，从创新模式的无计划到有计划、从创新模式的计划化到创新模式的市场化，以及介于这两者之间的创新模式混合化，这些创新模式可被抽象为两种较为典型的模式。

首先，政府为主、市场为辅的创新网络资源配置模式。创新所需要的资源配置都是通过政府完成的，但是，一些简单的创新活动的开展及其成果的应用仍由市场来确定和实施。该模式中，行政计划仍然发挥决定性作用，市场机制只起补充作用。这种模式符合基础研究和共性研究的要求。

其次，政府调节下的市场动力网络模式。市场组织和调节创新资源、创新行为和创新成果的配置与成果分配，而政府则通过相关的创新支持政策，对市场活动加以引导和调控，构建创新激励机制，以求得市场主体创新活动的最终结果能够与政府的计划目标相一致。目前，大多数国家在创新资源配置过程中均在不同程度地选择这种模式。这一模式适应于应用研究的要求。

再次，绝对的行政动力模式。没有货币、价格机制和市场，创新资源配置是由一个中央集权的、等级制的政权组织来实施的。其中，不存在任何市场因素而完全由政府主导，在任何一个现代国家的创新资源配置体制中，几乎找不到按这种模式实施的体制，因此，这是纯粹的理论模型。

最后，绝对的自由市场网络模式。不存在行政计划，创新资源配置与创新主体的活动完全由消费者需求决定。这也是纯粹的理论模型。

无论是计划体制还是市场体制，在互联网条件下，都必须而且也只能通过网络实现。

随着中国以市场体制为最终目标的经济改革推进，以及民营经济的快速发展，市场体制机制逐步健全，在经济社会活动中，市场作用的范围不断扩大，市场的决定性作用不断显现和增强，这就形成了中国目前的宏观政策调节下的市场配置模式。2017年，党的十九大报告明确提出，"使市场在资源配置中起决定性作用"，同时，强调"更好发挥政府的作用"。这符合市场经济全球化的大趋势，将在新的历史起点上对全面深化改革产生深远影响①。

（二）政府的创新角色与作用

中国是典型的强政府国家，政府掌握庞大的人力、物力和财力资源以及诸多的非物质资源。因此，创新型国家建设，政府的积极引导、推动和参与更有必要。当然，政府在对科技与经济的干预时，要有所为，有所不为。市场机制是市场价格、供求和竞争等因素之间互为因果、互相制约的联系和作用。在中国，无论是创新主体的自我管理水平，还是市场发育程度都有限，政府的职能作用更是远远超出发达国家对市场干预的范围和程度，而市场本身对资源的配置和激励作用仍然有限，因而中国科技市场经济的有效运转十分需要政府有力且有效的作用。

处于经济与社会转型期的中国，在核心科技上，与发达国家相比，差距不小。市场让出，并没有获得核心科技。这与科技资源投入不足和配置不当有关，政府与市场各有千秋，这两种方式各有自身的边界和发挥作用的条件。在中国内有市场体制缺失、外有国际竞争日趋激烈的条件下，政府有效指导甚至直接介入，对于创新的顺利开展，意义尤为重大。一些共性技术等基础研究项目，需要发挥举国科技的优势；而应用性项目适宜分散、由市场配置，两者并行不悖。目前，要创新科技体制，处理好科技举

---

① 周志太、段学慧、周玉梅、鲍步云：《社会主义市场经济概论》，清华大学出版社2016年版。

国体制与市场配置资源的关系，促进科技资源不断增加与科技资源效益不断提高相结合，重点项目和"瓶颈"项目要集中攻坚，使创新速度更快，创新层次更高，创新效益更大。

### （三）政府不是创新的"全能冠军"

在现代市场经济条件下，政府难以大包大揽，这是由政府失灵的特性所决定的。对于具备自发条件的创新，若政府强干预，不但会增加政策成本，而且形成"挤出效应"，使社会福利水平下降。同时，市场失灵是始终存在的。对于风险较大且关系到国计民生的项目研发，若政府不作为，单纯依靠市场机制，这类创新是难以实现的，因而社会福利难以增加。政策干预的重点要应对和解决总体市场失灵问题，通过研发补助、税收减免这类政策，为科技公共产品提供资助；通过提高信息披露度和信息透明度，缓解创新中的信息不对称问题，弥补创新的诸多不确定性，增加创新主体的创新收入。同时，也必须应对系统失灵，即利用政策体系促进创新主体结成技术联盟等协同创新网络，这是政府的基本功能。要创造一个有利于自主知识产权自组织成长演化的环境，引导和促进自主知识产权产生、发展，从无序向有序演化。政府凭借自身的资源优势，鼓励、引导和加强创新主体之间、创新主体与外部环境进行交流和合作，及时从外部引入新的信息和技术，促进人才、技术、资源等各种自主知识产权成长所需要的要素的自由流动和优化组合，促进知识共享，鼓励创新主体联合攻关关键技术，有效化解创新风险，降低创新成本，增加创新主体收入。不断推进创新主体持续有效的学习和创新，服务经济与社会对创新发展的需求。

科技可大致划分为公共产品和市场产品，并要根据创新条件和公共效益来界定政府要采取的干预方式与干预水平；对于市场产品，政府应避免直接介入，主要是创造公平公正、诚实守信的市场环境和健全的法制环境；对于公共产品性质的重大创新，需要全力以赴、协同推进，如创新主体不具备条件或依靠市场难以促成合作的，则政府必须介入、直接组织或间接鼓励合作，乃至协同研发。对此，政府需要做出以下两个方面的努力。

第一，鼓励创新主体之间的各种正式往来和非正式往来，营造促进创新合作的发展环境，引导和鼓励人才加盟到创新型企业和科研机构，增加和保障人才供给。同时，培育开放、合作、互利共赢和优胜劣汰的文化氛围；发展教育，确保人才质量不断提高。

第二，积极推动创新主体融入全球创新价值链。积极支持和引导创新主体实施"走出去"战略,参与到国际协同创新网络中,分享和再创造全球层次的创新成果。从招商引资转向招商引智(人才),营造良好的商务环境,有选择地引入高科技跨国公司,促进本国创新主体与其互补互动互惠,促进中国创新主体自主知识产权有序成长结构的形成。

(四)国家创新系统中的政府作用

21世纪以来,随着研究的深入,国家创新系统中的政府作用问题日益引起西方学者的关注与重视。2000年,史密斯首次提出,政府在国家创新系统的演进中具有核心作用。柯蒂斯(2003)认为,政府导向能够弥补市场失灵,能够促进企业网络和学习过程重构与大学研究。布洛克和凯勒(2012)论证了政府创新项目在美国创新网络转型中的至关重要性。同时,中国政府及学者也日益重视政府和用户在国家创新系统中的作用,进一步丰富和发展国家创新系统论,并创新性地提出"政产学研用一体"创新网络的新思想。

上述思想,为科技改革提出了方向,即改革既要符合市场经济规律,也要符合科研规律。当务之急,要着力补齐创新"木桶"中的"短板",加快健全知识产权交易、使用和保护制度,下放创新成果的使用、处置和收益权;改变单兵突进的单环节创新模式,探索使研发、生产、分配、交换、消费中的创新活动一体化的有效途径,加快建立健全创新一体化的网络模式;着力建立健全开放、公平、统一、透明的创新要素市场,完善要素的自由流动机制,促进创新要素和创新行为不断优化组合;围绕科技进步,配套推进人才制度、金融制度和文化制度的综合创新,推动创新跨越式发展。

加快政府职能从科研管理向创新服务转变,健全创新公共服务、金融服务、知识产权服务"三大平台",打通创新与产业、人才、金融之间的三大"通道",未来应以发展股权众筹为主的互联网创新金融,发挥天使投资创业初期的关键作用和"新三板"作为小微企业重要融资平台的作用,以完善企业融资渠道。帮助一大批优秀创新企业获得资金支持,打造"赛场选骏马、创赛搭平台、市场配资源、政府后补助"的新模式。这符合市场经济规律,也符合科研规律。平台经济对形成市场牵引型创新协同发挥着重要作用。无论是资源型还是流程型,抑或是产品型平台,均可构建一个虚拟或真实的交易场域,促成双方或多方完成交易,收取适当费用或赚取差价。日常所接触的软件应用商店、电子商务平台、金融支付平台以及云计算服务,都是平台经济的具体形式,在实体经济与虚拟经济之间、产业链各节点之间形成创新协同。重点实验室、共性大设备是国家组织高水平研究、聚集和培养优秀科技人才、开展学术交流与合作的重要基地，是开放的科研大平台，是国家创新系统的重要组成部分，其体量更大、学科覆盖面更宽，承担国家重大创新项目的能力更强，在学科的交叉点上，实现协同创新更有可能是创新网络中不可或缺的重要一环。由于新科技革命的挑战异乎寻常，产业升级更加依赖创新驱动，而开展多层次大范围的协同创新是较为理想的选择。经验表明，园区作为创新平台，可产生明显的创新溢出和外部规模效应，促进区域分工和新型产业基地形成，对提高创新能力和经济效益均有实际意义。获取低成本资源和高层次的研发成果与产品、融入目标产业链、产能转移等协同创新与创造都是重要且有效的协同方式。政府要健全组织机构和完善对接机制，保障平台有效与实用，依托科技平台，建立方便创新的长效对接机制，在创新成果对接转让的基础上，引导创新主体延伸到用户，并做好涉及对接项目各个主体的后续服务工作。

发展的第一动力是创新，创新的第一资源是人才。协同创新网络，不但可抵制系统人才流失，而且能吸引更多的人才加入。其包括联合培养、技术入股、股票期权等优惠措施，广泛吸引优秀人才，完善人才结构，促使创新充满生机和活力。建立一支结构优良的人才队伍，从高端领军人才到一线技术工人。共享人才优惠的政策、共享发展成果、共享人生出彩机会。把人才工程提升到战略高度来考量，发现、培养、引进、聚集和使用多角度有序组织人才资源开发，为发展源源不断地输送优秀人才，国际人才集聚得越多，与外部世界的联系越多，对外创新合作和对外影响力就越大。加强与全球人才网络联系，坚持"引进来"和"走出去"协同，打造全球人才枢纽，积极融入国际创新网络。这不仅可以满足日益增长的人才需求，而且能带来引领创新发展的知识、技术、活力和激情。顶级人才包括掌握全球资本和全球信息的、掌握全球人才资源的、全球最具影响力和最具潜力的人。以全球视野、开放策略建设一批世界一流的科研机构，依靠它们形成顶尖人才集聚中心、核心科技培育中心。建立标志性人才发展平台，让人才在发展中不断实现和提升自身价值。建设科技进步卓越、科技效益与经济效益突出、充满活力的协同创新网络，依靠它们形成顶尖研发人才流动、集聚和使用的合理机制。突破人才流动存在的垂直层级之间的体制壁垒，将多重层次汇聚于一点，使不同层面的资源规避逐级传递的传统体制，将一切资源（尤其是人才资源）迅速汇聚起来，形成协同创新网络。

创新领军人才应有更大的人财物支配权、技术路线决策权，使他们充分释放才能和潜能。"激励制度是关键",要改革收益分配制度和创新成果产权制度及转化机制。党的十九大报告提出,"激发和保护企业家精神",让企业家和科研人员取得更多股权、期权等合法权益,更好地体现和放大知识创造的价值。大型企业尤其是中央国有企业具有雄厚的资金实力与科研基础设施优势,但冒险精神、创新活力不够。因此,2016年2月26日,财政部、科技部、国资委联合发布《国有科技型企业股权和分红激励暂行办法》,这是我国首个专门针对国有科技型企业股权和分红激励的政策文件。其规定符合条件的国有创新型企业,可采取股权奖励与出售、股权期权等股权激励方式,或项目收益和岗位分红等激励方式,对企业重要研发人员和高管实施激励。用于股权奖励的激励额不超过近三年税后利润累计形成的净资产增值额的15%;实施股权奖励,必须与股权出售相结合;单个获得股权奖励的激励对象,必须以不低于1:1的比例购买企业股权,且获得的股权奖励按激励实施时的评估价值折算,累计不超过300万元。

由于技术外溢效应,创新主体不能获得创新产生的全部收益,即投入与收益不成比例,就会弱化创新主体投资创新的积极性。政府干预旨在纠正市场失灵,把扭曲的资源配置功能纠正到帕累托最优,进而发挥市场机制的作用。由政府领导或资助的科研机构承担基础研究,政府干预建立风险分担机制或利用政策工具进行激励,使企业创新的积极性有所增强。如政府运用补贴工具,降低创新成本,加强对企业的激励;运用合作政策工具,促进大学与产业的合作,就是把外部性内生化。随着科技进步,技术复杂性和系统复杂性进一步增加,产品(包括服务)的子系统和部件数量日益增长,以及涉及的专业知识领域日益拓宽。创新是既有知识、能力、技能、资源等新的组合,给定系统中的各种因素越丰富,组合形式就越多,就越能创造出更复杂、更高级的成果。这需要从系统角度研究创新。在国家创新网络中,相应的政策干预目的,既是纠正市场失灵,又是纠正系统失灵。其包括一系列影响科技学习、发展和扩散的科研机构(包括企业和非营利科研机构)以及它们的互动机构。这些机构不仅是基础知识生产的载体,而且是新技术、新产品和有价值的新技能产生的源泉。

在宏观层面,政府要干预,促进各个创新机构的有机联系、互补互动,协调、整合专业化知识和学习网络,增强创新主体在不确定情况下的学习能力。

## (五) 国外经验

目前,加大政府对创新的干预和引导已成为世界各国的大趋势。如美国直接对科研进行巨额投资或补贴,通过政府采购诱导创新并实施严格的知识产权保护体系。各国都十分重视发挥政府政策对技术进步的重要促进作用。当然,由于国家拥有的因素存在差异,不同国家或同一国家在经济社会发展的不同阶段,政府干预创新的程度和方式也会有所不同。发达国家的政府把国家创新系统视为整体、有机、相互联系的网络,政府作用与市场作用是互补而不是互相替代,创新战略也始终在国家层面构建实施。这些国家都把加强商界、学术界和政界的合作视为国家创新网络至关重要的一个环节,且政府采取行之有效的措施,不断推进他们之间的协同创新网络向纵深发展。

作为信奉和推行自由主义市场经济的国家,在第二次世界大战后的几十年,美国政府在推动国家创新过程中发挥着巨大的作用,俨然突破"大社会、小政府"的国家形象,不断调整自身对创新活动的介入方式和程度,作为国家创新体系的战略制定者和推动者,美国政府通过制定完善的法律体系、健全科技政策体系和持续大量的科研投入,使美国成为当今世界的头号科技强国。如20世纪意义深远、影响巨大的航天飞机工程,完全由政府主导,由美国副总统亲自领导组织、协调和控制。2008年国际金融危机以后,奥巴马政府曾先后于2009年、2011年和2015年三次发布《国家创新战略》报告,一步一步地将国家创新战略提升到前所未有的高度。为重塑科技优势,保持其在世界上的"霸主"地位,美国联邦政府在2009年出台了《美国创新战略:推动可持续增长和优质就业》,2012年又启动了《先进制造业国家战略计划》。美国创新的基本举措是:加强政府、大学与企业的合作,提高企业创新能力。加大对基础研究的支持力度,加强和巩固美国在基础研究领域的领先地位。研究和试验税收减免永久化并扩大减免额度20%,为美国创新提供持续的动力。2013年,美国政府提供22亿美元用于先进制造业研发,比2011年增长50%。国防安全采购和早期采购增加,如2013年政府采购波音公司产品332亿美元,占其总收入的38%。联邦政府还加大公共投资,催生在国家优先发展领域的重大突破,包括发展可替代能源,确保美国继续处于生物技术和纳米技术的前沿。

德国政府加大研发资助力度,增加创新产品采购,鼓励创新主体合作,加强竞争前研究咨询与信息服务,致力于通过领先创新网络的遴选和资助,如奖励优秀创新集群,形成示范和促进效应,提高国家的创新竞争力。

日本政府增加对大学支出以促进创造性、多样性、国际顶尖水平的基础研究，构建适合创新的环境，建设国际水平的研究环境和基础设施，增加高风险研究的资助，促进新兴和跨学科领域的创新，改进研发效率评价系统。促进跨学科合作，加速设备共享、跨学科合作和人员流动。通过财政补贴鼓励创新、减税促进研发，资助大学研究的商业化、产业化。2009年日本出台《技术研究组合法》，简化创新主体设立手续，允许大学和独立行政法人科研机构参加技术研究组合、扩大到所有技术领域，允许技术研究组合变更为股份公司或合伙公司等，以应对创新越来越复杂化的新形势，提高研发效率，促进成果转化。2013年，文部科学省启动创新计划，通过政府、产业和学术界之间大规模的合作，对未来十年需要的新技术进行研究，并促进研究成果的外溢。

借鉴这些国家的做法，政府与市场相互配合，统筹考虑，既增加国家投入，又整合国家的创新力量，通过政府主导的重大项目或构建基础研究、共性技术研究平台，提高人才培养水平和基础研究水平，综合运用研发税收抵扣、财政资助和政府采购等手段，不断促进商界、学术界和政界之间的有机联系和相互交流，建立覆盖全国的动态协同创新网络。政府仅靠减免税收、资金扶持等激励手段，难以对企业创新能力的提高起到根本作用，关键是要把企业纳入协同创新网络，让企业在其中组织学习和创新，再加之政府提供的技术服务、管理服务和其他服务，对组织进行重构，才能从根本上提高企业创新能力。

（六）市场、政府与网络协同

后国际金融危机时代，中国的市场进一步开放。市场的"马太效应"经常表现为倾向于扩大而不是缩小中国与发达国家的创新差距。中国虽已初步建立促进创新的市场经济体制和法制环境，但市场机制是被那些发达国家的政府自觉地引进以提高科技水平和经济水平的，而中国可能存在一些有悖于市场经济的制度和文化。因此，仅仅靠市场机制调节是远远不够的，必须利用"看得见的手"构建创新体制，加快国家协同创新网络建设，以网络优势弥补市场失灵、政府失灵，尤其是弥补系统失灵。

国家创新网络是由各个创新主体组成的、互补互动的促进创新的系统。政府是其中的重要主体，但政府发挥作用绝不是替代市场，而是弥补市场失灵和促进政府与市场关系协调协同，应根据经济发展要求和客观环境变化，不断调整、优化两者关系。实现经济的跨越式发展，要实现自主创新，在创新领域政府不是要退出，而是要加强政府对于科技的主导作用，主要是承担基础研究的主体作用。政府的主要功能是协调和服务创新。为此，要逐步实现"政府"从凌驾于其他创新主体之上向与其他创新主体平等参与创新转变，从"管理型政府"转向"服务型政府和法制型政府"，破解政府职能的错位、越位和缺位的问题。党的十九大报告提出"建设人民满意的服务型政府"。只有在政策引导和利益诱导下，创新主体的创新意识和合作意识才能逐步强化，创新网络的作用才能逐步强化，政府的主导作用相应弱化，逐步演变成为与其他创新主体地位"平等"。创新主体平等参与和政府过度干预的退出是市场经济的要求，"转变政府职能"，即加减法并重。在一些领域，随着市场机制和网络机制逐步完善，政府干预虽必然会弱化，但政府不会也不该从创新领域中退出。由于市场失灵和科技的公益性，即使成熟的市场经济国家，也需要政府对科技市场进行必要的干预，乃至参与。作"加法"，切实把科技公共产品的供给任务承担起来，而且进一步创新科技体制，优化创新环境。作"减法"，厘清政府与非营利组织、公民间职能的关系，在培育、扶持非政府主体的基础上逐步把一些职能转移给市场主体和非营利组织，向社会和非营利组织放权，加快形成政社分开、职能明确、依法自治的现代社会组织体制，积极培育发展第三部门。政府不再直接干预这些主体内部活动，不直接参与创新资源的配置。

政府发挥市场难以替代的统领与集成创新优势和信息优势，基于整体目标和共同利益原则，纠正市场失灵和系统失灵，克服政府失灵，通过创新反馈机制促进创新主体之间有效沟通与交流，通过经济手段和对话协商、倡导互信和默契协调，降低信息不对称及其产生的成本，化解创新主体之间在目标、利益、途径各个方面的矛盾，促进创新资源的无障碍流动和有机联系，促进产业链、创新链、资金链、信息链和需求链"五链"融合，有效衔接，促进诸多创新要素与所处环境的协调、结构与功能的高效整合、整体耦合与适配而产生集成创新，不断向更高级的层次与方向有序稳定发展。

政府完善要素市场，将公平竞争和创新优惠政策更好地结合起来，将创新主体权益保障机制、创新成果的外部性补偿机制、容错补偿机制嵌入市场机制中，构建一种更为亲和、宽容的市场体制，促进产权主体多元化、运转规范化、交易法制化、创新资源整合共享化，打造基础设施良好、创新要素良好和创新环境良好三者协同的协同创新网络。

政府作为拥有特别权利的市场主体，创新资源和有效信息占有较多，尤其是制度资源占有最多，拥有其他创新主体无法比拟的优越地位，作为协同创新网络中的创新主体之一,政府应以与其他创新主体平等的身份参与创新活动,克服市场失灵;应发挥其掌控和配置资源的积极作用,从宏观和微观方面协调个别创新主体的行为,消除矛盾,达成共识,创造合作机会,促成市场难以实现的创新联盟。第一,创新动力之一是市场压力,即市场用利益引诱创新主体冒风险去创新,但这种作用机制并不能从根本上给出解决创新风险问题的办法;第二,最有利于创新的市场结构——寡头垄断市场,并非自发产生;第三,促进创新的外部环境,也不是市场本身创造的,如一些促进创新的政策、法律法规等问题均非市场本身所能提供的。由于上述市场作用的局限性,特别是在体制转型的过程中,要求政府供给科技新体制,充当市场失灵和市场激励缺陷的弥补者及校正者。在一些投资巨额且创新风险极高的领域都会出现创新供给不足的情况,政府必须给予必要支持,以增强创新主体实力和能力,降低其创新风险,促进核心科技进步。创新所需要的基础设施,既是公共物品,又要求规模经济。这也是市场失灵的领域。要求政府能够超越单个企业的局部利益,基于整体利益,为创新提供此类公共产品。政府还要降低那些妨碍知识循环流转以及应用的制度壁垒,降低创新的不确定性和交易成本;即增加对创新的补贴和优惠,促进知识交流交换。同时,代表社会利益的政府要通过优化科技政策体系、经济政策体系和法规体系,完善协同创新网络。

采取系列措施控制,乃至弥补科技的负面作用,避免因追求短期利益和局部利益而损害长远利益及整体利益。首先,降低交易成本。政府掌握大量关于创新主体、创新要素和创新行为的信息,政府参与,可大大降低信息的不对称性。政府完善政策与法规制定和实施的功能,将增强管理的约束力和强制力,大大规避创新合作中的机会主义,大幅度降低交易成本。其次,促进创新资源配置优化和人员流动。新产品的可持续问世,要求研发、试制、推广机构和用户之间进行可持续交流,构建创新链的信任和协调机制,这需要政策诱导和法律保障。发挥政府作用,通过利益诱导、建立利益分享的政策和制度,使合作参与者均能获得独自运作难以取得的最佳效益和利益,增强创新主体合作乃至协同的自觉性。形成一个从学术、研发到成果产业化,再到学术、研发等的完整创新循环链条。

政府具有支持、导向、协调等促进创新的具体功能[1]。科技创新过程中不确定性因素很多,既有科技本身的因素,也有科技体制的因素。

---

[1] 赵欣、何云峰:《政府治理视域下创新阻力因素分析及动力机制研究》,《山西农业大学学报》(社会科学版) 2012 年第 5 期。

创新科技体制，必须遵循市场经济的规律，设计、创新市场体制，并监督市场运行。具体内容包括：寻求科技体制与科技发展不相适应之处，有针对性地创新科技体制，规范科技市场机制的运行，建立健全新型和高效的科技体制机制，以此来诱导、规范和激励科技的各个主体的行为，促进创新合作。科技的公益性、风险性和外部性，要求政府、科研机构和国有企业建立具有公共产品性质的研发实体；以项目或课题为纽带，组织创新主体协同攻关，积极促进创新成果不断涌现及其转化，帮助创新主体和成果使用者解决难题。创新主体是独立和相对独立的经济实体（包括国有科研机构），在协同创新过程中，往往会出现一些障碍。针对特定、共有的技术难题，需要政府引导和投入，推动产学研金中创新联盟的建设，推动创新要素和资源的互补互动，应整合一切可能的力量，形成一个相互交叉、相互融合的协同创新网络，解决经济发展中的重大科技问题，并提升科技竞争力。

### 五　协同创新网络的规制环境

#### （一）法律法规体系

首先，尽快修改、完善与协同创新网络有关的法律法规。一是创新组织法，明确规定有限合作制（有限合伙制）的合法地位，允许法人成为有限合伙人；二是完善合同制，强化制度规则，使其稳定性和约束力更为强大；三是加大知识产权的保护力度，让侵权者的违法成本大于违法收益。

其次，加大保护协同创新网络组织和创新主体的合法权益，加强立法的权威性，加大法律法规在创新活动中的执行力度，发挥各个方面的创新主体在创新立法中的监督和执行作用。

最后，加快国内法规与国际法规接轨，适应科技和经济全球化的要求，规范主体的行为，提高有关法制的执行力和效率，有效保护知识产权，使创新适应经济发展和社会进步的需要。

实践证明，激励性规则能否有效，在很大程度上取决于政府承诺的可信度和规制机构的独立性。因此，公正的规制行政程序尤其重要，要完善立法，实现依法规制，并构建有效的规制监督机制、公众参与机制和信息公开体制。规制框架具有清晰和可预期性，确保规制者的信誉及规制承诺的可信性，有利于促使激励性规制方式的成功实施，维护创新主体的利益和社会的长远利益。创新预防规制机构被俘获的制度，是充分实现公共利益目标的前提条件。

## （二）知识产权规制

世界各国有关经验表明，实施知识产权战略必须与现实环境相结合，才能产生实质性作用。因此，知识产权战略实施，应建立在中国已有的经济社会环境基础之上，才能取得显著的成效。

在 20 世纪，封闭式创新模式流行，即独立研发、完全由自己掌握领先技术，借助知识产权保护制度来获取巨额利润。这种创新战略确实使众多大型企业获益。但是，进入 21 世纪以来，互联网普及，经济日益复杂，科技进步日新月异，在研发、使用知识创新时，知识外溢在所难免，风险投资大量涌现，完全靠自身力量进行内部研发的优势逐渐减弱，创新主体开始寻找合作伙伴、建立创新联盟等，以规避研发风险。因此，需要强化开放性创新与排他性知识产权，尤其是专利权规则，以降低创新外部性的负效应。

完善知识产权服务体系，提高政府对知识产权的保护和服务能力。一是发挥知识产权公共服务平台作用。鼓励建立满足不同需要的信息服务平台，加强信息分析、共享和信息集成服务。二是建立高端知识产权的中介机构，发展知识产权经纪人业务。提供战略评估、知识产权运营、国外诉讼应对等知识产权服务，鼓励中介机构加强与国外中介结构的交流和合作。三是培养、引进高素质知识产权人才。充分发挥高校知识产权人才培养的作用，开设知识产权专业，培养有关人才。促进多个法人的协同创新，要求知识产权等产权的明晰和保护。其目标是建设一批拥有核心技术产权、知名品牌和拥有较强国际竞争力的本土企业，促进各个创新主体汇聚于协同创新网络，提高协同创新水平，加快建设创新型国家。

## （三）专利权法制

在尊重各个成员的国内立法的同时，《巴黎公约》规定，各个成员国必须共同遵守国民待遇原则、优先权原则、各国商标和专利独立原则，以协调各个成员国的立法，使之与国际公约相一致。

专利制度是为了促进知识不断推陈出新而提供的一种激励机制。其并非十全十美，专利期限过短，难以激发创新主体的创新积极性；专利期限过长，虽有利于调动主体的创新积极性，但垄断租金会使社会损失太大，不利于实现社会利益最大化。专利制度激励创新，是有一定范围的。其他配套制度必不可少，这样，才能最大限度地调动人们的创新积极性。中国已成为专利生产第一大国，但专利量高质低，专利束之高阁、大而不强的问题突出。

尽快修订《促进创新成果转化法》，吸取各国技术转移、成果转化、知识产权实施的有效做法和成熟经验，既突出激励措施，公平、合理地分配利益，又加强知识产权保护，严厉打击侵权、窃密、泄密等危害创新主体利益的行为，使专利质量提高和专利利用率提高。

## 第三节　协同创新网络中的资金

创新的第一推动力是资金或资本。因为人才、知识和技术，乃至一切创新的资源都依附在资金或资本上面。企业和初创企业往往是变革性技术的早期采用者，是科研成果转化的主力军，而且众多颠覆性创新都是企业实现的，具有创新优势，但其创新活动往往受到资金约束。

关于财政支持创新，国外学者研究的主要问题是：首先，在支持创新过程中，财政资金的利用率，包括财政研发投入机制与效果评估机制。其次，对财政创新政策的有效性及其实施效果全面性，其中关于政府资助研发的激励与替代效应的研究较多，由于诸多学者的研究对象和视角不同，因而结论差异较大。要结合国内外有关理论，探索协同创新网络中财政资金、金融资金和社会资金供给增加以及利用率提高的途径与机理。

### 一　财税政策

财政支持创新，主要表现在两个方面：一是通过财政补贴等拨款、技术采购、风险投资等方式增加创新投入；二是以税收优惠的方式降低创新活动的生产成本和交易成本，相应地提高创新活动的经济效益。由于在创新的不同阶段，社会资金投入的规模不同。在创新初期，距离产业化较远，需要财政资金支持。在创新成果出现阶段，需要政府采购，拉动创新产品的需求，发挥其他政策工具都无法替代的作用。这些政策中，唯有税收支出政策降低成本，且偏重市场的力量，具有普适性，受到各国普遍重视和采用。

创新外溢性表明，创新的受益者包括创新主体自身和整个社会。若创新主体难以获得所有研发收益，研发成本得不到补偿，创新主体的积极性就会受到影响。基于成本效益视角，创新收益的前提是投入，包括社会投入和民营企业投入。政府研发投入应作为种子和杠杆投资，带动社会资金的投入。这有利于创新成果的社会转化率提高并最终成为公共投入的回报。

## (一) 财政资金

根据科技的公益性或公共产品特性，必须巩固和加强政府作为投入主体的地位。财政支持协同创新网络包括设立专项创新基金，引导和拓宽多元化投资路径。鉴于财政资金的有限性，要充分发挥财政资金的种子和杠杆作用，引导社会资金建立多元化、多渠道的科技投资体系。调整和优化投资结构；按"谁投资，谁受益"原则，吸引社会各个阶层参与科技研发和推广；建立科技投入的激励、监督、回馈机制，保证创新投资足额并稳步增加；提高科技投入的利用效率；通过风险基金补偿和提供财政贴息的方式，使金融机构积极参与、扩大创新投入规模。

过去，依赖简单、大一统的财政投入方式作为举国科技的重要组成部分，实现对科技的促进，确实取得了一系列重大科技的成功，但是这仍然难以规避科技投入边际效用递减的问题。因此，要尽快实现对传统科技投入主导型激励政策的转型和超越。必须转变观念，树立以市场需求为导向的政策理念，包括对既有科技投入政策的资源整合和投入结构优化，促进科技供给与需求同步扩大。另外，在从科技投入供给主导向需求主导转变的过程中，要有辩证意识，不能简单地对科技投入供给主导的政策作全盘否定。因为传统的科技投入型政策激励模式并非在效果上一无是处，也不是科技需求主导型激励政策与供给型政策截然对立而不可融合。科技投入的转型能够发挥政府公共资源和行政配置的已有优势，更好地挖掘整理、利用政府在财政投入的经验积累；促进公共资源结构调整和科技差异化需求之间实现更好的匹配；完善政府的科技激励体系，改变过于倚重单一投入的局面，实现科技激励工具结构的供求均衡发展。辩证与渐进性的科技激励政策转型，符合"摸着石头过河"的渐进性改革原则，阻力和失败的风险均为最小，可规避政策的突变给科技经济，乃至社会带来的诸多不适应问题。

采取税收支出、低息或贴息贷款等手段，向创新主体让利，使其增加科技投入，按社会利益的要求进行创新。针对诸多的技术风险、后来的财务风险和市场风险等，以资金安全为原则的银行往往不愿意对初期阶段的科技提供资金支持，需要针对这一情况，改善金融环境，包括办理创新贷款业务的税收优惠、财政补贴或奖励、所得税豁免、科技贴息贷款，多方举措，鼓励银行提供更多的科技资金与资本。

## (二) 强化财政资金促进与导向机制

科技投入，通过各种非线性关系在协同创新网络中实现产出，达到预期目标时，产生经济价值，促进各个主体进一步增加创新投入，形成协同创新网络发展的良性循环，实现各个要素、主体及子系统之间协同发展。

改革开放40多年来，中国科技投入来源日趋多元化，科技与市场的结合日趋紧密。不过，国际比较表明，中国科技依然存在投入水平不高和多元化投入体制缺失的问题。

国家创新系统中，中央财政稳定支持培育具有技术综合竞争实力、产业化价值较大的研发组织。这需要一个多要素、多环节、多阶段组成的复杂支持体系。财政直接投入政策与间接资助政策要结合起来。即财政拨款、政府采购等直接创新投入，专利保护和税收支出等间接投入有机结合起来，发挥其合力，放大两者的协同效应。在保障政府投入与GDP增长同步的基础上，优先向协同创新网络或者平台倾斜，形成国家、企业和研发机构共建机制；发挥财政资金的种子作用，调动各种资源，探索稳定支持与项目支持相结合，中央支持与地方支持相结合，财政投入、企业和社会资金投入相结合的多种投入渠道，加强集成与衔接，进一步吸收社会资金参与创新型国家的建设和发展，使经济和社会发展急需研发的科技项目、创新成果的推广，受到多方面、有效的协同支持。同时，主动加强与既有人才发展规划、计划和工程的衔接，吸引和聚集优秀的创新人才，在确保国家安全的前提下，吸引世界各国优秀人才共同参与中国的科技创新；开展广泛的国际国内交流与合作，提高基础研究、高技术前沿研究领域与产业创新的国际竞争力。

协同创新网络成长的各个阶段和环节均各有不同特性，在扶持各个阶段成长的过程中，要明确区分不同阶段的目标，突出重点。在自主知识产权的获取阶段，科技投入往往大于科技收益。因此，政府应实施财政补贴和税收支出等促进投入的政策。在创新成果转化阶段，投资风险较大而收益不大。这时，可采取投资抵免、建立风险基金等创新投资支持政策。在创新成果产业化阶段，成果已成熟或相对成熟，为获取垄断收益，创新主体会积极投资。这时，政策既要为成果推广创造良好的市场环境，又要加大知识产权保护的力度。当然，若是在社会各界仍然不能充分认识某一科技产品的创新程度和实用价值的情况下，还需要政府采购支持。

科技投入的回报率很高，这已被学术界相关研究所验证，但这却引发一个重要问题，即为何回报率较高却没有引起资源向创新领域汇集？一个重要原因是技术产权难以得到保护。比如，湖南大学高级工程师郭龙云虽拥有国际领先的电气故障预检技术，获得11项发明专利与实用新型专利授权，但是，前后历时十余年的刻苦研发而得到这一先进技术的大规模产业化始终未能实现①。他的创新成果在转化应用过程中屡屡被合伙人轻易解权,其创新基金和创业基金被瓜分殆尽,皆因产权不明晰所致。这表明,产权不明晰,不但打击创新主体的积极性,而且使科技与经济难以对接。郭龙云案例还表明,创新,还需要睿智、勤奋的科技工作者与企业家联手、协同,才能促进创新链的整个环节的价值增值。

在科技体制的后续改革中,亟待解决的问题和相关对策有以下三个方面。

第一,持续增加科技投入,应明确为政府的长期任务。科技具有显著的公共产品特性,与其他产业相比,非政府投资进入科技领域困难会更多,尤其是在基础研究领域。政府有必要也有可能承担更多的科技投资义务。研究结果表明,科技投入具有显著的经济效益和社会效益。在支持创新的政策体系中,以财政支出的形式投向共性技术和"瓶颈"项目,主要包括财政补贴、财政拨款、政府采购、政府风险投资等。在一些较为特殊的协同创新网络中,如共性、关键技术或前瞻性技术乃至国家核心技术,创新资金的最重要来源只能是政府资金,这是由政府的职能和关键技术的公共产品特性决定的。而一般性创新项目,在市场体制下,通常由企业出资,科研机构提供人才和设备。

第二,政府应调整管理办法,应在新增科技投入中确保对公益性科研机构稳定的非竞争性投入,提高非竞争性资金的支持水平,确保基础研究和"瓶颈"研究的资金供给充足。在以项目制为基础的科技经费管理过程中引入竞争机制,激发科研机构和研发人员的活力。

创新主体的分工不同。在基础研究方面,科研机构当然是最重要、最基本的力量。为提高科技生产力,政府要尽可能减少干预,实现和实践学术自由,百花齐放、百家争鸣,使科研机构成果辈出;同时,政府要到位,主要是负责提供资金供给,建设科技平台,提供共性技术。在宇航等尖端科学和军工领域,由于投入巨大、风险高,经济效益难以预计,但又是国家经济发展、国家安全的关键所在,政府就必须担任主角,加强组织协调,不仅出资金,提供必要的设施,而且要给予全过程支持,做到重点课题、重点攻关突破;而应用研究对市场最敏感,要靠市场力量来完成。

第三,创新良好科技环境,促进多元化投入体制机制的形成。目前,中国民间的闲置资金规模庞大,非国有部门的科技投入资金空间很大。这要求政府不仅加强知识产权保护,在立法、监督和执法方面创造良好的制

---

① 唐湘岳、纪富贵:《我的产业化之路,为何这样难》,《光明日报》2013年3月22日第5版。

度环境；而且要鼓励非公部门在商业化前景好、获利能力强的领域进行研发，重奖和补贴那些给经济和社会发展带来显著效益的创新成果，促进科技与经济紧密结合。此外，政府应逐步减少对市场化程度高的领域的直接研发投入，规避政府研发投入引起的"挤出效应"。通过财政引导资金、科技转化基金和贴息等方式鼓励非公部门的科技投入，逐步建立政府资金为引导、企业资金为主体、创新贷款为重要方面军在内的多元化科技投入格局。

（三）政府采购

政府采购直接拉动新产品市场，以需求扩大，促进科技进步。比如，历史上美国政府的计算机采购、韩国政府的汽车采购，都对本国相关领域的创新产生了积极影响。

首先，政府采购，不仅是政策倾斜和资金支持，而且会产生示范效应和市场引导效应，恰到好处地弥补市场失灵。因为政府拥有其他主体并不具备的信息优势，可以准确地把握科技与经济的发展方向，可以准确预测、规划和引导科技需求结构。

其次，政府采购拥有保护本国创新和引进先进科技的双重效用。这样，民族的科技产品就有稳定的市场，被国外同类产品替代的可能性也大大降低，可以有效规避风险，使企业的生存能力与竞争力相应增强。在高端科技市场，供应商云集，垄断性凸显，单靠市场机制来发展科技的目标难以实现。供应商获得高额利润的重要条件是卖方垄断。某项技术在一国的使用权被政府收购，国家即可实施买方垄断，在这样的双重垄断的市场格局下，有利于突破性创新发生。

最后，政府采购、需求扩大、边际成本降低，有利于降低市场风险。科技活动的显著特征之一是研发成本高。这需要规模经济支持，即利用市场份额较高来分摊高额研发成本。而政府采购规模庞大，政府采购额在某一产品市场中，往往占有重要份额。这能够有效分摊研发成本和销售成本，形成"规模市场—研发成本下降—规模市场更大—研究成本下降—研发效益提高—研发投入增加"的良性循环，市场风险自然相应降低，科技进步自然加快。

综上所述，需求导向的激励政策效应显著，创新发展政策应从专注于供给转向其与需求刺激兼顾。以科技需求扩大为前提，以满足、优化和扩大科技需求作为政策设计的原则与政策工具选择的标尺，实现科技供求的平衡对接，促进创新可持续发展。在创新需求方面，除了政府采购政策，还可以合理运用针对用户的税收调节、消费补贴或买方补贴、买方贷款、营业税减免及技术标准设定等手段，促进广大用户优先采用本土企业的科技产品。

（四）税收支出

创新的风险性和科技的公益性要求对技术转让所得减免税收。第一，创新具有时间跨度大、不确定性强、资源投入量大，前期科研成功率低等一般特性。第二，创新的一些环节风险更大。创新的基本特征是阶段性，不同阶段中具有不同的技术风险、开发风险和市场风险；即使只有市场风险，也是诸多企业难以承担的，这就要求通过创新协同以分散风险，使风险程度在可接受的范围之内。

资金、风险、外部性，是创新的三大制约因素。外部性因素，要求公共财政增加公益性创新的供给。减免税是最直接和最有效的财政政策，其可以减少创新成本，增加资金流入，促进科技进步。对创新主体的合作伙伴减免税，可促使各个创新主体从独立创新向协同创新转变，进一步分散技术、市场和资金风险。税收支出可缩小创新的实际收益与期望收益之间的差距，以补偿创新外部性带来的创新主体利益损失。因此，为促进创新，所得税应制定一系列优惠政策。还需要兼顾资金供给者支持与创新型企业支持，这替代单纯扶持创新型企业，使税收政策体系促进科技进步的功能趋于理性和成熟。

公共财政体系中，与政府采购和财政补贴相比，税收支出对研发的激励效应最明显，因为：①税收对生产经营的干扰最少，对市场机制造成的扭曲效应最小；②税收可预期性最高，长期稳定性显著，可有效地降低研发的诸多不确定性；③税收比政府采购和财政补贴等财政行为更为客观公正、更为规范，能有效地降低、弱化低效甚至无效的政府配置资源的可能性，增强公共资源的研发效应。因此，应该加大税收调节创新、促进创新的力度。

首先，根据创新前期风险大、后期投入高的特性，要求创新组织化程度较高。协同创新不但使创新渐趋"专业化"，而且"合作化"程度日益提高，创新风险分散，技术和信息交流提速。根据这一要求，在创新链中，实施免税，以扩大和优化创新资源配置、降低科技资源的协同成本。

其次，加快税收优惠转向特定活动的步伐，抑制税收优惠政策对协同创新可能生成的负面影响。目前，税收优惠的政策虽然广泛使用，但是，其在创新激励方面仍然要寻找最佳税收激励结构。因此，应把一个创新整体分解为一个个职能相对独立的创新业务活动，然后对其中影响创新程度最大并对特定税收工具中较敏感的环节给予相应水平的税收激励政策。这应具有识别方便、难以避税而优惠对象明确的特性，如贷款利息支出税前全额扣除抵税、研发成本税前加计扣除等。

再次，加快消费型增值税取代生产型增值税的改革，促进税负公平，加快资本周转，调动创新主体增加研发投入的积极性和主动性，加快科技进步。实施消费型增值税，允许创新主体抵扣外购的设备等固定资产进项税金，减轻创新主体赋税。也可对创新主体实施增值税即征即退的优惠措施。

最后，加大税收优惠力度。一是对自主知识产权成果转化而形成的各种资产对外投资所获收益，对公司从事创新获取的风险投资收入或销售收入按一定比例提取研发基金，或由此引起的资产净值增加，可减免税收，以增强创新主体的创新投入能力和投入的积极性。二是对新科技设备、新工具，可实施双倍余额递减法或年数总和法等加速折旧办法。

## 二 各种财政政策工具的综合效应

财政政策调节具有正效应，各种创新投入的政策工具如同时使用并搭配使用，就具有综合效应即政策工具的净效应（Guellec and Vattelsberghe，2000）。因此，调整优化已有政策，以响应和适应协同创新各个环节的特性，使之覆盖协同创新的全过程。一是健全税法体系，提高法律层级。加强创新税收立法，将较为成熟的既有有关条例上升为国家法律，增强创新税收的法律权威性；响应和适应创新不同发展阶段的特性及要求，建立适时调整而相对稳定的税收优惠体系。二是完善创新投入，扩大支持体系：创新投入支持—发明设计投入—发明设计失败率下降，因而知识增加—发明设计成功率提高—自主知识产权增加—产品创新—产品设计成功率提高—隐性知识增加—生产设计成功率提高—新产品市场增加—产品销售收入增加—税后利润增加—创新决策倾向增强。这个正反馈循环应该是各级政府通过设立创新资金体系对创新主体支持的全过程。

现行的创新财政行为，如财政补贴、政府采购和税收支出等对科技发展均有一定的积极作用，但同时也存在对有些投入支持不够、不当的问题。因此，不仅要对一些重点发展的经济效益和社会效益显著的部门，如种畜种禽种子研究，加大财政补贴、税收优惠和奖励的力度；更要加大对合作和协同创新支持的力度，促进多元化研发投入增加和协同创新网络的发展。

当前，应积极调整研发资助的方式，按照市场经济的要求，按照各个研发的公益性程度，从直接资助逐步向税收优惠等间接资助方式转变。拓宽创新税收优惠的范围，提高创新税收优惠的幅度，设立税前优惠政策（资本加速折旧、设备减免消费税、增值税等），建立专门针对企业的研发税收优惠体系[①]。

创新政策是一个密不可分的体系，任何一项创新政策工具，若能与其他政策协同配套使用，将发挥更大更有力的作用。因此，不仅按照科技的公益性程度，而且按照科技发展的不同阶段将财政拨款政策、政府采购与资助政策、税收支出政策、员工培训政策等分阶段有序有效衔接、协同使用。这将会更好地发挥税收促进创新的作用。目前，政府采购占财政支出的比例不断提高，政府采购的对象从办公用品向高技术产品延伸。作为一项需求政策，在创新政策体系中的地位与日俱增。根据经济发展的不同阶段，与财政资助、税收减免、技术壁垒设立等贸易保护政策协同配置，形成有机协同的科技支持政策体系，以满足培育和建设创新型国家的迫切需求。

### 三 金融资金

在后国际金融危机时代，创新的复杂性、长期性与公益性日益显著，资金短缺成为科技发展过程中日益突出的问题。主要对策是：除了财政支持，还要利用多种政策工具与市场手段，协同增加科技金融资金，增强创新金融的便捷性、流动性，通过多样化证券组合，有效分散风险，发展协同创新网络。在从中试到商品化、产业化的研发全过程中，各个经济主体都拥有不同优势，以正式或非正式的契约联合起来协同创新，发挥彼此优势，对创新做出彼此有益的贡献，降低和分散创新风险。金融市场可为降低研发交易风险、研发风险等提供多样化金融工具，促进创新可持续发展。

提高政府科技资金的使用效率，需要平衡政策性目标与市场化目标。政府应积极推进财政与金融合作，建立健全对创新全过程的资金支持体系，财政资金设立科研引导基金，并辅之以相关的引导性优惠政策，吸引市场上相关风险投资机构为创新性企业提供低成本资金。加大财政科技投入对金融资本流向的引导力度，扩大企业发展专项资金规模，完善研发市场化运行长效机制，引导研发资金有效回收和滚动使用，破解创新型企业融资难题。在既有的一次性资金补贴的基础上，政府投资和补助方式还可进一步优化，如对创新型企业进行分段投资。建立从实验研究、中试到生

---

① 毛捷：《税式支出研究的新进展》，《经济理论与经济管理》2011 年第 5 期。

产的全过程、多元化和差异性的创新融资模式，重点加强对创新薄弱环节和"市场失灵"阶段进行资金支持和补充。多方举措，围绕创新链，对创新金融提供财政资金的撬动与引导，构建创新金融支撑体系。包括建立和完善面向创新型企业的担保等信用体系及多种形式的创新金融合作平台。创新财政科技投入方式，建立创新金融专项资金，畅通并拓宽财政、金融、多层次资本市场、信托、保险等多元化金融工具的组合路径，继续加大对创新的支持力度。一是构建和实施创新贷款的奖励政策体系，按照发放创新贷款的规模，对科技贷款供给的金融机构给予相应的财政奖励和税收优惠。同时，建立创新贷款的微观激励机制，破解信贷人员发放创新贷款积极性不高的问题。二是建立企业贷款风险补偿基金，扩大信贷风险补偿的覆盖面。三是贷款贴息政策精准化，按照不同研发的成本和效用，按创新的风险大小和公益性大小执行不同的贴息比例。推动国家开发银行、中国进出口银行等政策性金融机构成立创新金融服务联盟；发挥科技专家的特长和优势，为金融机构对企业信贷、投资提供专业咨询，解决信息不对称问题。充分发挥政策性金融的支持作用，为创新活动提供定制化服务，以创新融资需求为中心，针对不同研发阶段的资金需求特点，为其提供股权与债券相结合的多种融资服务。

（一）多种创新融资方式

融资渠道包括直接融资渠道和间接融资渠道。由于上市门槛高，很多创新主体很难获得直接融资；而债券发行成本高、受到政策约束和自身实力条件的限制，创新主体很难实现以债券发行获得融资。

1. 政策性银行支持创新

优化和加强"联合选贷"机制，包括专家把关、科技行政部门推荐、银行审贷、贷后共同监管的机制体系，不仅为市场需求强烈和公益性突出的成熟项目提供中长期贷款，而且以优惠的利率倾斜。

政府对创新活动进行直接与间接金融支持，间接金融支持就是"政策金融"与市场机制的结合，乃至协同。依据这一理论，政府的作用是扮演创新金融网络"桥"的角色，即通过政策金融和服务平台共同影响"金融交易结构"，调整收益与风险的比例关系，促进创新主体与金融机构达成交易。当创新网络与金融网络链接时，被称为"创新金融网络"。金融交易方式与创新网络类型共同决定"金融交易结构"。

经济学规律之一是流动性与风险和收益相匹配。在创新金融体系健全之后，将使创投机构的"投资前移"和商业银行"贷款前移"成为可能。后者鼓励初创期创新贷款稳步增加；前者鼓励初创期项目投资比例上升，而成熟期其比例下降。财政资金嵌入金融交易结构，使创新主体的信用提高，风险与收益失衡的关系得到改变，金融机构的风险和交易成本降低，原来难以达成的创新型金融交易现在可自愿达成。加强金融网络与创新网络的链接，促进协同创新网络发展。构建财政资金的风险分担与风险补偿机制，体现和实现政策性金融的市场化运作，促进财政资金的杠杆效应，尤其是在推动创新发展与成果转化过程中财政资金发挥了更大的作用[①]。比如，苏州市创新金融服务中心作为政府金融服务平台，不仅实施科贷通项目，而且将自身定位为信息库、资源库。

2. 商业银行支持创新

现代金融体系对协同创新网络的促进作用主要体现在以下两个方面：一是保障科技进步的收益。资产未来收益折现、公平合理定价的功能以及知识产权质押、抵押等，作为现代金融市场体系所应有的金融工具，能够加快创新成果交易交流和产业化，确保主体获得创新收益。二是股票市场能够将各个资产和未来收入流提前折现，通过股票高溢价发行，创新主体能够筹集比一般股票更多的资金，使创新更快发展。因此，应该采取以下政策，促进科技资金增加。

首先，对创新贷款予以财政资助和税收优惠，使其给商业银行带来的收益不低于其他贷款项目。

其次，创新金融服务更加精准化、规范化和专业化，设置和配备专门的科技贷款部门及科技用户经理。围绕创新链的不同区段和创新网络迈向高端的薄弱环节，完善资金链配置，优化资金供给格局。完善信贷考核体系，建立健全科技信贷人员的问责与免责机制，提高对创新型企业信贷风险容忍度，利用"定向降准""再贷款"等政策扩大科技信贷规模。

整合健全创新成果转化项目库，向金融机构和民间资本推荐创新成果，促进创新成果的资本化和产业化；建立和增加创新成果转化基金，设立和增加创业投资子基金，引导和鼓励金融机构对重大科技产业化项目、创新成果转化项目等给予足够优惠的信贷支持。对资信好的创新型企业给予一定的授信额度，及时提供多种金融服务。适当下移审批和经营重心，发挥地缘金融优势，提供专业化服务。进一步加强与股权投资机构合作，为创新型企业改善融资结构提供条件。探索建立适合创新型企业特点的、专家参与的金融风险评估机制、人员授信尽职的奖惩机制，实现科技资金

---

① 旷宗仁、章瑾、左婷：《中国农业科技创新投入产出分析》，《中国科技论坛》2012年第7期。

增加与银行贷款安全的双赢。

（二）现代金融体系规避风险的功能

创新的不确定性较大，创新失败的可能性大于成功，这就影响了创新主体投资的积极性，阻碍科技进步。现代金融体系能够为创新主体提供创新保险和创新担保等风险分散、转移、对冲和规避的金融工具，为创新撑起利益"保护伞"，促进创新投入增加。在保障创新收益的同时，现代金融体系为防范创新风险提供了可能，即能够为创新提供风险资本。与传统的贷款完全不同，风险投资把创新过程中存在的高风险分散给风险投资者，其在追求高收益的同时也愿意承担高风险，成为一种"风险共担、收益共享"的金融制度安排。

这时，贷款担保是政府重要的创新资金支持手段，其为商业贷款提供担保，形成有效的政府风险和银行风险分担机制，弱化创新贷款供求双方的风险。健全创新贷款的担保体系，促使信贷担保机构多样化，如设立创新贷款担保基金，成立创新贷款担保公司，促进担保资金来源渠道多样化。政府贷款担保主要是提供一定比例的补偿和担保资金，以规避商业性风险投资公司的风险，确保风险投资的方向与国家创新规划和经济规划相一致。建立健全知识产权信用担保制度和其他信用担保制度，增强创新金融的风险防范能力。

建立资金补充机制。建立创新保险的财政补贴和税收优惠制度，提高对商业性担保机构的免税、补助、资本注入和补贴保费等政策的优惠幅度并扩大政策范围，加大创新性保险保费补贴力度，如完善国产首台（套）装备的保险风险补偿机制。建立商业性担保基金资助体系，以参股、委托运作和提供风险补偿等方式支持担保机构的设立与发展，容忍商业性担保机构出现一定的代偿率及代偿损失率。建立完善严格的担保机构评级系统。完善再担保制度，将政策性担保公司纳入再担保体系。向商业性担保机构等发放软贷款，扩大其资本金，使其加大对创新性企业的投资与担保力度；不断丰富科技信贷产品体系。

（三）创新金融体系的健全

优化现代金融的资源配置功能，是在财政资金的引导下实现的。财政资金促使社会闲散货币资本顺利导入最具市场潜力的创新资本循环当中，在满足创新对资金需求的同时，能够自发地抑制无效的创新，推进有效的创新。另外，证券科研机构、投资顾问公司、资产评估等金融机构提供的各个信息本身就具有有效引导创新方向的功能，这些手段作为资金供求双方的媒介或桥梁，发挥类似于期货市场中"价格发现"的功能作用，从而为创新指明方向。

创新金融体系建设的重点是：①针对企业实力弱、担保手段有限的情况，开发、利用和发展循环授信、应收账款抵押、联保抵押等信贷产品，以满足研发的资金需求。对经有关机构评估并拥有自主知识产权的创新主体，可试办知识产权抵押贷款。②针对暂不符合授信条件但前景看好的创新项目，纳入"信贷孵化园"，提供资金支持。加强银企联系与沟通，排除创新融资过程中的一些障碍，如融资设计等，使其尽快达到授信标准，获得贷款支持。

推动关联性强的企业与科研机构组建创新集团和联盟，集中人力、物力、财力资源，形成市场开发和产品研发的合力，加快创新成果产业化，促进创新现代化。

推动银行组织体系和机制创新，发挥民营银行业务及银行理财产品的市场优势，加快研发适合高科技产业特点的信贷产品。吸引民营资本发起设立独立运营、市场化运作、专业化管理的科技银行，专注于创新并为创新主体提供全方位金融服务。科技银行是一个十分重要的战略支点，其直接提供创新贷款，还可通过其在金融产品创新和商业模式创新方面带来的外溢效应，引导其他金融机构向创新性企业提供贷款，以极大地带动金融系统对协同创新网络的资金支持，实现"四两拨千斤"的效果。美国硅谷银行被誉为全球最成功的现代科技银行，作为科技银行的鼻祖，其有六个特性：①以商业银行形式运营；②目标客户以创新性企业为主；③以创新型企业所处周期的不同细分其业务；④以"利息+期权"收益为新型"贷款"模式；⑤以开发权益估值为技术；⑥以与创投机构紧密合作为风险控制手段。

（四）发展资本市场，构建风险投资体系

针对创新收益高和风险高并存的显著特性，风险投资体系应运而生，成为具有重要意义的融资体系。风险投资是创新活动的重要资金来源，成为中国创新系统和资本市场的重要组成部分，其资金主要来源于企业。其作为金融产品创新，有力地支撑协同创新网络，加快企业从独立创新转向协同创新网络。其以营利为目的，致力于科技评价并相应地提供持久、集中的资金支持，有力地推进科技从"创意"到抢占市场的跃迁，如惠普、微软等创新型公司的发展，均得益于风险投资的支持。风险投资者共享股权，共同参与创新公司管理，并帮助创业公司从收入为零的初创阶段跃迁到一个盈利的营运公司，带动并促进协同创新网络效率和效益的共赢。许多创新项目得到风险投资的资助，充足的创新资源被有效地用于各种可能的技术模式和商务模式、技术路线和新的技术轨道，同时接受检验，成功的协同创新能够及时被发现并推广应用，在创新周期中，促进创意从虚拟设计转移到现实中的产品。

国外创新主体获取有效融资的渠道之一是风险投资。中国于 20 世纪 80 年代中期引进"风险投资"，希望其能够促进创新。国内学者中，万坤扬和袁利金运用专利申请量作为创新指标，对中国 1994—2003 年的数据进行单位检验和协整分析，结论是风险投资与创新具有长期稳定性关系。米建华和谢富纪对中国 2006 年 20 个省份的截面数据进行回归，结论是风险投资可以促进创新，并以此带动经济增长。王婷采用 2003—2013 年中国的区域数据进行回归分析，实证结果显示，中国的风险投资能对创新带来资本增加效应但却无助于创新效率提升[①]。总体上看，既有研究对于风险投资能否促进创新的结论不一致，有的认为风险投资能够促进创新，也有研究表明其无助于创新或对于创新的作用还有待考证。本书认为，出现风险投资作用不明显的情况，原因应是风险投资机制不完善，需要改革，使进入风险投资市场的社会资本更多。支持既有创新投资机构整合，形成一批领军性风险投资公司。要积极培养一批高素质的既有科技生产背景又有一定管理经验的专业风险投资家，保障风险投资的成功率有所提高。

风险投资体系在中国仍然属于幼稚产业，在商业化非银行金融机构中，风险投资业刚刚起步，这就决定在风险投资发展中，政府要发挥决定性的支持与推动作用，政府的风险投资支持要与时俱进。

首先，财政建立风险基金，并制定其使用和运行规制，对风险投资公司或风险基金进行体制创新，与政策性投资公司和金融机构共同组成具有融资功能的有限责任公司，按国际惯例运作、组建和发展一批风险投资公司。以项目可行性研究和投资价值分析为基础，择优制定和实施创新成果转化政策，遴选市场前景较好的项目，尤其是专门对处于种子期的创新项目进行财政资助。同时，民间风险投资公司应得到税收优惠等政策支持。

其次，民营风险投资的限制问题要尽快破解，既要扶持合法经营，又要严厉打击假借风险投资的名义，进行金融诈骗的行为。建立健全风险资本的信用体系、信息披露、风险监控及违规处罚和退出机制，完善民营风险资本投资与公共风险投资两者的协同关系。

最后，母公司下属的子公司或风险部门承担非专业的风险投资机构，商业投资动力较强，投资主体较稳定，但是，由于其风险大、周期长，其

---

① 王婷：《区域视角下风险投资对技术创新的促进效应研究》，《科学学研究》2016 年第 10 期。

对创新成果转化项目的投资偏保守，要加大资助和优惠力度。

政府引导和鼓励创新主体充分利用资本市场筹措资金，帮助企业提高资金筹措能力。大力发展创新创业投资和多层次资本市场，支持创新主体进入资本市场融资；利用资本市场做大做强企业，科技部门、财政部门和金融部门通力合作，建立促进协同创新的协调机制和沟通机制，解决创新主体面对的各种问题。推进多元化、多层次资本市场建设，建立多渠道、广覆盖、严监管、高效率的资本市场，探索保险资金支持创新和战略性新兴产业发展的新路径，充分发挥多层次资本市场对创新性企业的培育和扶持作用。降低创业板和新三板门槛，发展场外交易市场，坚持与主板市场差异化的政策导向，支持创新型企业上市、融资和兼并并购；鼓励创新型企业利用债券市场融资。鉴于许多创新主体的实力，直接融资，为时尚早。但是，可以建立以创新主体股权交易为内容的二级市场和地方股权交易市场，增强股权流动性；也为科技企业提供必要的退出机制。

放大政策性银行的效用。财政出资建立健全创新贷款风险补偿专项资金，逐年追加，余额控制，重点支持创新初始阶段投入和创新成果转化，为创新主体和投资者分担、吸纳和消化部分创新风险带来的损失。通过财政补贴加大政策性保险的支持力度，积极支持创新保险机构的发展，为商业性保险公司进入政策保险市场提供再保险支持，对其政策性亏损提供适当补贴。引导和鼓励符合条件的保险公司设立创新保险专营机构，鼓励保险机构建立或参与科技投资基金，创新科技保险险种，探索和拓宽保险资金参与创新投资和重大科技项目投资的路径，支持保险资金通过股票和债券投资等方式，为创新主体、科研项目、研发人员提供全方位保险支持，为创新主体规避风险、实现稳健经营提供专门保障，支持协同创新网络和创新性企业发展。加快创新科技保险产品，提高创新保险服务质量，大力发展对小微创新企业的小额贷款信用保证保险；规范和培育专利保险市场，鼓励和支持保险机构加快开展专利执行责任保险、侵犯专利权责任保险、知识产权质押融资保证保险、知识产权综合责任保险等业务，提高创新保险的服务水平，加大保障力度。只有科技保险发达，才能有效地规避创新风险，科技投入才能增加，科技供给和创新成果才能优化，并引导科技需求不断增加。科技需求反过来又形成供给优化的动力。由此科技供求相互依赖，相互促进，共同发展。

科技保险体系的具体内容如下：①推出再保险补贴，加大税收支出力度；对科技型保险公司的政策性亏损可直接由政府或委托—代理方式给予一定水平的补贴，以保证科技保险的可持续发展。②财政资助和税收优惠，促进科技保险发展。对创新主体的科技风险予以规避，使创新的风险进一步降低。③探索和拓宽政策性科技再保险的路径。认真研究、积极借鉴世界各国创新保险的成功经验，采取财政资助、奖励和税收支出协同的措施，不断探索政策性创新再保险机制，加大创新保险的支持力度；信贷与创新保险结合而形成银保互补互动机制，共担、分散和规避创新的风险。

（五）健全风险投资机制

首先，风险投资体系支持高风险的创新。风险投资并非偏好风险，风险投资具有逐利性，其以专业化方式优化，优选高盈利创新项目。其中，长期股权投资，以补充和促进创新型风险资本的建立与扩张活动，分担创新主体科技进步的风险。针对我国科技成果转化率低的现状，应尽快健全创新成果转化的风险投资机制，增加创新成果转化的资金来源，激发创新主体推进研发和成果转化的积极性。

风险投资存在市场失灵，要求政府资金引导和鼓励。科技发展存在阶段性、动态性和周期性，不同阶段的风险与收益的对称性明显不同，主要问题是：投资上游阶段的资本短缺，创新活动的原发性动力弱化，致使风险投资的资源不足，不利于实现创新驱动经济发展的政策目标。风险投资在科技市场的失灵主要表现为投资后移，即风险投资机构更倾向于投入创新的下游阶段，而在种子期和开发期的上游阶段则由于距离规模化生产较远，民营资本不愿介入。因此，财政资金要成为社会创新投资的种子资金和杠杆资金，各种政策工具应该弥补民间投入不足，大幅度增加研发上游阶段的风险投资。

其次，债权融资和股票融资支持创新。资本市场具有规模要求，这就决定小企业必然被排除在股票融资之外。规模经济带来投资收益，这是创新高投入的特性决定的。生产规模越大、商品化程度越高的项目，就越可能得到民营风险投资机构的青睐，然而，小微创新项目必然成为投资空白。这需要政府以税收支出方式激励、引导社会资本投向小微创新项目。

最后，政府资金支持创新，直至参与创新运作，弥补创新投资存在的民营收益与社会收益的差距。知识产权保护和税收支出政策虽可以使部分外溢效应内部化，但科技成果一般是复制成本低而前期投入高，这就是庞大的创新外溢效应。在研发初期，外溢效应较大的项目投资投入不足，亟待政府投资弥补。在创新成果产业化阶段，对创新成果的经营垄断，有利于保护创新主体利益，促进创新的可持续发展。这一阶段，企业通过一些成果垄断的经营方式来拓展盈利空间，创新收益最大化。同时，这需要政府为创新成果扩散和推广创造有利条件。

政府资金在风险投资体系中具有重要地位，这是由科技的公益性和重要性决定的。完善科技金融法制，为风险投资营造良好的规制体制环境，尤其是财政政策引导风险投资体系中创新主体决策。

第一，直接风险投资可以是权益投资、财政补贴等无偿的财政拨款。在风险投资中，权益投资是财政资金参与程度最高、最直接的形式。政府直接通过风险投资公司对创新主体直接进行股权投资，主要是为创新提供种子资金，促进创新发展。这主要有两种模式：一是以国有独立法人资格直接出资建立风险投资公司，或风险投资基金；二是以政府参股的方式与商业资本共建风险投资机构，推荐项目与审查投资由政府担当，具体投资工作由风险投资机构担任。政府以专项资金为依托，以规避创新风险为目的，提供给风险投资者或创新主体的一种直接性无偿资助，作为创新激励的主要手段之一。资金补助和风险投资贷款是财政资金的两种形式，后者是国际上较为流行的做法，即向风险投资公司提供长期、低息或具有债务豁免权的专项优惠贷款，或者提供债权支持。

第二，间接风险投资，主要是通过财政政策来调控、引导风险投资市场的各个主体的决策，最终实现鼓励创新的目的。由于创新主体在获得商业银行贷款时，资产抵押手段缺失，商业银行放给小微企业的创新贷款，风险较大。需要财政投入，与社会资金协同，需要建立政策性担保机构，为小微科技企业提供必要的担保。

第三，降低税负，提高风险投资的收益率，促进风险投资业发展，有效增加创新风险投资。风险和收益的权衡，是风险投资者的决策过程。税负与投资净利润呈负相关关系，收益大小取决于税负轻重。

## 四 协同创新网络平台

创新平台是指以产业为切入点，通过汇聚整合知识、技术等创新资源与要素构建的创新支撑体系，不仅是充分利用和激活各个创新资源、集聚创新要素的重要载体，而且为创新主体提供诸多必不可少的方便。创新平台，包括科技投入、科技基础设施等，具有公共产品性质。因此，政府不仅是创新服务设施硬件的提供者，而且是协同创新网络发展的环境营造者。这是"广义"的平台。包括知识增长的基础创新平台，这是知识在创新主体之间以及整个协同网络中增长的基础条件和先决保障条件，包括各个协同主体的知识储量、物质资源条件、技术手段、网络信息等，都能够降低环境的不确定性和交易成本。

（一）协同创新网络的创新平台

1. 创新平台的效用

协同创新的有效实施关键在于协同创新平台，可对其进行两方面的宏观安排。一是瞄准目标产品和工程，面向科技重大专项和重大工程，建设一批可促进科技重点突破的协同创新平台，如核高基、新药创制、海洋科学与工程等重大专项实施，汇集集成各个创新资源，坚持产学研用结合，加强各个承担主体的联系联合，建设支撑科技重大专项和重大工程的协同创新网络。二是面向产业创新，建设国家支撑产业研发及产业化的综合性创新平台，协调相关创新组织，统筹加强科研基础设施建设和研发投入，促进创新成果转化、产业化，特别是培育产业的协同创新平台，以重大高新技术产业化带动产业发展并促进产业的形成、崛起，形成具有国际竞争力的战略主导产业，带动产业结构转型升级。此外，随着市场经济日渐成熟和完善，市场在资源配置中的决定性作用日益显著。但是，市场存在固有缺陷，市场越是对经济要素流动起决定性作用，越要加强政策的科学性和政府部门的规划力与执行力，就越需要完善政策与保障措施来支持和发展协同创新网络。

提供信息和设备共享的平台，是培育协同创新网络的最基本政策；提供关于创新需求与机会的信息，从而连续追踪有关资源优势和机会。这是在网络内利益相关者之间建立强有力创新同盟的重要手段，包括非正式聚会和正式创新峰会等各种正式或非正式的联系活动。政府领袖和企业领袖参加的创新峰会，是政府支持创新网络成功的最佳途径，是促进有效创新合作的最佳实践。目前，经济发展和技术进步的生命周期特征共同决定后发国家技术学习和赶超的难度。对于成熟产业，后发国家更容易通过集中国内大企业（如中国的中央国有企业）进行大规模投资，快速实施技术学习和赶超。但是，随着技术进步，后发国家的技术学习难度会越来越大。一方面，在成熟产业，随着技术前沿的逼近，技术竞争关键是国家组织层面而不是个别专家的技术能力，是隐性知识而不是显性知识，是基础研究能力而不是应用开发能力，而这些统统是后发国家创新主体的"短板"。另一方面，在产业领域，由于技术路线的多样性和研发投资的不确定性。后发国家的大企业主导的产业格局优势缺失，而企业构成的创新生态培育又需要克服深层次的体制和文化约束，需要长期的演化和探索，凡此种种，都构成后发国家技术学习的成本和障碍。

创新平台，是协同创新网络要素的汇集载体、要素联系的桥梁纽带，也是要素集中集成的场所。它包括诸多硬件资源，也包括为创新提供的各种组织机构、活动形式和创意。它是充分运用信息、网络等现代技术，发展战略和系统优化科技资源，以促进科技资源高效配置和综合利用的重要物资条件及有关知识体系。平台包括资金平台、人才平台、产权平台和信息平台四个方面。其通过提供资金、人才等科技资源以及政策、经济和市场信息、大设备等公共服务，促进创新主体交流学习，实现合作和协同创新。

在协同创新网络中，各个创新主体相互独立、互补互动形成常态。在协同创新平台方面，企业提供市场导向，科研机构提供科学导向。他们优势互补，克服信息不对称产生的创新风险和市场风险，降低交易成本，实现学术价值和商业价值的融合协同。与短期行为不同，平台增加系统稳定而连续的创新成果。一项科学突破发现所带来的技术进步是长期、多样的，建立平台有利于知识的无摩擦流动，创新主体可在平台上相互学习与促进，形成以知识增值、孵化新技术为目标的利益风险共同体。协同的关键是进入系统的各创新主体围绕共同目标，实施能力互补、资源共享，建立协同创新网络。在知识创新网络和技术创新网络融合的过程中，各创新主体的共同目标是知识创新与增值，孵化新技术，建立起知识创造和知识向生产力转化两阶段的协同创新网络，解决中国创新驱动发展的关键问题。

2. 创新平台的建设

协同创新网络的重要组成部分是协同创新平台。其为每个创新主体实施创新提供具体的知识、技术和其他资源的优化配置及共享服务。一个系统内部或不同系统之间，以单一创新目标为创新主体进行协同创新的有机组合，组建相关的创新平台共享，集中优势资源进行联合创新。建立技术中介平台，提升技术中介综合服务素质和能力，大力发展技术市场，促进技术推广，提高经济效益和社会效益。运用市场机制，统筹技术引进、改造、购买、应用等。当前，要做好以下三项工作：（1）完善平台的政策支持系统，以适应协同创新网络发展的要求；（2）优化技术扩散系统，实现研发系统、技术应用与开发系统无缝衔接，通过联合创新攻关、共建研究中心、建立园区和合作专项基金等模式，促进三个系统之间协同发展；（3）促进技术吸收转化系统，实现经济价值，反哺研发系统，实现整个协同创新网络内部联动和顺畅运行。其由内到外，相互影响，层层递进，不断推进创新协同网络发展演化。在微观方面，对创新要素和创新行为进行纵向和横向整合，实现这两者的协同。在中观方面，对协同创新网络中这三个子系统进行协同分析，实现这些子系统内部协同发展，推进各子系统有序度提升，逐步缩小各子系统之间的差异，消除要素差异性带来的结构性负面影响，为实现创新网络整体协同演化奠定基础。

完善促进协同创新的市场体系，利用现代化信息手段，建立无形协同创新市场，包括项目招标、研发组合、成果转化、专利评估、生产力促进、知识产权、技术转移示范机构等各个服务机构均要协同发展，降低合作成本，鼓励创新主体之间强强联合、优势互补，建立知识、技术和人才的循环流动机制，加快创新成果扩散和转化，实现经济增值。

完善知识共享、利益分配和创新网络治理机制，形成一个拥有良性循环的投入产出机制，保障协同创新网络机制顺畅运行，加快创新资源合理流动和创新行为整合，促进协同创新网络的知识溢出和资源共享，提升创新效率。完善机制，即搭建协同创新网络平台：①其由各创新主体之间资源互补互动互惠的网络组成，促进协同创新。②其由信息与中介平台组成。完善专利评估中心、技术中介、孵化器，大力发展专利咨询与代理中心、律师事务所等中介服务体系，加速知识、信息和技术传播。③其整合科研机构、重点实验室和工程技术研究中心的科研设备与仪器资源，搭建创新共享平台，提高仪器和大设备利用率，降低创新风险和成本，增强科技基础设施能力，服务企业的创新需求，有效对接核心技术需求和创新成果转化需求。④共建创新服务平台，构筑全链条服务体系。包括：整合闲置楼宇、土地和厂房，打造和完善一批创新型孵化器；新建一批科技加速器、企业上市加速器等专业加速器，为处于孵化器阶段的企业、高成长性企业、种子期和初创期企业、拟上市企业提供更具针对性的创新产品、创新产品市场推广或企业上市融资等专业服务；共建一批众创空间，提供成本低、便利、全要素的投融资、培训辅导、推广等创新服务。

科技进步平台是以政府为主导，为创新主体提供完善、长效的科技服务，以企业、科研机构等为节点所组成的跨区域、跨部门的网络体系。其将分散、封闭甚至垄断状态的创新资源、创新行为汇集整合，形成创新主体之间的资源互补互动网络，引导资源向重点领域汇集，向辐射作用较大的重点项目和重大项目集聚集成，向加快经济转型升级的创新项目倾斜，引导和鼓励创新主体合作与协同创新。技术信息网络、科技中介服务网络、科技基础设施的综合体即科技进步平台，其不仅以项目、技术、成果为媒介，为官产学研中金多方合作牵线搭桥，更要为创新主体搭建人才、资金、中介组织等要素合作的服务体系，整合分布在科技与教育系统、企业系统、金融系统中的各个创新资源，建设平台，为创新合作各方提供投融资、技术需求、成果转让、决策咨询、信息融通等科技保障服务。构建这一平台，仅仅合作是远远不够的，必须升级即强化创新主体之间的协同作用，取得单个创新主体难以取得的协同效应。通过内外部因素的综合作用，完善知识的学习机制，提高获取、转化和创造新技术及新知识的吸收能力，提升创新效率。处于分散、封闭甚至垄断状态的创新主体、创新要素和创新行为经过汇集整合，形成政府、企业、科研机构之间的创新行为和创新资源的联动网络及创新平台，为经济发展提供急需的关键技术和共性技术。政府对创新的资助和支持，表现在官产学研中金联盟发展及平台建设和创新网络质量提升、创新要素环境优化等方面的可持续资助，以替代以往的一次性资助。

科技平台具有公共产品特性等市场缺陷，决定了政府对于创新平台建设不可或缺的主体地位。

首先，创新平台的正外部性很强，是创新主体交流场所和交流手段的总和，其使研发的资源及信息产生集聚效应、协同创新效应和知识外溢效应，从而加速创新成果转化与产业化，提高科技进步水平。

其次，其正外部效应的内部化缺失。即创新产品的特性决定科研机构成果产业化难以实现。企业规模并非越大越好，要满足适度规模经营的要求，使企业规模适度，实施科技成果内部化。从这个角度分析，对具有公益性的行为，尽量减少其供给或需求的成本。因此，创新平台属于公共产品，由政府主导供给。政府主导，不意味着排斥市场，而是利用市场机制，创造企业、科研机构、第三部门提供创新公共产品的环境，加快创新发展。

最后，平台建设所需要的资源和平台运行所需要的费用巨大，个别创新主体无力整合、无力承担。如商业会展，其虽能在一定程度上整合资源，但是按利益最大化原则，商业展会的门槛取决于办展成本与因经济集聚所形成的市场容量之间的对比，而经济欠发达地区，经济集聚度有限，办商业会展的收益不足以弥补成本，其动力当然不足。这样，平台建设的主导者必然是上级政府。

明确创新平台的公共产品属性，需要澄清两点：一是不以营利为目的，并不等于创新平台不要经济效益。平台的根本目标是为创新主体提供互补互动的交流条件载体，并非不能营利，只是其利润所得必须用于平台的建设与发展。如"以会养会"的大型会展类平台，体现了这一宗旨。二是政府提供与政府生产并非等同，政府主导更不等于政府直接建设。即使是军火等公共产品，也可由民营企业提供。在公共产品及服务的生产中要实现供给主体多样化，可提高公共产品的效益和质量。政府主导主要体现在资源节约导向和产品的公益性导向的制定与落实。

政府是创新平台建设的主体，其理论基础和基本内容包括以下两点：一是当科技市场失灵时，政府才出手干预；二是政府支持重点包括基础研究、前瞻性研究和共性技术研究及人才培养，为科技促进经济可持续发展和生态平衡的实现提供可靠保障。

协同创新网络平台建设，要靠"看得见的手"投入诱导资金，调动各方面的积极性，通过政府资源引导，促进创新要素优化整合；更要充分发挥"看不见的手"的作用，按经济规律，优化配置创新资源，引导社会力量参与创新平台建设。其导向性主要体现在两个方面：一是以创新战略为导向；二是突出中国的资源优势及产业特色。协同创新网络平台是跨部门、跨地域的系统工程，是由政府主导、各个创新主体参与共同搭建的。

科技进步平台具有周期性，即科技平台功能的适应创新要求定期启动。其延展性是指在空间上响应科技和经济发展的要求而不断拓宽创新平台的广度和深度。

（二）协同创新网络的平台形态

中国目前政府公共服务平台的整体情况是：总体水平偏低，发展失衡，低水平趋同，供给不足，绩效不高。需要加快以下两个方面的建设：一是尽快完善科技法律法规、中介机构服务标准和行为规范。尽快发展科技孵化器、科技转移中心、科技市场等服务机构，加快培育一大批素质高的专业服务队伍，培育一批中介服务品牌，促使中介机构不断优化技术、信息、人才、金融、法律、政策咨询、培训、评估等服务，满足协同创新网络发展的需求。二是加大财政资金投入和引导。面向科技和经济建设需求，围绕特色优势和"瓶颈"经济部门，建设一批创新服务平台，培育一批专业化、社会化、网络化的示范性中介服务组织。创新财政投入方式，探索购买公共服务等方式，构建创新服务平台的有效运行机制。加快完善创新机制、科技平台和服务模式，提高其专业化服务能力和网络化协同水平。

1. 信息和中介平台

协同创新需要很多信息要素。由于不同创新主体的信息收集和汲取能力不同，呈现不对称分布，完善的信息结构并不能在创新主体之间自然形成，横向协调或等级制均不能顺利传输交流信息，因为科技市场的交易涉及创新不确定性、风险不确定性和成本不确定性，以及条块分割所造成的政府研发政策的种种冲突所引起的信息障碍，导致区域错误分工，创新资源错误配置，因而低水平研发重复以及研发投入不足等；使创新竞争过度，内耗加剧，使创新难以持续。

协同创新网络存在的根本障碍是由信息不对称而引起的道德风险和逆向选择，这制约科技资源在创新主体之间流动，增加合作的交易成本；使科技供求结构性失调，创新成果转化率低，科技协同度低，这些信息不对称难题既导致市场失灵，又引起政府失灵，还造成系统失灵，不利于协同创新网络建设，协同剩余难以产生。中国目前的种子研发正是属于这种情况，其以诸多的课题组为基本单位，相同领域的众多课题组几乎都是各自为政，他们之间很少交流，知识等资源和成果很难共享，重复研究、效率低下。弱化这种"信息障碍、分工失误、竞争过度、融合虚置、协同度较低"的冲突迫在眉睫。

目前，中国创新层次不高、创新成果转化率低。协同创新网络理论的提出，是切中时弊的。其能够缩短研发周期，避免重复研发，少走弯路，快速提高科技生产力。在知识经济时代，创新日新月异，科技进步往往因为研发周期过长、风险过大，使创新成果落后于时代，而协同创新网络能够加快研发速度，提高研发成果层次。

但合作并非一帆风顺。比如，利益分配机制不健全，会增加创新的交易成本，甚至使合作失败；合作往往只能获得表层技术，而核心技术和关键技术仍然受制于人；容易形成依赖合作方的思维惯性，不利于本机构研发人员的培养和创新的发展。

协同创新过程中发生的信息障碍具有特殊性，其根源是：①行政手段过度使用或越位，忽视市场在创新资源配置过程中的作用；②交易费用过高。当务之急是要在企业、科研机构、金融机构之间构建面向市场、面向国内外的信息网络，加快信息交流，促进创新主体之间的相互沟通与了解，杜绝重复研发，提高创新效率。优化创新主体之间有效交流的信息平台建设（包括虚拟小区、电子邮件和可视会议等方式），建立为协同创新服务的特色数据库和图书文献库，建立专业的数据库检索系统，提高网络化程度，提高网速，加快信息在主体之间的合理流动、传输。通过知识收集系统收集并筛选整理的信息，要与原有知识进行整合、提取并程序化，方便创新主体按需要检索和获得，充分实现创新主体之间的信息共享，提高创新主体之间沟通交流的水平和效率。为此，要加强政策诱导，以促进资源共享来规避重复建设。如对共享的大学图书馆，给予一定的购书补贴；中国知网的收费应稳中有降。

交易会、博览会、洽谈会、论坛等形式的平台原则上向所有创新主体开放,打破相互封闭、重复分散的创新资源配置格局,提高创新资源的利用率。当然,创新平台建设并非一日之功,而是一个长期发展、不断完善的过程。

2. 大型科研设施共享平台

大型科研仪器和设备虽是非常重要的创新要素,但其添置和维护费用十分高昂。科研机构虽拥有大部分大型科研设施,但其有限的科研活动难以保证大型设备的充分使用,科研资源的闲置与浪费难以避免。要求尽快建立大型设备的共享平台,通过对大型设备向社会开放者提供补贴实现。要遵循以下原则配置平台科技资源:一是存量为主、新建为辅,增量优化、启动存量;二是市场诱导、企业供给。具体来说,政府要运用有关政策和相应法规,引导、整合已有的创新要素,社会共建、共享科技平台,满足创新主体的需求,节省购置仪器设备的资金,提高现有创新资源的利用率,提升创新水平。

创新平台,要从偏重供给型平台转向兼顾供给与需求平台。因此,有必要激励政府与用户等创新主体之间的互动协调关系,建立官民结合、官民互补互动的创新组织和官民互动机制,这是政府公共政策的主题思想。即由政府、科研机构、企业和金融机构共同参与建设实体组织,或者是会议、论坛等形式的虚拟组织。

## 第四节 协同创新网络中的第三部门

协同创新网络和行业协会等均为非营利组织,也是协同创新的重要手段和载体。迄今为止,有关创新组织的研究,主要着眼于企业。但是,科技具有"三性",科研机构也是重要的创新主体。目前,第三部门或非营利组织尤其被忽视,其也应该是协同创新的重要组织。然而,近几年来,国内的各个非营利组织却遭遇普遍性的发展危机,并由此引发人们对非营利组织发展模式的思考。

### 一 第三部门理论

(一) 问题提出

市场经济,由市场、政府和第三部门(非营利组织)三部分构成。政府和第三部门的主要职能均为提供纯公共产品,以应对政府失灵和市场失灵。这要求公益性科研机构向第三部门发展。企业追求的唯一目标是利润最大化，但是，在协同创新网络发展过程中，除企业利益以外，重要的"公地"维护与自私的原则相悖而不被多数企业采纳，如公共信息、各种行规行约等，这些关系到创新发展的公益性和互益性公共产品必须依靠国家或行业协会来提供。

第三部门与创新网络均属于中介组织。按是否营利划分，政府与第三部门都是非营利组织，共同服务于公益或社会利益；而企业是营利组织。同时，政府具有的强制性与第三部门的区别明显。第三部门也被称为非营利组织、非政府组织和公益组织等，是相对于政府组织和营利组织而言的一种社会组织形态，主要是指那些不以营利为目的、以服务社会为宗旨、具有志愿性和自治性特征的组织。包括社团组织、志愿者组织、基层群众自治组织等[1]，协同创新网络则是一个虚拟组织，一个服务于公益或社会利益的组织。利用其公益性，发展协同创新，促进创新，进而推动经济发展方式的转变。

美国约翰霍普金斯大学萨拉蒙教授概括了第三部门的以下五个特征[2]：①组织性，即有正规的组织机构和管理制度并开展经常性的活动；②非政府性，其独立决策；③非营利性；④自治性，即自我管理；⑤志愿性，参与志愿。

破解中国科技进步不快的问题，重要路径之一是寻求和发挥驱动创新的第三部门作用，准确把握和全力打造政府与市场之外的第三部门。其在中国是由来已久的民间组织，作为独立于政府与市场之外的第三部门，发挥着下连市场与社会、上接政府的"桥梁"和纽带作用。发展第三部门，使之成为创新的重要方面军。当务之急是公益性科研机构再造成为非营利组织。

政府科技管理职能的转变是，由间接管理替代直接管理，按科技的公益性程度替代"行业"管理或按部门管理，由以服务和监督为主替代以管为主，把原本不该由政府承担也做不好的一些职能还给第三部门，通过精简、撤并政府有关部门，形成"小政府，大社会"的格局。

第三部门存在与发展，在一定程度上，既能弥补市场失灵，又能弥补政府失灵。与市场调节相比，社会组织的调节方式能够更好地保证科技的公益性目标实现。与政府相比，第三部门能够降低科技管理的成本。

---

[1] 方盛举：《国家治理现代化进程中的政府与社会》，《哈尔滨工业大学学报》（社会科学版）2017年第1期。
[2] 鲍绍坤：《社会组织及其法制化研究》，《中国法学》2017年第1期。

目前，中国第三部门正处于发育、成长阶段，为科技公共产品的生产增加新的制度和组织资源。对于帮助政府制定行业科技规划、制定落实创新政策、促进创新服务等社会公共服务均起到积极作用。

行业协会是重要的第三部门，中国行业协会发展的特性有：一是快。据统计，已从20世纪80年代末的不足1000个发展到2014年年底的近7万个，2016年第二季度67万多个，近两年年均增长速度为47.86%。其中社会团体32.9万个，基金会5038个，创新服务机构33.6万个，遍布教育、文化等14个行业领域，在促进经济发展、繁荣社会事业、创新治理、扩大对外交往等方面发挥积极作用。二是广。伴随产业链延伸和市场发育的不断成熟，逐步向细小行业和新兴行业延伸，内部分工更加细致。三是大。截至目前，仅全国性行业协会商会就拥有会员企业298.2万个，总资产168.8亿元。其涵盖不同所有制、不同经济规模、不同组织形式的企业。四是作用凸显。其在积极反映会员诉求、参与相关政策研究制定、加强行业自律、完善行业管理、协调贸易纠纷、维护会员合法权益等方面发挥日益重要的作用。

目前，中国社会组织增长虽快，但大多数仍然存在"官办、官管、官运作"的问题。由于很多行业协会是由行政部门演变而来的，其职能与地位模糊，外部监控偏弱，内部治理乏力，这使一些行业协会运作失范，甚至营私舞弊，对创新发展产生不利影响。如有些协会迫使企业入会，收取高额入会费，通过"评比""排名""认证"等办法，乱颁证、乱收费，自毁信誉。原因之一是较全面、规范的关于中介组织发展的法制仍然薄弱。针对第三部门行为失范问题，从根本上铲除"二政府"滋生的温床，要采取的基本原则是：加快推进政府与社会组织分开，政事分开。政府要把"管不了""管不好""不该管"的有关协同创新网络的事情交给市场、企业和第三部门去办。

世界各国普遍注重为第三部门的发展提供税收优惠的支持。据有关学者对34个国家的研究，各国政府的财政支持已达社会组织总收入的34%，发达国家达到48%，而中国政府对社会组织的财税支持还比较有限[1]。

（二）科技型第三部门改革

首先，第三部门已由挂靠行政部门转变为注册登记制度。2013年出台的《国务院机构改革和职能转变方案》提出，逐步改变行业协会、商

---

[1] 鲍绍坤：《社会组织及其法制化研究》，《中国法学》2017年第1期。

会行政化倾向，尽快实施行业协会、商会与行政机关脱钩的改革。重点培育、优先发展科技类第三部门，以促进科技与经济的对接，实现科技与经济的协同发展。

其次，大力发展自发性、自主性的行业协会、创新合作社等第三部门，发展拥有公益性的审计和评估机构等第三部门，依法对第三部门进行有效的监管。破除由行政部门转变而来的行业协会"一会独大"的格局，鼓励"一业多会"，引入竞争，使任何一个第三部门组织都难以"专权"，难以"行政权力化身"自居。第三部门实施的行业统计与分析、预测预警与信息发布等工作，政府可在公平、公开竞争的基础方面，按等价交换规则，购买第三部门的服务，这笔收入与社会捐赠一起，确保第三部门的生存和发展；而第三部门的生存与发展，只能以优质服务取胜，并得到不断发展。

## 二 部分公益性科研机构转变为社会企业

20 世纪 80 年代以来，中国的非营利组织数量大幅增加，业务范围也逐渐拓展到社会创新的方方面面，成为社会生活中不可忽视的重要力量，尤其是其可成为协同创新网络的重要组织资源之一。

（一）公益性科研机构向社会企业转变

近年来，在欧美、日韩等发达国家和地区，向社会企业转型正在成为非营利组织实现可持续发展的重要路径。社会企业作为一种在全球性迅速崛起的新兴组织形式，是企业组织与非营利组织的创造性结合，其兼有社会性和商业性特性，在实现自身发展的同时，实现科技创新与经济发展协同。

社会企业表现形式不一，但大体具有以下共性：①企业与非营利组织的统一。融合非营利组织和企业组织及管理方法，追求社会效益与经济效益的统一，以商业活动的收入支撑社会公益活动。②市场驱动与社会使命引导的统一。与传统非营利组织相比，社会企业同样将创造社会价值作为首要目标，但在实现经济效益与社会效益的方式上更加强调自给自足，致力于通过自身的商业活动来维持自身的存续和公益活动的开展。

从国内外实践情况看，非营利组织向社会企业转型通常通过以下三种方式实现。

（1）公益性与商业性协同。通过挖掘公益项目的商业价值将现有组织整体转型为社会企业。如原本以基础研究为主业的非营利组织，整体转型为基础研究与应用研究一体化企业。这种模式下，公益活动与商业活动一体化，科研机构多以企业身份注册，其转型难度虽大，但转型一旦成功，发展后劲强大。

（2）公益性与商业性交叉，即在既有基础研究项目，创建相关应用研究项目。如原来为用户提供养殖技术培训的非营利组织，通过在公益项目之外成立养殖企业来创造经济收益，因而也扩大对用户的扶持领域。这种模式下，公益项目与商业项目之间业务关联较大，受助对象也可能是创新网络中的供应商或合作伙伴等。这种转型模式较为普遍。

（3）公益与商业分立，即在基础研究项目之外，创建相关性商业项目。如原来单纯从事基础研究，现在通过举办相关培训学校来获取经济收益，并从这种收益中提取固定比例为公益项目提供资金支持。这种模式适用于难以从基础研究项目中创造商业价值的情况。

（二）公益性科研机构转化为社会企业的效用

社会企业对创新问题的创造性解决以及强大的自我发展能力，正使其成为众多科研机构的转型方向，意义重大。

首先，转型为社会企业，有助于破除非营利组织的资金约束，提高组织的独立性。通过企业化运营来创造经济效益，使科研机构从根本上摆脱对政府拨款和社会捐助的依赖，为自身的生存和发展提供经济支持，也为其持续履行基础研究的使命奠定基础。资金独立，也意味着非营利组织在决策和行动方面更加自主。自主权扩大，可有效地调动研发人员的积极性，从而成为创新发展的巨大动力。

其次，转型为社会企业，促进非营利组织的效率提高，自身竞争力相应提高。近年来，非营利组织在中国发展较快，有注册的，还有大量"草根"型的，这使非营利组织之间在产品和服务方面形成竞争关系。此外，营利企业与非营利组织在公益领域的竞争不断加剧，使大部分非营利组织都应对乏力。由于传统的非营利组织多由热心公益的人员担任，他们一般缺乏专业的管理知识、管理经验和管理技能，并多为兼职，人员流动性大，组织内部结构一般十分松散，致使传统的非营利组织运营效率普遍低下。即使一些非营利组织已意识到优化管理的重要性，但非营利特性也常常导致其难以吸引到优秀的管理人才。

转型为社会企业，响应科研机构提高经济效益和提高竞争力的大趋势，同时，转型带来更好的经济收益和更大的发展空间，有助于非营利组织吸引更多优秀科技人才和管理人才，更好地完成创新任务。

最后，转型为社会企业，体现和实现科研机构发展公益事业，履行社会责任。传统的非营利组织和公益人士习惯于"授人以鱼"式社会救助，这种方式虽可在短期内改善受助群体的生活状况，但由于其可能引起被救助群体滋生依赖心理，在一定程度上弱化被救助群体完善自身、发展自身的动机，受助者的市场竞争力弱化。因此，从长期来看，这可能不利于从根本上解决受助者的生存与发展问题。向社会企业转型，可提高科研机构等非营利组织从事公益活动的层次，以更高水平、更系统化的创新成果满足社会需求，从"授人以鱼"转向"授人以渔"，不仅增加用户收入，而且提高就业竞争力。通过创新资源整合来提高社会效益和经济效益水平，无论是对科研机构等非营利组织的发展，还是对其创新服务能力的提升，都具有积极意义。

### 三 行业组织的效应

（一）行业组织的知识产权保护效应

经济全球化方兴未艾，知识产权在国际竞争中的地位不断提升[1]。2008年国务院发布的《国家知识产权战略纲要》（国发〔2008〕18号）中把知识产权战略提升为促进经济与社会全面发展的重要国策。在国家知识产权战略中，行业组织的重要性已引起各界人士的高度重视。

第一，行业组织的知识产权法制建设效应。行业组织对知识产权规制建设具有促进作用，主要表现在立法和执法两个方面。行业组织在立法中的作用主要有：一是行业协会直接参与有关立法。知识产权具有专业性，在其制定工作中，要委托一些行业组织进行前期调研、草案建议等工作。行业协会代表本行业业主对有关立法提出建议，反映行业整体利益的诉求。二是行业协会的有关文件在知识产权立法中得到充分借鉴、吸收。由业主组成的行业协会在建立和运行中形成的一些行业自治规则，虽不是成文的，但由其大多数成员同意并支持的，对成员具有很大的约束力，应成为知识产权立法的借鉴。一些符合知识产权要求的条款应被吸收进知识产权法规中。

第二，行业组织的知识产权保护效应。在知识产权执法过程中具有辅助和补充作用。在执法过程中，执法机构要经常调查、收集一些有关信息或对整个行业进行有关的资料统计工作。行业组织在这些信息收集和整理方面拥有优势，能够提供有关帮助，使有关机构降低成本，更便捷地获得有关信息，还有利于知识产权执法机关做出正确判断。此外，在知识产权执法过程中，行业协会能够发挥支持、协助和补充作用，这有利于节约执

---

[1] 周志太：《破除外资技术控制　建设知识产权强国》，《马克思主义研究》2015年第10期。

法成本，降低行政开支，提高执法效率。同时，还应注意发挥行业协会的监督作用。由于其具备本领域的专业知识，尤其是具有本领域的隐性知识，能够便捷地发现执法机关在知识产权执法中存在的诸多问题，并能提出有关的意见和建议，以便于完善知识产权法律。

第三，行业组织的知识产权创新效应。目前，中国大部分企业的知识产权储备不足，这十分不利于其在市场上同跨国公司巨头展开竞争。而充分发挥行业协会的作用，将显著推动中国加快知识产权保护创新的水平。

第四，行业组织的知识产权环境保护效应。制度环境和市场环境是知识产权保护环境的两大方面。

在技术交流与培训、宣传教育等软环境建设方面，行业组织的作用是独特的。行业内外的技术交流均可促进知识产权的保护和创新。创新主体交流的过程，就是知识学习、取长补短、互惠的过程，这必将促进科技进步。行业组织可通过网站、会议、刊物等渠道提供交流学习平台，尤其是企业与科研机构交流，也可组织多种活动实施企业之间的知识产权交流，提高成员企业和公众对知识产权保护的认识，形成保护知识产权的大众氛围和社会环境。目前，中国的知识产权人才主要是通过高校及一些专门机构来培训。这种人才培训模式要拓展，才能满足国家对于知识产权专业人才的需求。行业组织应积极发挥其在人员培训方面的独特功能，为中国知识产权的人才培养，提供针对性更强、质量更高的培养模式和更有效的教育方法。

在知识产权维权中的组织效应和集体优势，行业组织的作用是独特的。在激烈的国际市场竞争中，知识产权纠纷在所难免，发达国家更是把知识产权作为国际经济与政治活动中的有力武器。我国本土企业在遭遇这类纠纷时，往往面临自身力量不强而政府也不便出面等窘境，此时，行业协会恰恰是符合国际惯例也最适合作为企业代表而应对纠纷的组织。尤其是面对经常出现的跨国公司针对中国某一行业的知识产权纠纷，由行业组织代表企业出面更为有利、有力。其在处理这类知识产权纠纷时，通过制定应对战略与策略，积极与政府有关部门沟通、提供信息和对策，以适当的方式组织实施集体维权，充分发挥其作用和优势。

(二) 行业组织的研发效应

第一，充分发挥行业协会在信息共享中的平台作用。作为共同利益保障的行业协会，其中拥有的一个重要职能是收集、整理和发表行业内外的信息，包括专利、商标等方面的数据信息，重点领域的科技和产业发展现状与趋势。在对这些信息进行统计分析的基础上，建立尽可能完善的数据库,使成员企业更好更快地了解市场趋势和科技发展趋势,为成员企业的知识共享与创新提供可靠的信息服务。为成员企业推广创新成果,利用其信息优势促进技术成果的生产和成果的推广应用。

第二,充分发挥行业组织在促进协同创新过程中的桥梁纽带作用。当前,技术壁垒已取代关税壁垒,成为制约中国国有企业国际化发展的主要障碍,而知识产权壁垒恰恰是技术壁垒和标准壁垒的关键手段。企业拥有自主知识产权,才能打破知识产权壁垒。在技术日益复杂、技术水准日益提高、技术集成化水平越来越高的时代,本土企业单打独斗,研发能力相对于研发要求,日益心有余而力不足,难以独自解决研发中的一些共性问题。协同创新网络是解决共性技术问题和拥有自主知识产权的一条便捷方式,有利于创新主体实现少投入多产出,尤其是实现重大创新。企业以先进技术生产和供给高端产品,以高端产品适应、扩大和占领市场。与政府管理部门相比,行业组织在协同创新过程中的桥梁作用更便捷适宜。

## 第五节 协同创新网络中的科技园区

科技园区是协同创新空间布局的一种典型模式,是能够提供基础设施等具有附加值服务,提升创新主体的创新竞争力,进而促进经济发展的专业聚集组织。其居于政府与市场之间,是体现"看得见的手"与"看不见的手"握手的创新组织形式,是体现和实现协同创新的重要载体。在不久的将来,其应由政府主办逐步过渡到政府引导、企业及第三部门主办、其他社会力量参与的创新组织。政府引导,通过区域性非均衡政策的指引,包括财政补贴和税式支出等激励,促进创新主体积聚和协同创新。

### 一 科技园区的内涵与特性

科技园区的主要功能是促进科技园区内知识、人才和技术流动交流交换,进而实现知识共享;通过孵化机制促进创新型企业成长;促进科研成果转型升级和转化率提高。其已成为创新与经济发展加速的重要物质载体,成为创新与产业化的最佳联结点,成为企业、科研机构等协同创新的最佳栖息地。

目前,科技园区出现了新动向。与第一代科技园区突出创新自身推动和第二代科技园区强调市场拉动不同,第三代科技园区即生态科技园区不仅是一个创新成果转化的孵化器,而是基于生态理念,以人才为主要驱动力,以创新转型升级为核心的协同创新网络。中国科技园区的发展虽已渐成趋势,但仍然起步阶段,正在探索其转型升级的模式。可以预见,抢占发展先机,将成为加快创新、引领经济发展、提升竞争力的关键。

科技园区具有以下五大特性:①创新是科技园区的灵魂和最本质特征。②创新活动是在多维网络的科技园区中互动展开的,促进全方位创新资源和创新行为的系统融合与和谐发展,创新环境和创新主体的融合成为整个协同创新网络的重要组成部分。这是联结国家创新网络,乃至国际创新网络的关键节点。③创新从关注物质要素转向更加重视人才,重视人才资源的核心竞争力,培养和引进全球领军研发人才和管理人才,推动科技进步。④创立覆盖企业和科研机构的信息中心及综合数据库,为知识共享建立整体性支持系统;强调消除科技园区内部知识交流互动的障碍,促进不同企业之间人员互动,通过多种途径丰富内部网络(合作组织、非正式交流平台等),实现默会知识共享,提高创新力。⑤促进科技生态、经济生态、自然生态和社会生态的协同。

## 二 科技园区模式

科技园区的基本特征是:①高智力密集,厚研发基础,高增加值,高带动性,高科产贸协同度,可吸引和培养一批国际领军人才,汇聚和集成一批技术,发现和破解一批重大创新问题;②推广和转化一批创新成果,培育和发展新的科技与经济增长点;③培育和孵化一批具有国际竞争力的政产学研金创新联盟,完善协同创新网络。

科技园区具有公益性目标和营利性目标的和谐统一。据此,可把科技园区的目标区分为公共目标和企业目标。前者是指其代替政府供给公共产品所需要达到的目标。经验表明,由政府部门直接去履行其职责和达到同样目标,效率一般不高。需要企业化运行,实现最低和最佳目标,最低目标是收支相抵,最高目标是生产利润和提供创新平台兼顾,后者是科技园区生存的基础和发展的动力。经济收入只是科技园区的直接收益,并不包含为社会创造的间接收益,如科技作为公共产品带来的社会效益。科技园区通过资金投入、技术引进、政策扶持以及人才和市场等方面的配套,使其创新得以充分发展,并运用于生产,转化为现实生产力。

科技园区进一步发展的要求:①完善规划,优化布局,提升创新水平,以促进经济转型升级。②加大引进国内外领军科技人才和管理人才的力度,使之成为创新不断发展的动力源泉。③提速协同创新网络建设,促进跨所有制、跨行业、跨区域等多重主体参与的协同创新网络正在形成并不断发展。④促进诸多创新主体连接在一起,使"网络中心"逐步替代"权力中心",发展政府—科研机构—企业紧密联合与互动的协同创新机制。⑤完善的科技基础设施,提高诸如学校、医疗、文化、商务、现代居住、公交、生态休闲场所等方面的质量,为人才提供便利的工作环境以及生态宜居的生活环境。

科技园区的发展模式虽然多种多样,但成功的科技园区均存在以下共性:能够吸引、应用和整合世界一流的研发要素和资源,一流的科研机构是其创新的基础与源泉,一流的企业和中介机构是其创新的主体和桥梁,一流的管理体制机制和卓有成效的创新政策支持是其创新环境;在这些条件下,创造一流的协同创新网络。争创一流至关重要,一流的科技园区是指依托世界一流的科研机构,拥有一批一流的国际竞争力强的大公司,具备一流企业的创新动力和活力,积聚世界一流的人才和一流的技术,引领世界创新潮流,培育世界一流的创新主体队伍和一流的产品。世界一流的科技园区必须是促进一流的创新要素和创新行为互动互惠,形成一流的创新能力,创造一流的创新成果。

各国科技园区的发展现状与趋势主要表现以下四个方面:一是布局扩散化,从发达国家集中向发展中国家扩散;二是发展日趋多样化,由于资源、环境、发展基础和内部运行机制的不同造成的;三是规模差异显化,即大的科技园区将出现更多的"园中园",小规模科技园区将日益增多;四是功能综合化和单一化趋势双向并存。

科技园区是以创新成果与其产业化示范推广为宗旨,以追求经济效益和社会效益为目的,是知识经济与网络经济的结合体。政界、商界和学术界的精英通力合作,利用科研机构的智力和研发条件,通过政府资助等政策优惠、舆论导向及便捷的信息服务等方式,为技术创新和转化创造一个全新的机制和环境。一是高新技术产业化和科技推广的主要载体,是科研机构的生产经营基地、先进适用的创新成果孵化基地、成果的二次开发和中试基地;引进消化吸收高新技术、先进设施和科学管理模式。二是技术和人才高度集中与科研、生产、教育密切结合的协同创新网络。其辐射扩散,向社会提供成熟的高技术及其产品,是技术组装集成、技术转化及现代经济的示范载体,展示生产需要把握的主要技术环节、关键性技术措施等,是新技术、新产品、新管理等示范试验基地。三是形成先进适用的技术组装推广模式,对当地经济发展的示范带动效应较强,促进高新技术的集成和转化。四是科技培训基地,培育人力资本,提升研发人员素质,提高用户的科技文化素质。五是促进科技推广与特色产业发展相结合,促进由传统经济向现代经济转变，改善生态环境，是生产力发展到一定水平的必然产物，促进产品不断更新换代，进而促进中国的经济发展方式转型升级。

针对目前科技机制存在突出的问题，要以改革为导向，稳步推进体制机制创新，共建园区、建设总部企业专业化生产基地等协同创新模式，推动功能分工与有序合作，推动创新主体之间建立高效、常态化的协同创新机制，对接统筹协调机制和利益分享机制，积极推动协商制定统一的跨区域利益共享分配机制，促进创新资源跨区域流动，鼓励园区之间强化合作，推动创新主体对接和创新资源共享，建立园区之间和园区内对接联动协调机制与资源要素共享机制。逐步完善跨区域创新链，构建引领协同创新的区块链，建立长期、稳定的合作交流机制，放大协同创新效应。引导科研机构选派优秀研发人员深入企业提供新技术咨询、检验检测，解决企业技术难题，促进技术推广。明晰不同园区的差异化定位，引导各个园区特色发展，以保障协同创新参与各方的积极性。同时，按财政部的相关规定，借鉴海淀园秦皇岛分园利益分享模式，采取共同投资成立运营主体等办法，建立跨区域税收共享与经济核算机制。

### 三 科技园区治理结构

基于现代公司治理理论，建立与科技园区性质和任务相适应的科学、可行的现代公司制度，并发现、培育和实施相应的公司治理机制，保障科技园区各个利益相关者的责、权、利的对称，实现共赢。科技园区的发展，要求完善其内部治理机制与外部治理机制；外部治理机制是指除股东以外的利益相关者运用多样化手段对公司治理的机制。其外部治理的效用大于一般公司，有时甚至可能超过内部治理的效用。科技园区中的主要外部利益相关者是政府、银行等，分别控制特有资源，因而对科技园区施加影响，使其运行受到控制。政府拨付给科技园区的资金有投资入股和无偿资助两类。前者作为股东参与科技园区的内部治理；政府不但行使政策调控和行政指导的职能，而且还有政府投资的职能，成为其参与科技园区外部治理的理由。

在外部治理过程中，最重要的力量通常是政府有关部门。通过其控制和支配的政策及资金两大主要资源，实现对科技园区的经营者激励或约束，决定科技园区的经营决策乃至结果。其中，政府激励机制和约束机制最重要，并通过这种机制去影响科技园区的决策。此外，股东也是具有足够激励动力的利益相关者。

科技园区效益的好坏，关系到银行等股东的切身利益的实现程度，尤其是若农民没有其他更好的就业机会，对土地使用权的关心就会转化为对科技园区的巨大监督动力。

银行作为债权人，为维护自身利益，积极参与科技园区的内部治理和外部治理，作为前者"用手投票"实施管理，这与其他类公司的治理情况相同。作为外部治理者，通过放松或紧缩对科技园区的贷款额度来影响、监控科技园区的经营管理活动。科技人员凭借技术参与科技园区的管理，其管理投入的积极性取决于其对科技园区各方面资源和行为绩效的评价，并取决于个人专长是否得到发挥，两者呈正相关关系。

用户凭借科技园区受益者和劳动力所有者参与治理。若其以土地或资金入股，即以股东身份参与内部治理。科技园区具有公益性，用户是当然的受益者，对其经营活动及其绩效有权表达自己的看法。作为劳动力所有者，有权决定是否参与科技园区建设，从而直接影响科技园区的运营。

按科技园区的主体不同，可分为政府主导和企业主导。无论是哪种类型，都与政府发生必然联系，都具有混合性，只不过各自的公益性程度不同而已。科技园区的主导力量不同，其内部治理关系明显不同，其外部治理上差异较大。若政府主导，其内部治理则应为理事会领导下的经理负责制，理事会一般由科技园区内政府代表、企业代表、科研机构代表组成，他们各自代表一定集团的利益，制定组织章程，决策大事，评价管理绩效，促进科技园区的创新绩效提高。在这些治理结构中，其内部监督主要靠置于理事会领导之下的审计监察机构，这属于内部监督。而组织外部的舆论等各种监督，构成这类科技园区治理的辅助监督力量。

主导企业，其实力通常较强，人力资本较丰富，在管理科技园区的过程中，一般按《中华人民共和国公司法》规定，建立有关治理机构，明确规定这些机构的责、权、利及其相互依存与制约关系等，形成内部治理结构。因此，这类科技园区，与一般公司区别不大。但是，这种股东结构要比一般公司更为复杂多样，包括政府、土地使用权拥有者、技术所有权拥有者，以及其他法人和自然人等。因此，这种科技园区的决策机制显然更复杂。但是，其治理机制还是完善、有效的。以技术入股的研发人员和以土地入股的农民，往往又是科技园区职工，系"内部人"，拥有关于经营情况的信息优势。他们有可能也有必要通过自己的经营活动，使科技园区的创新与经营活动更为有效。另外，现代企业制度要求的"利益共享、风险共担"的机制相应形成，可根据经营者业绩水平，完善股票、报酬、荣誉和晋升等激励，赋予研发人员和管理人员充分的自由和广阔发展空间，并建立与企业发展前景紧紧地捆绑在一起的益损与共的新型机制。

加快建立并逐步完善多样化的风险投资基金。加快完善关于风险投资运行（如风险资本的筹集、风险的防范、风险资本的退出以及回报）的法规和政策，创造风险投资发展的宽松环境和条件；财政资金以种子资金形式，带动信托投资公司、投资银行、证券公司等机构投资者发起设立多样化风险投资基金，为科技园区发展提供尽可能多的资金，对创新贷款实施财政贴息政策。通过证券市场融资的渠道要拓宽，包括适当放宽企业上市条件，采用"借壳上市"的方式进入资本市场、发行债券，以支持其创新发展和创新成果产业化发展。

规划和建设优质的"三通一平"的基础设施。对到科技园区投资办厂的企业和科研机构开办"一站式服务"，通过优惠的土地入股等供给，与承包、租赁、利润返还等需求形式获得土地使用权，可一次性买断土地使用权。加大对外来企业的直接融资与间接融资的扶持力度。充分发挥自身的优势，因地制宜、因企（业、校、院）制宜，多层次、全方位地与一流科研机构合作，与跨国公司结盟，造就一批科技型集团，使科技园区培育成知识经济的先行区，提高产品科技层次和提高自主创新能力。如山东寿光在全国县市中率先加入世界种子合作组织，结盟于美国、以色列、日本、法国、荷兰、俄罗斯等国家的30多个蔬菜种业集团和蔬菜加工公司，联姻于北京大学生命科学院，展开广泛的技术交流与合作，利用他们先进的技术资源，提高科技园区的创新水平、产品质量和档次，增加附加值。

## 第六节　用户需求诱致创新

知识经济时代，使协同创新网络成为国家、机构提升综合竞争力的基本创新模式。多元创新主体构建非线性、网络化的开放式协同创新网络是中国建设创新型强国的主要途径。从产学研"协同创新"到产学研用"协同创新"，是认识的新飞跃，体现创新的落脚点和市场导向。但是，以往的协同创新组织重点研究知识创造中各个创新主体的协同关系、发展路径及资源配置等问题，而往往忽略创新成果的市场化问题。"用"主要是指协同创新成果的终端用户应用过程，突出创新的出发点和落脚点，强调市场导向。面对环境的高度不确定性，创新日益复杂，潜在或现实需求的重要性日益凸显，用户作为企业外部重要创新源的作用越发显著。

从产学研用协同创新到协同创新网络，是认识的更高飞跃。在协同创新网络中，从创意提出到基础研究、再到新品开发，均可看作在创新主体和创新产品使用者之间的交互作用。用户创新的提出及协同创新的实施是企业为增强其竞争优势的必然选择。

## 一 需求创新的理论与实践

波特指出，精明而挑剔的顾客群的形成会迫使企业进行改良，并对现存的及未来的需求有所理解，在竞争优势获取过程中扮演关键角色。

协同创新网络是国家开放式创新网络的根本模式，也是中国跻身世界科技强国的主要推动力。在中国实施创新驱动与产业转型升级的关键时刻，供给侧结构性改革刻不容缓，但与此同时，面对协同创新网络社区生态化创新的新模式，应注重用户端作用，发展以用户为中心的需求侧创新政策。需求因素不仅表现为用户购买力，更包含具有企业家精神、掌握创新资源、具备创新能力的用户。作为开放式创新的重要创新源之一，用户参与创新为企业提供一个价值创造的新途径，用户创新值得重视，用户创新的方法和工具箱的有效性应进一步增强。同时，协同创新网络的演进是一个具有典型阶段性特征的动态过程，针对各个阶段不同创新主体的创新激励不足问题，应设计出科学公平的激励机制，包括需求匹配、投资驱动、风险防范、绩效评估等激励机制，特别是为更好地适应基于虚拟社区用户创新的新特征和新需求，未来应更有效地激发用户在协同创新过程中独特的创新源作用。并提出以下加强用户协同创新的政策建议：第一，企业应拥抱开放式创新范式下用户创新的新模式，满足用户的创新需求，提高用户创新的激励水平。第二，政府应积极加快转变职能的步伐，提高政策的预见性和科学性。通过政策引导及制度安排，促进多元创新主体优势资源的整合，并促使各方在产品研发与产业化阶段进行资源和能力的协同投入，持续提升企业竞争力。

在创新的诸多动力中，需求拉动创新，虽然早在20世纪60年代就被提出，但是，人们对用户的创新作用认识仍然不够清晰。协同创新的逻辑起点是用户需求，要将用户需求与产学研拥有的创新资源匹配起来，关键是要建立市场用户需求诱发与产学研用创新供给动态的匹配模型，识别用户的真实需求。同时，要为用户提供一定的创新补贴和奖励，激励用户积极参与创新活动。

互联网时代，虚拟社区的繁荣发展为用户创新带来新的机会，基于虚拟社区的产学研用多元创新主体的生态化创新方兴未艾①。网络环境让创新发展演化出多种新形式，更多的信息交流使创新网络日益重要。如何解决信息传递问题以及用户参与创新是现实中最好的方法。作为创新网络中的重要资源之一，用户创新被提到更高的地位。提高创新效率，要求加强创新主体与用户的交流和合作，提取必要的"黏着信息"。如何更好地满足用户需求的多样性变化，克服用户信息的黏性和碎片化，有效地解决用户的痛点是企业产品开发的难题。学术界围绕创新功能源、用户创新的形成机理、领先用户、用户与产品创新的关系、创新动因和影响因素等方面展开诸多研究和分析，研究成果较为丰富。目前，用户创新研究的理论与实践正处于逐渐完善和系统化阶段。从动态演化角度，将协同创新组织的生命周期划分为酝酿合作期、组建磨合期、市场化运行期和调整期四个不同的阶段。企业生命周期对创新有深度影响。处于起步期和衰退期的企业，发展速度缓慢；处于成长期的企业，企业发展速度最快。

用户创新是市场化运行过程中开放式创新领域的热点问题。近年来，随着开放式创新在中国理论研究和实践推广的逐步深入，用户创新是开放式创新的一种重要创新源、创新模式的观点，已基本取得共识。

希普尔（Hippel，1998）首次从创新源角度提出"用户是创新主体"的观点，并界定"用户"为"对于特定的产品、工艺或服务，居于获益职能角色上的使用者"。后来，希普尔进一步指出，用户创新的应用趋势是由用户自主设计能力和用户互联网能力的不断进步两个技术发展趋势推动。在当下经济全球化的环境中，企业用多种策略致力于了解顾客变化多样的需求，进行各种产品创新活动。夏清华等（2016）以海尔为案例的实证研究表明，将封闭的传统商业生态重构成为开放的平台商业生态是企业发挥内外部资源最大效用的途径之一。"通过打造互联网工厂，让用户参与到设计、生产的全流程中，变大规模制造为大规模定制。"基于HOPE平台，海尔通过与全球的研发机构、专家、用户、供应商等一系列资源整合，打造全球创新交互的社区，需求、创意、技术、制造在一个平台上自由互联，外部资源能够快速进入，每月可交互产生超过500个创意及创新项目，为需求方提供解决方案，为用户提供痛点，各方基于不同的市场目标结成利益共同体，一大批颠覆性的创新产品正风行市场。目前，海尔的经济效益显著提升，新品开发周期缩短20%以上，交货周期缩短

---

① 刘洪民、杨艳东：《用户创新与产学研用协同创新激励机制》，《技术经济与管理研究》2017年第7期。

50%以上，全程运营成本下降20%。

用户创新的微观动机，至少有两种解释：一是部分需求未能得偿所愿；二是需求信息"刚性"和知识的意会性。莱特（Lett，2006）等基于医疗器械行业的案例分析，从动机因素、能力因素和环境因素三个方面来概括用户创新的原因和条件。董艳等（2009）实证调查结果表明，创新意愿、创新能力、代理成本、制造商支持、项目复杂度和信息黏性是用户创新的六个条件。王炳富等（2016）基于协同创新视角，认为创新知识具有的特性因素、用户本身、协同主体之间的互动因素、协同创新界面管理效率等是影响用户创新转化为产品过程中的四种关键因素。虚拟社区的繁荣发展为用户创新带来交流互动的新契机。作为一个没有企业边界、超越空间约束的共担风险、共享创新利益的虚拟动态联盟，联盟的成员具有互补的资源和核心能力。网络虚拟社区中有数量庞大的潜在用户，也有创新能力强和创新热情高的消费者，因此，基于虚拟社区的用户创新是企业创新网络中的新模式，是企业进行创新管理面临的新问题。虚拟社区的繁荣发展为用户创新带来交流互动的新契机，企业和虚拟社区的合作及互动不断提供新的方法与手段，如用户工具箱、信息泵及虚拟方案试验等。在这些合作互动和创新营销手段中，用户创新理念也在不断提升发展，用户和企业的互动程度日益深入，从最弱的形式通过用户调查为企业反馈信息，能够更多地与领先用户交互和最深入的用户工具箱的介入。领先用户在线参与新产品开发主要受独特性产品的需求、认知、利益和产品生产控制四类动机的影响。虚拟社区中的领先用户具有强烈的潜在需求，对产品有深入理解，对产品未来有很好的建议，很多时候，技术研究深入，有更多的活动。他们会向企业定制产品，甚至带领社区用户进行团购。他们对产品的改进建议甚至直接推动产品的更新。希普尔认为，用户创新工具箱为企业提供了一条价值创造的新途径，用户创新值得重视，基于用户创新工具箱的产品开发新方法比传统的产品开发方法更有效。未来随着创新的分布式和开放性的进一步增强，面对一个全新的环境，企业创新管理将面临新挑战，无边界、扁平化、社区化的协同创新网络结构将成为新趋势。

虚拟社区为产学研用多元创新主体的生态化创新提供适宜的共生共荣的环境，特别是对创新主体和最终的消费用户而言更是如此。通过虚拟社区，企业有意识地寻找领先用户，识别有价值的产品改进和创新并加以利用。基于虚拟社区的开放创新平台正日益成为协同创新的主要形式。如美创平台主体分为众创、需求与解决方案、孵化器三大板块，通过发掘潜在需求，解决用户痛点，有效激励用户创新，并整合产学研用等外部的多种资源，实现多维度的技术共享和合作，形成良性的开放性生态化创新网络。主要涉及两类情况：一类是盟主技术垄断，要研究盟主如何制定合理的投资收入分担比例，使所有成员都能从合作研发中获利，从而激励其参加协同创新。另一类是各个成员知识优势相当，由于每个成员都没有绝对的实力独立开展创新研发，联盟可选择联合研发或并行研发，利益分配方式可选择平均分配和按投入比例分配，制定不同合作方式下两种利益分配形式对成员投资的不同激励。同时，在协同过程中，对基本机制体系可进行修改和完善，以维持系统的稳定性。

第一，风险防范机制。协同创新网络的市场化运行具有典型的"竞合"特征，此阶段的激励职能主要是防范"搭便车"和知识泄露风险。一是构建协同创新网络各个成员之间知识互补双向流动模式，确定知识共享激励模型中盟主知识共享行为的影响因素并有效规制；二是在考虑风险控制成本和收益条件以及风险辨识的基础上，运用知识泄露风险的测量方法，设计知识泄露风险控制方案的选择机制。

第二，绩效评估机制。这是决定协同创新能否持续发展的关键。在目标结束后，协同创新组织应进行绩效评估，根据评估结论考虑未来发展方向：一是维持原有的创新协同组织，进行新一轮创新；二是在原有协同创新组织的基础上，淘汰不佳的合作方，吸纳新成员进入，开展新一轮创新；三是原有协同创新组织解散，不再进行合作等。根据协同创新的特点，绩效评估要坚持需求导向、促进创新、注重实效的原则。此阶段评估主要涉及两个方面的内容：一是应基于知识存量优势和知识流量优势两个维度建立评价指标体系，形成协同创新网络知识优势评价模型。二是确定协同创新网络各个成员的实际贡献，为创新成果收益分配提供依据。应着重从伙伴重要程度、资源投入、努力程度和任务完成水平等层面构建各个主体贡献的评价指标。

## 二 需求和用户的创新驱动作用

基于盟主的界面规则，以大企业或平台为核心，供应商、顾客、竞争性企业等节点企业通过上下游串联、平行互动等方式展开多种形式的竞争与合作。在这种创新网络组织中，供应商通常掌握关键产品和关键技术；顾客从传统的"消费者"变成参与设计、生产、使用过程的"产消者"，成为可利用的外部创新资源；通过与竞争企业的联合研发、优势互补，可大大降低创新风险，提高创新绩效。

在生产严重过剩的今天,有必要推荐施莫克勒(1966)《发明与经济增长》一书。他在该书中提出,发明作为经济活动,基本上遵循剩余价值规律,受供求规律引导和制约。在他的分析模型中,研发是为了响应需求和满足需求,需求最终决定创新的层次和方向,它反过来决定和扩大需求,这就形成用户与创新主体的相互依存和作用关系。在一定意义上说,在决定创新收益最大化的各个因素中,需求最为重要。本质上说,市场驱动模型强调主体从发现、挖掘和响应消费需求,到生产出适销对路的新品,再到产品和服务不断改进,引起市场稳定和扩大的过程。厄特巴克(Utterback,1974)提出,需求提供创新思路和机会,需求创新占创新的60%—80%。只有生产适销产品,满足需求,才能从中获得利润,进而萌发持续创新的冲动,抓住市场机会,以期得到更多利润。当新的用户需求出现或需求发生变化时,不利的环境因素可迫使企业通过创新加以改变,也是创新的绝好时机。

创新不是一蹴而就,而是一个漫长的艰苦过程,需要创新成果的消费者即用户不断尝试,这样,"用户"便成为创新活动的重要信息源泉。在本质上,"用户"与"用中学"类似,依赖实践来积累他们的经验,不断发现问题,寻找新的答案,这就是创新的学习过程,其结果会形成学习曲线。两者的区别是:"干中学"主要概括创新经验的积累过程;而"用户"是指通过熟悉环境、性能和操作,建立习惯、在使用中创新成果,再挖掘创新的功能,成为重要的创新主体。"用中学"过程有两个基本特性:一是体验性,理性、善于发现和总结的用户总会容易获得此类知识;二是知识形成的渐进性。

在协同创新和营销理论中,应利用用户这个创新资源,把用户看成是"自家人"。当然,这个"自家人"身份特殊。他们并非有义务参与创新活动。本质上说,用户利益与创新主体的目标并非完全一致。但是,用户对产品功能、服务等不满意能够产生现实需求;而用户的潜在需求是用户内心的渴望渴求,但只有在生产者将这一需求创新并产品化后,用户才恍然大悟。比较而言,现实需求是大量的,因为人们在使用科技产品中才会发现问题、缺陷和不便,通过一定的方式和渠道表达这种不满,因而会诱导出创新完善的产品和服务。因此,当用户提出诸多不满时,就已是创新主体的"内部人"。这成为创新的条件之一。

创新激励越强,用户提供的产品信息甚至创新信息就越源源不断地流出;越希望创新,就越积极接受用户的信息,主动积极地实现供求双方的结合。用户需求的主要特性是:大众化和需求满足而获益。满足用户需求,是一个巨大的不断增长的市场。用户个人体验的特性是隐含性与私密性。用户体验而获得信息,但没有公开这一信息的义务和动力,若公开则需要成本。因为缺少将有关产品知识结构化的专业能力,用户可示范,却无法言传。因此,用户的动机和知识创新能力是稀缺的。用户知识的积累,需要时间成本,也需要失败性的试错成本,包括产品损害、环境损害和个人伤害。对于用户,预期的新用途带来的效用大于失败的成本,才会产生试错行为。当然,试错行为会因人而异,因试错成本由个人承担,可能产生知识的私密性,由此生成用户"用中学"知识的稀缺与分散。当"用中学"知识用于产品进一步创新而获得利润时,这种知识的供给者应得到必要的补偿。提供的知识越是短缺而效用越大,补偿额度就越高;"用中学"知识的分散,需要支付搜寻成本,若建立"用中学"知识收集机制,则可节约这种成本,但需要向用户提供补偿。有两种"用中学"知识产业化渠道:一是企业拓展产品功能,以满足需求;二是改进产品,成为既有企业的竞争对手。然而,"用中学"得到的知识是相对确定的,使用这种知识,是利用社会的创新资源。这会给"用中学"的知识持有者带来激励,使知识互补互动地流入新的转化渠道。对企业来说,"用中学"作为来自外部、近乎免费的又最接近需求的知识资源,其产业化能够成为竞争优势,成为创新发展的重要条件。

### 三 用户参与协同创新

在用户参与创新的过程中,存在三个基本的相关利益群体,即用户、推广和研发机构。用户参与创新的一个重要目标是要加强用户、研发人员和推广人员之间的联系,使有关领域的知识互补互动,即将用户、研发人员和推广人员的知识相结合,即正规和非正规研发系统协同,建立协同创新网络,通过协同研发促进创新效率提高。分析这三者行为的差异及其协同路径,同研发人员一样,用户也是试验工作者。基于用户自身的知识,可直接利用当地已有的资源;丰富和提炼用户的知识,试验结果易于扩散,技术标准符合当地的价值观;可从内部和研发过程中观察到很多成就和问题,有利于创新成果的完善。

瑞士 Atizo 公司建立"创新主体社区网络",注册者包括大公司和企业、科研机构和相关科学家、专业人员,1/3 的成员是与学术圈子"不搭边"的人员,但仍然带来知识分享和流动。这可能使在某一个行业众所周知的技术诀窍转化为另一个行业的突破性创新。创新网络有效连接创意提供者和需求者,促使企业、用户和消费者甚至行业外的研发人员,开展联合创新。这个"创新主体社区网络"构筑的创意平台改变了创新网络的传统运行模式。在开放式创新环境中，各国生产者均可通过创意平台与全球各地的用户直接对话，收集整理各地的消费者需求信息，采集或分类整理到的奇思妙想，通过专家判断，形成可行的创意知识，最后采纳其中一个作为概念设计，进行深度开发，再由网络内的跨国公司和出口商一起选择技术，交由有关企业开展后续创新。这一平台的基本流程是：注册企业先提出具体需求并创立问题，成员在线讨论，提交解决方法方案，平台采集和分类所有创意；专家讨论评估、筛选出少量可供选择的方案；最后由企业采纳并付奖金等报酬。由于网络的开放性，不同学科背景的会员均可在这一平台上方便地开展跨领域的开放性创新。2010 年，欧洲有 25000 个用户，该平台产生 13000 多个创意①。目前，欧洲有不少企业、研发机构正在利用这个平台收集创意。随着更多公司获得创意平台的软件授权，该模式正在扩散之中，吸引成千上万的创新主体在线交流，分享设计、创意和产品研发。而传统模式是：用户提出创意，生产者生产，跨国公司供货，再到达用户手里。

首先，用户参与科技创新工作，能够保证创新的技术更适合于当地的生产条件，与用户需求更为吻合一致。用户参与创新的好处之一是：在研发的初期就确定技术评估标准，并根据这一反映技术需求与偏好的评估标准去创新。这样，新产品更容易符合需求，更容易被用户接受。

其次，用户参与创新，可增强用户在技术实施和推广阶段的适应性与改善技术的能力。技术复杂性，要求用户不断地根据其自然条件和经济条件改善技术。由此，用户是否具备技术适应性和调整能力比是否采用某项技术更为重要。参与创新有助于提高用户分析、试验和解决问题的能力。若技术推广人员缺乏，在很多情况下，技术推广扩散只能靠用户之间传递。

为使用户有效地参与创新过程，需要建立健全用户参与的创新网络。即需要提供足够的物质利益补偿和精神满足，才能最大限度地调动用户参与创新的积极性，克服创新主体与用户的知识和学习不对称的倾向。

## 四 用户创新的实现路径

希普尔（1988）提出，用户参与科技的动力有两个方面：一是为满

---

① 黄伟、段小华：《欧洲国家创新网络化的两种模式及启示》，《中国科技论坛》2013 年第 3 期。

足自身需求；二是为得到创新激励。一旦这种激励收益大于其预期，用户就会供给知识，成为创意的重要源泉和组成部分。用户知识的效用，决定用户可作为协同创新网络的成员。当然，用户的知识，多为零散、非体系性的，需要对用户的知识进行梳理重组①。为避免用户怀疑而不愿意公开知识，还要将用户内部化，以拓宽协同创新网络的边界。

用户知识是外在资源，要打破传统的用户与企业和科研机构之间泾渭分明的关系，消除两者之间的边界。通过多种方式，将多层次用户纳入协同创新网络，或者将市场建立在企业内部，使用户对创新企业有归属感，甚至将自身购买行为看成是对企业的一种忠诚。内部化是对用户的一种长期激励，激励效果是长期而稳定的。内部化就转化为"用户"知识化的激励，使这些闲置的用户知识变成有用的，用户拥有成就感，收益也相应增加。企业可持续地接收用户知识逐步替代偶然地接收用户知识，这是一个对用户不断强化与激励的过程。其具体路径是：①入股。用户成为股东，作为主人，利用有关知识为创新主体出谋划策，对创新影响最大。②入职。重点用户作为兼职员工，包括被聘为技术顾问、质量监督员和质量顾问，可实现用户内部化。根据用户的意见，改善产品，提高质量，提高创新的水平和创新产品的市场占有率。③入会。成为会员，能够自觉地提供信息，用户的需要与改进意见将成为创意的组成部分。

---

① 张耀、彭红兰：《需求诱致下的农户参与创新的激励研究》，《中国工业经济》2010 年第 8 期。

# 第七章 研究结论及展望

创新是技术过程和经济过程的耦合过程，是经济发展的根本动力和源泉。协同创新网络是建设创新型国家、提升科技竞争力和综合国力的重要途径。在创新主体之间建立协同创新体系，为网络内的知识流动和合作创新提供平台，形成复杂网络系统。因此，运用复杂网络理论和方法分析创新体系的形成和发展的规律性，将成为研究的一个重要方向。通过创新网络和协同组织对创新资源进行有效组织，加强创新主体之间的资源协同，优化创新资源的配置。需要对创新网络形成与发展机理进行研究，把握创新过程的阶段性特点和发展规律，探索创新网络组织方式，对提高创新网络的创新效率，具有重大的现实意义。

## 第一节 研究结论与政策建议

创新理论的发展是科技进步的必要准备，创新理论已演化为创新学和新制度经济学，后者的基本主张就是技术创新与制度创新互动，创新投入、创新环境和创新产出三者互动，才能促进科技进步。

科技体制协同激励整个社会的创新活动，确定科技主体的权利范围和利益分配规则，激励和约束科技的当事人，形成创新的基本动力；同时，构建知识交流交换结构，促进创新资源的合理配置。

科技体制创新的总体思路是：自主创新与积极适应科技全球化的开放创新结合协同，政府调控、市场体制、经济发展方式、社会、科技和文化等诸因素不断优化，它们之间不断地进行物流、技术流和信息流的有序合理的循环畅通的互动互惠共享，有效分工与衔接合理，从根本上克服科技进步体系强调差异性所导致的"系统失效"，协同创新网络不断转型升级。具体来说，包括以下八大转变。

## 一 科技体制改革由单项向系统推进转变

基于结构、制度和机制三个维度，由直接管理向间接管理（如采用委员会等中间型治理）转变；与科研机构向现代科研制度变革相适应，政府由单纯的个体创新激励转向兼顾创新主体之间的互补互动激励，促进科技与经济转型互动、创新主体之间互动、创新供求互动；由结构调整与微观运行机制改革向促进创新要素网络内互动转变；科技政策与其他各项政策的关系由不顺畅向连贯系统转变；省部互动、府际互动，实现各个主体相互对接与适应，集约协同，从而确保创新政策的灵活性、针对性、综合性、系统性和连贯性，向各个创新主体分工合理、特色鲜明、优势互补互动互惠的结构转变；由解决"政府失灵""市场失灵"为核心扩展到兼顾"系统失灵"转变；科研机构的治理由传统的控制导向型向距离适度和关系型转变。这一系列多元转型升级形成创新的有效分工与合理衔接，实现科研体系精干化、差异化和高效化，促进协同创新网络形成。即形成以市场机制为基础、以委托—代理关系为基本体系、以契约制为基本治理机制、以循环型为互补互惠互动的机制、跨部门整合协同强化为特征的现代科技管理制度。

## 二 科技管理由"九龙治水"向"全国一盘棋"转变

（一）由"九龙治水"向以国务院总理为主任，学术界、政界、商界及其他相关领域的战略专家为委员的国家科技委员会统筹转变

目前，政府科技管理部门有科技部、国家发展和改革委员会、财政部、教育部、工业和信息化部、中国科学院、国防科工局、农业农村部、水利部等十余个部委。科技管理呈现"十龙治水"的格局，因而科技力量布局重复分散、各自为政，难以形成合力。尤其是"中兴芯片危机"以来的贸易战表明，当务之急，应建立顶层机构，强化顶层设计，站在创新型国家建设的高度，站在全局的高度进行总体布局谋划，突出国家战略目标，突破重点和关键领域的束缚，坚持综合平衡，加强国家科技计划与经济社会发展规划的衔接，完善科技布局，以区域协同创新网络、产业协同创新网络为基础，形成国家协同创新网络。顶层设计应对的是前瞻性、全局性问题，其内容是基本原则与思路等，统一管理和协调各个部门内部不同主体之间创新资源和创新行为，完善已有各个部门在科研投入、选题立项、重大决策方面的沟通协调协同体制机制，使分散的创新资源汇聚到国家创新与经济发展的大局上来。顶层设计的关键是抓核心科技和重大科

技。这对于作好协同创新网络这篇大文章是不可或缺的。建立国务院总理直接领导、中央政府主导的"多重网络"国家创新体系。其具体机构是国家科技委员会。多重网络是指由政府、科研机构、企业等创新主体构成的国家协同创新网络。其中，多种要素交叉影响、螺旋上升，政府是国家创新建设的主要组织者、指挥者和协调者，作用至关重要，而其他创新主体则通过中央政府制度安排及其政策子系统互动，推动创新、扩散和应用，促使整个国家创新建设更好更快发展。对于这一体系，经济合作与发展组织认为，由政府、企业、研发机构、教育机构和金融机构五个部分整合组成，或由目前学术界比较认可的政府系统、知识创新网络、知识集成系统、传播系统和应用系统组成。

协同创新网络体现"大科技、大经济和大协作"的全局观。应破除因体制、部门利益等而产生的条块分割局面，顶层设计先行，重点围绕国家科技发展规划的制定与实施。基础科技能力建设与科技资源分配，突出把握战略、结构、平衡的大局，坚持和贯彻落实统筹兼顾、流动与开放、竞争与协作相结合，坚持和优化政府调控与市场机制有机结合，科学规划与布局、远近结合等分层级指导，突出重点、抓住关键、集聚优势、投入增加、主业突出、机构稳定、队伍精干、管理有序、层次简化、分类指导、协作有力、稳步推进、运转高效的系列原则，科技资源与科技行为配置优化，确保增进国家整体利益和整体实力。在法律、制度和管理诸多层面克服与清除"国家利益部门化、整体利益局部化"的弊病，以适应和适应创新注重顶层设计的要求。建立适应社会主义市场经济体制要求的国家协同创新网络，协调和统领多样化、多元化科技大军，打造良好的科技公共平台，创新良好的科技环境。依据学科发展的要求与经济转型升级的需要，按短期、中期、长期目标，制定规划，推进跨所有制、跨部门、跨地区、多要素协调集成，实现多赢，适应大项目和公益性科技的要求；以项目和投入倾斜、税收减免、财政资助和贷款担保等手段，诱导资源向企业流动，向优势学科和"瓶颈"项目倾斜，精心打造发挥国家某个环节的优势和整体优势，抢占科技制高点。加强企业、科研机构、政府与其他创新主体之间的互动，加速建设创新型国家。

在市场经济条件下，科技资源配置途径由行政权力转变为市场配置和网络配置。转变政府职能，制定和实施科技法规，政府创造有利于科技发展的公平、公正的市场环境；逐步建立政府指导科技市场、市场引导企业和科研院所的科技体制，科技资源由直接配置向间接配置转变，对国有科研机构管理应从微观管理转向宏观管理，从直接管理转向间接管理，从事无巨细的分配性、指令性行政转向服务性、指导性管理，促使科技管理由以行政手段为主向以经济和法律手段为主转变。

与全国一盘棋的统筹管理相配套，创新政策应由僵化的单项创新向弹性、协同的政策体系构建转变，制度因子从壁垒林立转向制度因子整合与创新，促进协同创新网络发展。

（二）强化政府部门在协同创新网络中的作用

国家科技委员会制定科技规划，前瞻性规定协同创新的发展阶段和任务，促使国家经济发展目标和科技发展目标协同，理顺各个部门在协同创新管理中的职责分工和权力分配，促进协同创新网络健康发展。

解决政府与市场关系，当务之急是大幅度削减行政审批权，即政府向市场、创新主体和非营利组织放权，以增强市场和社会活力，最大限度和更广范围发挥市场在资源配置中的决定性作用；解决政府与创新关系的问题，要向社会放权，在激发非营利组织等创新主体活力的基础上创新科研管理。

党的十九大报告提出了"构建决策科学、执行坚决、监督有力的权力运行机制"的要求，建立行政的分权体制，以确保国家机关按法定权限和程序行使权力，权力运行以公开透明为原则，实现政府限权。实现权力运行的公开化、规范化、法定化，有效约束政府自身利益。以科技计划项目引导创新主体服务于社会利益，深化大部门制改革，建立以大部制为重点的决策系统。

充分发挥市场在创新资源配置中的决定性作用，以"共赢"为目标，以需求为导向，构建利益连接机制，实现创新发展的可持续性。借鉴发达国家的做法和经验，运用市场机制，强化政府导向，促进官产学研中金紧密结合，积极培育多元化科技主体，激励更多的企业成为创新主体。

继续推进更加广泛和深入的协同创新。一方面，企业应广泛开展创新合作，充分利用合作关系，更快地获取更多的新技术和知识，提高企业的技术水平和竞争能力。另一方面，应进一步完善合作支持体系，促进更多有科研实力和技术优势的大学参与协同创新。

完善国家科技服务体系，构建良好的科技财政金融体系，健全中介服务机构，优化基础设施建设，培育优良的创新环境，有效防范和化解协同创新网络发展过程中的风险，完善协同创新网络。

健全知识产权保护制度，科学合理预防和恰当高效地解决协同创新过程中的知识产权纠纷问题。形成保障创新主体地位的体制体系，要从以下三个方面着手：一是强化合同管理，普及合同知识，促进合同履行。贯彻风险共担、利益共享原则，合同条款要尽可能包括一切可能出现的情况，并约定违约惩罚与纠纷破解的政策；二是完善知识产权归属的立法；三是创造保护创新主体利益的环境和制度。

政府营造的创新环境，从片面强调硬环境转向软硬环境构建兼备，即由偏重基础设施的建设转向兼顾培育分工协作机制、网络互动和资源共享机制。硬件建设从片面强调"铁公基"等转向与信息网络同步，两者协同发展。从加大信息网络的财政支持力度转向兼顾发挥财政投入的种子和杠杆作用，建立健全社会资金投入科技的体制机制。

### 三 政府由万能的创新主体向有限的支持者转变

科技体制的供给者、投资者、创新环境营造者、决策者和监管者即政府向以"政府导向、弥补市场失灵、市场配置为主"的有限的支持者转变。

创造公平、竞争的科技市场。政府根据国情选择重点或优先发展目标，在基础研究和公益研究领域继续坚持"举国体制"，促进省部（院、校）合作、积极组织集体攻关和协作协同攻关，解决重大基础项目和"瓶颈"项目问题。政府由以提供科技基础设施等有形公共产品为主转向兼顾完善制度、规则和政策等无形公共产品供给。完善科技的评价评估体系，降低科技和经济的风险与不确定性；充分吸纳、及时利用和整合一切创新资源及政策资源，形成技术、知识、中介服务的大联合、大协同和大集成，建立风险共担、利益共享、共同发展的协同创新网络，在重要产业逐步取得领先优势，加快建立充满活力的创新型国家。

### 四 科技主体由国有单位孤军奋斗向全创新协同创新转变

创新主体由以国有机构为主向所有可能的创新贡献者转变，尤其是促使更多的企业成为创新主体。创新主体从片面强调大企业集团向"大、中、小企业共生共享"、协调发展的企业结构转变。

通过"并、转、建、撤"、改造、改建的改革和管理，公益性科研机构并入大学等方式，由分散转向整合成特色明显、分工合理、优势互补互动的创新主体结构。公益性院所向非营利性、自治性的科技组织转变。应用性科研机构企业化；建立现代科研制度，完善科研机构的治理结构。由支持公立科研机构为主逐渐扩展到公私科研机构支持并举，事后奖励与事前支持并举，重大项目支持与努力拓宽"小项目"的生存发展空间并举，多形式多层次培育研发主体。充分发挥科学基金制的作用，打破所有制、部门、行业及地域的限制，完善竞争机制等市场机制，促使各个机构机会平等地参与和承担国家重大项目与任务，使领军人才脱颖而出和重大课题成果丰硕；突出资助与优惠风险较大，超前、深层次又有战略意义的创新；重点支持官产学研中金资紧密型的创新联盟；大力促进市场难以达成的创新协同；全力加强面向企业特别是企业的研发服务网络平台建设，将创新型小企业纳入公益性研发组织；大力培育和规范各种中介机构，提供优质、价廉、便捷的服务；完善政策和规划，明确以当前能够解决的突出问题为主攻方向和突破口，以重大科技专项为依托，积极构建支持重点创新的税收优惠、财政补贴、贷款倾斜的体系，促进创新网络与经济转型互动、共生共长。通力整合科研机构力量，建立国家级、省级科研基地和中心，建设跨部门、跨所有制、跨区域的团队，建成各个层面的公共技术服务平台，解决由于信息不畅所导致的需求缺口与供给过剩问题；大力促进高效、多元化、多层次、制度化平台与创新要素、创新行为协调互动；帮助民营企业获得市场机会和投资；着力培育公共组织、民营组织、志愿者组织等非营利科研机构。

## 五 科技投入由偏重国有单位向全方位支持创新主体转变

财政创新经费和创新贷款由偏重公立科研机构和国有企业的"公有制偏好"和计划经济思维，向所有为创新发展做出贡献的科研机构、企业等共享的市场经济平等观转变。

立法不仅可确保财政创新经费稳定增长，有效投入的渠道拓宽，而且可促进科技投入与配置主体进一步由政府向企业及社会转变。完善风险投资体制机制，实现风险资本来源多样化，应对"市场失灵"。以股权式投资为主，进一步明晰和保护产权，健全证券市场、期货市场、保险市场等资本市场。企业维权与知识产权法制互补互动，企业建立侵权信息清查体系等，政府健全行政查处、司法诉讼等体制机制。积极促进创新财政与创新金融互动，充分发挥政府投入的种子作用和杠杆作用，扩大兼顾社会效益和经济效益的与时俱进的政府采购，试点创新成果预期购买，以奖代拨；设立扶持创新型企业发展的专项资金，创新政策投资与商业投资互补互动；税制优化与减税互补互动；有偿借贷与无偿拨款互补互动，买方贷款与卖方贷款互补互动，拨款与创新补贴、信用担保、投资贴息、定向购买、股权投资、拨改贷、拨改奖（励）、经费回收、效益提成等财政手段与金融手段互补互动互惠；积极探索和拓宽多种担保形式，大力实施知识产权质押与税款返还担保，商业担保与政府担保互补互动，增加创新贷款；努力完善政府创新基金、创业资金、企业创新基金和孵化资金"四位一体"的创新融资体系；大力健全创新服务体系，提高全社会力量参与科技的积极性，形成以政府投入强度提高为引导、企业投入为主体、金融贷款为支撑、社会资金为补充的多元化、高效的社会创新投入体制。

奖励由以政府为主向社会、政府和企业互补互动转变，应用性研究由论文奖励向按成果的经济效益和社会效益、创新程度及完成质量的激励转变，调动研发人员的积极性，促进科技与经济的紧密对接。

进一步健全税收优惠，促进公益性科技捐款过程和使用透明化，鼓励科技捐款，破解"政府失灵"难题。

### 六 科技管理模式由重物轻人向以人为本转变

依托重点科研机构、重点学科和重点基地、重要人才、重大创新项目和重大工程，建设领军人才孵化器。特事特办，人才投入和引才魄力要大；完善人才培育与引进、选拔、评价和奖励的政策体系，弘扬事业造就、环境凝聚和团队等创新精神，稳定、吸引和激励科技人才，壮大第一资源，发挥人才的创新主力军和先锋队作用。

### 七 科技动力由偏重供给激励向供给与需求激励并重转变

加大法律保障和政策扶持力度，完善对创新产品认证和政府首购订购制度，减免创新产品供求双方的税负，健全新产品消费补贴政策，增加创新产品的买方贴息贷款，完善政策性保险和科技社会化服务体系，防范乃至弱化采用新技术的风险，增加使用新产品和新技术的收益，开拓和发展大国科技市场。

### 八 科技主管官员的考核由无责任制向问责制转变

建立健全创新经费分配人和使用人益损与共的连带关系。促进评估立项由政府包揽向非政府组织和市场承担转变，由"小范围"向"大社会"和"大市场"转变，咨询、决策、实施、监督相互独立与制约，建立与国际接轨的评估评价激励体系，建立健全第三方创新监督机制，建立健全以"产出"影响为导向的高效创新激励体系和运行机制。

此外，科技文化还要由中庸之道、"唯上"思维向倡导科学民主、求真务实、诚实守信、敢为人先、团队精神、宽容失败转变。伟大的创新精神必将结成丰硕灿烂的创新之果。

上述每一个转变，都是协同创新网络的任一子系统生成演变过程；各个子系统的相互依存与促进，将逐步并最终实现中国科技发展方式的根本转变，促进创新型国家早日实现。

中国特色社会主义市场经济体制以及与其相适应的科技体制正在逐步建立。这会逐步确保科技与经济之间信息交流通畅便捷，逐步创造有利于协同创新网络发展的公平竞争环境，逐步加大协同创新的激励，促使创新主体外有竞争压力、内有利益动力，加快创新步伐。同时，发挥举国体制集中力量办大事的优势，促进基础研究和共性研究的重大突破，弥补市场经济注重局部利益和短期利益的缺失。

## 第二节 研究不足与展望

本书研究力求实现从创新理论与创新实践非均衡的状态转向相互适应。在操作层面，提出了一个国有企业高管协同激励的分析框架。同时，侧重协同创新政策体系的构建、科技第三部门再造和科技投入均衡的协同创新网络可操作性框架。

协同创新网络是一个系统复杂的网络，涉及政府、市场、企业、科研机构等诸多方面要素的互补互动互惠。本书选取协同创新网络的内涵、特性和效应作为研究的突破口，以协同论、系统论和网络分析为研究方法，试图将政府作用、市场作用和网络作用加以整合，从一般意义上研究协同创新网络。这虽已对其做出一些有益的探索工作，但由于研究对象复杂，时间和篇幅所限，对不同约束条件下协同创新网络对创新的推动力影响的实证研究不够。还需要进一步对不同产业、不同区域的协同创新网络展开研究，以更全面地反映其创新现状和创新发展的要求，进一步深入揭示创新发展的规律。此外，协同创新网络与国家协同创新网络的关系有待于进一步分析。

# 参考文献

## 一 中文部分

[1] [美] 埃德·瑞斯比:《发展战略联盟》,贺痴、雷小兵译,机械工业出版社 2003 年版。

[2] [美] 迈克尔·波特:《国家竞争优势》,李明轩、邱如美译,华夏出版社 2002 年版。

[3] 陈文福:《西方现代区位理论述评》,《云南社会科学》2004 年第 2 期。

[4] 陈要立:《基于创新网络视角的产业集群技术学习研究》,《科技进步与对策》2009 年第 19 期。

[5] 陈学光:《网络能力、创新网络及创新绩效关系研究》,博士学位论文,浙江大学,2007 年。

[6] 王大洲:《企业创新网络的进化与治理：一个文献综述》,《科研管理》2001 年第 5 期。

[7] 周志太:《国家农业自主创新系统论》,吉林人民出版社 2013 年版。

[8] 贾卫峰、党兴华:《技术创新网络核心企业知识流耦合控制研究》,《科研管理》2010 年第 1 期。

[9] 党兴华、郑登攀:《对〈创新网络 17 年研究文献述评〉的进一步述评——技术创新网络的定义、形成与分类》,《研究与发展管理》2011 年第 3 期。

[10] 沈必扬、池仁勇:《企业创新网络：企业技术创新研究的一个新范式》,《科研管理》2005 年第 3 期。

[11] 范太胜:《基于产业集群创新网络的协同创新机制研究》,《中国科技论坛》2008 年第 7 期。

[12] 关志民、杜丽敏:《企业选择学研合作伙伴的多目标数学规划方法》,《中国软科学》2007 年第 6 期。

[13] 王国红、周建林、梁晓燕：《基于 SD 的区域协同创新网络结构风险研究》，《科技进步与对策》2015 年第 8 期。

[14] 陈金丹、黄晓：《集群协同创新网络研究回顾与未来展望——群内协同与群际协同视角》，《科技进步与对策》2015 年第 7 期。

[15] 何郁冰、张迎春：《网络类型与产学研协同创新模式的耦合研究》，《科学学与科学技术管理》2015 年第 2 期。

[16] 付丙海、韩雨卿、谢富纪：《产业知识基础、协同创新网络与企业技术能力》，《科学管理研究》2014 年第 6 期。

[17] 潘郁、陆书星、潘芳：《大数据环境下产学研协同创新网络生态系统架构》，《科技进步与对策》2014 年第 8 期。

[18] 赵波、徐昳、张志华：《协同创新网络对物联网企业资源获取和创新绩效影响研究》，《科技进步与对策》2014 年第 8 期。

[19] 李峰、肖广岭：《基于 ANT 视角的产业技术创新战略联盟机制研究——以闪联联盟为例》，《科学学研究》2014 年第 6 期。

[20] 董超、李正风：《协同创新的运营模式分析》，《中国科技论坛》2014 年第 9 期。

[21] 周嘉南、陈效东：《高管股权激励动机差异对公司绩效的影响研究》，《财经理论与实践》2014 年第 2 期。

[22] 郭劲光、高静美：《网络、资源与竞争优势：一个企业社会学视角下的观点》，《中国工业经济》2003 年第 3 期。

[23] 郭斌等：《知识经济下产学合作的模式、机制与绩效评价》，科学出版社 2007 年版。

[24] 黄泰岩、牛飞亮：《西方企业网络理论述评》，《经济学动态》1999 年第 4 期。

[25] 黄中伟：《产业集群的网络创新机制和绩效》，《经济地理》2007 年第 1 期。

[26] ［美］H. 哈肯：《高等协同学》，郭治安译，科学出版社 1989 年版。

[27] 洪军：《基于创新网络系统的高校创新发展模式探讨》，《科学学与科学技术管理》2004 年第 4 期。

[28] 郝生宾、于渤：《企业网络能力对自主创新影响的实证研究》，《科学学与科学技术管理》2009 年第 4 期。

[29] 胡志勇、贺石中、孙耀吾：《技术创新网络利益相关者与合作剩余分享研究》，《湖南大学学报》（社会科学版）2010 年第 6 期。

[30] 蒋军锋、党兴华、薛伟贤：《技术创新网络结构演变模型：基于网

络嵌入性视角的分析》，《系统工程》2007年第2期。

［31］纪慰华：《论上海汽车产业集群的现状及发展》，《世界地理研究》2004年第1期。

［32］简传红、任玉珑、罗艳蓓：《组织文化、知识管理战略与创新方式选择的关系研究》，《管理世界》2010年第2期。

［33］蒋军锋、张玉韬、王修来：《知识演变视角下技术创新网络研究进展与未来方向》，《科研管理》2010年第3期。

［34］李新春：《转型时期的混合式契约制度与多重交易成本》，《学术研究》2000年第4期。

［35］傅家骥：《技术创新学》，清华大学出版社1998年版。

［36］刘兰剑、司春林：《创新网络研究文献述评》，《研究与发展管理》2009年第4期。

［37］刘昌、梅强：《基于企业网络的中小企业组织间隐性知识转移研究》，《中国科技论坛》2008年第4期。

［38］刘友金、刘莉君：《基于混沌理论的集群式创新网络演化过程研究》，《科学学研究》2008年第2期。

［39］刘友金：《论集群式创新的组织模式》，《中国软科学》2002年第2期。

［40］刘恒江、陈继祥：《要素、动力机制与竞争优势：产业集群的发展逻辑》，《中国软科学》2005年第2期。

［41］徐金发、许强、王勇：《企业的网络能力剖析》，《外国经济与管理》2001年第11期。

［42］李维安：《网络组织发展新趋势》，经济科学出版社2003年版。

［43］李贞、张体勤：《企业知识网络能力的理论架构和提升路径》，《中国工业经济》2010年第10期。

［44］李二玲、李小建：《农区产业集群、网络与中部崛起》，《人文地理》2006年第1期。

［45］李靖、高崴：《第三部门参与：科技体制创新的多元化模式》，《科学学研究》2011年第5期。

［46］刘文菁、王明舜：《企业合作创新网络的对象选择与运行机制》，《济南大学学报》2004年第14期第4版。

［47］刘元芳、陈衍泰、余建星：《中国企业技术联盟中创新网络与创新绩效的关系分析——来自江浙沪闽企业的实证研究》，《科学学与科学技术管理》2006年第8期。

[48] 李玲、党兴华、贾卫峰：《网络嵌入性对知识有效获取的影响研究》，《科学学与科学技术管理》2008年第12期。

[49] 林润辉、李维安：《网络组织——更具环境适应能力的新型组织模式》，《南开管理评论》2000年第3期。

[50] 林竞君：《嵌入性、创新网络与产业集群——一个新经济社会学的视角》，《经济经纬》2004年第5期。

[51] 罗仲伟：《网络组织的特征及其经济学分析》，《外国经济与管理》2000年第6期。

[52] [美] 罗斯·道森：《网络中生存》，清华大学出版社2003年版。

[53] [美] 德鲁克：《大变革时代的管理》，上海译文出版社1999年版。

[54] 梅永红：《中国科技发展的几个战略命题》，《新华文摘》2010年第17期。

[55] 慕继丰、冯宗宪、陈方丽：《企业网络的运行机理与企业的网络管理能力》，《外国经济与管理》2001年第10期。

[56] 苗长虹、艾少伟：《"学习场"结构与空间中的创新》，《经济地理》2009年第7期。

[57] 马刚：《基于战略网络视角的产业区企业竞争优势实证研究》，博士学位论文，浙江大学，2005年。

[58] [美] 马歇尔：《经济学原理》，商务印书馆1996年版。

[59] 周宏、刘玉红、张巍：《激励强度、公司治理与经营绩效——基于中国上市公司的检验》，《管理世界》2010年第4期。

[60] 任胜钢：《企业网络能力结构的测评及其对企业创新绩效的影响机制研究》，《南开管理评论》2010年第1期。

[61] 孙国强：《网络组织的治理机制》，《经济管理》2003年第4期。

[62] 苏芳：《创新网络中的组织学习机理研究及政策分析》，《科技进步与对策》2010年第11期。

[63] 沈运红、王恒山：《国内外网络组织研究及其新进展》，《科技进步与对策》2007年第3期。

[64] 时云辉：《核心企业网络演变与区域发展研究》，博士学位论文，河南大学，2009年。

[65] 王子龙、谭清美：《区域创新体系（RIs）的网络结构》，《科技进步与对策》2003年第1期。

[66] 田钢、张永安：《集群创新网络演化的动力和合作机制研究》，《软科学》2008年第8期。

[67] 田钢、张永安：《集群创新网络演化的动力模型及其仿真研究集群创新网络的概念界定》，《科研管理》2010 年第 1 期。

[68] 韦伯：《工业区位论》，商务印书馆 1997 年版。

[69] 魏江：《产业集群创新系统与技术学习》，科学出版社 2003 年版。

[70] 魏江等：《基于竞合理论的集群企业技术能力整合机理研究》，《科学学与科学技术管理》2008 年第 6 期。

[71] 许庆瑞：《全面创新管理——理论与实践》，科学出版社 2007 年版。

[72] 邢小强、仝允桓：《网络能力：概念、结构与影响因素分析》，《科学学研究》2006 年第 S2 期。

[73] 项后军：《产业集群中竞—合关系的演化与核心企业创新》，《科学学与科学技术管理》2011 年第 2 期。

[74] 徐维祥、楼杏丹、余建形：《高新技术产业集群资源整合提升区域创新系统竞争能力的对策研究》，《中国软科学》2005 年第 4 期。

[75] 王贤梅、胡汉辉：《基于创新网络的产业集群创新能力分析》，《科学学与科学技术管理》2009 年第 12 期。

[76] 周嘉南、陈效东：《高管股权激励动机差异对公司绩效的影响研究》，《财经理论与实践》2014 年第 2 期。

[77] 王栋：《我国农业产业集聚区形成机理研究》，中国传媒大学出版社 2009 年版。

[78] 王缉慈等：《创新的空间——集群与区域发展》，北京大学出版社 2001 年版。

[79] 王龙伟等：《信息交流、组织能力与产品创新的关系研究》，《研究与发展管理》2006 年第 4 期。

[80] 王缉慈、童昕：《简论我国地方集群的研究意义》，《经济地理》2001 年第 5 期。

[81] 王缉慈：《关于发展创新型产业集群的政策建议》，《经济地理》2004 年第 4 期。

[82] 王缉慈：《知识创新和区域创新环境》，《经济地理》1999 年第 1 期。

[83] 王道平、李林、秦国文：《论区域创新网络与中小企业技术创新》，《求索》2003 年第 1 期。

[84] 吴结兵、徐梦周：《网络密度与集群竞争优势：集聚经济与集体学习的中介作用》，《管理世界》2008 年第 8 期。

[85] 吴永忠、关士续：《技术创新系统建构观：背景及其涵义》，《自然

辩证法通讯》2002 年第 5 期。

[86] 吴晓波、韦影：《制药企业技术创新战略网络中的关系性嵌入》，《科学学研究》2005 年第 4 期。

[87] 吴永忠：《企业创新网络的形成及其演化》，《自然辩证法研究》2005 年第 9 期。

[88] 周嘉南、陈效东：《高管股权激励动机差异对公司绩效的影响研究》，《财经理论与实践》2014 年第 2 期。

[89] 文嫃：《嵌入全球价值链的中国地方产业网络升级机制的理论与实践研究》，博士学位论文，华东师范大学，2005 年。

[90] 姜涛、王怀明：《高管激励对高新技术企业 R&D 投入的影响——基于实际控制人类型视角》，《研究与发展管理》2012 年第 4 期。

[91] 吴成颂、唐伟正、钱春丽：《制度背景、在职消费与企业绩效——来自证券市场的经验证据》，《财经理论与实践》2015 年第 5 期。

[92] 吴卫华、万迪昉、吴祖光：《CEO 权力、董事会治理与公司冒险倾向》，《当代经济科学》2014 年第 1 期。

[93] 杨小凯：《专业化与经济组织——一种新兴古典微观经济学框架》，经济科学出版社 2006 年版。

[94] 杨成、王玲：《技术创新溢出的乘数效应与加速效应研究》，《科学学研究》2005 年第 6 期。

[95] 钟书华：《论科技举国体制》，《科学学研究》2009 年第 12 期。

[96] 张义芳、翟立新：《创新型政府目标下政府科技研发组织体系的变革与发展》，《中国软科学》2011 年第 4 期。

[97] 陶爱萍、沙文兵：《技术标准、锁定效应与技术创新》，《科技管理研究》2009 年第 5 期。

[98] 张毅、张子刚：《企业网络与组织间学习的关系链模型》，《科研管理》2005 年第 2 期。

[99] 张永安、付韬：《焦点企业核型结构产业集群创新网络演进模型、问题及对策研究》，《软科学》2010 年第 2 期。

[100] 张利斌、张鹏程、王豪：《关系嵌入、结构嵌入与知识整合效能：人—环境匹配视角的分析框架》，《科学学与科学技术管理》2012 年第 5 期。

[101] 张忠德：《高新 STP 创新系统运行机制研究》，《科技管理研究》2009 年第 6 期。

[102] 张伟峰、万威武：《企业创新网络的构建动因与模式研究》，《研究

与发展管理》2004 年第 3 期。

[103] 吴贵生、李纪珍、孙议政：《技术创新网络和技术外包》，《科研管理》2000 年第 4 期。

[104] 赵爽、肖洪钧：《基于网络能力的企业绩效提升路径研究》，《科技进步与对策》2010 年第 6 期。

[105] 曾纪幸：《多国籍企业在台子公司网络组织型态及其母公司管理机制选择之关系》，博士学位论文，台湾政治大学，1996 年。

[106] 朱秀梅等：《网络能力、资源获取与新企业绩效关系实证研究》，《管理科学学报》2010 年第 4 期。

[107] 崔琳琳、柴跃廷：《企业群体协同机制的形式化建模及存在性研究》，《清华大学学报》（自然科学版）2008 年第 4 期。

[108] 陈晓红：《基于"四主体动态模型"的中小企业协同创新体系研究》，《科学学与科学技术管理》2006 年第 8 期。

[109] 陈劲：《集成创新的理论模式》，《中国软科学》2002 年第 12 期。

[110] 陈新跃、杨德礼、董一哲：《企业创新网络模式选择研究》，《科学管理研究》2002 年第 6 期。

[111] 陈守明：《知识互动共享与企业簇群的创新优势》，《同济大学学报》（社会科学版）2003 年第 4 期。

[112] 陈光：《企业内部协同创新研究》，博士学位论文，西南交通大学，2005 年。

[113] 陈劲、杨晓惠、郑贤榕、吕萍：《知识集聚：科技服务业产学研战略联盟模式》，《高等工程教育研究》2009 年第 4 期。

[114] 党兴华、张首魁：《模块化技术创新网络结点间耦合关系研究》，《中国工业经济》2005 年第 12 期。

[115] 杜兰英、陈鑫：《政产学研用协同创新机理与模式研究——以中小企业为例》，《科技进步与对策》2012 年第 22 期。

[116] 辜胜阻、黄永明：《加快农业技术创新与制度创新的对策思考》，《经济评论》2000 年第 6 期。

[117] [德] 哈贝马斯：《交往行动理论》（第 1 卷），洪佩郁、蔺青译，重庆出版社 1994 年版。

[118] 范正认：《企业核心能力的内部协同过程分析》，《科技管理研究》2000 年第 3 期。

[119] 郭斌、许庆瑞：《从通信产业看高技术企业的国外技术获取模式及其特征》，《科学管理研究》1997 年第 2 期。

[120] 顾志刚：《发展中国家产业集群创新网络构建和技术能力提高》，《经济地理》2007 年第 6 期。

[121] 郭斌：《对提高我国制造业企业核心能力的思考》，《中国软科学》1999 年第 7 期。

[122] 胡恩华、刘洪：《基于协同创新的集群创新企业与群外环境关系研究》，《科学管理研究》2007 年第 3 期。

[123] 黄上国：《产学研合作的信息难题与政府定位》，《科技管理研究》2009 年第 1 期。

[124] 姜照华、李桂霞：《产学研联合：科技向生产力的直接转化》，《科学学研究》1994 年第 1 期。

[125] 罗炜、唐元虎：《企业能力差异与合作创新动机》，《预测》2001 年第 3 期。

[126] 李兆友：《技术创新主体论》，东北大学出版社 2001 年版。

[127] 李小建：《经济地理学中的企业网络研究》，《经济地理》2002 年第 5 期。

[128] 李军晓、黄文馨：《嵌入全球竞争的学习型企业集群》，《科学学与科学技术管理》2005 年第 5 期。

[129] 李怀祖：《管理研究方法论》，西安交通大学出版社 2004 年版。

[130] 李青等：《区域创新视角下的产业发展：理论与案例研究》，商务印书馆 2004 年版。

[131] 李廉水：《论产学研合作创新的利益分配机制》，《软科学》1997 年第 2 期。

[132] 刘友金、杨继平：《集群中企业协同竞争创新行为博弈分析》，《系统工程》2002 年第 6 期。

[133] 秦书生：《现代企业自组织运行机制》，《科学学与科学技术管理》2001 年第 2 期。

[134] 水常青、郑刚、许庆瑞：《影响中国大中型工业企业协同创新要素的实证研究》，《科学学与科学技术管理》2004 年第 12 期。

[135] 徐宁、王帅：《高管激励与技术创新关系研究前沿探析与未来展望》，《外国经济与管理》2013 年第 6 期。

[136] 田钢、张永安、兰卫国：《基于刺激—反应模型的集群创新网络形成机理研究》，《管理评论》2009 年第 7 期。

[137] 王睢：《跨组织资源与企业合作：基于关系的视角》，《中国工业经济》2006 年第 4 期。

[138] 王文岩、孙福全、申强：《产学研合作模式的分类、特征及选择》，《中国科技论坛》2008 年第 5 期。

[139] 王琛、王效俐：《产业集群技术创新协同过程及机制研究》，《科学管理研究》2007 年第 5 期。

[140] 万幼清、邓明然：《基于知识视角的产业集群协同创新绩效分析》，《科学学与科学技术管理》2007 年第 4 期。

[141] 吴树山、孔繁河、潘苏、王平、马平：《我国产学研合作模式与机制及其创新》，《科技进步与对策》2000 年第 7 期。

[142] 谢洪明、王现彪、吴溯：《集群、网络与 IJVs 的创新研究》，《科研管理》2008 年第 6 期。

[143] 谢开勇、张婷婷、王倩：《产学研合作各方利益诉求下的政府作为分析》，《科技管理研究》2012 年第 21 期。

[144] 谢元：《我国农业科技创新面临问题与对策的研究》，《科技管理研究》2010 年第 9 期。

[145] 谢科范、董芹芹、张诗雨：《联盟能力视角下的产学研战略联盟实证分析》，《经济纵横》2009 年第 4 期。

[146] 许庆瑞、王勇、陈劲：《绩效评价源与多源评价》，《科研管理》2002 年第 3 期。

[147] 许庆瑞、谢章澍、杨志蓉：《企业技术与制度创新协同的动态分析》，《科研管理》2006 年第 4 期。

[148] 肖华茂、田钢：《集群创新网络演化的粘着机制研究》，《科技管理研究》2010 年第 6 期。

[149] 周志太：《农业科技体制创新的九大转变》，《湖南大学学报》（社会科学版）2013 年第 3 期。

[150] 郑刚、朱凌、金珺：《全面协同创新：一个五阶段全面协同过程模型》，《管理工程学报》2008 年第 2 期。

[151] 张杰、刘志彪、郑江淮：《中国制造业企业创新活动的关键影响因素研究》，《管理世界》2007 年第 6 期。

[152] 陈钰芬、陈劲：《用户参与创新：国外相关理论文献综述》，《科学学与科学技术管理》2007 年第 2 期。

[153] 何郁冰：《产学研协同创新的理论模式》，《科学学研究》2012 年第 2 期。

[154] 肖利平：《公司治理如何影响企业研发投入？——来自中国战略性新兴产业的经验考察》，《产业经济研究》2016 年第 1 期。

[155] 任广乾：《国有企业高管超额薪酬的实现路径》，《西南大学学报》（社会科学版）2017年第2期。

[156] 步丹璐、文彩虹：《高管薪酬粘性增加了企业投资吗?》，《财经研究》2013年第6期。

[157] 崔永华、王冬杰：《区域民生科技创新系统的构建——基于协同创新网络的视角》，《科学学与科技管理》2011年第7期。

[158] 陈劲：《协同创新与国家科研能力建设》，《科学学研究》2011年第12期。

[159] 宋增基、郑海健、张宗益：《公司治理的监督机制与激励机制之间的替代效应——基于中国上市公司EVA绩效的实证研究》，《管理学报》2011年第6期。

[160] 冯根福、温军：《中国上市公司治理与企业技术创新关系的实证分析》，《中国工业经济》2008年第7期。

[161] 纪玉山：《网络经济的外部性与联结经济效能》，《数量经济技术经济研究》1998年第8期。

[162] 王雪苓：《当代技术创新的经济分析：基于信息及其技术视角的宏观分析》，西南财经大学出版社2005年版。

[163] 苗长虹、魏也华：《技术学习与创新：经济地理学的视角》2007年第5期。

[164] 习近平：《在中国科学院第十七次院士大会、中国工程院第十二次院士大会上的讲话》，人民出版社2014年版。

[165] 范如国：《复杂网络结构范型下的创新治理协同创新》，《中国社会科学》2014年第4期。

[166] [英]亚当·斯密：《国富论》，郭大力、王亚南译，上海三联书店2009年版。

[167] 吴剑峰、杨震宁：《政府补贴、两权分离与企业技术创新》，《科研管理》2014年第12期。

[168] 李健：《中国特色产学研合作体系的形成与发展》，《光明日报》2009年12月18日。

[169] [美]迈克尔·波特：《竞争战略》，陈小悦译，华夏出版社1997年版。

[170] 国务院：《国家中长期科学和技术发展规划纲要（2006—2020）》，《人民日报》2006年2月10日。

[171] 苏方国：《人力资本、组织因素与高管薪酬：跨层次模型》，《南开

管理评论》2011 年第 3 期。

[172] [日] 青木昌彦、安藤晴彦：《模块时代：新产业结构的本质》，上海远东出版社 2003 年版。

[173] 李建英、戴龙辉：《高管薪酬与盈余管理关系研究——基于中国上市公司的经验证据》，《华南理工大学学报》（社会科学版）2014 年第 1 期。

[174] 蔡文娟、陈莉平：《社会资本视角下产学研协同创新网络的联结机制及效应》，《科技管理研究》2007 年第 1 期。

[175] 崔蕊、霍明奎：《产业集群知识协同创新网络构建》，《情报科学》2016 年第 1 期。

[176] 王爱玲：《高校协同创新要求下的数字文献资源服务研究》，《科技情报开发与经济》2013 年第 22 期。

[177] 解学梅、方良秀：《国外协同创新研究述评与展望》，《研究与发展管理》2015 年第 4 期。

[178] 陈元志：《宝钢的协同创新研究》，《科学学研究》2012 年第 2 期。

[179] 唐丽艳、陈文博、王国红：《中小企业协同创新网络的构建科技进步与对策》2012 年第 10 期。

[180] 陈元志：《宝钢的协同创新研究》，《科学学研究》2012 年第 2 期。

[181] 崔永华、王冬杰：《区域民生科技创新系统的构建——基于协同创新网络的视角》，《科学学与科学技术管理》2011 年第 7 期。

[182] 范群林、邵云飞、尹守军：《企业内外部协同创新网络形成机制——基于中国东方汽轮机有限公司的案例研究》，《科学学研究》2014 年第 10 期。

[183] 刘丹、闫长乐：《协同创新网络结构与机理研究》，《管理世界》2013 年第 12 期。

[184] 王文华、张卓、黄奇：《外部技术影响企业绩效的两面性——一个非线性视角的实证研究》，《财经论丛》2017 年第 3 期。

[185] 郭熙保、卢锦培：《中国和其他中等收入国家创新能力比较分析》，《福建论坛》（人文社会科学版）2017 年第 4 期。

[186] 李小荣、董红晔：《高管权力、企业产权与权益资本成本?》，《经济科学》2016 年第 8 期。

[187] 陈晓珊：《公司内外联合治理、在职消费与公司绩效——基于国有企业改革视角的实证研究》，《当代经济科学》2016 年第 4 期。

[188] 陈冬华、陈信元、万华林：《国有企业中的薪酬管制与在职消费》，

《经济研究》2005年第2期。

[189] 解学梅：《中小企业协同创新网络与创新绩效的实证研究》，《管理科学学报》2010年第8期。

[190] 王金萍、杨连生：《美国科技SIN的发展实践及其现实启示》，《经济体制改革》2016年第3期。

[191] 陈劲、阳银娟：《协同创新的理论基础与内涵》，《科学学研究》2012年第2期。

[192] 唐丽艳、陈文博、王国红：《中小企业协同创新网络的构建》，《科技进步与对策》2012年第20期。

[193] 蔡坚、杜兰英：《协同创新网络嵌入影响企业创新绩效的机制与路径研究——基于知识协同的中介效应》，《工业技术经济》2013年第11期。

[194] 范群林、邵云飞、尹守军：《企业内外部协同创新网络形成机制——基于中国东方汽轮机有限公司的案例研究》，《科学学研究》2014年第10期。

[195] 周志太：《基于经济学视角的协同创新网络研究》，博士学位论文，吉林大学，2013年。

[196] 王海峰、杨坤峰：《构建"一带一路"阶段性战略目标》，《中国发展观察》2017年第6期。

[197] 陈强、胡雯：《两类协同创新网络的特征与形成：以"2011协同创新中心"为例》，《科学学与科学技术管理》2016年第3期。

[198] 李青等：《区域创新视角下的产业发展：理论与案例研究》，商务印书馆2004年版。

[199] [美] 迈克尔·波特：《竞争论》，中信出版社2003年版。

[200] 张辉：《产业集群竞争力的内在经济机理》，《中国软科学》2003年第1期。

[201] 张耀辉、彭红兰：《需求诱致下的农户参与创新的激励研究》，《中国工业经济》2010年第8期。

[202] 许庆瑞、郑刚、陈劲：《全面创新管理：创新管理新范式初探——理论溯源与框架》，《管理学报》2006年第3期。

[203] 程建国：《自主创新初期和中期的政府主导作用》，《中国社会科学报》2013年2月21日。

[204] 徐宁、徐向艺：《控制权激励双重性与创新动态能力——基于高科技上市公司面板数据的实证分析》，《中国工业经济》2012年第10期。

[205] 郑健雄：《霍姆斯特朗的契约理论与我国债转股改革》，《福建论坛》（人文社会科学版）2017年第1期。

[206] 赵欣、何云峰：《政府治理视域下创新阻力因素分析及动力机制研究》，《山西农业大学学报》（社会科学版）2012年第5期。

[207] 白俊红、蒋伏心：《协同创新、空间关联与区域创新绩效》，《经济研究》2015年第7期。

[208] 唐湘岳、纪富贵：《我的产业化之路，为何这样难》，《光明日报》2013年3月22日第5版。

[209] 刘洪民、杨艳东：《用户创新与产学研用协同创新激励机制》，《技术经济与管理研究》2017年第7期。

[210] 王核成、宁熙：《硅谷的核心竞争力在于区域创新网络》，《经济学家》2001年第5期。

[211] 陆杉：《农产品供应链成员信任机制的建立与完善——基于博弈理论的分析》《管理世界》2012年第7期。

[212] 毛捷：《税式支出研究的新进展》，《经济理论与经济管理》2011年第5期。

[213] 刘绍娓、万大艳：《高管薪酬与公司绩效：国有与非国有上市公司的实证比较研究》，《中国软科学》2013年第2期。

[214] 张娟、黄志忠：《内部控制、创新和公司业绩——基于中国制造业上市公司的实证分析》，《经济管理》2016年第9期。

[215] 彭光顺：《网络结构特征对企业创新与绩效的影响研究》，博士学位论文，华南理工大学，2010年。

[216] 康磊晶、高晓明、王颖昕、饶成龙：《国防预研成果价值评估方法研究》，《航天工业管理》2014年第5期。

[217] 旷宗仁、章瑾、左婷：《中国农业科技创新投入产出分析》，《中国科技论坛》2012年第7期。

[218] 王婷：《区域视角下风险投资对技术创新的促进效应研究》，《科学学研究》2016年第10期。

[219] 方盛举：《国家治理现代化进程中的政府与社会》，《哈尔滨工业大学学报》（社会科学版）2017年第1期。

[220] 罗进辉、万迪昉：《大股东持股对管理者过度在职消费行为的治理研究》，《证券市场导报》2009年第6期。

[221] 申小莉：《创新网络中知识转移的影响因素研究——基于企业实证样本的分析》，《科学学研究》2011年第3期。

[222] 贾根良：《网络组织：超越市场与企业两分法》，《经济社会体制比较》1998 年第 4 期。

[223] 梁彤缨、雷鹏、陈修德：《高管激励对企业研发效率的影响研究——来自中国工业上市公司的经验证据》，《管理评论》2015 年第 5 期。

[224] 卢馨、龚启明、郑阳飞：《股权激励契约要素及其影响因素研究》，《山西财经大学学报》2013 年第 4 期。

[225] 徐宁、徐向艺：《技术创新导向的高管激励整合效应——基于高科技上市公司的实证研究》，《科研管理》2013 年第 9 期。

[226] 孙凯、谢波、赵洋：《创新网络成员异质性研究的回顾与展望》，《学习与实践》2016 年第 4 期。

[227] 周志太：《破除外资技术控制 建设知识产权强国》，《马克思主义研究》2015 年第 10 期。

[228] 朱建民：《史旭丹——基于内外调节效应的集群网络创新绩效研究》，《科研管理》2016 年第 10 期。

[229] 蒋海军：《科技园区推动区域协同创新研究——以中关村科技园区为例》，《中国特色社会主义研究》2016 年第 3 期。

[230] 鲁桐、党印：《金融危机后公司治理研究的最新进展》，《产经评论》2014 年第 1 期。

[231] 李宏：《知识管理与知识挖掘在情报研究工作中的实现》，《情报理论与实践》2003 年第 5 期。

[232] 黄群慧、余菁、贺俊：《新时期国有经济管理新体制初探》，《天津社会科学》2015 年第 1 期。

[233] 严子淳、薛有志：《董事会社会资本、公司领导权结构对企业 R&D 投入程度的影响研究》，《管理学报》2015 年第 4 期。

[234] 姚艳虹、夏敦：《协同创新动因——协同剩余：形成机理与促进策略》，《科技进步与对策》2013 年第 20 期。

[235] 吴崇、胡汉辉、吕魁：《基于动态核心能力的企业知识创新战略选择研》，《科学学研究》2009 年第 6 期。

[236] 杨皎平、张恒俊、金彦龙：《集群文化嵌入与创新绩效关系研究——以创新环境不确定性为调节变量》，《软科学》2015 年第 4 期。

[237] 廖理、廖冠民、沈红波：《经营风险、晋升激励与公司绩效》，《中国工业经济》2009 年第 8 期。

[238] 徐宁、王帅：《高管激励契约配置方式比较与协同效应检验——基于中国高科技 PC 动态技术创新能力构建视角》，《现代财经》2013 年第 8 期。

[239] 王智宁、吴应宇、叶新凤：《网络关系、信任与知识共享——基于江苏高科技企业问卷调查的分析》，《研究与发展管理》2012 年第 2 期。

[240] 刘佳、王馨：《组织内部创新网络联系对知识共享影响的实证研究》，《情报科学》2013 年第 2 期。

[241] 吴悦、顾新：《产学研协同创新的知识协同过程研究》，《中国科技论坛》2012 年第 10 期。

[242] 张龙鹏、周立群、蒋为：《协同创新：演化逻辑、中国情景与政策体系》，《中国行政管理》2016 年第 10 期。

[243] 汪秀婷：《我国技术创新网络跨组织资源共享状况调查研究》，《开发研究》2012 年第 1 期。

[244] 俞鸿琳、张书宇：《高管晋升激励、考核机制与国有企业研发投入水平》，《经济科学》2016 年第 5 期。

[245] 李健、杨蓓蓓、潘镇：《政府补助、股权集中度与企业创新可持续性》，《中国软科学》2016 年第 6 期。

[246] 王刚、李显君、章博文、孟东晖、高歌：《自主创新政策与机制——来自中国四个产业的实证》，《科研管理》2015 年第 4 期。

[247] 原长弘、章芬、姚建军、孙会娟：《政产学研用协同创新与企业竞争力提升》，《科研管理》2015 年第 12 期。

[248] 徐宁、徐向艺：《控制权激励双重性与技术创新动态能力——基于高科技上市公司面板数据的实证分析》，《中国工业经济》2012 年第 10 期。

[249] 夏芸：《管理者权力、股权激励与研发投资——基于中国上市公司的实证分析》，《研究与发展管理》2014 年第 4 期。

[250] 鲁桐、党印：《公司治理与技术创新：分行业比较》，《经济研究》2014 年第 6 期。

[251] 郑志刚：《投资者之间的利益冲突和公司治理机制的整合》，《经济研究》2004 年第 2 期。

[252] 陈劲、王飞绒：《创新政策：多国比较和发展框架》，浙江大学出版社 2005 年版。

[253] 张明之：《区域产业协同的类型与运行方式——以长三角经济区产

业协同为例》，《河南社会科学》2017 年第 4 期。

[254] 黄伟、段小华：《欧洲国家创新网络化的两种模式及启示》，《中国科技论坛》2013 年第 3 期。

[255] 张国昌、胡赤弟：《场域视角下的高校协同创新模式分析》，《教育研究》2017 年第 5 期。

[256] 苏敬勤：《产学研合作创新的交易成本及内外部化条件》，《科研管理》1999 年第 5 期。

[257] 陶晓丽、王海芸、黄露、张钰凤：《高端创新要素市场化配置模式研究》，《中国科技论坛》2017 年第 5 期。

[258] 胡海波、黄涛：《全球化视角下中国汽车制造企业创新网络演化路径："江铃"与"奇瑞"双案例研究》，《科技进步与对策》2016 年第 22 期。

[259] 李张珍：《产学研协同创新中的研用对接机制探析——基于美国北卡三角协同创新网络发展实践的考察》，《高等工程教育研究》2016 年第 2 期。

[260] 樊霞、朱桂龙：《区域创新网络结构对企业创新绩效的影响》，《商业研究》2010 年第 2 期。

[261] 马建峰：《美国科技政策与技术创新模式的协同演进研究》，《科技进步与对策》2012 年第 1 期。

[262] 杜德斌、何舜辉：《全球科技创新中心的内涵、功能与组织结构》，《中国科技论坛》2016 年第 2 期。

[263] 高霞：《我国产学研协同创新的研究脉络与现状评述》，《科学管理研究》2014 年第 10 期。

[264] 张晶、许正权、张中强：《生态视角下协同创新网络构建及演替研究》，《科技进步与对策》2016 年第 12 期。

[265] 林钟高、徐虹、王帅帅：《内部控制缺陷及其修复、合规成本与高管变更》，《河北经贸大学学报》2017 年第 7 期。

[266] 汪平、邹颖、黄丽凤：《高管薪酬激励的核心重构：资本成本约束观》，《中国工业经济》2014 年第 5 期。

[267] 呼建光、毛志宏：《国有企业深化改革中的公司治理——规制与激励》，《社会科学》2016 年第 7 期。

[268] 王燕妮：《高管激励对研发投入的影响研究——基于中国制造业上市公司的实证检验》，《科学学研究》2011 年第 7 期。

[269] 王栋、吴德胜：《股权激励与风险承担——来自中国上市公司的证

据》,《南开管理评论》2016 年第 3 期。

[270] 王曾、符国群、黄丹阳、汪剑锋:《国有企业 CEO "政治晋升" 与 "在职消费" 关系研究》,《管理世界》2014 年第 5 期。

[271] 康华、扈文秀、吴祖光、赵欣:《晋升激励、成长性与创业板上市公司研发投入》,《科研管理》2016 年第 10 期。

[272] 周志太、张丽霞:《中国特色科技园区的发展模式》,《南京理工大学学报》(社会科学版) 2014 年第 4 期。

[273] 俞鸿琳、张书宇:《高管晋升激励、考核机制与国有企业研发投入》,《经济科学》2016 年第 10 期。

[274] 张兆国、刘亚伟、杨清香:《管理者任期、晋升激励与研发投资研究》,《会计研究》2014 年第 9 期。

[275] 缪毅、胡奕:《明产权性质、薪酬差距与晋升激励》,《南开管理评论》2014 年第 4 期。

[276] 邵剑兵、朱芳芳:《晋升效应还是财富效应:CTO 激励机制影响企业研发投入分析》,《商业研究》2015 年第 11 期。

[277] 林润辉、谢宗晓、丘东、周常宝:《协同创新网络、法人资格与创新绩效——基于国家工程技术研究中心的实证研究》,《中国软科学》2014 年第 10 期。

[278] 张长征、李怀祖、赵西萍:《企业规模、经理自主权与 R&D 投入关系研究——来自中国上市公司的经验证据》,《科学学研究》2006 年第 3 期。

[279] 罗党论、应千伟、常亮:《银行授信、产权与企业过度投资:中国上市公司的经验证据》,《世界经济》2012 年第 3 期。

[280] 解学梅、左蕾蕾:《企业协同创新网络特征与创新绩效:基于知识吸收能力的中介效应研究》,《南开管理评论》2013 年第 3 期。

[281] 解学梅:《都市圈协同创新效应运行机理研究:一个视角》,《科学学研究》2013 年第 12 期。

## 二 英文部分

[1] "Agglomeration From a Wide Area Perspectives", *Urban Studies*, Vol. 1, 1995.

[2] Asheim, B. and Cooke, P., "Local Learning and Interactive Innovation Networks in a Global Economy", In Malecki, E. and Oinap 4 (ed.),

*Making Connections: Technological Learning and Regional Economic Change*, Aldersgot: Ashgate, 1999, pp. 145 – 178.

［3］ Asheim, T., "Interactive, Innovation Systems and SME Policy", Paper Presented on the EGU Commission on the Organization of Industrial Space Residential Conference, Gothenburg, Sweden, August, 1998.

［4］ Amit, R. and Schoemaker, J. H., "Strategic Assets and Organizational Rent", *Strategic Management Journal*, Vol. 14, No. 1, 1993, pp. 33 – 46.

［5］ Ashemi, B. T. and Isaksen, A., "Regional Innovation Systems: The Integration of Local 'Stick' and Global 'Uniquitous' Knowledge", *Journal of Technology Transfer*, Vol. 27, No. 1, 2002, pp. 77 – 86.

［6］ Alejandro Portes, "The Economic Sociology of Immigration: A Conceptual Overview", in Portes (ed.), *The Economics Ecology of Immigration: Essays on Networks*, Ethnicity and Entrepreneurship New York: Russell sage Foundation, 1995, p. 12.

［7］ Acquaah, M., "Managerial Social Capital, Strategic Orientation and Organizational Performance in an Emerging Economy", *Strategic Management Journal*, Vol. 28, No. 12, 2007, pp. 1235 – 1255.

［8］ Aken, J. E. and Weggeman, M. P., "Managing Learning in Informal Innovation Networks: Overcoming the Daphne – Dillimma", *R&D Management*, Vol. 9, No. 30, 2000, pp. 204 – 237.

［9］ Ahuja, G. and Katila, R., "Technological Acquisitions and the Innovation Performance of Acquiring Firms: A Longitudinal Study", *Strategic Management Journal*, Vol. 22, No. 3, 2001, pp. 197 – 220.

［10］ Adams, M. E., Day, G. S. and Dougherty, D., "Enhancing New Product Development Performance: An Organizational Learning Perspective", *Journal of Product Innovation Management*, Vol. 15, No. 5, 1998, pp. 403 – 422.

［11］ Amdt Olaf and Sternberg Rolf, "Do Manufacturing Firms Profit from International Innovation Linkages? An Empirical Based Answer", *European Planning Studies*, Vol. 8, No. 4, 2000, pp. 43 – 56.

［12］ Antikainen, M. J. and Vaataja, H. K., "Rewarding in Open Innovation Communities—How to Motivate Members", *International Journal of Entrepreneurship and Innovation Management*, Vol. 11, No. 4, 2010, pp. 440 – 456.

[13] Belussi, Pilot ti, "Knowledge Creation and Collective Learning in the Italian LPS, Mimeo, 2001, pp. 23 – 45.

[14] Belussi Fiorenza and Belussi Firenze, "Are Industrial Districts Formed by Networks Without Technologies? The Difusion of Internet Applications in Three Italian Clusters", *European Urban and Regional Studies*, Vol. 12, No. 3, 2005, pp. 247 – 268.

[15] Breschi and Lissoni, *Knowledge Spillovers and Local Innovation Systems: A Critical Survey*, Series Economic Impress, 2001, pp. 84 – 98.

[16] Barabasi, A., Dezso, Z. and Ravasz, E. eds., *Scale – Free and Hierarchical Structures In Complex Networks*, AIP Conference Proceedings, Granada, Spain, 2003, pp. 1 – 16.

[17] Bell, Geoffrey G. and Clusters, "Networks and Firm Innovativeness", *Strategic Management Journal*, Vol. 26, 2005, pp. 287 – 295.

[18] Bartlet, Goshen, Bartlett, C. A. and Goshen, S. eds., *Managing Across Boules: The Transnational Solution*, Boston, MA.: Harvard Business School Press, 1989, pp. 102 – 106.

[19] Solomon, D. and Bryan – Low C., "Companies Complain about Cost of Corporate Governance Rules", *The Wall Street Journal*, No. 10, 2004, A1.

[20] Bock, G. W. and Kim, Y. G., "Breaking the Myths of Rewards: An Exploratory Study of Attitudes about Knowledge Sharing", *Information Resources Management Journal*, Vol. 2, 2002, pp. 14 – 21.

[21] Brennenraedts, R., Bekkers, R., Verspagen, B. eds., *The Different Channels of University – Industry Knowledge Transfer: Empirical Evidence from Biomedical Engineering*, Eindhoven Centre For Innovation Studies, The Netherlands, Working Paper, 2006.

[22] Bonaceorsi, A. and Piccalugadu, A., "A Theoretical Framework for the Evaluation of University – Industry Relationships", *R&D Management*, Vol. 24, No. 3, 1994, pp. 229 – 247.

[23] Best, Ichael H., "Cluster Dynamics", in The Competitive Advantage: The Renewal of American Industry, Oxford: Oxford University Press, 2001, pp. 1 – 8.

[24] Baldwin, C. Y. and Clark, K. B., *Design Rules: The Power of Modu-*

*larity*, Cambridge: MIT Press, 2000, pp. 178 – 196.

[25] Blau, P. M., *Exchange and Power in Social Life*, New York: John Wiley, and Sons, 1964.

[26] Boiral, O., "Tacit Knowledge and Environmental Management", *Long Range Planning*, Vol. 35, No. 3, 2002, pp. 291 – 317.

[27] Burtr, S., *Structural Holes*, Harvard University Press, 1992.

[28] Baum, J. A. C., Calabrese, T. and Silverman, B. S., "Don't go It alone: Alliance Network Composition and Startup's Performance in Canadian Biotechnology", *Strategic Management Journal*, Vol. 21, No. 3, 2000, pp. 267 – 294.

[29] Burt, R. S., *Structural Holes: The Social Structure of Competition*, Cambridge M. A.: Harvard University Press, 1992.

[30] Beckmann, M. J., *Economic Models of Knowledge Networks*. In: Networks in Action, Springer – Verlag, Berlin, Heidelberg, New York and Tokyo, 1995, pp. 159 – 174.

[31] Borgattis and Rob, Cross A Relational View of Information Seeking and Leaming in Social Networks, *Management Science*, Vol. 49, No. 4, 2003, pp. 432 – 445.

[32] Broekel, T., "Collaboration Intensity and Regional Innovation Efficiency in Germany—A Conditional Efficiency Approach", *Industry and Innovation*, Vol. 19, No. 3, 2012, pp. 155 – 179.

[33] Broekel, Ted., Buerger, M. and Brenner, T., "An Investigation of the Relation between Cooperation and the Innovative Success of German Regions", *Papers in Evolutionary Economic Geography*, 2010, p. 11.

[34] Camagni, R., "Interfirm Industrial Networks: The Costs and Benefits of Cooperative Behaviour", *Journal of Industry Studies*, Vol. 1, 1993, pp. 1 – 15.

[35] Camagni, R. P., "Innovative Milieu and European Lagging Regions", *Papers in Regional Science*, Vol. 74, No. 4, 1995, pp. 317 – 340.

[36] Chiung – Wen Hsu, "Formation of Industrial Innovation Mechanisms through the Research Institute", *Tech Novation*, Vol. 25, 2005, pp. 1317 – 1329.

[37] Crouch and Farrell, "Breaking the Path of Institutional Development?", Alternative to the New Determinism (Z), 2002.

[38] *Companies Create the Dynamics of Innovation?* Oxford: Oxford University Press, 1995.

[39] Conner, K., "A Historical Comparison of Resource – Based Theory and Five Schools of Thought within Industrial Organization Economics: Do We Have a New Theory of the Firm?", *Journal of Management*, Vol. 17, 1991, pp. 121 – 154.

[40] C. Markides, C. and Williamson, P. J., "Related Diversification, Core Competencies and Corporate Performance", *Strategic Management Journal*, Vol. 1, No. 15, 1994.

[41] Ciccone, Antonio and Hall, Robert E. eds., "Productivity and the Density of Economic Activity", *American Economic Review*, Vol. 86, No. 1, 1996, pp. 54 – 70.

[42] Capello, R. S., "Patial Transfer of Knowledge in High Technology Milieu X: Leaming Versus Collective Learning Processes", *Journal of the Regional Studies Association*, Vol. 33, No. 4, 1999, pp. 353 – 365.

[43] Camagni, R., "Interfirm Industrial Networks: The Costs and Benefits of Cooperative Behaviour", *Journal of Industry Studies*, Vol. 1, 1993, pp. 1 – 15.

[44] Cook, K. S., "Networks, Norms and Trust: The Social Psychology of Social Capital", *Social Psychology Quarterly*, Vol. 68, No. 1, 2005, pp. 4 – 14.

[45] Corning, P. A., "The Synergism Hypothesis: On the Concept of Synergy and Its Role in the Emollition of Complex Systems", *Journal of Social and Evolutionary Systems*, Vol. 21, No. 2, 1998, pp. 133 – 172.

[46] Corso, M., Martini, A., Pellegrini, L. and Paolucci, E., "Technological and Organizational Tools for Knowledge Management: In Search of Configurations", *Small Business Economics*, Vol. 21, No. 4, 2003, pp. 397 – 408.

[47] Lee, C. K. and Pennings, J. M., "Internal Capabilities, External Networks and Performance: A Study on Technology – Based Ventures", *Strategic Management Journal*, Vol. 22, No. 6 – 7, 2001, pp. 615 – 640.

[48] Conti, S., Malecki, E. J. and Onias, P. eds., *The Industrial Enterprise and Its Environment: Spatial Perspective*, Ashgate Publishing Ltd., 1995.

[49] Cynthia Hardy, Nelson Phillips and Lawrence B. Resource, "Knowledge and Organizational Effects of Inter - Organizational Collaboration", *Journal of influence, the Management Studies*, No. 2, 2003.

[50] Chesbrough, H., *Open Innovation: The New Imperative for Creating and Profiting from Technology*, Harvard Business School Press, Cambridge, MA., 2003.

[51] Cooke, P., *Regional Innovation System: An Evolutionary Approach*, Baraczyk, C. P. and Heridenreich, R., *Regional Innovation System*, London: University of London Press, 1996, Kashand Rycroft, 2000.

[52] Cravens, D. W., Pierey, N. F. and Shipp, H., "New Organizational Forms Forcompeting in Highly Dynamie Environments: The - Network Paradigm", *British Journal of Management*, Vol. 7, No. 3, 1996, pp. 203 - 218.

[53] Chiang, Y. H. and Hung, K. P., "Exploring Open Search Strategies and Perceived Innovation Performance from the Per - Spective of Inter - Organizational Knowledge Flows", *R&D Management*, Vol. 40, No. 3, 2010, pp. 292 - 299.

[54] Cyert, Richard M. and Goodman, Paul S., *Creating Effective University - Industry Alliances: An Organizational Learning Perspective*, Organizational Dynamics, Spring 1997.

[55] Dyer, J. H. and Singh, H., "The Relational View: Cooperative Strategy and Source of Inter - Organization Competitive Advantage", *Academy of Management Review*, Vol. 23, No. 4, 1998, pp. 660 - 679.

[56] Davenport, T. H. and Prusak, L., "Working Knowledge: How Organizations Manage What They Know", Boston Massachusetts: Harvard Business School: 1998, p. 55.

[57] Dennis, Maillatetal, "Innovation Networks and Dynamics", *A Tentative Typolo*, No. 4, 1993, p. 30.

[58] Dennis, Maillat et al., "Innovation Networks and Territorial Dynamics: A Tentative Typology", Birje Jonansson et al. eds., *Patterns of a Network Economy*, Springer - Verlag, 1993, pp. 125 - 36.

[59] Daft, R., *Organization Theory and Design*, New York: West, 1983.

[60] Dyer, J. H. and Hateh, N. W., "Relation Specifies Capabilities and Barriers to Knowledge Transfers: Creating Advantage through Network

Relationships", *Strategic Management Journal*, Vol. 27, No. 8, 2006, p. 701.

[61] Debrsson, C. and Amesse, F., "Networks of Innovators: A Review and Introduction to the Issue", *Research Policy*, Vol. 20, 1991, pp. 363 – 380.

[62] Dopfer, K., Oster and Potts, J. F., "Micro Meso Macro", *Journal of Evolutionary Economics*, Vol. 3, 2004, pp. 263 – 279.

[63] Dieter Ernst, Tom Ganiatsos and Lynn Metelka, "Technological Capabilities and Export Success in Asia", *Routledge*, 1998.

[64] Dirks, K. T. and Errin, D. L., "Trust in Leadership: Meta – Analytic Findings and Implications for Research and Practice", *Journal of Applied Psychology*, Vol. 87, No. 4, 2002, pp. 611 – 628.

[65] Danneels, E., "Organizational Antecedents of Second – Order Competance", *Strategic Management Journal*, Vol. 29, No. 5, 2008, pp. 519 – 543.

[66] Dana, L. P. and Win, Stone K. E., "Wine Cluster Formation in New Zea Land: Operation, Evolution and Impact", *International Journal of Food Science and Technology*, No. 43, 2008, pp. 2177 – 2190.

[67] Drucker, P., *Innovation and Entrepreneurship*, New York: Harper and Row, 1985.

[68] Deeds, D. L. and Hill, C. W. L., "Strategic Alliances and the Rate of New Product Development: An Empirical Study of Entrepreneurial Bio – Technology Firm", *Journal of Business Venturing*, Vol. 11, No. 1, 1996, pp. 41 – 55.

[69] De Jong, J. and Freel, M., "Absorptive Capacity and the Reach of Collaboration in High – Technology Small Firms", *Research Policy*, Vol. 39, 2010, pp. 47 – 54.

[70] Edquist, *System of Innovation – Technologies*, Institutions, Edited by Charles, London and Washington Printer, 1997.

[71] Escribano, A., Fosfuri, A. and Tribó, J. A., "Man – Aging External Knowledge Flows: The Moderating Role of Absorptive Capacity", *Research Policy*, Vol. 38, No. 1, 2009, pp. 96 – 105.

[72] Economics, N., "Network Externalities, Complementarities, and Invitations to Enter", *European Journal of Political Economy*, No. 12,

1996, pp. 211 – 232.

[73] Freeman, C., "Japan: A New National System of Innovation", *Dosi G Technical Change and Economic Theory*. London: Pinter, 1988.

[74] Moulaert, F. and Djellal, F., "Information Technology Consultancy Firms: Economics of Agglomeration From a Wide Area Perspectives", *Urban Studies*, No. 1, 1995.

[75] Francis Bloch and Matthew O. Jackson, "Definitions of Equilibrium in Network Formation Games International Journal of Game Theory", *Vienna*, Vol. 34, 2006.

[76] Franz Todtling and Alexander Kaufmann, "SMEs in Regional Innovation Systems and the Role of Innovation Support—The Case of Upper Austria", *Journal of Technology Transfer*, Vol. 7, 2002, pp. 15 – 26.

[77] Freeman, C., "Networks of Innovators: A Synthesis of Research Issues", *Research Policy*, Vol. 20, No. 5, 1991, pp. 499 – 514.

[78] Freeman, L. C., "A Set of Measures of Centrality Based Upon Betweenness", *Sociometry*, Vol. 40, 1979, pp. 35 – 41.

[79] Griliches, Z., "The Search for R&D Spillovers", *Scandinavian Journal of Economics*, Vol. 94, 1992, pp. 29 – 47.

[80] Grandori, A., *Corporate Governance and Firm Organization*, Oxford: Oxford University Press, 2004.

[81] Gulati, Garsinlo M., "Where Do Inter – Organizational Networks Come from", *American Journal of Sociology*, Vol. 104, No. 5, 1999, pp. 1439 – 1493.

[82] Granovetter, M., "Economic Action and Social Structure: The Problem of Embedess", *American Journal of Sociology*, 1985, pp. 481 – 510.

[83] Grant, R. M., "The Resource – Based Theory of Competitive Advantage: Implications for Strategy Formulation", *California Management Review*, Spring, 1991, pp. 114 – 135.

[84] Gulati, R. and Nohria, N. eds., "Strategic Networks", *Strategic Management Journal*, 2000, pp. 136, 203 – 215.

[85] Grant, R. M., "Toward a Knowledge – Based Theory of the Firm", *Strategic Management Journal*, Vol. 17 (Special Issue), 1996, pp. 109 – 122.

[86] Gulati, R., "Alliance and Networks", *Strategic Management Journal*,

Vol. 19, 1998, pp. 293 – 317.

[87] Gordo N. Walker, Bruce Kogut and Weijian Shan, "Social Capita, Structural Holes and the Formation of an Industry Network", *Organization Science*, Vol. 8, No. 2, 1997, pp. 109 – 125.

[88] Grant, R. M., "Toward a Knowledge – Based Theory of the Firm", *Strategic Management Journal*, Academic, 17 (Special Issue), pp. 10 – 122.

[89] Gupta, A. K. and Govindarajan, V., "Knowledge Flows within Multinational Corporations", *Strategic Management Journal*, Vol. 21, 2000, pp. 473 – 496.

[90] Gulati, R., "Does Familiarity Breed Trust? The Implications of Repeated Ties for Contractual Choice in Alliance", *Academy of Management Journal*, Vol. 38, No. 1, 1995, pp. 85 – 112.

[91] Hagedoorn, J., "Understanding the Rationale of Strategic Technology Partnering: Interorganizational Modes of Cooperation and Sectoral Differences", *Strategic Management Journal*, Vol. 14, No. 5, 1993, pp. 371 – 385.

[92] Herman, Monsuur and Tonstorcken, N., "Centers Inconnected Undirected Graphs: An Axiomatie Approach", *O. R*, Vol. 52, No. 1, 2004, pp. 54 – 64.

[93] Harrison, B., "Industrial Districts: Old Wine in New Battle", *Regional Studies*, Vol. 14, No. 26, 1992, pp. 469 – 483.

[94] Hubert Schmitz, "Global Competition and Local Cooperation: Success and Failure in the Sinos Valley", Brazil, *World Development*, Vol. 27, No. 9, 1999, pp. 1627 – 1650.

[95] Hodgson, G. ed., *Corporate Culture and the Nature of the Firms in Groenewegen*, Cambridge: Harvard University Press, 1996.

[96] Hagedoorn, J., Roijakkers, N. and Van Kranenburg, H., "Inter – Firm R&D Networks: The Importance of Strategic Network Capabilities for High – Tech Partnership Formation", *British Journal of Management*, Vol. 17, No. 1, 2006, pp. 39 – 53.

[97] Hakansso, H., *Industrial Technological Development: A Network Approaeh*, London: London Press, 1987.

[98] Hsu ed., K. C. and Clinton, B. D., "Linking Manufacturing Control to Management Control", *Management Accounting* (September), 1997,

pp. 18 – 24.

[99] Hun, A. G. Z., "Ownership, Government R&D, Private R&D, and Productivity in Chinese Industry", *Journal of Comparative Economics*, No. 29, 2001, pp. 136 – 157.

[100] Hickson, D. J., Hinings, C. R., Less, C. A., Schneck, R. E. and Pennings, J. M., "A Strategic Contingencies Theory of Intra – Organizational Power", *Administrative Science Quarterly*, Vol. 16, No. 2, 1971, pp. 216 – 229.

[101] Hagedoorn, J. and Duysters, G., "Learning in Dynamic Inter – Firm Networks: The Efficacy of Multiple Contacts", *Organization Studies*, Vol. 23, No. 4, 2002, pp. 525 – 548.

[102] Hennart, J. F., "A Transaction Costs Theory of Equity Joint Ventures", *Strategic Management Journal*, Vol. 9, No. 4, 1988, pp. 361 – 374.

[103] Hamel, G., "Competition for Competence and Inter – Partner Learning within International Strategic Alliances", *Strategic Management Journal*, Vol. 12, 1991, pp. 83 – 103.

[104] Howells, J. R. L., "Tacit Knowledge, Innovation and Economic Geography", *Urban Studies*, Vol. 39, 2002, pp. 871 – 884.

[105] Inkpen, A. C. and Paul, W. B., "Knowledge, Bargaining Power, and the Instability of International Joint Ventures", *Academy of Management Review*, Vol. 22, No. 1, 1997, pp. 177 – 202.

[106] Inkpen, A. C., "Creating Knowledge through Collaboration", *California Management Review*, Vol. 24, No. 4, 1996, pp. 158 – 177.

[107] Ikujiro Nonaka, Hirotaka Takeuchi, "The Knowledge – Creating Company", *Harvard Business Review*, November – December, 1991, pp. 96 – 104.

[108] Jarillo, J., "On Strategic Networks", *Strategic Management Journal*, Vol. 9, No. 1, 1988, pp. 31 – 34.

[109] Jones, G. R. and George, J. M., "The Experience and Evolution of Trust: Implications for Cooperation and Teamwork", *Academy of Management Review*, Vol. 23, No. 3, 1998, pp. 531 – 546.

[110] Johnson, J. L. and Raven, P. V., "Relationship Quality, Satisfaction and Performance in Export Marketing Channels", *Journal of Marketing Channels*, Vol. 21, 1996, pp. 163 – 181.

[111] Nahapiet, J. and Ghoshal, S., "Social Capita, Intellectual Capital and the Organizational Advantage", *The Academy of Management Review*, Vol. 23, No. 2, 1998, pp. 242 – 266.

[112] Jian Cheng Guan, Richard, C. M. Yam and Chiu Kam, M. K., "Collab Ration between Industry and Research Institutes/Universities on Industrial Innovation in Beijing", China: *Technology Analysis and Strategic Management*, No. 3, 2005, pp. 339 – 353.

[113] Jones, O., Steve, C. and Fred, S., *Social Interaction and Organizational Change: Aston Perspectives on Innovation Networks*, Imperial College Press, 2001.

[114] King, N. and Anderson, N., *Innovation and Change in Organizations*, London and New York, 1995.

[115] Keller, W., "Trade and the Transmission of Technology", *Journal of Economic Growth*, March, Vol. 7, No. 1, 2002, pp. 5 – 24.

[116] Koschatzky, K., "Innovation Networks of Industry and Business – Related Services – Relations between Innovation Intensity of Firms and Regional Inter – Firm Cooperation", *European Planning Studies*, Vol. 7, No. 6, 1999, pp. 737 – 757.

[117] Dopfer, K. ed., *The Evolutionary Foundation of Economics*, Cambridge: Cambridge University Press, 2005.

[118] Kash, D. E. and Rycoft, R. W., "Patterns of Innovating Complex Technologies: A Framework for Adaptive Network Strategies", *Research Policy*, Vol. 29, No. 7 – 8, 2000, pp. 819 – 831.

[119] Katila, R. and Mang, P. Y., "Inter – Organizational Development a Likelihood and Timing of Contracts", *Academy of Management Proceedings*, 1999, B1, B6.

[120] Kenis, P. and Knoke, D., "How Organizational Field Networks Shape Inter – Organizational Tie – Formation Rates", *Academy of Management Review*, Vol. 27, No. 2, 2002, pp. 275 – 293.

[121] Ko, Schatzky K., "Innovation Networks of Industry and Business – Related Services – Relations between Intensity of Firms and Regional Inter – Firm Cooperation", *European Planning Studies*, Vol. 7, No. 6, 1999, pp. 737 – 757.

[122] Laursen, K. and Salter, A., "Open for Innovation: The Role of Open-

ness in Explaining Innovation Performance among U. K. Manufacturing Firms", *Strategic Management Journal*, Vol. 27, 2006, pp. 131 – 150.

[123] Lechner, C. and Dowling, M. , "The Evolution of Industrial Districts and Regional Networks", *Journal of Management and Governance*, Vol. 3, No. 4, 1999, pp. 309 – 338.

[124] Levin, D. Z. and Cross, R. , "The Strength of Weakness You Can Trust: The Mediating Role of Trust in Effective Knowledge Transfer", *Management Science*, Vol. 50, No. 11, 2004, pp. 1477 – 1499.

[125] Larsson, R. , "The Handshake between Invisible and Visible Hands", *International Studies of Management and Organization*, Vol. 23, No. 1, 1993, pp. 87 – 106.

[126] Lyda Judson Hanifan, "The Rural School Community Center", *Annaxs of the American Academy of Political and Social Science*, Vol. 67, 1961, pp. 130 – 138.

[127] Li, X. B. , "China's Regional Innovation Capacity in Transition: An Empirical Approach", *Research Policy*, Vol. 38, No. 2, 2009, pp. 338 – 357.

[128] Levinson, N. S. and Asahi, M. , "Cross – National Alliances and Inter – Organizational Learning", *Organizational Dynamics*, Vol. 24, 1996, pp. 51 – 63.

[129] Yermack, D. , "Remuneration, Retention and Reputation Incentives for Outside Directors", *Journal of Finance*, Vol. 59, 2004, pp. 2281 – 2308.

[130] Lars Frisell Lars Coenen, Jerker Moodysson, Bjom T. Asheim, "Nodes, Netwoks and Proxities: On the Knowledge Dynamics of the Medieon Valley Biotech Cluster", *European Planning Studies*, Vol. 12, No. 7, 2004.

[131] Lowendahl, B. and Hitt, M. , "Direct and Moderating Effects of Human Capital on Strategy and Performance in Professional Serviee Firms: A Resource – Based Perspective", *Academy of Management Journal*, Vol. 44, No. 1, 2001, pp. 13 – 28.

[132] Lundvall, B. , *National Systems of Innovation: Towards a Theory of Innovation and Interactive Learning*, New York: ST. Martin's Press, 1992.

[133] Markusen, A. , "Sticky Places in Slippery Spaces: A Typology of Dus-

trial Districts", *Economic Geography*, No. 72, 1996, pp. 293 –313.

[134] S. Kraatz, Matthew, "Learning by Association? Inter – Organizational Networks and Adaptation to Environmental Hange", *Academy of Management Journal*, Vol. 41, No. 6, 1998, pp. 621 – 643.

[135] Mahoney, J. T., "The Management of Resources and The Resource of Management", *Journal of Business Research*, No. 33, 1995, pp. 91 –101.

[136] Meyer, M. H., "Revitalizing Your Product Lines through Continuous Platform Renewal", *Research Technology Management*, March April, 1997, pp. 34 – 42.

[137] Mller, K. K. and Halinen, A., "Business Relationships and Net – Works: Managerial Challenge of Network Era", *Industrial Marketing Management*, No. 28, 1999, pp. 413 –427.

[138] Michael Tushman and Charles O'reilly, *Winning Through Innovation: A Practical Guide to Leading Organizational Change and Renewal*. Boston, MA: Harvard University Press, 1997.

[139] Morgan, R. M. and Hunt, S. D., "The Commitment – Trust Theory of Relationship Marketing", *Journal of Marketing*, July, 1994, pp 20 – 38.

[140] Malipiero, A., Munari, F. and Sobrero, M., "Focal Firms as Technological Gatekeepers Within Industrial Districts: Knowledge Creation and Dissemination in the Italian Packaging Machinery Industry", *Paper presented to the DRUID Winter Conference*, 2005, p. 320.

[141] Mueller, R. A. E. and Sumner, D. A., *Clusters of Grapes and Wine*, Prepared for the Workshop on "Clusters" at the Annual Meeting of the American Agricultural Economics Association, Providence, RI, July, 2005.

[142] Marsh, I. and Shaw, B., *Australia's Wine Industry: Collaboration and Learning as Causes of Competitive Success*. Sydney, NSW: Australian Business Foundation, 2000.

[143] Moller, Halinen and Halinen, M. K., "Business Relationships And Networks: Managerial Challenge of Network Era", *Industrial Marketing Management*, No. 28, 1999, pp. 413 –427.

[144] Mintzberg, H., "The Design School: Reconsidering the Basic Premi-

ses of Strategic Management", *Strategic Management Journal*, Vol. 11, 1990, pp. 143 – 161.

[145] Mikel Buesa, Joost Heijs, Monica Martnez Pellitero and Thomas Baumert, "Regional Systems of Innovation and the Knowledge Production Function: The Spanish Case", *Technocation*, No. 26, 2006.

[146] Malecki J. Edward, "Connecting Local Entrepreneurial Ecosystems to Global Innovation Networks: Open Innovation, Double Networks and Knowledge Integration", *International Journal of Entrepreneurship and Innovation Management*, Vol. 14, No. 1, 2011, pp. 36 – 59.

[147] Newman, M. E., "The Structure and Function of Complex Networks", *Siam Review*, Vol. 45, No. 2, 2003, pp. 167 – 256.

[148] Nadel, S. F., *The Theory of Social Structure*, London: Cohen and West Ltd., No. 1957, 1969.

[149] Nonakal, Toyama and Nagata, *A Firm as a Knowledge – Creating Entity: A New Perspective on the Theory of the Firm Industrial and Corporate Change*, Vol. 9, No. 1, 2000, p. 201.

[150] Shleifer, A. and Vishny, W. R., "A Survey of Corporate Governance", *The Journal of Finance*, Vol. 52, No. 2, 1997, pp. 737 – 783.

[151] Nohria, N. and Zaheer, A., "Strategic Networks", *Strategic Management Journal*, Vol. 21, No. 3, 2000, pp. 203 – 215.

[152] Nelson, R. R. and Winter, S., *Game Voluntary Theory of Economic Change*, Harvard University Press, 1982.

[153] Nonaka, I., Georg, V. and Sven, V., "Organizational Knowledge Creation Theory: Evolutionary Paths and Future Advances", *Organization Studies*, Vol. 27, No. 8, 2006, pp. 1179 – 1208.

[154] Nohria, N. and Zaheer, A., "Strategic Networks", *Strategic Management Journal*, Vol. 21, No. 3, 2000, pp. 203 – 215.

[155] Nahapiet, J. and Ghoshal, S., Social Capital, Intellectual Capital and the Organizational Advantage, No. 2, 1998.

[156] Nelson, R R., *National Innovation System: A Comparatives Analysis*, Oxford University Press, 1993.

[157] Nunzia Carbonara, "Innovation Processes Within Geographical Clusters: A Cognitive Approach", *Technology Innovation*, No. 24, 2004, pp. 236.

[158] Nonaka lkjurio, *The Knowledge – Creating Company: How Japanese*

Companies Create the Dynamics of Innovation, Oxford University Press, 1995.
[159] Ohlin, B., Interregional and International Trade, Harvard University Press, 1933, pp. 11 – 17.
[160] Paul Krugman, "Increasing Return and Economic Geography", Journal of Political Economy, Vol. 99, No. 3, 1991, pp. 483 – 499.
[161] Aghionl, Hill C. L. and Snell, S. A., "External Control, Corporate Strategy, and Firm Performance in Research – Intensive Industries", Strategic Management Journal, Vol. 9, No. 6, 1988, pp. 577 – 590.
[162] Paul Romer, "Increasing Returns and Long Run Growth", Journal of Political Economy, Vol. 94, No. 5, October, 1986.
[163] Prahalad, C. K. and Gary Hamel, "The Core Competence of the Corporatio", Harvard Business Review, May June, 1990, pp. 79 – 91.
[164] Peteraf, M. A., "The Cornerstones of Competitive Advantage: A Resource – Based View", Strategic Management Journal, No. 14, 1993, pp. 179 – 191.
[165] Powell, W. W., Kopuet, K. W. and Smiss – Doerr, L., "Inter – Organizational Collaboration and the Locus of Innovation: Networks of Learning in Biotechnology", Administrative Science Quarterly, No. 3, 1996, pp. 116 – 145.
[166] Pfeffer, Salancik G. R., The External Control of Organizations: A Resource Dependence Perspective! Ml. Upper Saddle River, NJ.: Pearson Edueation, 1978.
[167] Putnam, Robert, Making Democracy Work: Civic Traditions in Modern Italy, Princeton: Princeton University Press, 1993.
[168] Piore, M. and Sabel, C., The Second Industrial Divide: Possibilities for Prosperity, Newyork: Basic Books, 1984.
[169] Porter, M. E., "Cluster and New Economics of Competition", Harvard Business Review, Vol. 23, No. 11, 1998, pp. 235 – 241.
[170] Yafeh, Y. and Yosha, O., " Large Shareholders and Banks: Who Monitors and How?", The Economic Journal, Vol. 113, No. 484, 2003, pp. 128 – 146.
[171] Paulo Macas and Nunes, Zelia, "Is There Alinear Relationship between R&D Intensity and Growth? Empirical Evidence of Non – High –

Tech vs. High – Tech SMEs", *Research Policy*, 2012, pp. 36 – 53, 41.

[172] Reds R. Camagni, *Innovation Networks: Spatial Perspectives*, London: Beelhaven – Pinter, 1991.

[173] Ritter T. Hans and Georg Gemunden, "Their Pact of a Company's Business Strategy Enits Technological Competence, Network Competence and Innovation Success", *Journal of Business Research*, Vol. 57, 2004b, pp. 548 – 556.

[174] Rothwell, R. and Zegveld, W., *Reindustrialization and Technology*, London: Longman, 1985.

[175] Roy Rothwell, "Successful Industrial Innovation: Critical Factors for the 1990s", *Management*, Vol. 22, No. 3, 1992, pp. 221 – 239.

[176] Rosenberg, *Perspectiveson Technology*, Cambridge University Press, 1976.

[177] Rothwell, R., "Towards Fifth Generation Process Innovation", *International Marketing Review*, Vol. 11, No. 1, 1994, pp. 7 – 31.

[178] Baptista, R., "Geographical Clusters and Innovation Diffusion", *Technological Forecasting and Social Change*, No. 66, 2001, pp. 31 – 46.

[179] Rutten, R., "Inter – Firm Knoledge Creation: A Reappreciation of Embedness from a Relational Perspective", *European Planing Studies*, Vol. 12, No. 5, 2004, pp. 659 – 673.

[180] Robertsonn, L. and R. N., "Longloic Innovation, Networts, and Vertiealinterion", *Research Policy*, No. 24, 1990, pp. 543 – 562.

[181] Rui Baptista, "Peter Swann Do Firms in Clusters Innovate More", *Research Policy*, No. 27, 1998, pp. 525 – 540.

[182] Roderik Ponds, Frank Van Oort, Koen Frenken, "Innovation, Spillovers and University – Industry Collaboration: An Extended Knowledge Production Function Approach", *Journal of Economic Geography*, No. 10, 2010, pp. 231 – 255.

[183] Schumpeter, J. A., *Business Cycles: A the Orential, Historical, and Statistical Analysis of the Capitalist Process*, New York: Mcgraw – Hill, 1939.

[184] Saxenian, A. "The Origins and Dynamics of Production Networks in Sil-

icon Valley", *Research Policy*, Vol. 20, No. 3, 1991, pp. 423 - 437.

[185] Spender, J. C., "Competitive Advantage from Tacit Knowledge?", Unpacking the Concept and Its Strategic Implications, Moingeon B and Edmondson A, *Organizational Learning and Competitive Advantage*, Thous and Oaks, C. A. : Sage Publications, 1996, pp. 56 - 73.

[186] Scott, J., *Social Network Analysis : A Handbook*, Thousand Oaks, Sage Publications, 2000.

[187] Subba, Narasimha P. N., "Strategy in Turbulent Environments: The Role of Dynamic Competence", *Managerial and Decision Economics*, Vol. 22, No. 4 - 5, 2001, pp. 201 - 212.

[188] Suzumura, K., "Cooperative and Noncooperative R&D in an Oligopoly with Spillovers", *American Economic Review*, No. 82, 1992, pp. 1307 - 1320.

[189] Singh, R., "Relational Embedness, Tertius Iungens Orienticion and Relationship Quality in Emerging Markets", *Asia Pacific Journal of Marketing and Logistics*, Vol. 20, No. 4, 2008, pp. 479 - 483.

[190] Seurert, S. and Seurert, A., The Genius Aproach: Building Learning Networks for Advanced Management Education, In: Proceedings of Proceedings The 32nd Hawaii International Conference on System Sciences, 1999: 10 - 38.

[191] Suarez - Villa L., "Invention, Inventive Learning and Innovative Capacity", *Behavioral Science*, No. 4, 1990, pp. 290 - 310.

[192] Teresa, M. A., "Motivational Synergy: Toward New Conceptualizations of Intrinsic and Extrinsic Motivation in the Workplace", *Human Resource Management Review*, Vol. 3, No. 3, 1993, pp. 185 - 201.

[193] Tracey, Paul and Clark, Gordon, "Alliances, Networks and Competitive Strategy: Rethinking Clusters off Innovation", *Growth and Change*, Vol. 34, No. 1, 2003, pp. 10, 1 - 16.

[194] Tallman, S., Jenkins, M., Henry, N. And Pinch, S., "Knowledge, Clusters, and Competitive Advantage", *Academy of Management Review*, No. 2, 2004, pp. 258 - 271.

[195] Teece, D. J., "Profiting from Technological Innovation: Implications for Integration, Collaboration, Licensing and Public Policy", *Research Policy*, Vol. 15, No. 6, 1986, pp. 285 - 305.

[196] Thorelli, H., "Network: Between Markets and Hierarehies", *Strategic Management Journal*, Vol. 7, No. 1, 1986, pp. 37 – 51.

[197] Uzzi, B., "Social Structure and Competition in Interfirm Networks: The Paradox of Embedness Administrative", *Science Quarterly*, Vol. 42, No. 1, 1997.

[198] Verspagen, B., "Small Worlds and Technology Networks: The Case of European Research Collaboration", *Athens: Know Conference*, No. 26, 2001, pp. 128 – 158.

[199] Veronica Serrano and Thomas Fischer, "Collaborative Innovation in Ubiquitous Systems", *International Manufacturing*, No. 18, 2007, pp. 599 – 615.

[200] Williamson, Oliver E., "Transaction Cost Economics: The Governance of Contractual Relection", *Journal of Law and Economics*, No. 22, 1979, pp. 233 – 261.

[201] Williamson, Oliver E., *The Economic Institutions Capitalism*, New York: Free Press, 1985.

[202] Walter, A., Ritter, T. and Gemuenden, H. G., "Value Creation in Buyer – Seller Relationships—The Orentical Considerations and Empirical Results from a Supplier's Perspective", *Industrial Marketing Management*, Vol. 30, No. 4, 2001, pp. 365 – 377.

[203] Belloc, F., "Corporate Governance and Innovation: A Survey", *Journal of Economic Surveys*, Vol. 26, No. 5, 2012, pp. 835 – 864.

[204] Wernerfelt, B., "A Resource – Based View of The Firm", *Strategic Management Journal*, Vol. 5, No. 2, 1984, pp. 171 – 180.

[205] Wong, P., Sh, P., Cheung, S. O. and Fan, K. L., "Examining the Relationship between Organizational Learning Styles and Project Performance", *Journal of Construction Engineering and Management*, Vol. 16, No. 2, 2009, pp. 497 – 507.

[206] Yeung, H., "Organizing the Fill in Industrial Geography: Networks", *Institutions and Regional Development*, *Progress in Human Geography*, Vol. 24, No. 2, 2000, pp. 301 – 315.

[207] Zhang, Y. and Li, H., "Innovation Search of New Ventures in a Technology Cluster: The Role of Ties with Service Intern Diaries", *Strategic Management Journal*, Vol. 31, No. 1, 2010, pp. 88 – 109.

[208] Filip Agneessensb and John Skvoretzc, "Node Centrality in Weighted Networks: Generalizing Degree and Shortest Paths", *Social Networks*, Volume 32, Issue 3, 2010, pp. 245 – 251.

[209] Denis, D. K. and McConnet, J. J., "International Corporate Overnance", *Journal of Financal and Quantitative Analysis*, Vol. 38, No. 1, 2003, pp. 1 – 36.

[210] Harland, C. M., "Networks and Globalization: A Review of Research", *Warwick University Business School Research Paper*, ESRC Grant No: GRK 53178, 1995.

[211] Han Woo Park and Loet Leydesdorff, "Longitudinal Trends in Networks of University – Industry – Government Relations in South Korea: The Role of Programmatic Incentives", *Research Policy*, Vol. 39, No. 5, 2010, pp. 640 – 649.

[212] Blomstrm, M. and Kokko, A., "Multinational Corporations and Spillovers", *Journal of Econometrics*, 1998.

[213] Fogel, R. W., *Railroads and American Economic Growth: Essays in Econometric History*, John Hopkins, 1964.

[214] Sengupta, S., "Some Approaches to Complementary Product Strategy", *Product Innovation Management*, Vol. 15, No. 4, 1998, pp. 352 – 367.

[215] Cooke, P., Uranga, M. G. and Etxebarria, G., "Regional Innovation Systems: Institutional and Organizational Dimensions", *Research Policy*, Vol. 26, 1997, pp. 475 – 491.

[216] Giuseppina Passiante, *Giustina Secundo from Geographical Innovation Clusters towards Virtual Innovation Clusters*: The Innovation Virtual System 42th Ersa Congress, University of Dortmund (Germany), August, 27/31, 2002, pp. 1 – 22.

[217] Birger Wernerfelt, "A Resource – Based View of the Firm", *Strategic Management Journal*, Vol. 5, No. 2, 1984, pp. 171 – 180.

[218] Corning, P. A., "The Synergism Hypothesis: On the Concept of Synergy and Its Role in the Evolution of Complex Systems", *Journal of Social and Evolutionary Systems*, Vol. 21, No. 2, 1998, pp. 133 – 172.

[219] Ehrlich, P. R. and Raven, P. H., "Butter Flies and Plants: A Study in Coevolution", *Evolution International Journal of Organic Evolution*,

1964.

[220] Etzkowita, H. ed. , *The Triple Helix*: *University – Industry – Governement Innovation in Action*, London and New York: Routledge, 2008.

[221] Demanpour, F. , "Organization A Innovation: A Meta – Analysis of Effects of Determination and Moderators", *Academy of Management Journal*, Vol. 34, No. 3, 1991, pp. 555 – 590.

[222] Miles, R. E. , Snow, C. C. and Miles, G. , *Collaborative Entrepreneurship, How Communities of Networked Firms Use Continuous Innovation to Create Economic Wealth*, Stanford University Press, 2005.

[223] Dale – Olsen, H. , "Executive Pay Determination and Firm Performance: Empirical Evidence from a Compressed Wage Environment", *The Manchester School*, No. 3, 2012, pp. 355 – 376.

[224] Persaud, A. , "Enhancing Synergistic Innovative Capability in Multinational Corporations: An Empirical Investigation", *Journal of Product Innovation Management*, Vol. 22, No. 5, 2005, pp. 412 – 419.

[225] Edmans, A. , "Dynamic Executive Compensation", *Journal of Finance*, Vol. 67, No. 5, 2012, pp. 1603 – 1647.

[226] Ketchen, D. , Ireland, R. and Snow, C. , "Strategic Entrepreneurship, Collaborative Innovation, and Wealth Creation", *Strategic Entrepreneurship Journal*, Vol. 1, 2007, pp. 371 – 385.

[227] Stefan, S. , "Inform Diaries and Collaborative Innovation: A Casestudy on Information and Technology Centered Intermediation in the Dutch Employment and Social Security Sector", *Information Polity*, Vol. 14, No. 4, 2009, pp. 245 – 262.

[228] Freeman, C. , "The 'National System of Innovation' in Historical Perspective", *Cambridge Journal of Economics*, Vol. 19, No. 1, 1993, pp. 5 – 24.

[229] Nonaka, I. and Takeuchi, H. , *The Knowledge – Creating Company*: *How Japanese Companies Create the Dynamics of Innovation*, New York: Oxford University Press, 1995.

[230] Dhanaraj, C. , "Managing Tacit and Explicit Knowledge Transfer in IJVs: The Role of Relational Embedness and Their Pact on Performance", *Journal of International Business Studies*, No. 35, 2004, pp. 428 – 442.

[231] Debrsson, C. and Amesse, F. , "At Works of Innovators: A Review and Introduction to the Issue", *Research Policy*, No. 20, 1991, pp. 363 – 380.

[232] Dennis Maillat, Olivier Crevoisier and Bruno Lecog, "Innovation Networks and Territorial Dynamics: A Tentative Typology", Borje Johansson et al. eds. , *Patterns of a Network Economy*, Springer – Verlag, 1993.

[233] Zaheer, A. , Gozubuyuk, R. and Milanov, H. , " It's the Connections: The Network Perspective in Inter – Organizational Research", *Academy of Management Perspective*, No. 24, 2010, pp. 62 – 77.

[234] Jeffrey L. Furman, Michael E. Porter and Scott Stern, "The Determinants of National Innovative Capacity", *Research Policy*, Vol. 31, 2002, pp. 899 – 933.

[235] Hadjimanolis, A. , "Barriers to Innovation for SMEs in a Small Less Developed Country (Cyprus)", *Technovation*, Vol. 19, No. 9, 1999, pp. 561 – 570.

[236] Gloor, P. , *Swarm Creativity Competitive Advantage through Collaborative Innovation Networks*, Oxford University Press , 2006.

[237] Paul Tracey, Gordon L. Clark, "Perspective Alliances, Networks and Competitive Strategy: Rethinking Cluster of Innovation", *Growth and Change*, Winter, Vol. 34 , No. 1, 2003, pp. 1 – 16.

[238] Narasimh, R. , Swink, M. and Viswanathan, S. , "On Decisions for Integration Implementation: An Examination of Complementarities between Product – Process Technology Integration and Supply Chain Integration ", *Decision Sciences* , Vol. 41, No. 2, 2010, pp. 355 – 372.

[239] Tsai, W. P. , "Knowledge Transfer in Intra – Organizational Networks: Effects of Network Position and Absorptive Capacity on Business Unit Innovation and Performance", *Academy of Management Journal*, Vol. 44, No. 5, 2001, pp. 996 – 1004.

[240] Waldrop, M. M. , *Complexity: The Emerging Science at the Edge of Order and Chaos*, New York: Touchstone, 1992.

[241] Chesbrough, H. , "Business Mode Innovation: It's Not Just about Technology Anymore ", *Strategy and Leadership*, Vol. 35, No. 6, 2007, pp. 12 – 17.

[242] Buvik, A. and Haugland, S. A., "The Allocation of Specific Assets, Relationship Duration, and Contractual Coordination in Buyer – Seller Relationships", *Scandinavian Journal of Management*, Vol. 21, No. 1, 2005, pp. 41 – 60.

[243] Fawcett, S. E., Jones, S. L. and Fawcett, A. M., "Supply Chain Trust: The Catalyst for Collaborative Innovation", *Business Horizons*, No. 2, 2012, pp. 163 – 178.

[244] Williams, A. M., "Lost in Translation? International Migration, Learning and Knowledge", *Progress in Human Geography*, Vol. 30, 2006, pp. 588 – 607.

[245] Saxenian, A., "Silicon Valley's New Immigrant Entrepreneurs", San Francisco: Public Policy Institute of California, 1999, pp. 1 – 25.

[246] Holmstrom, B. and Milgrom, P., "The Firm as an Incentive System", *The American Economist*, 1994.

[247] Fogel, R. W., *Railroads and American Economic Growth: Essays in Econometric History*, John Hopkins, 1964.

[248] Debresson, C., "Technological Innovation and Long Wave Theory: Two Pieces of the Puzzle", *Evolutionary Economics*, No. 1, 1991, p. 241.

[249] Sengupta, S., "Some Approaches to Complementary Product Strategy", *Product Innovation Management*, No. 1, 1998, p. 352.

[250] Fritsch, M., "Cooperation in Regional Innovation System", *Journal of Urban Economics*, No. 5, 2009, pp. 18 – 20.

[251] Boschma, R. A., "The Competitiveness of Regions from an Evolutionary Perspective", *Regional Studies*, Vol. 38, No. 9, 2004, pp. 1001 – 1014.

[252] Haken, H., *Synergetics: An Introduction*, 3nd ed. Berlin: Spring – Verlag, 1983.

[253] Aghion, P., Bloom, N., Blundell, R., Griffith, R. and Howitt, P., "Competition and Innovation: An Inverted Telationship", *The Quarterly Journal of Economics*, No. 5, 2005, pp. 701 – 728.

[254] Carbonara Nunzia, "Innovation Processes Within Geographical Clusters: A Cognitive Approach", *Technovation*, Vol. 24, No. 1, 2004, pp. 17 – 28.

[255] Linda Argote and Ella Miron – Spektor, "Organizational Learning:

From Experience to Knowledge", *Organization Science*, Vol. 22, No. 5, 2011, pp. 1123 – 1137.

[256] Povan, Keith G., Fish, A and Sydow, J. "Inter – Organizational Networks at the Network Level: A Review of the Empirical Literature on Whole Networks", *Journal of Management*, Vol. 33, No. 3, 2007, pp. 479 – 516.

[257] Siemens, G., "Connectivism: A Learning Theory for the Digital Age", *International Journal of Instructional Technology and Distance Learning*, Vol. 2, No. 1, 2005, pp. 3 – 10.

[258] Cross, B., Parker, A., Prusak, L. and Borgatti, S., "Knowing What We Know: Supporting Knowledge Creation and Sharing in Social Networks", *Organizational Dynamics*, No. 2, 2001.

[259] David Doloreux and Saeed Partob, "Regional Innovation Systems: Current Discourse and Unresolved Issues", *Technology in Society*, No. 27, 2005, pp. 133 – 153.

[260] Zahra, S. A. and Gerard, G., "Absorptive Capacity: A Review, Reconceptualization, and Extension", *The Academy of Management Journal*, 2002.

[261] Mansfield, Edwinetal, "Imitation Costs and Patents: An Empirieal Study", *Economic Journal*, Vol. 91, No. 364, 1981, pp. 907 – 918.

[262] Levin, Riehard C., "A New Look at the Patent System", *American Economic Review*, Vol. 76, No. 2, 1986, pp. 199 – 202.

[263] Ritter, T., "The Networking Company Antecedents for Coping with Relationships and Networks Effectively", *Industrial Marketing Management*, Vol. 28, No. 5, 1999.

[264] Iacono, M. P., Martinez, M. and Mangia, G. eds., "Knowledge Creation an Inter – Organizational Relationships: The Development of Innovation in the Railway Industry", *Journal of Knowledge Management*, Vol. 16, No. 4, 2012, pp. 604 – 616.

[265] Powell, W. W., "Learning from Collaboration: Knowledge and Networks in the Biotechnology and Pharmaceutical Industries", *California Management Review*, Vol. 40, No. 3, 1998, pp. 228 – 240.

[266] Chang, Y. C., "Benefits of Cooperation on Innovative Performance: Evidence from Integrated Circuits and Biotechnology Firms in the UK

and Taiwan", *R&D Management*, Vol. 33, No. 4, 2003, pp. 425 – 437.

[267] Pastor, M. and Sandonis, J., "Research Joint Ventures vs. Cross Licensing Agreements: An Agency Approach", *International Journal of Industrial Organization*, Vol. 20, No. 2, 2002, pp. 215 – 249.

[268] Vanhaverbeke, W., Beerkens, B. and Duysters, G., "Exploration and Exploitation in Technology – Based Alliance Networks", *Academy of Management proceedings*, 2004.

[269] Lambooy, J. and Smith – Doerr, K., "Do External Knowledge Sourcing Modes Matter for Service Innovation? Empirical Evidence from South Korean Service Firms", *Journal of Product Innovation Management*, No. 31, 2014.

[270] Bhagat, S. and Black, B., "The Non – Correlation between Board Independence and Long Term Firm Performance", *Journal of Corporation Law*, Vol. 27, 2001, pp. 231 – 274.

[271] Koza, M. P. and Lewin, A. Y., "The Coevolution of Strategic Alliances", *Organization Science*, Vol. 9, No. 3, 1998, pp. 255 – 264.

[272] Cooke, P., "Regional Innovation Systems: Competitive Regulation in the New Europe", *Geo forum*, No. 23, 1992, pp. 365 – 382.

[273] Subramaniam, M. and Venkatraman, N., "Determinants of Trans – National New Product Development Capability: Testing the Influence of Transferring and Deploying Tacit Overseas Knowledge", *Strategic Management Journal*, Vol. 22, No. 4, 2001, pp. 359 – 378.

[274] D'Este, P. and Patel, P., "University – Industry Linkages in the UK: What Are the Factors Underlying the Variety of Interactions with Industry?", *Research Policy*, No. 9, 2007, pp. 1295 – 1313.

[275] Sundaram, R. and Yermack, D., "Pay Me Later: Inside Debt and Its Role in Managerial Compensation", *Journal of Finance*, Vol. 62, No. 5, 2007.